上海交通大学校史研究口述系列·第四辑

思源·激流

姜斯宪　主　编

漆姚敏　副主编

上海交通大学出版社

SHANGHAI JIAO TONG UNIVERSITY PRESS

内容提要

本书为上海交通大学校史研究口述系列的第四辑，共收录27位在交大求学及从事革命工作的中共地下党员校友的口述回忆，以入读交大的时间先后排序。内容侧重地下党员校友们在交大的求学往事、革命经历，新中国成立后事业拼搏、社会贡献，母校情怀及对青年学子的寄语，展现了他们赤胆报国、忠于人民的爱国情怀，坚守信仰、百折不挠的革命意志，轩昂磊落、勇于担当的人格风范。每篇口述力求做到图文并茂，文字可读性强，以求更加贴近广大读者。

图书在版编目(CIP)数据

思源·激流/姜斯宪主编. —上海：上海交通大学出版社，2019
（上海交通大学校史研究口述系列）
ISBN 978-7-313-21217-7

Ⅰ. ①思… Ⅱ. ①姜… Ⅲ. ①中国共产党—上海交通大学—地下斗争—史料 Ⅳ. ①D235.51

中国版本图书馆CIP数据核字(2019)第073997号

思源·激流

主　　编：姜斯宪
出版发行：上海交通大学出版社　　地　　址：上海市番禺路951号
邮政编码：200030　　电　　话：021-64071208
印　　制：上海盛通时代印刷有限公司　　经　　销：全国新华书店
开　　本：787 mm×1092 mm　1/16　　印　　张：26.75
字　　数：365千字
版　　次：2019年5月第1版　　印　　次：2019年5月第1次印刷
书　　号：ISBN 978-7-313-21217-7/D
定　　价：98.00元

序

大学，是研究高深学问、追求科学真理的学术机构；而人才培养是研究高深学问、探求真知最直接的体现。大学应该培养怎样的优秀人才？1930 年，唐文治老校长在交通大学第三十届毕业典礼致辞中提出：“须知吾人欲成学问，当为第一等学问；欲成事业，当为第一等事业；欲成人才，当为第一等人才。而欲成第一等学问、事业、人才，必先砥砺第一等品行。”高尚品行是人才、学问、事业的基础，只有具备高尚品行才能称得上是真正的优秀人才。现代大学的价值功能不仅是为国家与社会培养人才，同时也是对人的品性的培养和塑造。

上海交通大学是一所历经一百二十余年栉风沐雨的百年名校，在各个历史时期涌现出来的杰出校友犹如满天星斗，灿若星河。他们中间既有卓越的国家领导人和政治家，也有在科技领域做出突出贡献的科学家、工程技术专家和医学专家，更有大批才华横溢的社会活动家、实业家和人文学者，如黄炎培、李叔同、邹韬奋、陆定一、汪道涵、钱学森、吴文俊、王安、徐光宪、江泽民、丁关根、徐芑南、朱英富、严隽琪、王振义、陈敏章、陈竺等。回溯交通大学的历史演变，从肇基南洋公学到建成享誉中外、理工管结合的工科大学，从积极响应中央号召进行院系调整、西迁与分设，到锐意创新成为中国高等教育改革开放的先行者之一，交大在各个历史时期都书写着浓墨重彩的华丽篇章，始终与国家命运相连，与中国高等教育发展历史息息相关。同时，一大批精于治学、树人育才的校长、名师、学者云集于斯，在他们身上体现出的道德操守、人格魅力、学识修养、气度胸襟，经过岁月积淀，凝聚成交大“起点高，基础厚，要求严，重实践，求创新”的教学传统，铸就了“求真务实，努力拼搏，敢为人先，与日俱进”的精神品格。百廿年筚路蓝缕，百廿年春华秋实。一批又一批秉承校风、勇于担当的莘莘学子通过求学时代的辛勤奋进，走出校门后为国家、民族和人类社会做出杰出贡献。他们在各自领域所取得的非凡成就，正是交大百余年来优秀人才培养传统和深厚文化底蕴的赓续和写实。尽管时移世易，但学校在一代代交大人的锐意进取下，弦歌不辍，薪火相传。

上海交通大学历来高度重视校友资料的征集、整理与出版，学校名师校友口述的采集与宣传育人工作，自2002年校史编委会成立起就着手开展，至今已有十六载。党史校史研究室、档案馆、校友会、团委等单位通力合作，通过大量艰苦而细致的工作，迄今已访谈了近400位校友人物，并保存有较为完整的影像、录音、照片、访谈原始稿等资料。在此基础上，学校系统整理历年知名校友口述文献资源，精心编辑，严格考订，从2012年起推出"上海交通大学校史研究口述系列"丛书，现已汇编出版《思源·往事》《思源·起航》《思源·北美》等多册富有鲜明特色的口述专辑。这些口述专辑展现了不同历史时期厚重而又鲜活的交大历史记忆以及老一辈名师前贤的风采与神韵，汇集了大量杰出校友们珍贵的求学经历和丰富的人生感悟，不仅具有还原历史细节、丰富档案记载的史料价值，而且是传承百年交大文化、体现交大人精神风貌最为生动的活教材。呈现在读者面前的《思源·激流》一书，作为校史研究口述系列的第四辑，是对交大地下党员校友进行口述访谈的成果。相信本书的出版，必将能成为弘扬交大人饮水思源，爱国荣校精神的又一本口述力作。

源浚者流长，根深者叶茂。作为一所声誉卓著、人才辈出的百年名校，交大名师骈兴错出，校友遍布寰宇，他们丰厚的人生成就和风范魅力，犹如亟待采挖的精神富矿。习近平总书记指出："高校立身之本在于立德树人。只有培养出一流人才的高校，才能够成为世界一流大学。"上海交通大学在坚持社会主义办学方向的基础上，始终将立德树人作为检验学校一切工作的根本标准。开展交大名师、校友口述采集，为学校建设世界一流大学和一流学科源源不断地提供精神文化力量。今后，学校将继续以高度的历史使命感稳步推进这项工作，进一步扩大口述采集的覆盖面，创新口述资源的宣传展示形式，奋力书写无愧于交大前辈们和伟大时代的历史新篇章。

是为序。

林忠钦

2018 年 12 月

自序

上海交通大学肇始于1896年创建的南洋公学，是一所办学历史悠久并具有光荣革命传统的高等学府。1921年7月，中国共产党在上海诞生，中国革命呈现崭新面貌。党成立后始终重视青年学生工作，马克思主义悄然进入交大校园，给接受过五四运动洗礼的知识青年们带来思想的指南。在轰轰烈烈的五卅运动反帝热潮的锻炼下，交通大学张永和、顾谷宜、陆定一等进步学生投身革命，先后加入中国共产党。1925年底，中共交大党团支部创立，这是交通大学历史上第一个共产党组织，也是全国高校中最早建立的共产党组织之一。

中共交大支部成立后，在校内外积极宣传马克思主义思想，提高广大青年的革命觉悟，培养吸收党团员，投入到国共合作的大革命洪流中，到1927年初在校共产党员、共青团员已有五六十名。在“四一二”反革命政变后，交大党组织遭到破坏，大多数党员或遭逮捕，或被开除出校。1930年，交大党支部艰难恢复。虽然受“左”倾冒险主义的影响，交大党支部几度受到削弱，成员常遭逮捕，但是，交大党组织仍然在挫折中顽强拼搏，在“九一八事变”后掀起的抗日救亡运动中，组织领导学生参加三次晋京请愿、包围上海市政府等政治斗争。

1937年抗日战争开始后，上级党组织选派党员考入交大，于1940年建立党小组，1942年重新成立党支部。恢复后的交大党组织按照上级“勤学、勤业、交朋友”的指示，团结教育进步学生群众，开展了形式多样的抗日救亡运动。在错综复杂的环境中，党组织的斗争经验不断成熟，党员队伍不断增强。到抗战胜利前夕，交大有党员25人，为解放战争时期交大学生运动的蓬勃发展奠定了坚实基础。

解放战争时期，在上级党组织的直接领导下，交大党组织放手发动群众，与全国学生和各界人民革命运动结合在一起，在国民党统治的心脏地区上海，接连不断地投入到爱国民主运动中。从反

“甄审”斗争到争取和平民主，从护校运动到反饥饿、反内战、反迫害，从救饥救寒到“反美扶日”斗争，从真假和平辩论到迎接上海解放，交大党组织领导和组织的学生运动恰如一股扑不灭的火焰，愈燃愈烈，成为新民主主义革命中活跃在第二条战线上的中坚力量。到上海解放前夕，交大党员队伍发展为 198 人，交通大学成为沪上高校中最著名的“民主堡垒”。

从 1925 年底中共交大党团支部建立，至 1949 年 5 月上海解放、10 月中华人民共和国成立，交大党组织在艰苦卓绝的革命斗争中久经磨难和考验，逐步发展，走向成熟，成为领导学生运动的核心力量。25 年的建党历史同时也是人才培养的辉煌历程。面对严峻曲折的革命形势，交大党组织始终保持昂扬斗志，做了大量扎实细致的工作，团结教育了一大批青年知识分子，不断发展壮大革命队伍，党员人数从建党初期时的 8 人发展到解放前夕的 198 人，为新民主主义革命和社会主义建设输送了一大批具有坚定信仰、胸怀家国、求真务实、爱国奉献的骨干力量。他们在不同时期、不同岗位上，为救国、建国、强国作出了贡献，有的甚至献出了年轻的生命。侯绍裘、陆定一、李文采、王天眷、汪道涵、江泽民、吴增亮、穆汉祥、黄旭华等正是其中的杰出代表。

这些优秀的交大地下党员校友，他们继承了优良的爱国主义传统，拥有不屈不挠的刚毅斗志。当年，对未来充满憧憬的交大学子跨进校门，许多人起初抱定的是“科学救国”“实业救国”的信念。然而，连年军阀混战、外敌入侵、政府反动、经济萧条、民生涂炭的现实，使他们从希望转变为失望，陷于惶惑中。在党组织的教育和指引下，许多进步师生阅读《共产主义 ABC》等书籍，聆听进步学者、革命党人的演讲，开展“居里夫人道路”的讨论，在科学理论和革命思想的学习过程中思考救国救民的道理，思考个人前途与祖国命运的关系，进而高举起爱国主义的大旗，一步步跨入为国求振兴、为民求解放的革命洪流之中。在那光明和黑暗两种命运决战时刻，1945 级电信管理系学生穆汉祥说：“我愿化为泥土，让人们践踏着走向光明的前方！”无论环境多么艰难、敌人多么凶残、斗争多么残酷，他们都是那样地自信和乐观，从容对敌，迎接战火和硝烟的考验，用鲜血甚至生命践行着共产党员的誓言。新中国成立后，交大地下党员校友率先垂范，参与建设人民解放军第一个雷达站、战斗在荒凉艰苦的治淮工程、奔赴东北工业建设第一线、隐姓埋名投身国防建设……他们以朴实的爱国情怀和高昂的政治热情，在社会主义建设事业中挥洒汗水和热血，屡建功勋，涌现出无数优秀人物和先进事迹。

他们发扬了勇于创新的科学精神，展现出始终如一的实干风格。探索科学、坚持真理是交大人的不懈追求。学生在校经过严格的科学培养和精准的实验训练，深植实事求是的思想根基。1947 级造船工程系校友孟树模体会到："交大学生都是工科生，大多也是穷学生，他们勤奋好学、踏实认真，绝不好高骛远，始终一步一个脚印，凡事真正弄清楚后就认准了这个理，不屈不挠地坚持下去。"交大历来有传统，只有功课好的学生才能当班长、当学生代表。1947 级电信管理系校友张立秉回忆说："很多进步学生学习成绩好，在同学中有号召力，影响带动了一大批同学追求光明和进步。"在交大爱国传统和科学精神的双重熏陶下，一批又一批的爱国知识青年成长起来，这正是交大在上海学生运动中能够发挥"民主堡垒"作用的重要原因之一。交大学子把求真务实作为毕生的行为准则。新中国成立后，交大地下党员校友遍布祖国各地、各行各业，勤于思、敏于行、讷于言，既是先锋者，逢山开路、过水搭桥；又是螺丝钉，不计名利、默默奉献。许多校友回忆说，交大培养了我们独立思考、独立工作的能力；不论从事什么工作，都要从国家人民的利益出发，深入实际，调查研究，发现问题，认真探求解决问题的办法，为国家多做贡献。这也是交大学子具有开拓创新能力的重要原因，为国家建功立业的素质基础。

红旗已指先锋路，青史应留正气歌。这批优秀的交大地下党员校友，是在中华民族解放和社会主义建设事业中英勇奋斗、无私奉献的人民英雄，是全体交大人的骄傲和学习的楷模。他们的感人事迹、人格风范和家国情怀，已潜移默化地融聚成交大文化传统的一部分，是传承交大精神文化和激励后辈青年学子的重要资源。什么是大学的记忆，就是由一个个鲜活生动的故事串联起来的思想风采；什么是大学的传统，就是通过一代一代的莘莘学子奋发努力积攒起来的精神底蕴。

本书作为校史研究口述系列的第四辑，精心采撷了27位在交大求学及从事革命工作的中共地下党员校友的口述回忆。在他们当中，既有20世纪30年代无惧白色恐怖的危险、义无反顾地走上革命道路的爱国青年学子，也有解放战争时期战斗在第二条战线、组织学生爱国运动的上级区委负责人和交大党总支成员；既有在中共地下党领导下长期从事隐蔽战线情报工作的革命志士，也有全国学联派出的常驻国际学生联合会代表。他们以朴实无华而又真挚的语言，为我们讲述了在民族危亡之际，为寻求民族解放、人民幸福道路，交大党员学生和爱国青年坚持真理、前赴后继、浴血奋进的英勇事迹，描述了在新中国成立后，为保卫新生的人民政权和探索社会主义建设道路，交大学子勤学勤业、艰苦奋斗、开拓创新的不凡业绩，展现了共产党人赤胆报国、忠于人民的爱国情怀，坚守信仰、百折不挠的革命意志，轩昂磊落、勇于担当的人格风范。

近期，习近平总书记发表了一系列关于弘扬爱国奉献精神的重要指示。他指出："中国共产党是爱国主义精神最坚定的弘扬者和实践者，始终把实现中华民族伟大复兴作为自己的历史使命。90多年来，我们党团结带领全国各族人民进行的革命、建设、改革实践，是爱国主义的伟大实践，写下了中华民族爱国主义精神的辉煌篇章。"从中共交大党组织的发展历程中，我们可以体会到交大人对"饮水思源，爱国荣校"信念的矢志追求；从无数交大地下党员的成长道路和英勇事迹中，我们可以感悟到爱国奉献和实现个人价值从来都不是割裂的，而应追求一种统一。我相信此书的出版，将以一种人文记忆的特别方式，更好地激励我们以中共地下党员校友为榜样，进一步传承深植于交大文化血脉的爱国主义传统，把爱国之情、报国之志融入祖国改革发展的伟大事业之中，为实现中华民族伟大复兴的中国梦贡献智慧和力量。

姜斯宪

2018年12月

目录

戴中溶

戴中溶（1909—2007），上海嘉定人。1934 年毕业于交通大学电机工程学院，同年进入甘肃天水胡宗南部队，创建无线电通信网，后任长官部机要室副主任，兼任电讯科科长、无线电训练班副主任。1939 年在中共地下党的领导下从事隐蔽战线工作，1947 年因地下组织遭破坏被捕，1949 年出狱。1950 年加入中国共产党。新中国成立后长期在军队通讯部门和科技战线工作，享受国务院特殊津贴。曾任军委三局电信总局第一电机修配厂副厂长，通信部器材处副处长、处长。1955 年 9 月被授予中校军衔。1958 年起先后任国务院科学规划委员会新技术室副主任，国家科学技术委员会一局、三局处长，中国科学院数理学部顾问，中国电子学会理事会理事。1982 年 12 月离休。

访谈中，戴中溶愉快地回顾了他在交大求学 12 年的往事及同窗好友，讲述了在胡宗南部队的见闻及转向革命的过程，谈到了隐蔽战线上的情报工作及被捕入狱直面生死的经历，还表达了在社会主义建设事业中终于投身科技的欣慰。

静静的电波　无声的战场

口述：戴中溶

采访：陈　泓

时间：2003年7月21日

地点：北京戴中溶寓所

整理：陈　泓

编者：漆姚敏

重忆南洋十二载

我是嘉定人。小时候身体非常差，兄弟姐妹七人中，我是身体最不好的一个。可能是家里老房子太潮湿，我的病看也看不好。后来，我在上海工作的姐姐说，还是到远一点的地方上海来读书吧，所以我就考到交大附小来读书。交大附小前面小河，后面草地，大楼上面宿舍下面教室，环境非常好。小学有体操课，加上生活有规律，我身体也好了，进小学后就没生过病，住过医院，从此以后不再生病，至今也不生病。我弟弟戴中孚也是交通大学学生，他1932年机械工程学院毕业，我1934年电机工程学院毕业，他早我二年毕业。我读书比较迟，是班中年龄最大的。

我在交大12年，那时学校要求严格，读书风气很好。小学管得很严，早晚点名，学生要住宿，星期六家长接回。学校转为私立南洋模范中小学后，沈同一是第一任校长。小学时有外语，但数学、物理还是中文的。童子军中露营、学旗语，活动很多，小学生活十分愉快。大学里师资很好，教我们物理、化学课程的许多教师都是美国深造过的，印象深的有张廷金、裘维裕、胡敦复等老师。张廷金是我国无线电学先驱，在中国电信界享有盛誉，他在课堂上教我们的知识很多就是他在美国读书时刚学到的，从火花电机开始到电子管、真空管，当时就与国际接轨了。大学时有一件事印象很深，大学二年级有一个经济学教师上课有点照本宣读的嫌疑，学生就在黑板上画了个留声机以示讽刺。老师回应说，这是"胜利"牌的留声机，你们知道喇叭前面是什么？我们都知道的啊，"胜利"牌留声机的广告画上，留声机前是一只小狗在听广播！

1934 年 7 月，电机工程学院毕业生合影（第二排右三为戴中溶）

顾德欢、张光斗和我三个人从小离家在一起读书，从小学、中学一直到大学。顾德欢这个人聪明得不得了，功课年级第一，是我们三个人中最好的。他上课听讲十分用心，课外十分活跃。他是乒乓球校队的，网球也很好，课余时间他都在玩，甚至月底考试了，他照样打网球。张光斗也是又能干、又聪明、又刻苦。张光斗一直想追上顾德欢，但总也追不上。大学读了一年多，大二时顾德欢生肺炎休学，回家养病，他闲不住，慢慢接触到了共产主义。回来后他就变了，开始宣传共产党的主张，还向我介绍《资本论》，给我这方面的书看。从此张光斗赶上了他。后来，顾德欢因为搞学生运动被学校开除。之后，他先后转到燕京大学、青岛大学读书。虽然功课还是好得不得了，学校里的同学也很服他，但其实他已经不好好读书了，他到哪都要搞学生运动，结果又被这两个学校开除了。顾德欢生病时我去看过他，他家是小地主，生活还可以，他参加革命倒真正是忧国忧民。后来他到浙江谭震林部队去了。新中国成立后，他不愿意在杭州做官，宁愿到北京搞技术，曾做过科学院党组成员。20 世纪 50 年代十二年规划提出后，中国科学院成立了电子所、自动控制所、计算机所、半导体所等研究机构，他是电子所所长，搞波导传输。

“西北王”的电台

我们那时有种说法是“通讯救国”，我学的是电讯门，出路很好。毕业时，学校介绍西部军队里需要电讯技术人员，大部分人不愿去西北，我对西北倒没什么害怕，当时不是也提倡开发大西北嘛，我就想去看看。推荐我去军队的是张钟俊教授，讲好最多待两年，我于是就去了。

戴中溶大学毕业照

我一点不懂政治，也不知道怕胡宗南。胡宗南是蒋介石最亲信的黄埔军校一期学生，是他学生中第一个当师长的。那时胡宗南号称“西北王”，他兵力充足，一个旅就相当于人家一个师。他为什么要交大人？他的师部在甘肃天水，最初部队之间通讯用骑兵连，师、团相距几十里、几百里，那么大地域，联系很不方便。我去之前，他的部队也有无线电台，规模很小，是交大学生陈一伯帮助搞起来的。陈一伯比我高二三届，当时已经离开部队了。所以，胡宗南直接点名要交大人。胡宗南搞电台很大气，用钱都让你做主。我去后把电台建得比较全了，无线电台网从团部到师部到军部都有。我的器材什么地方买的？上海的福开森路上诺曼底公寓知道吗？离交通大学不远的这座大厦下面有一个三极电力公司，那是我的大学老师张廷金开办的，是我们国内早期生产无线电收发报机的3家公司之一。它的产品多为海岸电台和海上船舶服务。我常到那里买器材，还曾专门去香港买过。在部队里，人们对通讯这种新鲜东西感到很奇怪，这也不用到前线，一呼叫情报就传过来了。在那里，我做事很顺，很受尊重，月工资130元，一般人只有十几元。

诺曼底公寓（位于今武康路与淮海西路交界处，现武康大楼）

我刚去胡宗南部队时他还是师长，第二年他就升军长了，之后升任十七军团军团长，差不多一两年就升迁一次，他的仕途很顺。这期间，部队电台也不断扩大。红军长征，胡的部队去阻截，在西北草原、雪山追着红军打，我当时在甘肃培训电报人员。1936年"西安事变"和平解决，我两年服务期满，我连假也没请就直接回老家了。

第二年，1937年淞沪抗战期间，胡宗南部队开到上海与日军作战，仓促上阵,两度参战,两度失利,损失很大。蒋介石怕他被打垮,让他回西北。回西北后,胡宗南开始整顿部队。这期间,他总感到通讯发展不起来,就来找我,一定要我回去,说是要抗战、要发展,要我去培养无线电人员,我于是就回去了。

隐蔽战线上的工作

我是机要处副主任,机要处下设三个室,译电、机要文书和无线电,我管无线电,不直接接触电报。译电室是机要重地,规定只有胡宗南和参谋长可以进,而我是例外,我经常可以进到译电室去,甚至有时还把译电拿来看看。因此,我能看到译出的来电和未译发的去电,胡部作战计划、部队调动等来去电文,都能看到。译电室密码本一箱一箱的,一个人一本密码,有通用的,有专用的;译电员行军,一个人一个包,有专人保护。我与译电室的人很熟,他们打牌我也看看,但不与他们瞎混,因为他们来钱的,输赢很大。他们叫我来,我就说我输了不给钱,他们也就算了。译电室在师部的最后一进院落里,我就住在译电室隔壁,当时胡宗南、参谋长等人也住在这个院落内。我不问政治,胡宗南也知道,所以也愿与我讲讲话,院落中间是个院子,我们有时就在院子里聊天。外面讲胡宗南怎么坏,但我看看觉得他还蛮好的,治军很严,不吃空饷,不欠军饷。当然,后来我看到下面隐蔽的走私还是很严重的,也看到了国民党军队严重的腐败现象,赌博成风、妓院跟着队伍走这些黑暗面。我感到不能再待下去了,想要离开。

1938年底,我妹妹黄葳(原名戴中扆)来我这里。她读书时就入党了,后来与于光远一起做地下革命工作。妹妹清华毕业后留校任教,抗战时清华内迁长沙,接下来又要迁去昆明,她不愿跟随,想去延安。经过西安时,她就住到我这儿了。妹妹与我谈了几天,我表示想要离开这里,要入党,要到延安去。

黄葳到延安后汇报了我的情况,中央通知八路军办事处,让我不要离开，讲我们要打进去一个人都非常不容易，我马上明白了，从外面就算打进去也没有我这样好的条件。再有入党问题，上级认为我这样的处境是非常危险的，通知我暂时不要入，但一定要坚持留在这个位置上。

我搞情报，不用偷，东西就在我面前，非常方便。我的主要任务是核对或收集重大的情报，一些情报到我这儿核实一下。另外也有其他线在收集情报，我的工作还是很简单的。我不写任何东西，不得不写的必须烧掉。关键是听指示，不能妄动。当时中央派了一个人到西安，开书店，这个人在西安很吃得开，表面上吃吃喝喝，与胡宗南的情报系统一点不搭界。他派了一个青年人做我的副官，叫王金平，名义上是我老乡，说是流浪到西安的，实际上他是徐州人。我干过的比较知名的情报工作，大概是提供胡宗南部队进攻延安的军事动向的情报吧，对保卫延安发挥了作用，中央曾发电给予嘉奖。前阶段，上海、西安的电视台都到我这儿来过，想找点精彩的故事，结果没几天就走了。我说如果真的有你们想要的险象环生的故事，我哪里会等到 1947 年才被捕？哪里还能在胡宗南那儿待那么多年？惊险动作多了，还不早被暴露了？胡宗南也不会保我了。

因电台案入狱

我的被捕，问题不出在我这儿，出在北平。1947 年 9 月下旬，北平的中共地下电台被军统跟踪侦测到信号，电台人员当场被抓，牵连出很多地下工作者。很快，从北平到保定，再到沈阳、西安、兰州等地，整个北方系统的中共情报系统受到严重破坏。西安方面，与我联系的书店老板也被捕了，王金平也突然被抓。机要处主任王微是胡宗南的亲属，平时我跟他关系很好。当时，我在延安，王微打电话问我，王金平被抓，你知道吗？我说不知道！王金平这个副官后来实际上成了整个室的副官，不是一直跟我的。一小时后，王微又来电说，是南京国防三处（情报处）直接来抓的。我当时想：这个地区的负责人是一个很坚强的人，抗战时就曾被捕过，很有气节；王金平，大家都称赞他是最老实的；我相信他们两个。所以，我决定不动，静看发展。

没几天，胡宗南派了架小飞机要我回西安。我以为一下飞机就会被抓起来，结果什么事都没发生，下飞机直接送我回家，我还是不动。天黑后，胡宗南召见我，也不讲抓人的事，只问前线情况。最后，看看谈话就要结束，他也还没说这事。因此，我反而问胡先生你找我干什么？他嘿嘿笑笑，说，你到参谋长那里去。去到参谋长家，参谋长告诉我，南京要人，我和胡宗南不同意，但现在南京仍要人，面子上过不去。这样，我就去了南京在西安的看守所，让他们调查。胡宗南的太太还来看守所看望过我。

实际上，那时南京方面早就搜查过我的住所，但是我没留下任何痕迹，什么都没有，查不出什么，只是延安的妹妹来过。胡宗南不相信我有问题，他认为我这人不问政治，与延安的妹妹正常来往，正说明这一点。当天晚上，南京方面的一个处长找我谈话，说，我们知道你有一个妹妹在延安，我们也知道你与她来往多次，我都坦然承认。妹妹两次到西安，两次去延安，都住在我这儿。她从延安来西安生孩子，第一次大着肚子活动就已被特务盯上了。妹妹问我怎么办？我叫她赶快住院生孩子，我还天天去看她。这是个教会医院，有一天我去看她，她告诉我，护士说，外面有人要抓她，但院长不同意，院长说，没出医院我要管，出了医院我不管。现在特务守在医院门口。妹妹让我与八路军办事处联系，夜里派车冲出去。我去了办事处，办事处说，朱德和周恩来要回延安，办事处要派 8 部车送，你妹妹可夹在中间，我当时就放心了。因为胡宗南是周恩来的学生，车队安全大可放心。所以，南京方面查问此事，我也承认两次去八路军办事处。

军统拿不出我"通共"的证据，但也不放人。年底，电台案在案的十七八个人被转押到南京军统看守所，各地的都转过来，我也在列。我是少将军衔，被关押在南京羊皮巷监狱，有军人身份的关在这里，没军人身份的关在老虎桥。书店老板在西安监狱时和我关在一起，到南京后就分开了。后来他是去了台湾，但据说他没有直接把我供出去。我的活动他没讲，我也感觉到是这样，因为公判时审方提到戴中溶与共产党有交往，仅仅是指我有个妹妹在延安的事，没其他事实。入狱后，因为我是军人，胡宗南又是知情人，所以没受过刑。胡宗南总是不相信这事，不想南京方面把事搞大，要不然我被枪毙也不稀奇。

我被押解到南京后，胡宗南也不敢多管了。副官被抓，军统又讲我已经承认好几年前就是共产党，据说，胡宗南因此被蒋介石骂了一顿。北京被抓的人中有一个人是冯玉祥部队里的传教士，冯玉祥得知这个消息，就在美国召开记者招待会，讲蒋政府腐败、独裁，把他的传教士也抓起来了。中外报纸一登，蒋介石只能专门成立特种刑庭，对此（电台案）进行公审。结果有公开枪毙的，有无期徒刑的，我是最轻的，被判 10 年有期徒刑。我们这个案子总共牺牲了 5 位同志，1948 年 10 月 19 日他们在雨花台被枪毙。他们为什么会被枪毙？因为他们每个人都有东西留下，或者电台，或者书面文字。他们没掌握我任何证据，但不管怎样，最后还是给我判了刑。

10 个人的监狱

解放战争时期，南京吃紧，监狱要搬到杭州去。在南京监狱的几千名犯人，很多是政治犯，每天早饭前枪决一批，每天早饭没吃，就打开门叫号，拉出去枪毙。第二天也是这样，后来下午都枪毙人了，之后，余下的人被迁到杭州。最危险是在杭州，国民政府逃到广州去时，杭州又吃紧了。杭州监狱又与南京一样，政治犯一批一批被枪毙，到后来判无期的都被杀了。大家心里没底，我心知我这 10 年徒刑也是假的、装样子的，随时都有可能被拉出去，那感觉真是天天等死。最后，监狱里只剩了 10 个人，都是我们这个案子的军人。为什么？因为他们要打报告问怎么处置？报告打到广州，让转押到上饶集中营。由于路上太乱，回函传到南京去了，南京一查人押在杭州，再往杭州转函转押就晚了。但是当时我们并不知道这些情况，天天就是在等死。

这么大的一个老监狱，都空了，只留 9 个看守 10 个政治犯。大家认为 10 个人要一起死了。

1949 年 5 月 1 日早晨，早饭送来后，门都没锁，吃了饭，也没人来收碗。我们感到奇怪，10 个人一起出去看看，整个监狱什么人都没有！再一起到大门，看到了部队！怎么搞的？昨天夜里听到几声枪响，但没有打仗。我们一看是解放军，就想找部队保护我们，但野战军要继续追击不能停留。我们商量下来还是不动，等进驻部队。到了晚上，进驻部队正愁没住的地方，听市民说这里空着，很高兴就来驻扎，因为杭州监狱很大，可以住 2 000 人。第二天，地下党还没来。第三天，地下党来了。我们说，你们不会不知道我们的情况，怎么不来保护我们！他们说，忙得不得了，但我们知道部队在这里，你们绝对安全。

我们出来找老百姓房子住下，每天有人送饭来，又过了几天。我在《解放日报》上看到杭州市军管会成立，军管会成员名单中有文教部部长顾德欢。名单一公布，我一看，这是我的大学同学啊。我知道这个名字很少重名，但又怕不是他，就写了一封信给他，第二天，他就派警卫员来接我到他那里。嘉定解放后，我要回家，他写了路条，给了我三元大洋。

投身新中国科技事业

回嘉定后，几个同志约我去北京。在北京，我见到了罗青长。罗青长是当年在西安第一个和我联系的共产党方面的人，也是他把书店老板介绍给我的。罗青长安排我到通讯部队工作，从事无线电技术方面的工作，以后，我再没有从事情报工作。新中国成立初，我曾完成开国大典电控升旗装置的研制任务，保证毛主席在天安门城楼上按动电钮后，第一面五星红旗准确无误地升到旗杆顶端。抗美援朝期间，我在解放军通信兵部组织改装日、美遗留下来的电讯器材，装备志愿军。

1958 年后，我调任国务院科学规划委员会新技术室副主任，参加编订我

1979 年《数学年刊》编委第一次会议（前排左五为戴中溶）

国第一个科学技术十二年规划，参与了我国半导体事业的开创工作，参与了上海嘉定科学城的建设实施工作。“文革”中，要查我的历史，罗青长汇报到总理。周总理讲，戴中溶这个人，我很了解，你们不要查了。之后，我被关到牛棚去了，有时陪斗，没有专门斗我，斗也不怕，我等着枪毙都等过了。

戴中溶与夫人杜先玉合影

1972年恢复工作后，我回到了中国科学院，主持西安长波授时系统的设计和建设。当时提出卫星上天，时间要准确到微秒级，我被安排到天文台主持这项工作，因为授时系统归天文台管。搞长波、电波，量测微秒级时间，要把几个测量站联起来，涉及地域广、部门多、工程复杂，难度相当高。科学院让我组织了一支通讯测量队伍，我在海军、空军都有战友，因此还可以出面协调联合攻关，终于解决了问题，建立了我国第一个长波授时台，为此获得中科院科技进步特等奖和国家重大科技成果奖。

林得连

林得连（1911—2014），祖籍福建福州人，生于辽宁省大连市。1927年9月考入交通大学唐山土木工程学院，先后就读补习班、预科、本科，1932年9月转读交通大学（上海本部）电机工程学院。在校期间参加革命工作，1933年2月加入中国共产党，历任交大党支部书记、法南区委兼徐家汇工委书记、闸北区委书记等职。1934年5月因从事革命工作被捕入狱，直至1936年12月“西安事变”后出狱。新中国成立后进入教育界，先后在上海市和建初级中学、新沪中学、五十二中学等任教。

采访中，林得连回忆了他从交大唐院转学上海本部、秘密加入中国共产党、毅然投身革命熔炉的故事，介绍了1932至1934年在白色恐怖笼罩下地下党组织领导青年学生开展爱国革命活动的情况。

一腔热血为革命

口述：林得连

采访：陈　泓、龚诞申、孙　萍

时间：2006 年 5 月 31 日

地点：上海林得连寓所

记录：孙　萍

编者：孙　萍

从唐山转学至上海

我原本在交大唐院读书。交大唐院从预科开始招生，还有补习班，相当于高中。我在东北的辽宁第一高中读书时就羡慕交大唐院在全国的名气。交通大学教学严格，入学难，毕业也难。教师大多是留学博士，全部用英文授课。在青年人眼中，考上交大，比考取清华和北大都来得光荣。1927 年我高中毕业后，考进了交大唐院补习班。对此，我父亲非常高兴。父亲是北大毕业的，学工程，他希望我也走这条路。我在交大唐院读了补习班，预科一二年级，大一、大二，沿着我父亲的道路专攻土木工程。

为什么我要从唐山转学到上海呢？我在交大唐院读书的时候，知道了中国共产党在上海成立，知道了南湖和毛泽东、周恩来、朱德。我思想左倾，对共产党仰慕。1931 年东北“九一八事变”，日本人欺负我们。我祖父非常痛恨日本人，我从小受祖父影响，也痛恨日本人。读书的时候，家乡东北三省丢了。另外，我们非常敬佩的少帅张学良是不与日本人调和的，怎听了蒋介石的命令撤退了？我们气张学良不争气，恨蒋介石卖国。又知道共产党打出旗号“反日救国”，要求“国共合作，统一抗日”。我心里就想着要参加共产党，认为国家到了存亡之际，书念不念已经没什么关系了。那怎样才能找到共产党呢？我听说上海共产党员多，工厂里有，学校里也有。于是我向校方提出：我对土木工程没兴趣，想改学电机，希望能转学到上海本部就读。唐院同意了，上海本部也愿意接收，毕竟这是同一所学校嘛。

1932 年 9 月我进入交大上海本部的电机工程学院，从一年级开始重新读。交大的老师兢兢业业，很负责，认真教学，留给我们学生的印象都很好。老师也都是留学回国的，用中文讲课。教材有中文版的，也有从国外引进的英文版。我学电机的，对教物理的老师比较满意。国文课是有的，但我们学工的，对此不以为然。因为我在上海本部待的时间短，所以具体也记不清楚了。总体印象是：交大老师满脑子科学，不问政治。

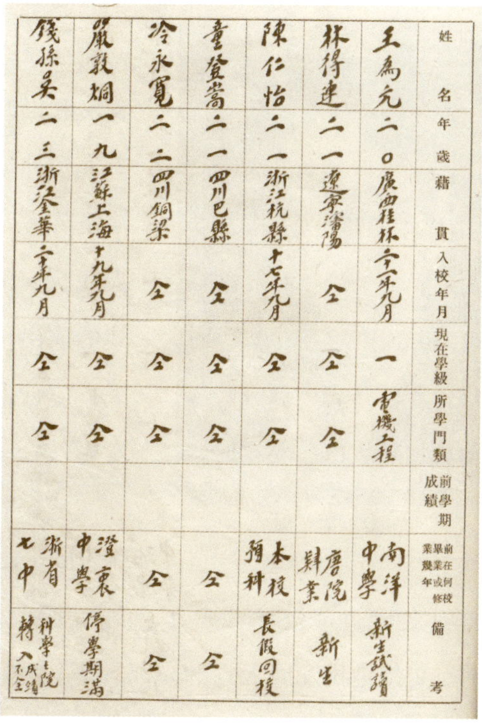

姓名	年歲	籍貫	入校年月	現在學級	所學門類	前學期成績	前在何校肄業或畢業年	備考
王爲元	二〇	廣西桂林	二十一年九月	一	電機工程		南洋中學	新生試讀
林得連	二一	遼寧瀋陽	仝	仝	仝		唐院肄業	新生
陳仁怡	二一	浙江杭縣	十七年九月	仝	仝		本校預科	長假回校
童登嵩	二一	四川巴縣	仝	仝	仝		仝	仝
冷永寬	二二	四川銅梁	仝	仝	仝		仝	仝
嚴敦炯	一九	江蘇上海	十九年九月	仝	仝		澄衷中學	停學期滿
錢孫吴	二三	浙江金華	二十年九月	仝	仝		浙省七中	科學七院轉入 成績不全

1932 年交通大学学生名册，林得连从唐山土木工程学院肄业，入学上海本部电机工程学院

1933 年加入中国共产党

1932 年我转学到上海后，找党组织找得好辛苦。因为不能公开问，和同

学只能谈抗日、现状和对当局的看法，而且国民政府在上海是要抓共产党员的。那时上海有中国共产党领导下的进步团体：左联、社联、影联、剧联、妇联、学联、工联、反联。[①] 因为我爱好戏剧，认识了剧联的同志，加入剧联，参加演出独幕剧《放下你的鞭子》。后来我又参加了社联，由社联的同志介绍我认识了顾文卿。经过近一个月的考察，1933 年 2 月顾文卿介绍我入党。那时交大党支部书记就是顾文卿，他是机械工程学院三年级的学生。我是在学校里进行入党宣誓的，晚上找一个没人的教室，墙上挂一面镰刀斧头旗，我宣誓时顾文卿在场。

之后，交大剧团要演戏，请来电影导演、戏剧活动家应云卫。活动期间，应云卫看中了我，我又和影联的同志认识了。1933 年 9 月，应云卫在校外导演大型话剧《怒吼吧！中国》，著名演员陈波儿等出演，在霞飞路（现淮海路）黄金大戏院演出，很卖座。应云卫请我去参加这部戏的演出，经过组织同意，我在戏中客串一名工人。应云卫对我的表演很满意，又叫我参加演电影，这一次顾文卿没再同意了。

1933 年，林得连就读交通大学电机工程学院时留影

我入党后不久，担任交大党支部的宣传干事，组织干事是王骥，他是电机工程学院二年级学生。经过一段时间努力工作，又吸收了几名学生入党，其中汪导淮、邵震华、文哲是我发展入党的。邵震华、文哲都是管理学院一年级学生。汪导淮就是后来担任上海市市长、海协会会长的汪道涵同志，汪导淮是他在交大读书时所用的名字，当时他读物理系一年级。那时，我们在体育馆、图书馆、教室散发宣传抗日救亡思想的传单，趁着没人，将传单夹在书橱里，摆在桌子

① 反联，全称反对帝国主义大同盟，又简称反委。它是由法国作家巴比塞、罗曼·罗兰，苏联作家高尔基和中国宋庆龄女士等一些著名人士，于 1927 年 2 月在比利时首都布鲁塞尔发起成立的一个国际组织。1929 年 7 月，在中国共产党的领导下，该组织首先在上海建立上海反帝大同盟。随即，全国各地也先后建立了反帝大同盟。

上。汪道涵看到了这传单，我说我也看到了，两人就谈论传单上的内容。我们越谈越投机，话题内容扩展到政府、政党，慢慢产生偏向，我骂国民党，他不反对。认识并熟悉以后，我介绍汪道涵参加社联，1933 年 3 月发展他加入党组织。他入党宣誓时，我和顾文卿都在。

2003 年 10 月，林得连与汪道涵重逢合影

当时很多人喜欢看电影、看戏剧，汪道涵没有这方面的兴趣。在我印象中，汪道涵喜欢看书、看杂志，喜欢阅读左翼文化书籍，譬如鲁迅的文章。他看起来非常文雅，体育方面也没有特别的爱好。当时我们在学校的体育活动是打网球，学生都会打，下了课到操场上活动活动，但不算他的爱好。

交大党支部的活动十分活跃，洒下了许多革命种子。我们组织读书会，读左倾为主的书籍。张大奇参加过读书会，他比我高一个年级，是电机工程学院二年级的学生。那时待发展的学生党员对象，记得名字的有林仁穆、章鸿志、章鸿业、余若陶、张大勇等。我们还想发展抗日将领方振武的儿子方心诰。方心诰是管理学院一年级学生，有一次学校举行国文演讲比赛，我和他都参加了。他演讲的内容是谈怎样学习好，为祖国效力。他很有演讲天分，得了第一名。比赛后，他在学校里出名了。我们认识后，总是谈一些

1933年4月，方心诰获交通大学（上海本部）国文演讲比赛第一名的奖杯

进步的事情，想要发展他。但蒋介石对他父亲不满意，方心诰不得不离开上海，去了英国。他离校的时候，将他的桌子等送给了我。我一直使用他送给我的东西，所以很怀念他。直到1997年香港回归之际，我在报纸上看到报道：方心诰妻子方召麐将当年方心诰在国文演讲比赛中获得的奖杯赠送给交大，表达对母校的怀念之情。这样，我才得知方心诰已经去世了。

交大党支部包括学生党员和工友党员，加在一起有十来个人。为保密安全，我们开会学习是分开的，学生在一起，工友则是另外的，由冯柏根组织。工友党员有七八个，冯柏根是化学实验室的工友；冯寿宝是卫生室的工友；管图书馆和物理实验室的工友是我们的同志，他们好像叫老范和老钱；学校看门的警卫中有两人是我们的同志，名字记不起来了；还有体育馆的工友也是我们的同志。在校外卖馄饨的老周也是党员，区委同志对我们说，有需要可以和他联系。我还吃过老周的馄饨。

当时学校有一个附属的平民夜校，经费由校方负担，教师由学生担任，归学生会管理。顾文卿活动能力很强，通过学生会将这所平民夜校拿下了，成为我们活动的据点。汪道涵主持平民夜校的工作，我在夜校做老师。夜校学生有近30人，都是附近失业的年轻人。不久，在夜校学生中发展了两位党员。一位女党员叫林娟，后来她和我结为夫妇。林娟的家住在徐家汇天钥桥路11号，这里在一段时间内作为党的地下交通站。她母亲同情革命，曾因涉嫌参加地下党的活动被捕。老人一口咬定儿女的事情一概不知，关了几个月后被释放。一位男党员叫宋一民，帮助我们油印宣传品，大大加强了我们活动的力量。

升红旗、散传单和飞行聚会

“九一八事变”之后，我们的工作以爱国反帝宣传为主，痛斥国民政府不抗日的罪行。一时间，交大党支部的工作开展得轰轰烈烈。

1933 年五一国际劳动节，我们在校内升起了红旗。红旗及旗面上的斧头镰刀图案是由林娟制作的。我们把事先做好的红旗交给工友同志，在五一前一天半夜里升起在校内楼顶旗杆上。天亮后，红旗飘扬，校方大为震惊，迅速取下，然而一直没有破案。

我们经常在校内外散发传单。有些传单是上级发下来的，有些是我们自己起草的，主要内容是宣传抗日救亡、反帝爱国思想。刚开始比较困难，深夜趁着没人在实验室里印传单，后来在平民夜校印传单，就方便多了。

1933 年三四月间，学校举办工业及铁道展览会，外来参观的人很多。我们利用这个机会，油印了许多宣传单在校园内散发，放在树下路边、图书馆里、体育馆里、食堂里、展览厅里，到处都是。年轻人胆子很大，散传单不再是偷偷地放，而是白天到处乱洒，当然尽量不要让人看见。冯柏根胆子很大，在体育馆人多的时候将传单“唰”一下洒出去，紧接着，他跟着别人一样在地上拾传单。我在一旁看到了，别人没看见。我说：“你这么大胆，这么多人也洒。”他说：“这有什么，别人又没看到我。”一时间，搞得学校很震动。校方与警方联系，派来几十个警察在校园内站岗，还安放了几个探照灯，在夜间用强光扫射人行道及阴暗处，却毫无所得。见此，我们偷偷地笑，心中一点也不怕。

靠散发传单，我们还发展了两位东亚同文书院的朝鲜学生。有一次吃过午饭，顾文卿问我：“考虑不考虑安全?”我说：“当然要考虑啊。”他说：“完全考虑安全就什么事情也别干。”他又问：“你有没有思想准备?”这话我明白，说：“有。”他说：“好，我们今天出去来一个，干不干?”我问：“干什么?”他说：“我们到马路上散传单，你干不干?”我说：“这怕什么!”于是我们就去了，拿着抗日传单到同文书院附近的街上去散发，看到人就递。当时还碰到警察，不怕，照旧散发，警察倒是没过来抓我们。凭着这传单，我们认识并发展了同文书院的两位朝鲜同志入党。这两位朝鲜同志很积极，在马路边墙面上刷传单，还拿粗毛笔在法租界街上写标语。法租界巡捕只得拿了水去洗，一边洗一边骂“是共产党干的”。刚洗掉没几天，墙上又被写上了。同文书院没有单独成立支部，从组织关系上说，这两位同志属于交大党支部的。我离校以后，就不知道这两位朝鲜同志的情况了。

林得连（左）接受母校校史人员的采访

当时还有一种革命方式叫“飞行集会”。1933 年 7 月，法国进步人士、著名作家巴比塞来上海访问，省委组织欢迎会。法南区委要求交大党支部组织一次欢迎巴比塞的街头飞行集会，地点在法租界马浪路（今马当路）。交大支部十几位党员和社联成员都参加了，法南区的同志也大多来了，总共一百多人。怎么认出是来参加大会的同志呢？大家都在马路边上站着，十字街头，四面都是，等着开会。我们印了许多宣传品，内容是我起草写的，署名为“欢迎巴比塞委员会”。我接受的任务是：听到鞭炮响，我就要站在高处发表欢迎词，号召大家。我就找了个高些的地方，在一旁等着。汪道涵、文哲等都和我并排站着。集会地距法国巡捕房很近,法国巡捕骑着摩托车赶来,有 20 多辆,在马路上巡逻着,但没有动手抓人。我一看这形势很紧张,马路上行人不多,都是我们参加飞行集会的同志。鞭炮响了,这是区委的命令下来了。我服从命令登高一呼,结果法国巡捕停下车抓人,我没说几句话就被逮住了。法国巡捕倒是没有去追捕参加集会的同志,按照西方的规矩,将人群驱散就了事了。因为我是发言者,所以把我带到了巡捕房。当时我们参加革命活动,早就做好牺牲自己的准备,而且我已经有过一次被抓的经验,所以一点也不怕。他们问我干啥?我说:"欢迎巴比塞,欢迎你们国家的人。"法国人拿了宣传单看,还请中国人翻译,看了以后说"欢迎我们国家的人,没有什么",还问我是哪里的,我说是交大的,他就吩咐"送他到交通大学去"。他们将我送到交大门口就走了。为谨慎安全起见,组织上对我审查一个月,确定没问题后再恢复我的活动。回想起这件事情很有意思,我们那次飞行集会还算幸运,没有损失同志,但有的飞行集会损失了不少人。

现在回过头来看,当年党的领导路线"左"倾冒进,这在当时的运动中是有体现的。省委领导区委,区委领导交大。我们支部在交大也是蛮干,但区委对此很支持,说"干得好"。我们越干越起劲,其实在敌人面前暴露自己了。

白色恐怖下的真假夫妻和接头暗号

1933 年暑假,我没有回家,就留在上海做一些工作。这之前,顾文卿调到法南区当区委书记,我接任交大支部书记,王骥继续担任支部组织干事,汪道涵担任支部宣传干事。

不久,法南区委和徐汇区委遭到大破坏,顾文卿告诉我们组织上号召我们离开学校,出来领导法南区和徐汇区的地下工作。我们纷纷响应,先后离开了学校。出来的同志有汪道涵、邵震华、文哲等。按照组织规定,我们开展地下工作只能是单线联系,不可以有横向联系,以确保组织安全。我离校后出任法南区委兼徐家汇工作委员会书记，交大支部书记由冯柏根继任。我的上级领导是顾文卿，单线联系。至于汪道涵、邵震华、文晢三人做何工作，因无横向联系，就不知道了。

在校时，学校宿舍很宽裕，住宿条件很好。一年级时，我们住在中院旁边一幢两层高的小楼，离图书馆比较近。二年级时住中院，我住在二楼一间朝南的寝室，房间内有暖气。顾文卿等三、四年级学生住执信西斋，房内有书橱、衣橱、写字台、椅子，条件更好。但为了革命，我们毅然离开了学校。我在租界找房子住，住亭子间，两块钱(即 2 个银元)一个月，便宜的一块钱一个月。为了安全，每隔一个月就搬一次家。租界里相对安全一些，法南区委在租界，省委也在租界。顾文卿和我都在法租界租房子住，但彼此不知道住址。

林得连与母校采访人员合影(左起：龚诞申、林得连、陈泓、孙萍)

为掩护身份，还必须夫妻两人在一起。不是夫妻关系，就由组织安排未婚的一男一女住在一起，做假夫妻。假夫妻如果相爱了，经过组织批准，就结为真夫妻；如果觉得不合适，可以换人。租界的巡捕是不管我们的，但国民党派了许多特务，也在租界内活动。他们知道共产党人穷，遇上年轻的单身汉，不论男同志还是女同志，就特别注意，要盯梢。夫妻两人一起住，就不太引起他们的怀疑。后来，顾文卿与上海美专一名叫小方的女生结为了夫妻，我与林娟结为夫妻。

我父亲是高级工程师，我来上海读书，他每月给我寄 20 块银元。我在学校饭费花 4 块，其他没什么太大的花销。20 块银元花不完，存了点钱。离开学校后，我家庭关系断了，经济来源也断了，又没有工作，怎么过日子？就靠以前存着的一点钱。外边租房一个月 2 块银元，吃饭可怜喽，哪里敢吃啊，每月用不到 2 块，只吃阳春面（光面）。就这样过日子，毫无怨言。我知道，组织上也困难。我在法南区委时，没向组织诉说困难，也没要过钱，就靠自己。最困难时，我将大衣卖了，将西装卖了。后来我被调到闸北区委，自己的存钱全用光了，就向组织上说，我家庭经济来源断了，实在撑不下去了。组织上就每月给我 4 块银元，天冷了，还给我买了顶帽子。4 块钱，要租房，要吃饭，也不够啊，就住最差的房子，饿肚子也不计较。

我担任法南区委、徐家汇工委书记的时候，负责联系交通大学、法学院、光华大学等几所学校。每个学校的党员都不多，只有几个人。交大算是最兴旺的，我们在学校里闹得翻天覆地的情况在其他大学内流传着。我还联系上海唱片厂、冰糖厂、五洲肥皂厂、丝绸厂。这些厂里都有我们的同志，他们不是我们发展的，而是组织交给我们去联系的。另外，徐家汇公安局一位名叫刘国璋的同志也归我联系，这同样是组织交下来的。

1934 年 1 月，闸北区委遭到大破坏，省委调我出任闸北区委书记。我将联系交大的关系交还给顾文卿，此后我没再和顾文卿联系过，对交大情况也就不了解了。到了闸北，领导我的人是省委的一位老同志，年纪比我大，他叫我称呼他老徐。老徐告诉我，闸北区整个破坏了，现只有我一人，下边的关系只有复旦大学及暨南大学，具体的工作是开展反帝大同盟的宣传和组织工作，一切宣传品由他提供。我定时定地与这两所大学联系，送宣传品给他们。复旦大学的学生姓金，暨南大学的学生连姓名都不肯说，只记得他是广州人。在此期间，除了进行反帝大同盟的抗日救国宣传活动外，组织发展工作没有做。

那时，白色恐怖十分严重。我和老徐怎么联系的呢？我不知道他的地址，他知道我的地址。我们一礼拜联系一次。在他来的那一天，我一早起来，把安全暗号摆出去。前一次碰面时约好下一次的安全暗号——摆花盆、挂某样东西等，不仅描述清楚，还将用作暗号的物品拿出来给他看过。比如摆花盆，平时我经常放花盆的，要约好摆什么花盆，怎么摆，区别很小，不能让特务怀疑。下一次看到安全暗号，就进来；没看见，就别进来。

1934 年 5 月初，我在租界散发反帝大同盟的宣传单，被特务盯梢。当我走到中国地界，准备去暨南大学时被捕了，我手中还拿着宣传单。先后经过南市区公安局和龙华警备司令部审讯，为了保密和自身安全的考虑，我只承认是宋庆龄领导下的反帝大同盟的成员，任凭盘问拷打，其他都一概不承认。被拘留两个月后，我在龙华警备司令部军事法庭上被判刑 5 年，罪名是危害民国，证人是捉我的特务，证据是我手中的宣传单。此后被关进漕河泾监狱，父亲恐我死在狱中，设法求人保释我。1936 年 6 月，我被保释出狱，但又被送进苏州反省院。半年后发生“西安事变”，国共合作抗日，所有政治犯都放了。我也算幸运的了，坐了两年牢，被释放回家。

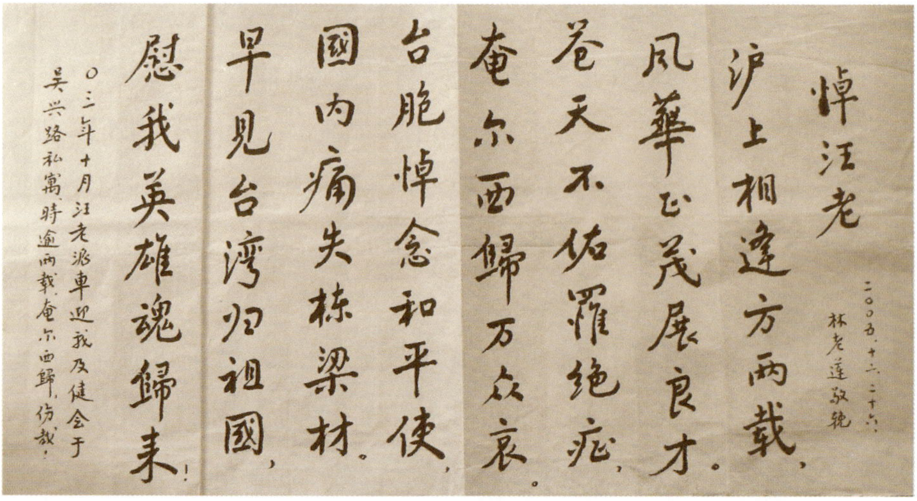

林得连亲笔题写的挽诗《悼汪老》

离开苏州反省院后，我立即返回上海，和林娟一起到交大去找旧日的同志，想恢复组织关系。不料，我找到冯柏根后才知道，交大组织已被破坏，冯柏根也失去组织关系多时。在上海住了两个月，无计可施。为了生活，我只好遵父命，同林娟一起回到西安家中去了。

张大奇

张大奇（1913—2009），原名张景斐，山东黄县（今龙口市）人。1930年9月考入交通大学电机工程学院。在校期间参加革命工作，1933年加入中国共产党，后与组织失去联系。1935年7月毕业。1945年赴美国留学，1946年获密西根大学机械工程硕士学位。同年在美国西屋电气公司制造厂实习，后任美国中国发动机公司制造厂厂长。1949年回国，1955年重新入党。历任东北工业部电工局制造处副处长，第一机械工业部第八设计院总工程师、院长，第一机械工业部科学技术情报研究所所长，机械工业出版社社长等职。高级工程师。中国电工技术学会第一、二届常务理事。曾参加编纂《机械工程手册》《电机工程手册》；参加编写《中国大百科全书·机械工程》，任编委会副主任；主编《中国电器工业发展史》，任编委会副主任。

采访中，张大奇回忆了青年时代在交大求学的校园生活以及给他留下深刻印象的老交大名师，讲述了他投身爱国救亡运动、从军抗日、秘密入党的故事。

交大求学的那五年

口述：张大奇

采访：范祖德、欧七斤、孙　萍

时间：2006 年 7 月 19 日

地点：北京张大奇寓所

记录：孙　萍

编者：孙　萍

入学交大　德智体并重

交通大学原名南洋公学，是当时国内最著名和最难考取的大学。1930年，我考进交大。我为什么会考交大呢？我在乡下读书，父亲是老秀才，喜欢念书，自己也搞教育。后来送我进南开中学读书，希望我将来能上大学。就读南开期间，因母亲去世，我的学业耽误了一年。当我读高中二年级时，原先和我同班的一位三年级同学熊汝达对我说："我要去考交大，你也去考，我们一起考吧。""好。"我不假思索地回答并报了名。由于我还没毕业，同学帮我搞到一张辽宁省昌图高中"张大奇"的毕业文凭，我拿着它去报考交大，一考就考上了，愉快的心情是不言而喻的。我原名张景斐，从这时起改名张大奇。

我进入交大后，感受到欣欣向荣的气象：新来的校长是黎照寰，他立志要将学校办好；学校正在新建工程馆、总办公厅和其他配套建筑，甚是热闹；校园中央有大草地，草地后面有一个足球场。后来，我了解到学校的历史、教学，以及一切与教学有关的情况，得知这个学校基本上是模仿美国麻省理工学院建设起来的，所有课程设置、教材课本、教学方法都完全借鉴该校。建校之初大部分教授是从美国大学请来的，后来中国留学归国的学生多了，逐步接替了外国教授工作。我到学校时已全部是中国教授，但很多教授还是用英语讲课。部分课本仍是采用美国相应大学使用的英语原版教材，也有部分是教授的自编教材。学校的学习气氛很浓。

当时交大的教育宗旨是贯彻“建教结合”的精神，培养具有高深学问的工程师、科学家、经济家、管理家，为社会输送适合于铁道交通建设的专门人才。为达到这样的培养目标，学校十分重视招生质量，取材不取势。只要学生成绩合格，虽然家境贫寒，也大加欢迎；如果学生考分不够，即便是豪门巨绅之子，也被拒之于门外。学校非常重视基础理论教学和基本技术的训练，实验、实习、设计、专家演讲和参观学习相结合，力求做到理论联系实际，学以致用。以我们电机工程学为例，第一、第二年注重基础课学习和工厂实习；第三年上电机工程专业课和相关实验；第四年学发电厂及电力系统专业

1931年，交通大学工程学院一年级丙班学生合影（后排右二为张大奇）

课，另外加上大量习题，供学生练习研究，以便更好地提高学生自动探讨学理的能力。学校还对学生严要求，严考核，主张智德体并重，要求每一位学生力争达到才智丰、体力雄、志行高。所以交大毕业生一出校门，大多成为用人单位的抢手货。当时学校归铁道部管辖，学生毕业后按规定全部由该部聘用，待遇也是比较好的。但还有不少的毕业生被聘到其他单位。

1933 年 4 月，学校举办规模宏大的工业及铁道展览会。我被指派为展览会工作人员，做帮助接待老校友、管理铁路模型的运行等服务工作。在展览会工作时，学校的一位助教对我说："这个学校，只要你进来，就会被这里的学风感化，一定会变成个'读书虫'。就怕你太用功，把身体搞坏了。"他劝我多参加些体育活动，他还说交大的体育馆在上海是一流的。后来我自己在交大 5 年的求学经历也证实了这位助教所说的话是非常真实的。

交大不仅注重读书，还注重体育。学校足球不错，我刚进学校时有一位守门员很有名，经常到东亚各地区参加比赛。据说他在船甲板上看到鸟儿飞过，能一跃而起将鸟抓住。我参加了交大篮球队，并被选为篮球队长。我们经常参加上海业余篮球队的比赛。我读二、三年级的时候，有一次美国海军陆战队来上海访问，我们和他们的篮球队在校外进行比赛。虽然交大篮球队有位中锋个头最高，是 1.9 米，但总体来说我们队员要比对方矮许多。体育馆主任申国权说："今天我们打美国人，怎么个打法呢？高人打高仗，矮人打矮仗。我们就使用'下三路'打法。"于是，我们对攻防策略进行了仔细的研究，加上我们对于比赛输赢没有心理负担，居然打赢了美国海军陆战队的篮球队。对于我们来说，这是很了不起的。这次来访中，美国海军陆战队篮球队打败了上海的其他学校，就交大打赢了他们。交大篮球队和沪上所有学校都进行过比赛。一开始我们实力不太行，后来比较好了。我们不怕输，就能打得好，这是申国权教给我们的。

我夫人茅於文是交大管理学院毕业生，她是茅以升的侄女。她也爱好体育，是交大网球队队员。她考进交大前获得过全国第一个网球女子单打冠

1934 年身着交大篮球队服的张大奇

全国网球女子单打冠军、交通大学 1936 届管理学院财务管理科毕业生茅於文

军。当时我读交大二年级，听说有位冠军来了。正好她哥哥茅於恭是我同届同学，读机械工程学院二年级。于是他介绍我俩认识，后来茅於文成为我的妻子。

名师荟萃　各具特色

在交大读书，给我留下很深印象的是，虽然把书读好是一件很难的事，但入学一段时间后我们就发现，交大教授们各有各的教学特色，他们通过不同的教学方法，能帮助学生把学习从难变成易。学生和教授们关系很好。我认识的交大教授中，没有一位是不愿帮助学生解决学习上的难题的。

交大老师都非常厉害，他们大多毕业于美国大学，用英语授课。一开始我心中发毛：英语上课，我能听懂吗？第一天上英语课，唐庆诒老师先让同学们说几句英文，他一听就能知道：哪位同学是无锡人，哪位是广东人，哪位是江北人（苏北人）。我觉得奇怪，老师怎么都能听出来呢？唐老师说："中国人讲话都带有口音，但我们讲英语就必须像个英语。”唐老师虽双目失明，但英语非常精通，只要学生讲一句英文，他就能听出发音上的毛病并教我们如何才能学好。这给我留下了很深的印象。

化学教授徐名材专教一年级的化学。每次上课，他把书本往桌上一放，说：“Please turn to page ...”接着一字不差地用英文背诵那段课文，然后用英文讲解。他能把厚厚一本书的内容概括到最关键的几个段落，上课时只详细讲解这几段，其他内容让我们课后自己去学。他说：“如果我一段一段地讲，一年都讲不完。只要你把关键的这几点弄懂了，就可以把一大片内容都搞通。”凡是课上讲的内容，徐老师都讲得很熟。同学们调皮，私下里琢磨：挑不讲的部分提问题，看看徐老师的水平如何。一提问：“第……页有个问题……”徐老师马上滔滔不绝并且非常清楚地解释给我们听。同学们心服口服：这个老师不简单！徐老师还担任一个化学工厂的总工程师，他在课上给我们讲了许多化学专业用语。同学们听了觉得很好玩，原来化学包括这么多丰富有趣的内容！大家的学习兴趣都被调动起来了。应该说，徐老师教出来的学生，化学都学得很好。

张大奇及其家人与母校采访人员合影

应用力学教授杜光祖讲课十分形象，让学生易学难忘。例如讲惰性，他不拿任何书。开始上课时，从长袍口袋中取出一个乒乓球，放在桌子一边，用手压一下，把球推向前方旋转而去。球到了桌子那头，又返回来了。这一动作一下子吸引住了同学，然后他把刚才的动作一一作了解释，接着写了一个公式，把什么是惰性讲得非常透彻。学生们都爱上他的课，没有不佩服他的。到现在我还清楚地记得他讲的这一原理。

交流电机课教授钟兆琳住在校内教授宿舍，在家里吃好饭，由太太送他到教室门口来上课。钟老师还是华生电器厂工程师，所以有许多实践经验。他讲电机，不仅讲课本理论，还用工厂的经验讲述电机是如何制造、计算的，曲线图讲得很清楚，使学生对电机如何运转理解得很透。他还带我们到华生电器厂实地参观，并说：你们有兴趣，毕业后可来这里工作。钟老师也用英语上课，他喜欢说："My professor Karapetoff ..."Karapetoff（卡拉比托夫）是钟兆琳留学美国康奈尔大学时的老师。我们就学他，当见到钟老师走过来，就说"Karapetoff"来了。

物理教授裘维裕用英文讲课，喜欢加"s"，如"It must be ..."说成"Its must be's ..."。后来他的助教代上课，又将"s"去掉了，说成"It mut be ..."。我们回答问题时学着这样说话，惹来课堂上一片哈哈大笑。虽然学生们很调皮，但我们心中对老师是非常敬重的。裘老师讲课的特点是不仅讲书中的理论，还有他自己的心得笔记。他按自己归纳的问题，一个问题一个问题地讲，既简单又好记。

教热力学的陈石英教授，我常常向他请教。他不仅有学问，工厂实践的经验也多，更重要的是他会向大家推广好学生的经验，鼓励学生去图书馆看杂志，多学课外的东西，跟踪世界上的热力学新问题。有一次他问我："你认为你们班上谁学得最好？"我提出一名同学，理由是他学习最用功，听课最认真，老师讲课内容我们有不懂的去问他，他都能讲清楚；他考试分数也很高，总是排在第一、第二名。陈老师听后说："嗯，有可能。但我告诉你学校里学得最好的学生是钱学森。"理由是他最会学习，经常去图书馆。我说我也每

1935 年，张大奇获交通大学电机工程学士学位

天去图书馆看书，花上 1 小时阅读老师指定的参考书，消化当天学到的新知识。陈老师说："没有一种教科书能教给学生全部的知识。学习最好的办法就是自己找书看，交大图书馆每月都有不少国外新出版的科技杂志。钱学森就经常在图书馆翻阅这些杂志，了解科学技术最新的知识。他不满足课本上的知识，不断求新，并总能从新的角度提出他的问题。这才是正确的学习方法。经验说明如果学生真正能做到门门通，将来离校工作时解决问题的能力就更大些。"后来我就按照这个建议常常去图书馆看书学习新知识，受益匪浅。

爱国救亡 从军抗日

1931 年 9 月，日本帝国主义在中国东北地区制造了震惊中外的"九一八事变"。在民族存亡的危急关头，广大青年学生奔走在反日斗争的前列。

不久，上海的大学生组织起来要去南京请愿，要求国民党政府对日宣战。我和几位同学决定参加请愿团。上海市政府知道后，不让学生坐火车，我们便找到交大一位会开火车的同学，自己开了一列火车去南京。我们在国民政府门前静坐，等蒋介石出来见大家。后来蒋介石不得已只好出来见我们，他说："你们要打仗可以，但要等；我不能说打就打，还要准备。"同学们知道他很坏，看出他是在耍滑头。后来我们只好回上海了。

1931 年底，我遇到了之前参加活动的人要我组织交大的同学参加游行，要求释放别的学校一位被捕的同学。于是，我动员了陆家琛、徐威等同学和上海大学几位同学一起参加了游行，还在枫林路上海市政府大楼前参加静坐。

1932 年 1 月，"一·二八事变"爆发。由于在几次活动中认识了校外的

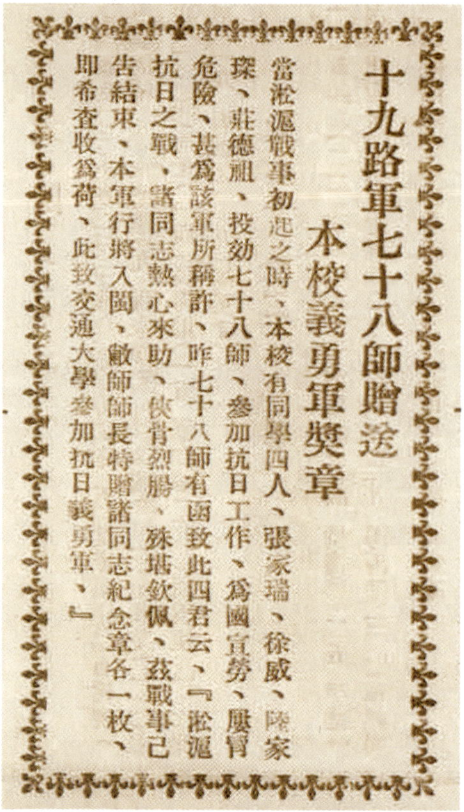

十九路軍七十八師贈送本校義勇軍獎章

當淞滬戰事初起之時、本校有同學四人、張家瑞、徐威、陸家琛、莊德祖、投効七十八師、參加抗日工作、爲國宣勞、屢冒危險、甚爲該軍所稱許、昨七十八師有函致此四君云、『淞滬抗日之戰、諸同志熱心來助、俠骨烈腸、殊堪欽佩、茲戰事已告結束、本軍行將入閩、敝師師長特贈諸同志紀念章各一枚、即希查收爲荷、此致交通大學參加抗日義勇軍、』

1932 年 6 月 25 日,《交大三日刊》登载新闻:十九路军七十八师赠送本校义勇军奖章,表彰交大学生参加抗日义勇军的壮举

一些进步同学,他们便邀我一起参加十九路军打日本。我和陆家琛、徐威等四五个交大同学与校外同学共十几位,结伴到真如镇参加十九路军抗日。我们是自发去的,没有组织。蔡廷锴军长接见了我们,他欢迎我们留下来一起对日作战,并马上给我们发了军装。我们主要搞后勤工作,负责运输军用物资,有时也上前线。我看到一位士兵用自动步枪打下了一架日本飞机,飞机坠地焚毁,日本飞行员被摔死。大家可勇敢了。这段参加抗日战斗的经历虽然时间不长,但见闻颇广,令我终生难忘。

一个多月后,我们这支学生军分别得到小队的许可离队回校。因战事影响,学校被迫停课,校园内找不到人。于是,我去了清华大学借读。本来我能在清华一直读下去,但我发现清华和交大不一样。清华的学生模仿美国大学生对新同学进行“Toss”(丢来丢去的),把他们搞得很惨。我心中很反感,所以在清华借读半个多月后我又回到交大,向学校说明情况。因为我返校迟了,按学校规定我留了一级,重新从二年级读起。

追求光明　秘密入党

我在南开中学读书时参加了东三省研究会,搞些社会调查,了解到中国

工人的居住条件太差，生活非常艰苦；中国人进日本租界时要向日本人敬礼，国民政府对此不闻不问。所以我在南开时就知道国民党的坏，但是对共产党并不了解，更不知道共产主义是怎么回事。

我在南开中学的一个同学叫许邦友，听说我考取了上海的交通大学，就把他在交大读书的哥哥许邦和①介绍给我。1933 年学校举办工业及铁道展览会期间，我有机会见到很多人，于是便打听许邦和的下落。我发现被问及的人，都迟疑一下然后告诉我不要找他，说他被开除了，我问为什么被开除，他们也不知道。后来终于在中院外面的一个露天走道里找到了他。许邦和长得很好看，人很稳重。他非常热情，讲了他被开除的原因。因为他是共产党员、党支部书记，由于他不小心告诉了一些人，结果被人告发，所以被开除了。当时国民党正在江西打共产党，许邦和向我介绍了中国的时局，他说国民党是卖国的，中国靠蒋介石不会有出路，只有靠共产党。他讲述了很多共产党如何如何好，还谈了一定要抗日救亡，坚决反对国民党不抵抗政策。听了他的介绍，我对共产党很有好感，特别是他表现得那么镇静，给我留下很深的印象。在以后的一个多月里，我一直与他联系。后来他生病，住进红十字医院，不久便病逝了。

1932 年下半年，东北学生王骥②从科学学院转入电机工程学院二年级，他和我同班，又住同一个宿舍。我向他了解张学良的情况，当时我认为东北军是因为不抵抗日本才进关的，对此感到非常气愤。王骥便向我解释说是蒋介石不抵抗，张学良接受蒋介石的命令也没办法。这样使我对东北形势有了些了解。我们逐渐熟悉起来，也很谈得来。

有一次，王骥问我学校里有没有党支部，我说：以前有，党支部书记是许

---

① 许邦和(1910—1933)，江苏吴江人。1928 年从南开中学考入交通大学电机工程学院。1930 年 8 月加入中国共产党，1930 年秋至 1931 年“九一八事变”前夕任中共交通大学支部书记。在校期间因从事革命活动被淞沪警备司令部拘捕过数次，1932 年 9 月被学校开除。1933 年因病逝世，年仅 23 岁。

② 王骥，1930 年 9 月考入交通大学科学学院，1932 年 9 月转入电机工程学院二年级。1932 年下半年加入中国共产党。1934 年 2 月停学离校。

邦和，我同学的哥哥。但现在党组织的情况怎样我不清楚。王骥根据上级的指示提出要在校内重新成立“建党小组”的想法，并要我一起做这件事。我这才知道他是共产党员，但我不是，我说我怎么能参加做这事，他说我介绍你入党。经上级党组织同意，1933 年我加入了中国共产党。王骥特别强调：因形势不合适，不便在学校举行什么仪式，有什么事由他与我单线联系。

由于党员人数太少，王骥提出要我发展党员。经过观察和了解，我发展了 2 位工友入党：一位是姓王的工程馆工友；一位是给学生洗衣服的工友，他家是农民，生活非常苦，我曾去过他家。于是我们 4 人就组成了党小组，王骥是负责人。

当时的活动主要有：一是组织同学到街上写标语，我和同班同学郑世芬组成一组，到徐家汇，他负责放哨，我在大街墙上写“打倒国民党、打倒蒋介石”等标语。我们还组织去农村向农民宣传共产主义。二是组织学习会，传达、学习上级有关文件。上级组织提出改变宣传共产主义的方式，学习会除党员外，还可以吸收党外积极分子参加，后来发展到有十来个人参加。这样的会大约开了十多次，每周一次到校外一个小别墅区的空地开会，开得很成功。

通过学习会，我认识了汪道涵①。他比我低一届，是物理系一年级学生，我们没有一起上过课。汪道涵非常潇洒，很活泼的。他喜欢玩，能将一枚角子(铜板)置于脚尖上，抬脚向上轻轻一抛，用额头去接，铜板就稳稳地落在额头上。

忽然有一天，王骥不来学校了，我到处找都找不到他，后来也一直没见到他。有人告诉我，形势不对了。这样我明白王骥要么另有任务了，要么就是被盯上了，所以找不到他。

王骥不见后，我失去了组织联系。1935 年毕业后，我去了重庆。在那里遇上一些同学，其中有的是党员，有的不是党员。我说我是党员，但没有地

---

① 汪道涵(1915—2005)，原名汪导淮，安徽嘉山人。1932 年 9 月考入交通大学科学学院物理系。1933 年 3 月加入中国共产党，7 月调离交大，出任反帝大同盟法南区党团书记。

方过组织生活。后来国民党招考选送人员出国留学，董老（董必武）建议我去参加，结果我顺利通过考试，于1945年赴美留学。我去美国的部分费用是八路军办事处的朋友解决的。出国前夕，董老为我饯行，并告诉我如果在美国有什么问题可找唐明召。我问董老何时回国，董老说“见电即回”。后来，我于1949年回国。周建南[①]知道我情况，到1955年的时候发展我重新入党。我一直在一机部工作，最后从一机部情报所（现在叫机械工业信息研究院）离休。

1946年，张大奇获美国密西根大学机械工程硕士学位

张大奇（右）和时任长春汽车制造厂总工程师的妻舅茅於恭合影

① 周建南（1917—1995），江苏宜兴人。交通大学1938届电机工程学院毕业生。新中国成立后历任东北工业部电工局局长，第一机械工业部副部长，机械工业部部长、党组书记等职。

仇启琴

仇启琴(1920—2014),又名仇欣之,上海宝山人。1941 年 1 月加入中国共产党,曾任中共交通大学支部书记。1942 年毕业于交通大学工学院机械工程系自动机甲组(汽车门)。新中国成立后,曾任上海电力工业学校副校长,燃料工业部上海动力学校校长、书记,武汉水利电力学院副院长等职。曾任湖北省科普创作协会理事长。主编有《简明科技词典》,著有《荧光灯》等。

采访中,仇启琴回忆了抗战时期在交大沪校求学的经历及参加中共地下党的经过,尤其是自己作为交大恢复党支部后的支部书记领导地下党员进行斗争及参与创建“工余联谊社”的工作。仇启琴还简述了自己在新中国成立后的工作经历,并对交大青年学子提出殷切的希望。

亲历交大恢复党支部

口述：仇启琴

采访：蔡西玲、朱励骁、王　恬

时间：2010 年 8 月 10 日

地点：武汉仇启琴寓所

记录：郭欣怡

编者：朱　恺

烽火年月考入交大

我是上海宝山人，1949 年新中国成立前，宝山县隶属江苏省，因而我在交大的学籍资料中，关于籍贯一栏，填写的是江苏宝山。我父亲名叫仇光耀，与我母亲共育有子女八人。我排行老二，上面有一位大哥，底下还有三个弟弟和三个妹妹。说来我家和交大还是挺有缘分的，我们弟兄姐妹八人中有三人是毕业于交大的。其中我和四弟仇启华都是交大沪校的，而妹妹仇启珊后来考入了西安交通大学。

我中学念的是民立中学。这是沪上有名的私立中学，1903 年由福建商人苏本炎创建于南市。从这所学校走出了不少名人，包括作家周瘦鹃、郑逸梅，画家陈丹青，实业家邵逸夫，革命烈士殷夫等人。1937 年“八一三事变”后学校迁入了公共租界（在今威海路上）继续办学。民立中学在上海学生运动史上占有重要地位，1939 年校内就成立了中共中学生地下党小组，翌年地下党支部成立，“太平洋战争”爆发后，支部向根据地输送了一大批进步学生。

我是 1938 年考入交大沪校的。我记得我当时填的第一志愿是工学院机械系，第二志愿是电机系，结果如愿以偿被机械系录取。战前我家虽然人口较多，但经济状况还算小康，父亲在南市拥有店面，每月除固定开销外，还有盈余。抗战全面爆发后，店面无法迁出，全部受损，父亲失业在家，虽然大哥当时已在香港的中国航空公司任职，但他也已成家，有自己的家庭需要照料，无法全力接济我们。好在那时国民政府教育部实行战时助学措施，对战区学生求学有一定照顾，其中就有“战区免费生”“战区学生贷金”等措施。于是我向校方学生贷金委员会申请免缴学费，学校同意免除了我 1939 年度的学费。这解了我的燃眉之急，让我大大松了一口气。

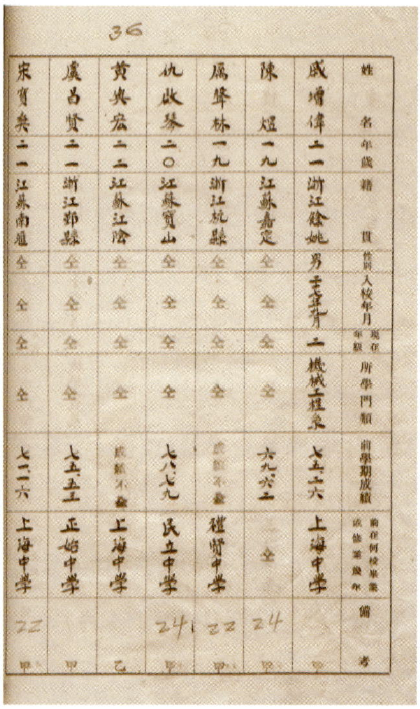

36

姓名	年歲	籍貫	性別	入校年月	現在年級	所學門類	前學期成績	曾在何校畢業或修業幾年	備考
盛增偉	二一	浙江餘姚	男	二十七年九月	二	機械工程系	七五.二六	上海中學	甲
陳熠	一九	江蘇嘉定	仝	仝	仝	仝	六九.六二	仝	24 甲
厲肇林	一九	浙江杭縣	仝	仝	仝	仝	成績不齊	禮賢中學	22 甲
仇啟琴	二〇	江蘇寶山	仝	仝	仝	仝	七八.七九	民立中學	24 甲
黄輿宏	二二	江蘇江陰	仝	仝	仝	仝	成績不齊	上海中學	乙
虞呂賢	二一	浙江鄞縣	仝	仝	仝	仝	七五.五三	正始中學	甲
宋寶奐	二一	江蘇南通	仝	仝	仝	仝	七二.一六	上海中學	22 甲

1939 年交大学生名册上的仇启琴

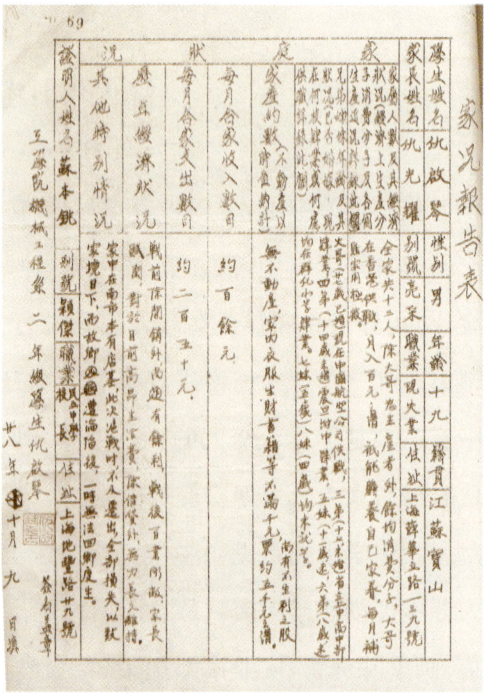

家況報告表

仇启琴申请“战区免费生”时填报的家庭状况报告表

租界求学

我进交大的时候，学校已从徐家汇迁入法租界。当时的租界可谓是沪上的“孤岛”，很多人从被日军占领的华界前来避难。1940年法国败降后，上海法租界效忠维希政权，日本碍于同维希法国的外交关系，使得法租界保有形式上的独立，直至1943年汪伪政权“接收”为止。当时交大借用了震旦大学、中华学艺社和中法工学院的部分校舍坚持办学。当时我们交大一、二年级的学生都在震旦大学的校园上课。我记得震旦的校舍以吕班路为界，吕班路就是今天的重庆南路，分为东、西两部分：东边是旧校舍，西边则是新校舍，包括了大礼堂、运动场和一栋红楼。红楼是抗战爆发前不久刚刚竣工的，钢筋混凝土结构，由绯红色瓷砖和灰色石贴面装饰而成，连同顶层阁楼和地下室共有六层。其中顶层阁楼用作交大的临时书库，堆满了从徐家汇校园老图书馆搬来的各种中外文书籍，尽管阁楼空间狭小，同学们还是很愿意来这里寻觅精神食粮，我本人也常常光顾。藏书中除了理工科的专业书籍外，还有很多社科类图书，我就在其中找到了斯大林的《列宁主义问题》的英译本和萧伯纳关于社会主义的著作。要知道在当时那种敌伪肆虐的环境下还能接触到这类进步读物是多么令人鼓舞和兴奋。红楼地下室用作交大学生的物理实验室和测量仪器室。红楼的第四层则被借用作为交大一、二年级学生的教室。由于学生多，一层教室不敷使用，很多时候我们只好利用星期日或等震旦学生上完课走后，见缝插针地进入其他楼层的教室上课。即便如此，由于学生和旁听生多，有限的教室还是容纳不下，许多人只能站在走廊里听课。不过红楼二层的阅览室和运动场是两校学生所共享的，对我们随时开放。震旦大学阅览室的环境和设

大学时期的仇启琴

备都是一流的，宽大的阅览桌上整整齐齐地安放着一排排带有绿色灯罩的台灯，我们就是在那里挑灯苦读。运动场的面积虽然有限，不能和交大的操场相比，但在当时动荡的环境里能有这样一方绿草如茵的活动场地，已实属不易，甚至有些奢侈。当时虽未开设体育课，但同学们一有空就去运动场上锻炼身体，此外我们工科学生的必修课“测量实习”及四年级的汽车驾驶训练也都是在这块场地上进行的。新中国成立后院系调整的时候，震旦医学院、圣约翰医学院和同德医学院合并为上海第二医学院，校址设在震旦校园内。如今二医大和交大合并，看来两校的确有缘。

至于住宿，更是窘迫。当时学校把中华学艺社四楼的部分房间腾出用作学生宿舍。这些房间狭小局促，每间最多只能住四个人，拥挤不堪，即便如此仍供不应求。不得已，学校方面只能规定宿舍优先提供给外地学生，上海学生一律走读。我就是走读的，我们一家人当时住在薛华立路(现在叫做建国中路)上。即便如此，依旧有不少外地学生住不进宿舍，不得不在学校周边租借民房。

当时交大的校长是黎照寰，他对校产的保护、设备的转移，特别是学校在租界维持办学，做出了很大贡献。我的毕业证书上就有他的签名。不过我们学生很少见到他，他似乎不经常到校园里来。等到我毕业时的 1942 年夏，学校为应对汪伪政府的接管，董事会推选工学院院长张廷金出任校长，黎校长则离开交大。

名师荟萃

尽管条件艰苦，但当时大家学习都很刻苦。有一批名师教过我们，像陈石英教授，是热能工程领域的专家，麻省理工留学归来的，给我们上过工程热力学。我对他印象极深。他教课有两大特点，一是讲理透彻，这主要得益于他扎实的数理功底，使得他能把公式的推导和来龙去脉讲解得一清二楚；二是理论结合实际，他不是脱离实际授课，而是能结合工程实际进行讲授，他会告诉我们哪些知识点和数据是将来在工程实践中会经常遇到的，需要牢记吃透。所以说一位优秀的教师不仅是要传授知识，更要教会学生如何学以致用，陈老夫子真正做到了这一点。他的讲义我一直保存着，舍不得丢掉，后来我自己教书时，还参考借鉴过。

此外，教微积分的胡敦复，教物理的裘维裕、周铭和赵富鑫，教化学的周祖训，教机械设计的沈三多，还有教制图的张寰镜，也都是一代名师。胡敦复是当时交大数学系主任，是国内著名的数学家，还当过大同大学的校长，钱学森就是他教过的学生。张寰镜教了我们整整两年四个学期的课程，从一年级的图形几何，到二年级的机械制图、机械原理和机械设计，都由他一人独揽，而且所有学生的作业都是他亲自批改，认真负责的精神，十分令人敬佩。当然，我提到的这几位教授，口才都不错。要知道作为一名教师，不是光肚子里有学问，就一定能把课讲好的，有的老师口才方面有所欠缺，上课效果也不见得很好。

当年的学习氛围很好。但凡上课，教室里都鸦雀无声，安静得很。大家一边集中注意力聆听老师的讲解，一边详细地记笔记，手里的笔唰唰写个不停，生怕漏掉什么要点。

勤勉为学

人们常说老交大的传统是“门槛高、基础厚、要求严”，对此我是深有体会的。单就考试而言，的确可以说是要求很严。以物理为例，这是一、二年级的基础课，也是所有课程中最难的一门。其他学校一般只读一年物理，交大要学两年，并且除了期末大考外，每月还有小考。小考的考查范围主要是新近一段时间讲授的知识点，试卷上一般有三道题，有时甚至就一道题。不过别看题量不大，可难度却不小，这些题目不是简单地代公式可以应付的，需要吃透基本原理，转好几个弯才能答得上来。因此许多同学都考得惨不忍睹。我记得有一次我只得了30分，原因是只列出了基本公式，但没算出具体答案。还有不少同学因为什么也没答出而得了0分。经过一、二年级普通物理学魔鬼般的训练，到了三、四年级再学理论力学、工程力学这些专业课就觉得没有那么吃力，轻松多了。化学测试不是“难”而是“繁”，它考查的是对公式的记忆是否准确及运算的熟练程度，一张试卷通常有十道大题，每大题下面又包括五个小题，限时一小时内完成，所以考生根本没有时间多加思索，只有一路写下去。

至于作业，一、二年级也很多，有应接不暇的感觉，尤其是物理作业占了很大比重。除了老师布置的习题外，我还去找课外练习来做。红楼顶楼阁楼上的交大临时书库，我们学生可以自由地进出以寻找所需要的书籍。一个偶然的机会，我发现当时教师或助教所出的物理试题全都出自几本英文习题集上。我如获至宝，就把这些书借回来，把上面列出的题目都预先做一遍。幸亏我英语基础比较好，因而浏览得很快，但这些习题难度很大，要解答出来颇费脑筋，至今想起来还有些后怕。

学习中另一件印象深刻的事就是做实验。老交大的传统一向注重实验和实习。即便身处“孤岛”，教学条件受限，这一点也未曾改变，校方仍努力为学生开出各门实验课并安排必要的实习。当年做实验要求很高。我们每次实验之前都要向助教提交一份预习报告，经批准后才能开始正式做实验，实验完毕后，也要递交一份报告。如此一来，一个实验下来要写两份报告。此外对于实验数据的要求也很高，必须十分精确，丝毫马虎不得，当然更不能捏造或修改数据。这种一丝不苟的训练对培养一名将来的工程师是十分必要的。除了借震旦大学和中华学艺社的校舍开设实验课外，学校还安排我们到辣斐德路（今复兴中路）中法工学院的附属工厂和威海卫路的一家工厂进行锻铸实习和金工实习，我们就是在那里接受了机械工程师所必备的各种基本工种技能的训练。记得我们在实习工厂的时候，都身着工装，十分正式。升入四年级后分专业，我选择了自动机械甲组（汽车门），我们的自动车工程试验室就设在中法工学院工厂内的一座汽车间中，其中存放着不少从徐家汇校园转移出来的贵重设备，譬如测力机、高速示功器、CFR 引擎等，我们在汽车专家黄叔培先生的指导下进行专业实验。此外，我们还利用暑假前往云飞汽车公司修理厂学习汽车修理技术。云飞汽车公司早在20世纪20年代初就是上海滩上有名的出租汽车公司，我们每天在那里和工人们一起工作，按时上下班，一天下来总是搞得满身油污，脏兮兮的，但确实从老师傅那里学到了不少操作性和应用性的知识，许多都是书本上没有的，可谓是获益匪浅。

仇启琴（右）接受母校采访

加入"学协"

接下来我想谈谈自己加入地下党的来龙去脉。交通大学早在1925年就成立了党团支部，但到了1934年底，在白色恐怖下，中共法南区委机关遭破坏，徐家汇地区党的基层组织损失殆尽，交大党支部也被迫停止了活动，此后校园里只有读书会、学生救国会等一些党的外围组织存在。"八一三事变"后，中共江苏省委下属的学生运动委员会开始领导交大的抗日救亡运动，但直到我入校的时候学校的党组织尚未重建。

那时大学里有个别学生是在中学里就已经入了党的，像我的弟弟仇启华便是如此，他是1943年考入交大管理学院实业管理系的，他在大同大学附中念书的时候就已经加入了地下党，他报考交大是服从组织命令，上级要他来交大开展地下工作。但我进交大的时候还只是一名普通学生。

一年级由于学习任务繁重，我基本没有余力参加课外活动和阅读进步书刊。升入二年级后，我逐渐适应了交大的学习节奏，感到课业上的压力缓和了许多，于是利用闲暇时间参加了一些学生自治团体，诸如学生自治会、交大青年会等。我被同班同学推举为学生自治会编辑股的干事，负责编写墙报。正是在此过程中，我开始接触到一些思想进步的同学和一些进步刊物。在办报的过程中我结识了管理学院的王嘉祥，他是交大"学协"的成员。学协的全称是"学生界救亡协会"，上海的"学协"由江苏省委学委领导，是公开的群众性抗日救亡组织，其主要任务就是发动学生开展各种抗日救亡活动。交大学协的小组长是钦湘舟。我从王嘉祥那里借阅了大量的左翼文学作品和时事报刊。通过王的介绍，我还认识了学协的其他几位成员——电机工程系的钦湘舟、财务管理系的葛一飞等。在这些同学的影响下，不久我也正式加入其中，成为学协的一分子。学协组织读书会，向校内同学推介进步书籍，像斯诺的《西行漫记》、艾思奇的《大众哲学》、邹韬奋的《萍踪寄语》等等，以此为手段团结同学，发现思想上"左倾"的积极分子。

读书会是面向所有同学的，此外学协的正式成员每周还要参加一次"组织生活"，组织生活是按小组进行的。我被编在机械工程系的一个小组，同组成员还有高我一级的唐敏晃、吴克敏，低我一级的刘百川，而沈铮既是我们这个小组的领导人，又是与上级学协的联络人。沈铮就是沈韦良，新中国成立后在外交部工作，曾任副司长，是海洋法领域的专家。小组活动除了时事讨论外，最主要的就是学习抗日民族统一战线的方针、政策，学生工作的主要任务，马列主义基本理论以及中国革命史和毛主席著作。总之，通过学协小组的不断"充电"，我的思想觉悟又有了进一步的提高，朦胧地出现了入党的愿望。

1940年9月，沈铮离校，但冯彦华(后改名李宝华，他入学的时候就已经是党员了)新加入了进来，他的理论水平较高，于是很快地在小组同学中建立了威信。不久，随着斗争形势的变化，中共江苏省委认为学协已完成了它的历史使命，于是报经中央批准，决定学协有步骤地自行解散，先是大学区干事会议和区干事小组予以撤销，随后各校的基层小组也停止了活动。故而我所在的小组在当年10月以后就不复存在了。

支部恢复，担任支书

学协组织虽不在了，但团结发展进步同学的任务并未终止。江苏省委要求对于原学协中的非党员，只要符合入党条件的，都应按照组织程序发展入党。于是冯彦华仍旧同我保持着密切的联系，经常到我家里来和我谈心，交流学习《党章》的心得体会。在我自学了斯大林的《论列宁主义基础》之后，完全接受了马列主义的世界观，对无产阶级革命事业、殖民地半殖民地的民族解放运动以及共产主义前景充满了热情，由衷地迸发出加入中国共产党的愿望。在冯彦华的帮助下，我于11月间写好了个人自传和入党申请，托冯转交给上级党组织。不料当时冯彦华当记者的父亲冯执中被日伪特务暗杀，组织上考虑到冯彦华的人身安全，安排他离开上海转移到新四军根据地。12月的一天，冯彦华来与我告别，告知我已被组织上吸收入党。到了1941年元旦那天，党组织派邵洛羊同志来与我取得联系，宣布我已成为预备党员，这一日期我一直牢记着。一年之后我按期转正。

交大作为转移至租界内办学的一所重要的国立大学，在沪上学生运动和救亡斗争中占有重要地位，因此恢复重建学校党支部成为地下党工作的当务之急。当时遇到的主要问题是党员人数太少，不足以建立支部。于是1940年暑假过后，校内先建立起3人的党小组，成员有钦湘舟、冯彦华和张雄谋（他是管理学院实业管理科的），钦湘舟任小组长，这都是我后来了解到的。不久张雄谋因身份暴露被迫转移到根据地，这样一来，党员就只剩下了2人，直到我入党后恢复为3人，但冯彦华撤离后又减少为2人。此后又陆陆续续有学生党员考入交大，包括沈惠龙、蒋淡安、吴增亮、冯绿荪等，到

1942年夏天，校内的党员人数达到了9人。

在这两年中，党小组的主要活动是开展“三勤”活动，就是“勤学、勤业、勤交友”。所谓“勤学”，就是地下党员要在学业上严格要求自己，勤奋读书，成为学习上的尖子。学生以学为本，更何况在交大这样的名牌大学，如果党员成绩不好，就在学生中没有威信，难以开展工作。我一、二年级的时候成绩相当好，大家在学习中遇到困难就会来请教我，所以我在同学中有一定的威信。所谓“勤业”，是指勤勤恳恳、兢兢业业为大家服务，如帮新生代购影印的英文原版教材，收集历年的讲义和试题分发给低年级同学等。所谓“勤交友”，就是积极主动地去和同学交朋友。通常是根据同学们的兴趣爱好，有针对性地组织开展一些文娱活动，增进情感交流。举个例子，有的同学爱好古典音乐，我们手头宽裕的时候，就在周末约上几个人一起去兰心大戏院欣赏交响乐队演奏。战前戏院主要供外国乐队演出，抗战爆发后，许多外侨离沪，剧院方面也不得不放下以往的“身段”，借给国人演出。没有条件的话，就找来几张唱片凑在一块听。有的同学喜欢读英文小说，我们就向他们推荐阅读杰克·伦敦和斯坦贝克等美国进步作家的作品。我们就是通过这些比较容易被同学接受的方式来开展工作，而不是直接地贴标语、喊口号，既打开了局面，又避免了无谓的暴露。

由于各方面条件的成熟，1942年9月上级党组织正式决定恢复成立交大地下党支部，由我担任支部书记，同时我还是支部委员，另一支委是钦湘舟。我们支部直接受中共上海大学区委领导。当时支部党员之间通常是单线联系的，这样做主要是以防一旦有人被捕而导致整个支部被“一锅端”。这类事不是没有发生过，之前就曾有过上海三青团负责人奚培文被捕叛变交出所有地下潜伏人员名单的事件，所以我们都引以为戒。我主要是负责联络蒋淡安和冯绿荪二人，而他们两人之间则很少直接联系。每次开会的时候都在我家，人数不超过3人。那时法租界的中央捕房就设在薛华立路上，正在我家的对面。那些巡捕每天进进出出，却怎么也想不到在他们眼皮子底下就有共产党的一个地下支部在活动，现在想来令人发笑。

其实我任交大党支部书记只有一年时间，支部成立的时候我已经毕业了，不过留校当了系里的助教。在支部刚恢复的这段时间里，我们是根据上级“更加深入、隐蔽、精干”的方针来开展工作的。对于学生，我们采取开展学术性的生产自救活动来团结大家。比如我们利用闵淑芬同学的关系在校外借到一处院子，搞了个“南洋化工社”，组织化学系的学生制造酱油；支部成员沈惠龙则组织班上的活跃分子办起了一个工艺社，专门生产粉笔、墨水以自给。类似的小型工艺生产合作社还有好些个。这样做既发挥了同学的专业特长以改善经济状况，又借机接触并培养起一批思想进步的学生。

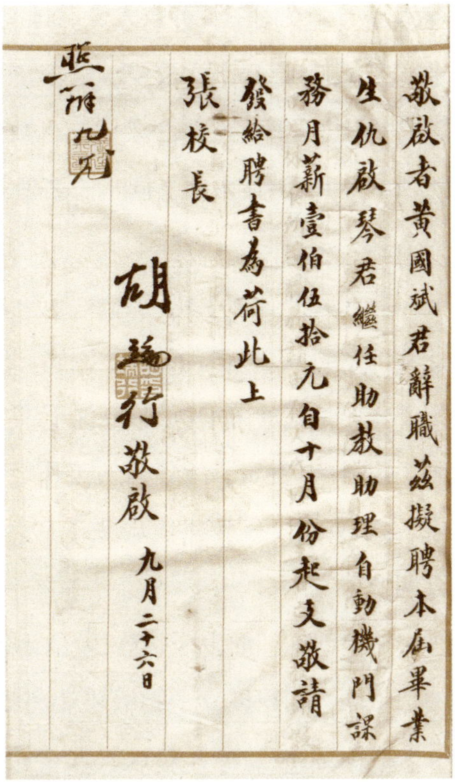
敬啟者黃國斌君辭職茲擬聘本屆畢業
生仇啟琴君繼任助教助理自動機門課
務月薪壹伯伍拾元自十月份起支敬請
發給聘書為荷此上
張校長
胡端行敬啟
九月二十六日

1942年9月26日，工学院机械工程系主任胡端行关于聘任仇启琴为助教而致校长张廷金函

教师也是我们开展工作的对象。其实我留校当助教是组织上的意思，主要是出于团结更多知识分子的考量。上级通过机械工程系主任胡端行的关系使我留校，主要是协助上实验课，并负责其他实验室事务。我通过勤勉的工作——比如将实验室里所有的仪器机件和书刊重新登记造册以便师生查考——获得了教授们的赞誉和信任。有了教师的支持，一定程度上也便于我们在校内开展地下工作。

参与筹建“工余联谊社”

我任支部书记期间的另一项重要任务就是继续发展新党员。我在1942

年底发展了女同学吴仲仪入党。她是理学院物理系的，童养媳出身，对旧社会深有感触，思想上比较要求进步，很早就参加了读书会。我通过多次与她谈心交流，觉得她各方面条件都已成熟，在向上级组织汇报后，将她发展为党员。后来，她又发展了同学宋名适入党。就这样，学校地下党组织逐渐壮大起来。

我任支书直到1943年秋。9月上级让我参与"工余联谊社"的工作，因此我的组织关系调离了交大支部，不过仍在校内担任助教。接替我支部书记工作的是我的弟弟仇启华，他干了一年多以后，因为党员身份暴露而转移到了根据地，参加了新华社的工作。新中国成立后他通过自学成为经济学家，在中央党校任教。仇启华走后，党支部由吴增亮、沈讴负责，直至抗战胜利。

工余联谊社的由来是这样，俗话说"铁打的营盘流水的兵"，随着高校中的地下党员和积极分子相继毕业离校踏入社会，江苏省委感到有必要成立一个组织，继续加强针对这些青年知识分子的工作。当时有一个交大校友王天一，他是1938届电机系的，毕业后在上海电话公司工作。他想组织一个针对毕业学生的联谊性组织，加强联络，互通有无。于是上级派我和宋名适与王天一取得联系，共同发起成立了"工余联谊社"。联谊社开始时以交大校友和一些在校生为主(因为这是一个面向青年科技人员的组织)，最初只有40来人，以后规模逐步扩大，到抗战胜利时已发展至250多人。联谊社也建立了党支部，虽属学委领导，但它与交大党支部有密切的关系，联谊社支部书记就是钦湘舟，而闵淑芬、葛一飞、吴仲仪等许多交大毕业的党员也都奉组织命令加入该社，以加强党对于该社的领导和影响。我们通过学术讲座、工厂参观、游园会、茶话会等丰富多样的活动，把一批关心国家民族前途命运、富于正义感的青年科技才俊团结在一起，为后来建设新中国集聚了科技人才队伍。联谊社还出版了《工程界》月刊，由我和钦湘舟等人负责主编。这份刊物在社会上尤其是在技术人员的圈子里有一定影响。抗战胜利后，工余联谊社改组成为中国技术协会，闵淑芬当选为常务理事，我也是理事之一。技协中也建立了党的领导小组，钦湘舟、宋名适和闵淑芬为负责人。到新中国成立前夕，技协成员已达 3 000 余人，其中党员就有 100 多人。通过技协的工作，很多技术人员都选择留在了大陆。技协在新中国成立后并入了中国科协。

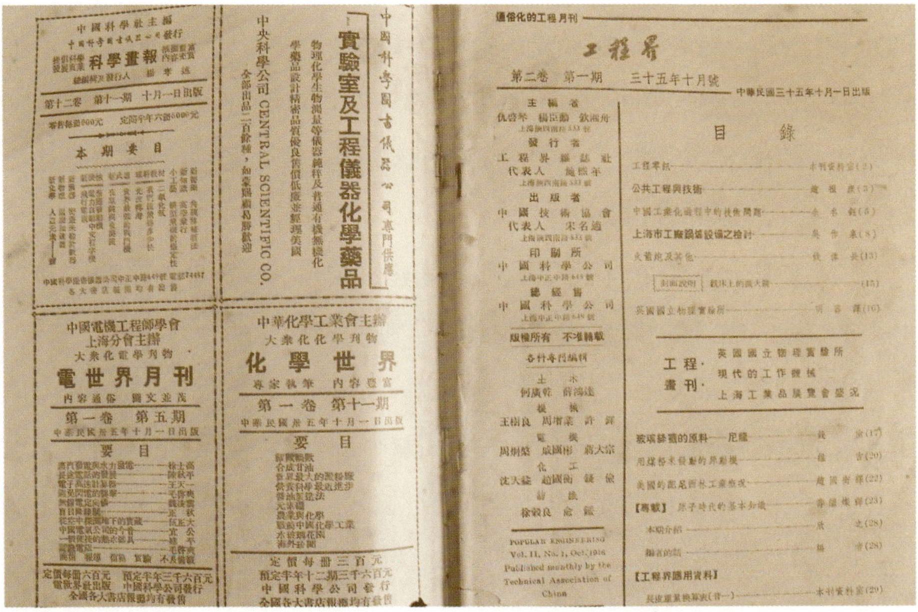

工余联谊社出版的《工程界》杂志

我在交大当了三年的助教，这三年正处在抗战的后期，生活十分艰辛，工资不当工资用，当时上海粮食供应短缺，大米要实行配给。大学教员有特种配给米，但很多教师家里人口多，也是杯水车薪。很多人只能购买黑市大米，这都是小贩冒着生命危险，越过日军封锁线偷运来的。有一次我领了一袋配给米，在从学校回家的路上掉了，以致半个月没有口粮。那几年我也搞一些兼职，赚些外快，补贴生活。这还得感谢交大教给了我用以谋生的一技之长。当时陈石英先生因不满汪伪接管交大，愤而离职，去了一家造船厂工作，他也叫我有空的时候去当帮手，使我额外多了一份收入。

除了交大，我在上海工专和之江大学也做过一段时间助教。抗战结束后

1945年底我就离开了学校，去中国纺织建筑公司上海第一机械厂任技术员。

从大上海到大武汉

新中国成立后，我又回到了学校工作。1951年，中央燃料工业部在沪上创办了上海电业学校，生源主要是应届高中毕业生和电力部门保送的一批年轻干部。不久学校扩充为上海电力工业学校，以后又改称为燃料工业部上海动力学校（它其实就是今天上海电力学院的前身）。我就是这所学校的创建者之一，先后担任过书记和校长。1960年，我服从组织安排，带着妻子及儿子小乐从大上海来到大武汉，参与创建武汉水利电力学院。我记得当时乘坐的是“江心轮”号，走的是长江水路，船在江面上一连行了三天三夜，沿途饱览了江上胜景。我们一家人从此算是在武汉扎下根来，一晃半个世纪过去了，我现在已是地地道道的“九头鸟”。我在武汉水利电力学院先是担任电力系主任，离休的时候是学院的副院长。从领导和工作岗位上退下来之后，我也没闲着，还继续从事一些科普工作，我曾是湖北省科普创作协会理事长。

仇启琴编著的《荧光灯》

此外，20世纪50年代末我还主编过一本《简明科技词典》，这是一部中型的综合性科学技术词典，在当时颇有参考价值，人们遇到一些不懂的科技名词和术语，很多都可以在这本词典上查到，它先由科技卫生出版社，后转由上海科学技术出版社出版。新中国成立前夕，我也曾编过一本名为《荧光灯》的技术小册子，现在图书馆里应该还能查到。

与邹韬奋通信及向毛主席汇报工作

另外我还想谈谈两段往事。第一件是我与邹韬奋的通信。那是在抗战时期，我曾就青年学生如何参与抗日救亡请教过他。邹韬奋回了我一封短信，大意是"① 在这全面抗战的时期，有一部分的青年仍然不负责任，这足见教育和说服工作的必要。至于怎样说服，须以对手和当前事实为根据，难有固定的公式。你觉得个人的力量太薄弱，可集合同志组织起来，如开展时事讨论会之类，用集体的力量来研究和宣传，组织演讲会、讨论会、辩论会、壁报等等，都是可以利用的工具。② 现在的救亡组织，加入后也没有工作可做，确是一般的情形，并不限于学生的救亡组织而已。这固然由于组织本身的不健全，同时也由于其他方面的配合不够。③ 战时教育的亟待推行，尊见甚是。我们应该一方面积极宣传主张，同时并从各方面作事实上的推动。"这封信的原件我找不到了，但收录进了《韬奋全集》。顺便说一句，邹韬奋也是交大校友。

第二件是我有幸向毛主席汇报工作。我记得那是 1957 年 9 月 17 日，当时毛主席正在上海视察"整风运动"的情况。我那时是上海动力学校的校长。17 日晚突然接到上海市领导陈丕显的电话，说是有一位中央负责同志要来沪看大字报，但天色已晚，要我亲自把材料带去并汇报有关情况。我当时并没有多想，等到了指定的地方才知晓原来是毛主席来了，主席微笑着和我握手，一阵难以抑制的激动涌上我的心头。那天陪在主席身边的，除了陈丕显外，还有柯庆施等人。同我一起受到主席接见的，还有时任黄浦区委书记的陆文才、上海锅炉厂厂长王伟光及该厂党委书记刘东海。轮到我发言的时候，我主要是汇报了学校的整风和大字报情况。毛主席听完后，提出了几点意见，指出要加强青年学生的思想政治工作，教育他们不要轻视劳动，要注意参加体力劳动，才能建设祖国；他还说领导干部只要不当老官僚，再老些，也还能干革命；他特别告诫我在贯彻执行中央命令的过程中，一定要走好群众路线。毛主席在谈话中反复强调青年学生除专业学习外，思想上、政治上必须要求进步，他说："对青年一定要加强阶级教育，提高他们的阶级觉悟，叫他们向优秀的老工人学习。"毛主席和我的这次谈话，我后来写成了一篇文章，题为《毛主席关怀着我们》，刊登在了 1957 年第 22 期的《中国青年》上。

仇启琴与母校采访人员合影(后排左起：朱励骁、蔡西玲、王恬)

寄语母校青年学子

最后我想谈谈对于青年一代学子的期望。我觉得从交大走出来的学生其他方面都好，但唯独在创造力方面似乎有所欠缺。这可能与学校历史上长期以工科为主要学科有关。搞工程，当一名合格的工程师，需要的是脚踏实地的实干精神，所以过去我们那一辈交大人在校求学期间，学校和老师更多的是注重基础理论的掌握和实践中的理论结合实际，而对于创新提得不够。但到了 21 世纪，科学技术发展日新月异，中华民族要实现伟大复兴，墨守成规、按部就班已经行不通了，急需具有创造力的新人，因而如何培养学生的创新思维将是今后学校教育的主要任务，这也是每个交大学生应该思考的问题。我们的学生基础都不差，一旦能在思路上突破常规，肯定会大师辈出，超越前人，为国家和民族作出巨大的贡献。

闵淑芬

闵淑芬，女，1918 年生，浙江吴兴人。1943 年毕业于交通大学理学院化学系，同年加入中国共产党。曾任上海第二工业大学副校长、校长兼党委副书记、顾问等职。长期从事成人教育工作。是上海市人民委员会委员，上海市第一至五届和第七届人民代表，上海市第六、七届政协委员，上海市第一届妇联委员，第三届全国妇联委员。

采访中，闵淑芬回顾了自己抗战期间逃难至沪上，考入交大求学，加入中共地下党组织，参与“工余联谊社”和“技协”的统战工作，及上海解放后从事职工教育的经过，最后寄语今日学子。

我在"技协"的统战工作

口述：闵淑芬

采访：盛　懿、王世根、欧七斤

时间：2005年6月8日

地点：上海闵淑芬寓所

记录：朱　恺

编者：朱　恺

逃难沪上，入学交大

我的祖籍是浙江吴兴，就是今天的湖州。直到抗战爆发前，我一直生活在故乡。我所读的中学是湖郡女中，这是美国新教监理会在华开办的一所教会学校，其前身是1878年美国传教士雷金贞女士在上海南翔创办的"悦来女塾"，后来该校于1901年迁到了湖州马军巷，更名"文洁女塾"，1906校址又迁入海岛新校舍，并最终定名为"湖郡女中"，英文名则始终是"Virginia School"。这所学校因为经费充足，办学质量高，所以当地有经济能力的家庭都会把女孩子送去就读，我们家也不例外。

1937年抗战全面爆发后，家乡很快就沦陷了。日军所到之处，烧杀掳掠，奸淫妇女，无恶不作。为此我们一家人不得不逃难到上海，避入租界居住。来沪时，我中学尚未毕业，为完成学业，就到中西女中借读。之所以选

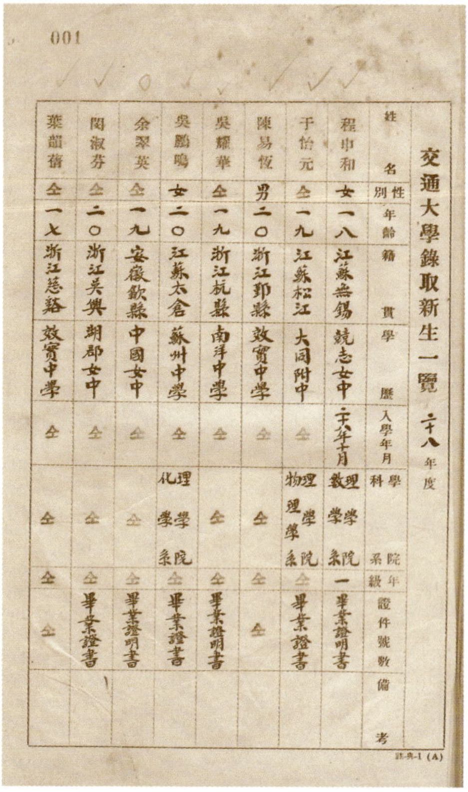

001

交通大學錄取新生一覽 二十八年度

姓名	性別	年齡	籍貫	學歷	入學年月	學院科系	年級	證件號數	備考
程申和	女	一八	江蘇無錫	競志女中	二十八年十月	理學院數學系	一	畢業證明書	
于怡元	仝	一九	江蘇松江	大同附中	仝	理學院物理學系	仝	畢業證書	
陳易恆	男	二〇	浙江鄞縣	效實中學	仝	仝	仝	仝	
吳耀華	仝	一九	浙江杭縣	南洋中學	仝	仝	仝	畢業證明書	
吳鵬鳴	女	二〇	江蘇太倉	蘇州中學	仝	理學院化學系	仝	畢業證書	
余翠英	仝	一九	安徽歙縣	中國女中	仝	仝	仝	畢業證明書	
閔淑芬	仝	二〇	浙江吳興	湖郡女中	仝	仝	仝	畢業證書	
葉韻蓓	仝	一七	浙江慈谿	效實中學	仝	仝	仝	仝	

註表-1 (A)

1939 年《交通大学录取新生一览》(左二列为闵淑芬)

中西女中,是因为这所学校也是美国监理会所办,和湖郡女中属于一个教会系统,办理借读手续比较方便,在适应学校管理和课程学习方面,对我来说也不存在太大障碍。

1939 年我中学毕业,考入了交通大学理学院化学系。抗战时期交大沪校共有理、工、管三个学院和两个独立的系——中国文学系、外国文学系。其中理学院又下设数学、物理和化学三个系。我所在的化学系是理学院三系中学生最多的,学生人数占整个学院的半数以上。这是因为交大化学系开设的专业课程偏重于工业化学,较为实用,学生毕业后出路较好,多就职于工厂企业,容易找工作;相较而言,数学和物理专业太偏重于理论,毕业生求职受到一定局限。化学系的另一个特点就是女生多,至于原因可能是相对于数理和工科,化学较为容易一些的缘故。

交大原先的校址在徐家汇,“八一三事变”后上海华界沦陷,交大为维持办学,迁入法租界,学校原先的校园则被日本人的东亚同文书院和宪兵队侵占。在租界内,交大借用了吕班路(今重庆南路)的震旦大学、爱麦虞限路(今绍兴路)的中华学艺社及辣斐德路(今复兴中路)的中法工学院的校舍授课。一二年级主要集中在震旦上课,三四年级的专业课和一些实验课则在中华学艺社上,至于中法工学院的校舍主要是用来进行工厂实习。虽说当年是借用他校的校舍上课,我们倒没有寄人篱下的感觉。

如今想来，记忆最深的还是震旦校园内的那栋老红楼，它是抗战爆发前夕的1936年建成的，在当时算是现代派风格，全部钢筋混凝土结构，清水墙面，底部为拱卷窗，不计地下室和阁楼共计四层。我们平日上课就在第四层教室里。顶层阁楼则用作临时图书馆，堆满了从徐家汇转移来的书刊杂志，而地下室则用作实验室。

此外，中华学艺社的教室一般面积都很小，容不下大班上课，所以很多学生（包括旁听生）不得不在走廊上听课。有时白天教室不够用，就排课到晚上，甚至把课安排在星期天。到了高年级上专业选修课，有的课选修的学生不多，任课老师干脆把学生带回自己的家中授课。

回忆师长，学风严谨

交大在租界办学这段时期，校长仍由黎照寰担任，在整个20世纪30年代他都是交大的校长，黎校长在工作之余常常会到班级来找学生谈话。到1941年秋天，为了便于与日伪周旋，交大更名为私立南洋大学，并推举过去的老校长唐文治当名誉校长。我记得唐老校长当时的眼睛已近乎失明，尽管如此，每周日上午他还是会由人搀扶，前来学校作国学演讲，内容大都关乎人格操守和民族气节的养成。太平洋战争爆发后，敌伪势力控制了租界，交大也在1942年8月被汪伪政府接管。

我读交大的时候，理学院的院长是裘维裕，他是物理名师。学校被汪伪接管后，裘院长辞职离开了学校，由范会国接任院长一职。而化学系主任先后由陆奕淦和沈溯明担任。教过我的老师还有柯成懋、沈慈辉、许植方、顾冀东等。不过交大被汪伪政府接管后，很多老师纷纷离校，有的前往内地大后方，有的凭一技之长去了工厂。

化学系在战前实验用的设备仪器比较完善，战争爆发后许多设备虽然得以迁出，但分存各处，外加实验用品采购受限，这都一定程度上影响了实验课的开出。但通过各方努力，到我入学时，原缺的课程像有机化学试验、

闵淑芬在接受母校采访

高等定性试验、化学论文研究试验都重新开出。此外,还增设了专家演讲、化学文献等课程。再者,我们当时除了英语外,还要学习德语作为二外(理学院的数学和物理系也是如此),因为德语在二战前一直是科学界的主导语言。

老交大的教学传统是“门槛高、基础厚、要求严”。虽说处于战争时期,但交大严格的学风并未受到影响。仅以考试为例,当时除了每学期末的大考外,平时还有小考,通常安排在星期天下午,不占用课堂时间。以物理为甚,这周考理论,下周考计算,题目难度很大,需要认真复习,不是随随便便能够应付过去的;普通化学测试也不容易,一本 Deming 氏的教材,边边角角都会考到,没有重点不重点之分,必须全面掌握,并且试卷的题量很大,考的就是解题速度和熟练程度,根本没时间多思考,只能一路答下来,作弊更是不可能,因为偷看一题所花的时间往往是错过了做两三道题的时间,可谓得不偿失。

抗战时期交大在租界办学这几年，我们化学系培养出了不少人才，像比我小一届的徐光宪和高小霞夫妇就是代表，他俩后来都当选为中科院学部委员，成为各自领域内的专家。

读书会对我的政治启蒙

在求学交大期间，对我影响最大的事就是参加读书会，从而接受了共产主义信仰，并最终加入了中国共产党。从家乡逃难到上海后，我内心感到十分苦闷，一方面是痛恨日寇的暴行，不甘心当顺民和亡国奴，可另一方面又苦于报国无门，找不到出路。正在我迷惘彷徨的时候，我接触到了读书会这样学生中的进步团体。

原来抗战开始后，包括交大在内的沪上及邻近省份的多所高校都迁入租界办学，造成了"孤岛"内一时间青年学生高度集中的现象，这就为中国共产党开展学生界抗日救亡运动奠定了群众基础。1937 年中共地下党组织成立了上海市学生界救亡协会，后改称上海市学生协会，简称"学协"，包括交大在内的很多学校都成立了"学协"小组，这些"学协"小组往往以组织读书会的形式来团结进步同学、发展积极分子。

我身边就有这样的读书会存在。1941 年的下半年，我的妹夫任成诠在他家组织了一个读书会，规模不大，有 6 人参加。我一度也住在他家，我也是其中的一分子，并且还介绍好朋友吴仲仪一起参加。吴仲仪是物理系的，和我同一届。我们当时主要读两本书——一本是邓克生的《新经济学讲话》，另一本书是艾思奇的《大众哲学》，这两本书分别是介绍马克思主义政治经济学和哲学的通俗著作。对我而言，这是平生第一次系统地学习理论。大家在会前都仔细阅读，认真准备发言提纲，会上还集体讨论。任成诠是我们读书会的小组长，他对时事了解得比较透彻，经常跟我们分析抗战和苏德战争的形势。此外，他的阁楼上还藏有很多进步书籍。不过，当年 12 月太平洋战争爆发后，迫于险恶的环境，这个读书小组就解散了。

很快我和几位志同道合的同学又在交大校园内组建了另外一个读书会。成员除我和吴仲仪外，还有仇启琴（1942 届机械系）、葛一飞（1943 届财务管理系）、宋名适（1942 届机械系）和汪华芳（也是 1943 届化学系的，和我同班）。其中，我、吴仲仪、葛一飞和汪华芳几个女同学原本就是校内歌咏组的，相互之间很熟悉。汪华芳当时住在她姨母家里，那里居住条件比较好，外加她姨父是位画家，经常外出写生不在家，姨父母又无子女，所以我们就把那里作为每周一次读书会的聚会处。那段时期我们学习的主要内容是社会科学基础知识。事前有讨论提纲，大家都充分准备，会上则踊跃发言，提出自己的见解和疑问。此外，我们还通过进步报刊了解到了八路军、新四军在抗日前线与日军英勇奋战的事迹。有时候我们还悄悄地前往爱多亚路（今延安路）、陕西路口的弄堂，那里有人们临时搭建的“草棚棚”，可以观看苏联电影和纪录片，由此更多了对社会主义的向往，坚定了战胜法西斯的信念。

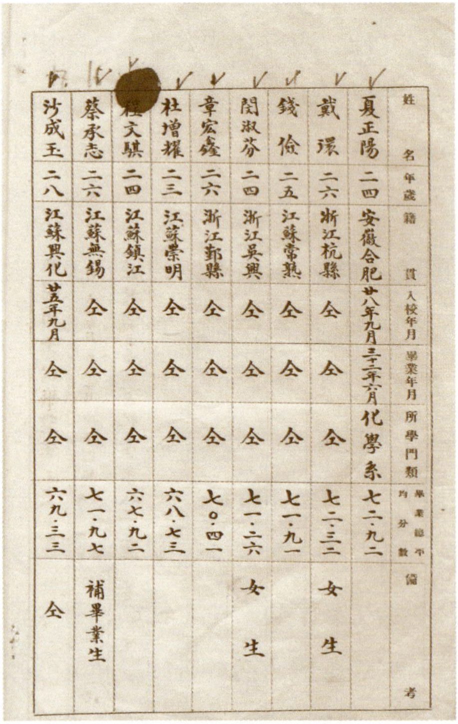

姓名	年歲	籍貫	入校年月	畢業年月	所學門類	畢業總平均分數	備考
夏正陽	二四	安徽合肥	廿八年九月	三十二年六月	化學系	七二·九二	
戴環	二六	浙江杭縣	仝	仝	仝	七二·三二	女生
錢儉	二五	江蘇常熟	仝	仝	仝	七一·九一	
閔淑芬	二四	浙江吳興	仝	仝	仝	七一·二六	女生
章宏鑫	二六	浙江鄞縣	仝	仝	仝	七〇·四一	
杜增耀	二三	江蘇崇明	仝	仝	仝	六八·七三	
程文騏	二四	江蘇鎮江	仝	仝	仝	六七·九二	
蔡承志	二六	江蘇無錫	仝	仝	仝	七一·九七	補畢業生
沙成玉	二八	江蘇興化	廿五年九月	仝	仝	六九·三三	仝

1943 年交大理学院第十届毕业生名录（右四列为闵淑芬）

总而言之，通过读书会的小组活动，我的理论素养有了很大的提高，认识了人类社会由低级向高级发展的规律，确信共产主义是社会发展的必然趋向，懂得了抗日战争形式上是民族斗争，但实质是阶级斗争以及妇女解放必须与无产阶级解放相结合的道理。

1942 年下半年，交大党支部恢复重建，支部书记就是仇启琴。经过组织上对我的考察，1943 年初，我和宋名适被支部发展入党，这样我在大学毕业前夕成为一名共产党员，而葛一飞、吴仲仪在我之前就已入党。

求学交大期间，还有一件事值得一提，就是参加“南洋化工社”。当时大家经济条件都不宽裕，于是理学院化学系几个志趣相投的同学想利用所学的知识办生产，搞创收。经过商议，最后大家决定成立“南洋化工社”，搞个生产酱油的小工厂。说是工厂，其实就是小作坊，由许铎当经理，租借了一处废弃厂房，利用简单的原料，制造酱油，也造墨水、雪花膏之类，卖出去之后，赚得的钱用作课余活动的经费。其实组建这个社团也符合当时开展地下工作要“勤交友”的指导思想，也就是说挣钱不是最终目的，在活动中团结一批进步学生才是“南洋化工社”的真正宗旨所在。我们这个社团鼎盛时期有二三十名成员，其中不少人还喜结连理，像徐光宪和高小霞、梁光甫和汪华芳、许铎和汪敏熙都是所谓的“酱油夫妻”。

年轻的女厂长

从大学毕业直到新中国建立这段时期，我的主要经历是一边担任工厂厂长，一边接受党组织的委托参与领导“工余联谊社”（即后来的“技协”）。

刚踏出大学校园的那会，为了解决生计问题，我先是在沪江大学附中教书。沪江大学是一所有着美国浸信会背景的教会大学，校长刘湛恩是有名的教育家和爱国人士，抗战时惨遭日伪特务暗杀。沪江大学附中就是今天的上海北郊中学，历史也很悠久，于1906年与沪江大学同时创立。在中学教书使我有了一份收入，解决了吃饭问题。但我真正的职业理想是能够学以致用，从事化学化工方面的工作。

一年后，机会终于来了。一位朋友推荐我去太乙味精厂担任厂长。味精最早是日本人发现并制造的，日本人叫“味之素”，上市后很快风靡中国。旧中国味精厂很多，竞争也很激烈。太乙味精厂是宁波资本家朱旭昌投资建立的。为了在行业中脱颖而出，他想聘用懂行的人改进生产工艺。说实话，在受聘前我很犹豫，担心自己一个女孩子能否胜任这份工作，后来朋友勉励我说，人生的机会只有一次，勇敢点，不必预计得失，且尝试着担起来吧！在朋友的鼓励下，我终于接受了这份工作。

原先工人们制作太乙味精凭的是经验，用舌头尝、用耳朵听，这样制造出的味精产量少、质地不纯。我任厂长后，改进了生产流程和工艺，使之更趋缜密，这样产品的鲜度提高了，废料的去除也恰如其分。开始时厂里的老师傅还有抵触情绪，后来也慢慢接受了。于是我尝试用浅显的语句把工艺知识告诉工人，使他们不仅知道怎样做，还明白为什么要这样做，知其然更知其所以然。经过一番努力，太乙厂的"太乙麦精粉"和"味一"在调味粉行业内获得了广泛的认可。

因为工作较有起色，两年后(那时抗战已经胜利了)朱旭昌投资的另一家厂大统被单厂也聘我兼任厂长。新中国成立前旧上海的毛巾厂、被单厂很多，虽以中小型居多，但各厂的产品自有特色，强手如林，此外加上当时美货、日货充斥市场，竞争可谓惨烈。能在民族工业重重危机下保持工厂平稳发展、在行业中占有一席之地已属不易。我通常是上午在大统厂上班，下午赶回太乙厂去。

大统厂在新中国成立前有地下党组织存在，而且是三条线并存。一是以工人王筱宝为核心的厂工会；一是打入市巾被工会担任理事的王春诚；还有就是搞统战工作的我。当然我们三条线是互相独立的。大统厂一直是行业内的领头羊，到20世纪80年代其产品已远销40多个国家。

在"技协"的统战工作

这一时期我投入精力较多的另一项活动，就是参与"技协"的统战工作，这是上级党组织交付我的重要任务。抗战后期，原先在校的大学生地下党员纷纷毕业离校踏入社会，针对这一党员群体所具有的流动性特点，中共江苏省委决定离校党员应继续由学委领导，并将学生运动扩大为社会青年运动。恰巧此时交大校友、上海电话公司工程师王天一也在酝酿建立"工余联谊社”，该社团旨在团结青年科技人员，相互交流科技知识和求职信息。上级学委负责同志认为这是一个很好的机会，可借以将分散在社会上的毕业生党员聚集起来，以一种新的形式同敌伪势力斗争，同时还能扩大党在青年科技人员中的影响力。

宋名适、仇启琴受中共上海地下学委的指派，与王天一共同负责社团的筹建工作。1943 年 10 月，“工余联谊社”正式成立，最初有会员 40 余人，交大校友占了很大一部分，当然还有沪上其他高校的毕业生。

为了加强党对于联谊社的影响，上级组织又派我、钦湘舟、吴仲仪、葛一飞和沈惠龙等几位交大毕业的党员加入联谊社，并在此基础上建立了党支部，由钦湘舟任书记。联谊社党支部由地下党学委直接领导，并且和交大党支部保持着密切的联系。

工余联谊社采取寓政治于学术、寓教育于生活的方法，通过开展丰富多彩的学术活动，增强社员对中国科技事业发展和抗战必胜的信心。譬如我们曾邀请桥梁专家茅以升、药物化学家黄兰荪、铁道工程专家马地泰、纺织专家黄希阁等科技界知名人士前来作学术讲座，此外还组织工厂参观、游园会、茶话会、聚餐会等。在交流学术和联络感情的同时，我们也会利用一切机会向大家介绍抗战前线及苏德、太平洋战场的最新战况，作政治形势的分析，揭露德日的穷途末路，指出胜利的前景。一句话，学术和联谊活动的成功举办，获得了社员的好评，增强了联谊社的内部凝聚力，并不断吸引社会上青年科技人员加入。到抗战胜利时，联谊社社员已发展到 250 多人。我们还定期出版《工程界》月刊和《工余社报》，扩大在社会上的影响。当然“工余联谊社”的成功筹建和茁壮成长少不了前辈科学家的支持，中国科学社的秉志、曹惠群、杨孝述等人都关心过联谊社的组建和发展。总之，“工余联谊社”的建立及活动的开展是党团结青年科技人员的一次成功尝试，为此后改组成立“技协”积累了经验。

抗战胜利不久，为适应联谊社社员人数不断增长的情况，并进一步做好团结科技界人士的统战工作，中共上海地下党组织决定将“工余联谊社”扩大改组为“中国技术协会”，简称“技协”。1946 年 3 月，“技协”正式成立，最初有会员 400 余人。宋名适为理事长，我和王天一为常务理事。同时还成立了中国技术协会党的领导小组，由钦湘舟、宋名适和我负责。党对“技协”的影响是很大的，在 15 人组成的理事会中，地下党员就有 9 人。此后不久中共上海市委又决定成立科技部门工作委员会，由雷树萱同志负责，我们“技协”党小组的活动即受其领导。

“技协”与其前身“工余联谊社”相比，有一个很大的不同就是除了将青年科技人员作为工作对象外，还针对国内科技界和实业界的上层人士开展统战工作。我和宋名适有一些上层人脉，便以此为契机，利用各自的社会关系走访了赵祖康、茅以升、翁文灏、赵曾珏、胡厥文、颜耀秋、吴羹梅、顾毓瑔、胡西园、王之卓、任鸿隽、吴蕴初、陈騊声、陈聘丞等专家或名流，说服他们加入“技协”。有了这些上层人士的支持，协会的合法地位更为巩固，很多大规模的活动也得以顺利展开。

在统战方针的明确指导下，我们制定章程把“技协”会员分成三类：一类是由科学界、工程界和工商界有名望的上层人士构成的名誉性会员；一类是

闵淑芬与母校采访人员合影（左起：盛懿、闵淑芬、王世根）

广大中青年技术人员为主的基本会员；还有就是在校理工科学生和工厂初级技术人员构成的初级会员。这三类会员的划分大大拓展了“技协”的团结面。

筹办“工业品展览会”

“技协”成立后，为了扩大在社会上的影响，赢得民族资本家的支持，举办了三次“上海工业品展览会”。当时的情形是抗战胜利了，一大批上层民族工商业者由内地返沪，本以为迎来了发展民族工业的黄金时代，却不曾料到国民党政府发动内战，不扶持民族工业，银行不贷款，政府不订货，市场上美国货廉价倾销，挤掉了国货的发展空间，民族工业举步维艰。上级党组织指示“技协”要发挥自身优势，促成科技与工业相结合，做好民族资本家的统战工作，共同反对国民党的反动统治。我通过自渝回沪的老同学、中国妇联理事王务安，结识了时任该会常务理事的胡子婴和罗叔章，胡子婴、罗叔章二人同时也是工商界的知名人士。我和她俩经过讨论，确定了第一批开展工作的对象。于是我以“技协”常务理事和工厂厂长的身份拜会了迁川工厂联谊会负责人胡厥文、中国铅笔厂总经理吴羹梅、上海机器厂经理颜耀秋、亚浦耳灯泡厂经理胡西园及天厨味精厂创办人吴蕴初，向他们陈述举办工业品展览会的初衷和宗旨，获得了他们的一致认同。胡厥文等人还带我和钦湘舟出席了民族工商业者为交流工业信息而举行的星期五聚餐会。我俩在会上介绍了办展览会的设想，引起了与会者的极大兴趣和热烈讨论，很多人当即表示愿意参加展出。

经过前期的充分准备，最终展览会于 1946 年 3 月 24 日在西藏中路宁波同乡会馆揭幕。展览内容分为科学世界、模型展出、日用工业品生产过程介绍、各类产品展出及义卖部等五部分。展览会既普及了科学知识，又宣传了国货品牌，很好地做到了科学与工业的结合。整个活动共持续了 7 天，参观人数达 10 万人次。当时的《新闻报》《大公报》都对此次展览会作了大幅连续报道，社会上也反响强烈。展览会的成功举办也促使科技界和实业界上层对“技协”给予了很高评价，更便于我们此后工作的开展。另外，义卖品和场地所得收益也为“技协”后来开展活动赚取了经费。1947 年 10 月和 1948 年年底，我们又接连举办了两届工业品展览会，也都取得了不错的效果。

办工业讲座也是“技协”的一项主要活动。我们针对现实问题，定选题，请讲师。例如我们曾组织过为期两周的“中国工业化问题讲座”，邀经济学家季崇威、勇龙桂和纺织专家陈维稷等人前来主讲，这吸引了一大批关心中国工业前途、反对蒋介石当局摧残民族工业的青年科技人员的关注，每次讲座会场上都座无虚席。在物价飞涨的情况下，我们也努力维持《工程界》和《技协通讯》这两份杂志的出版，因为这是维系党和科技人士的精神纽带。工业讲座上的一些精彩内容我们会选择性地刊登在《工程界》上，像钱伟长的《火箭炮及其他》、钱学森的《怎样研究工程科学和研究些什么?》、钱三强的《从国际科学工作者的集体研究精神看中国的科学家和工程师》等报告，《工程界》都刊载过。到上海解放时，“技协”成员已发展至 3 000 多人，并先后在市工务局、市铁路局、市公用局、市电力公司、浚浦局、中国纺织建设公司和中国农业机械公司等各大企事业单位建立了八个支会。

“技协”在上海解放前夕的护厂护路、城市接管、争取重要科技专家留在大陆参加新中国建设方面都发挥了作用。我们通过在工矿交通企业和公用事业单位工作的会员的关系，组织协会成员前往参观调研，以收集资料，熟悉情况，绘制图纸，配合人民解放军解放上海，比如有个在江湾飞机场工作的会员就绘制了机场蓝图并交给了地下党组织。国民党军队败退前，我们要求“技协”成员坚守各自的工作岗位，同职工一起维持正常生产，保护厂房设备，尽可能避免人为破坏。“技协”不少同志还被输送到东北、华东的一些大城市参加城市接管工作，如钦湘舟、沈惠龙就被组织上派往济南，我和雷树萱则参与了上海经济部门的接管工作。

全国解放在即，一部分科技专家由于对共产党的政策不甚了解，而对国家和个人前途感到迷茫，他们对国民党已然绝望，但对共产党仍抱有疑虑，担心共产党夺取政权后是否会致力于国家建设？科技人员是否有用武之地？所以部分人考虑离开上海前往港台或美国定居。针对这些人，我们通过摆事实说服他们留下。我们通过国内外报刊的报道，向他们介绍东北、华北等已解放城市恢复生产建设、一切走上正轨的事实；同时还利用"技协"会员与其他科技人员之间的通信，揭示出港台一些民族资本企业因美日货物倾销而发展前景黯淡的残酷现实。通过这种开诚布公的交流，很多原本打算离开大陆的科技专家最终选择留了下来。像赵祖康、茅以升、吴有训、吴觉农等科技界上层人士都决定留下，我们通过他们稳定了科技界的人心，为新中国建设留住了大批技术人才。

1950 年底，"技协"停止活动，但此后的"中华全国科学技术普及协会"（简称"科普"）、"中华全国自然科学专门学会联合会"（简称"科联"）及"中国科协"都是在"技协"的组织基础上成立的。

记忆犹新的几件往事

上海解放前我还经历了几件事，要在这里提一提。一件事是所谓"甄别考试"。抗战胜利后，国民政府教育部宣布原敌占区几所国立大学的学生为"伪学生"，不仅涉及在读学生，还涉及早已毕业的 1943、1944 和 1945 届学生。我们这些踏入社会的毕业生忙着自己的工作，根本没有时间和精力去通过什么"甄别考试"。于是三届毕业生经过商讨推举我、庄炳文和奚正修等几位 1943 届同学代表大家与吴保丰校长进行交涉，并争取到赵曾珏、顾毓琇等老校友为我们仗义执言。最后教育部同意我们无需考试，只要每人将阅读圈点过的《三民主义》《建国大纲》《中国之命运》三本书交给有关部门即可过关。经过此事国民政府在大家心目中颜面扫地。

另一件事就是参选"国大"女代表。1946 年 5 月国民党当局要召开制定宪法的国民代表大会，为揭穿蒋介石假和平真内战、假民主真独裁的面目，中共上海地下党组织决定发动妇女界进行一次选举"国大"女代表的活动。

罗叔章、许广平、柯执之和我做了大量筹备工作，如在沪东和沪西女工集中的地区召开了动员会，宣传选举意义，交代选举办法；又在基督教女青年会设立选举联络中心。4月14日正式分区域选举，职业妇女投票区有益友社、华联同乐会、电话公司、育才中学、银联保联社和威海路女青年会；劳工妇女投票区有沪东公社、江宁路女青年会、美亚九厂和市西中学；女学生和女教师投票区设在志毅小学等几所学校内；家庭妇女投票区设在黄金戏院。最终共有三万多名妇女参加投票，先选出350名候选人，又从中选出35名正式代表，我也列在其中。大家又推举罗叔章、胡子婴、许广平、雷洁琼、胡耐秋五人组成研究小组，起草宪法研究大纲，再由各妇女团体根据实际情况对大纲进行修改。虽然我们推选出的"国大"女代表未被当局承认，这也在意料之中，国民党政府后来另外搞了一个"国大"女代表竞选，但通过这次活动，广大妇女同胞对国民党和蒋介石的真面目认识得更加清晰了。

再有一事就是有幸与美国进步女作家兼记者安娜·路易斯·斯特朗女士见面。那是1947年3月9日下午，刚从延安访问归来的斯特朗女士受中国妇女联谊会上海分会的邀请，来上海皋兰路朱立波家中参加"三八"妇女节纪念会，朱立波是妇联上海分会理事。大会的一项议程就是请斯特朗女士介绍延安妇女的工作和生活情况。我记得斯特朗女士那天穿的是一件中式的对襟织锦缎棉袄，襟口和领口还镶着白边，好像是羊皮的。这身中式打扮和她的高鼻子、蓝眼睛形成了鲜明的对比。她进门的时候，手里还捧着一袋葡萄。斯特朗女士在会上发言讲的是英语，由现场的翻译译成中文。大家似乎没有感觉到语言障碍，听得都很入神，感到莫大的鼓舞。我印象中当时好像还有一位苏联来的妇女代表在场，可惜忘了她的名字。这件事现在回忆起来，还记忆犹新，历历在目。

最后一件事就是在酱业职工夜校授课。上海解放前全上海有30家大型酱园（既产又销），约有职工1 200人，此外还有小型的酱酒店2 000多家，有从业人员5 000多人。中共上海职委想把遍布全市的酱业职工组织起来，开展酱业职工运动，措施之一就是办一所酱业职工夜校（简称"酱校"）和一份刊物《酱报》。经过筹备，酱校于 1946 年 5 月 1 日正式开学，以酱业职工及其亲属为招生对象。校址在格洛克路（今柳林路）上的徽宁小学内。夜校开设的课程包括国文、商业簿记、珠算、英语，外加一门专业课酿造学。我被校方聘请为酿造学课程的教师。给酱业职工上酿造学的课程是亘古未有头一遭，很多老师傅在行内干了一辈子，都不清楚何为发酵工艺、何为酿造工艺，只是凭着祖祖辈辈传下来的土法进行操作。我给他们系统地上课，受到职工、业主的普遍欢迎，我自编的讲义还登在了《酱报》上。1947 年夏，国民党当局借口夜校有政治活动，将其关闭。不过一年后又恢复办学。"酱校"中的不少活跃分子后来加入了地下党酱业支部，有的人在上海解放时还参加了党领导的人民保安队。

投身职工教育

新中国成立后，我先是在国营上海第一印染厂当厂长，后又长期在上海市业余工业大学（即今天的上海第二工业大学）担任领导工作，从事职工业余教育。

20 世纪 50 年代末，随着我国社会主义建设如火如荼地进行，上海工业战线涌现出一批生产和技术革新能手，但他们的进一步发展受到自身文化水平不高的局限。于是 1960 年市委决定兴办上海业余工业大学，发展职工业余教育。我就是在此背景下被调到业余工大从事领导工作的。经过全体干部和教师的努力，学校从无到有、从弱到强建立发展起来，40 多年来为上海培养了各类学员 10 余万人，并为外省市输送了一大批人才。仅以"文革"前毕业的三届学生为例，他们学成回厂后都成为技术骨干，共解决了 3 700 多项生产技术问题，其中 370 多项为重大发明创造。对于业余工大办学所取得的成就，刘少奇、江泽民、黄菊等党和国家领导人都曾予以充分肯定。从业余教育到全日制教育，从职工教育到现在的本科教育，看到学校不断地发展壮大，对于长期在教育战线工作的我而言，感到由衷欣慰。

2007 年 4 月 26 日，闵淑芬公园留影

对青年学生的期许

最后，我想对今日的交大学子说几句话。当前我们国家正处于前所未有的发展时期，中华民族的全面复兴指日可待。今天的青年学生拥有的学习环境是我们当年读书时想都无法想象的，我们当年真是到了中国之大竟容不下一张安静的书桌的地步，所以现在的学生更应该扎实刻苦地学习，为自己今后的事业发展打下好的知识基础。今天的在校学生走出校园后，都是未来的青年科技才俊，当今社会已能提供足够宽广的舞台让大家学以致用，实现自己的抱负，成就一番事业，报效祖国，这既是当年我们这些“技协”成员所梦寐以求的，更是我们对年轻一代的期许。

2007 年 10 月 10 日，闵淑芬九十寿辰留影

胡晓槐

胡晓槐，原名胡荫，1924 年 7 月生，江苏淮阴人。1943 年考入交通大学土木工程系，1947 年毕业，同年 5 月加入中国共产党。1952 年任高级工程师。曾任天津市市政工程局党委书记、局长，天津市政府顾问、中国土木工程学会常务理事等职。1985 年 4 月荣获“全国五一劳动奖章”。著有《城市建设科学论文集》《我与天津城建》《走向绿色的明天》。1994 年 11 月离休。

访谈中，胡晓槐讲述了在交通大学的求学经历，深情回忆了参与交大学生运动时和曹炎、郑太朴的交往，以及与胡国定一起建立党的地下交通站的经历，畅谈了领导天津城建的工作业绩。

津沽大地满槐荫

口述：胡晓槐

采访：陈　泓、孙　萍

时间：2003 年 7 月 26 日

地点：天津胡晓槐寓所

记录：邵雯雯、孙　萍

编者：周小燕

良师熏陶，奠定基础

我出生在江苏淮阴，16 岁时就到了上海，在上海的江苏省扬州中学（抗战期间迁沪，校址在今南京东路东海大楼）读了三年。扬州中学师资优、教学严、学风好。我从小基础相对薄弱，要是没有上扬州中学，也就不可能考进交大。求学扬州中学期间，可能由于教室不多，我们去教室上课就像去电影院看电影。怎么说呢？一间教室有三个班级轮流上课：早班上午 7 点到 11 点；午班上午 11 点到下午 3 点；晚班下午 3 点到 7 点。每个班上 4 节课。我们是轮流转的，早上 7 点钟进教室上课，11 点钟下课，回家自习，接着又等午班，就跟人们看电影一样的。

当时上海各大高校是自己出题目，自行录取。交大入学要求很高，题目蛮难的。能考进交大的，都是来自几个好的中学，比如苏州中学、扬州中学、南洋模范中学等。1943 年，我被交通大学土木系录取。我们班有 30 个学生，我成绩排在中等。前 2 年在法租界绍兴路中华学艺社上课。交大一、二年级课程多，考试多，比较紧凑，也非常严格。相对来说，三、四年级课程简单一点，上课认真做笔记，课后复习，考得还不错。我大学后期经常参加学生运动，成绩不如以前那样优秀。

大学时代的胡晓槐

抗战期间，交大土木系分成铁道工程、构造工程、市政工程、道路工程四门。抗战胜利后，为了配合建设需要，各项课程逐渐增加。四年级时学生要分组，近似于现在的分专业。土木系有市政门、道路门、铁道门、水利门和结构门。我入学前就对水利感兴趣，便选了水利门。我选修的水利门相关课程有海港工程、河工设计、水利计划、运河工程、水文分析、污水工程、热机学等。

当时上海的一些报纸比如《新闻报》《申报》，用社会上捐助的钱设立奖学金，我曾经拿到了《新闻报》设立的“青树”奖学金，靠这些奖学金支付学费、书费等。此外，因为家境困难，我就去当家庭教师或者办家庭夜校，赚取一点生活费。

学习之余，我想多参加一些学生工作，锻炼自己。1946 年，我担任了水利系的班长、系科学生代表。同时我又是“创社”会员，“创社”由贺彭年、贾俊祥于 1945 年发起，宗旨是“砥砺学行、联络感情、服务同学”，主要活动是组织读书会、座谈会，每半月一次，纵谈校内外、国内外形势和人生道路等，内容广泛。

交通大学很有名，给我们上课的老师也都非常有名，比如王之卓、王达时、徐芝纶、王龙甫、刘光文等，好几位后来当选为中国科学院院士。这些老师知识渊博，热爱教育事业，讲课也各有风格。有的老师使用国外的教材；有的老师不用教材，就靠讲义，讲义写在黑板上，我们记笔记。王之卓老师当过工学院院长，教大地测量，他讲课非常有条理，我们一听就懂。王达时老师是交大渝校师生复员上海后土木系的系主任。他为人谦和，待人真诚热心，后来担任了同济大学的副校长。刘光文老师研究水利，后来担任了南京河海大学的教授；徐芝纶老师和王龙甫老师是研究结构的；张有龄老师曾任机械工业部设计研究总院高级工程师。

徐芝纶老师是水利界权威，他给我们上水利、水文学课，不用任何教材，用自编的讲义。讲课开门见山，不讲一句可有可无的话，甚至不讲一句重复的话，一到黑板前就能接着前一课的内容滔滔不绝往下讲，使我们大为惊服。他讲课的内容丰富深刻，分析深入透彻，语言精练流畅。每一次讲课，都是一场很好的演讲。我觉得听他的课就是一种艺术享受。当时徐老师住在交大对面，房子挺破旧的。他家人比较多，生活也比较困难，一家的生活单靠交大的工资已经难以养家糊口，他只能四处奔波兼职、兼课。徐老师讲课质量高、效果好不仅在交大有名，而且在整个高等工程教育界也很有名。因为他教书教得好，很多学校都请他，所以他一周 6 天在各大高校兼职，2 天在上海，2 天在南京的国立中央大学（今南京大学），2 天在杭州的浙江大学。

即知即行、实干苦干的曹炎

解放战争时期的交通大学是上海学生运动中的“民主堡垒”。抗议美军暴行、声援“二九”惨案、护校运动、声援“五二〇”惨案等风起云涌，一浪高过一浪。

1945 年 9 月底国民党搞甄审，认定沦陷区专科以上学校为“伪学校”，学生须甄审合格后才能承认学籍。中共地下党组织领导学生们开展反“伪学生”运动，从那时开始我就参加交大的学生运动。当时学生自治会有“两周”：周盼吾是学生自治会主席，周寿昌是副主席。周寿昌原是交大沪校学生会主席，他功课好，待人谦虚，在学生中威信比较高，但是有时做事不够果断。周盼吾原是交大渝校学生会主席，他非常有魄力，敢于拍板一些事情，他与管理学院院长钟伟成教授关系较好，他们两人性格不同，但是比较团结，配合得非常好。

我和曹炎一起做管理食堂等学生工作，经常接触，很熟悉。曹炎为人热情，对工作也充满热情，像“一团火”。交大学生膳团曾一度被国民党三青团把持，后来由学生自治会接办食堂，组织积极分子担任膳团管理干部，曹炎被选为伙食委员，他与服务员、校工、炊事员等关系非常好，一起和其他委员帮助工友。当时交大食堂有两个，一个是国立上海临时大学办的，另外一个是重庆交大办的，在一个餐厅里。“反甄审”斗争胜利后，两个食堂就合在一起办了。食堂由学生主持，账目由学生监管，买菜等由校工去做，发扬民主，实行账目公开。当时物价飞涨，条件异常艰苦。他带领其他委员努力改善学生伙食，热心为同学服务，学生对我们的工作很满意。学校有 2 000 多名学生，没有因为吃饭等问题闹起来。当时的伙食主要是黑面包，切成块，一人一块，再给点汤。好的时候有些奶粉，有的时候发点米饭、菜汤。1947 年元旦，上海学生举行抗议美军暴行示威游行，以曹炎为首的“知行社”成员承担了宣传和总务工作。之后，交大学生组织了十多支宣传小队到各中学宣传。有的宣传队很晚才回校，曹炎仍等候在食堂，为同学们端上热乎乎的汤菜和面包。

曹炎烈士

1947 年 5 月，交大开展护校运动，3 000 名学生组成“晋京请愿团”到南京请愿，系科代表大会公推曹炎为总务部负责人。曹炎昼夜苦干，带领知行社同学一起工作，动员炊事员，借用暨南大学伙房，做了热饭热菜送到在站台上等车的同学们手里，还不间断供应茶水。他甚至把自己担任教师兼职所得的收入全都补贴了伙食经费。此外，他从救济总署弄来一批黑面包，帮助解决了请愿过程中的粮食问题。

护校运动中核心成员有周盼吾、周寿昌、张公纬（余力）、丁永康、胡国定、丁仰炎、谭西夷(秦亦山)和我。其中,我的分工是负责后勤,主要工作就是筹集经费。我先去容闳堂找吴保丰校长,然后再找总务长季文美老师。季文美老师开了一张 200 万法币(大概相当于现在的两万元)的支票交给我,我把拿来的支票折现,交给邬娴容保管。护校运动中用的车钱、面包钱,都是从这里开销的。护校运动开始,经学生自治会安排,由愚公社负责交通组,他们通过学校附近华山书店金老板和吴保丰校长的关系,从搬场公司租来 57 辆大卡车,有人以为是别人赞助我们的,其实都是学校出的。

追求民主、鞠躬尽瘁的郑太朴

我跟郑太朴老师相识的时间不长,但是他谦和敦厚、教学严谨、诲人不倦的长者风范,给我留下深刻印象。1945 年 10 月郑师随交大复员返沪,当时经济非常困难,他穿着布长衫、脚蹬布鞋,头发也乱糟糟的,戴着眼镜,说话挺慢的。我认识他是由于曹炎的引见。当时我代表上海的学生和他见面,郑老师也通过我了解上海学生的情况。他住在学校新中院二楼的一间朝北小屋,光线很差,陈设更简单,一张床、一张小书桌和两把椅子,面积也就 10 平方米左右。

郑太朴烈士

当时,郑太朴是数学教授,吴文俊是他的助教。他教学十分认真,对师生极为关爱,深受大家爱戴,是交大为数不多的民主教授,不时列名在报纸上民主人士的宣言中。他对整个民主运动(包括校内的学生运动)的支持,可以说是不遗余力的。他与交大学生会的联系,主要是通过曹炎和我。我们经常去找他,他可说是有求必应的。

郑老师对交大学生运动的支持可分精神和

物质两方面来说。每次斗争过程中，他总是十分关切地找学运负责人谈话，探询发动的经过和发展的趋势。凭着他过去的斗争经验，恳切地提出建议，孜孜不倦地指导，常常和同学谈到深夜，从不感到厌烦和疲倦。因过去受过刺激，他患有严重的失眠症，每晚必须服用安眠药才能入睡。然而，他从不顾及个人健康，总是尽力来帮助同学，协力推进民主运动。同学有什么困难，也只有找郑老师帮助。当时学校开设社团活动，通过郑老师的关系，邀请校外一些文化名人，如黄炎培、马寅初、雷洁琼、施复亮、李平心等来校讲演。此外还请文艺界的一些名人，如秦怡、周小燕来搞晚会，做节目。值得一提的是，当时交大学生社团没有钱，也不提供接送，被邀请者都是自己坐车来学校的。除了精神方面，郑老师还有不少物质方面的支持，也可以说物质方面支持更大。每次学生运动的经费，不少是由郑老师不辞辛劳、外出奔波向工商界的朋友或者爱国民主人士募集而来的。经手捐款事项的学生是左东启（后任南京河海大学校长）。

郑老师虽然不是共产党员，他是民建的，但是他曾多方募捐，支持交大学生运动，确实起了很大的作用。他做了很多事，跟一个共产党员没有两样。郑老师的革命活动，引起了国民党当局的不满，他们给交大施加压力，迫使交大于 1947 年 7 月将他解聘。离开交大后，他先在金神父路（今瑞金二路）花园坊一位友人处借到一个小亭子间，后来得到他学生的帮助，迁到愚园路蝶村。8 月底，郑老师由马寅初推荐，在中华工商专科学校任教，并兼朱葆三路（今溪口路）分部主任，才解决了生活问题。当时，他通过贾业鹄（他是 1948 年由我介绍入党的）和左东启，继续给交大学生运动提供帮助。

1947 年，由于我被列入国民党逮捕的"共产党嫌疑犯"黑名单，组织上安排我和另外几个也暴露身份的学生地下党员迅速转移。我是在 5 月 30 日大逮捕期间离开交大的，党组织派我去浦东川沙工作。我在交大的名字是胡荫，为了躲避国民党的追捕，离开学校后改名为胡晓槐。据我所知，交大档案馆至今保存着 1947 年上海淞沪警备司令部政工处开列的拘捕学生名单，包括周寿昌、张彭宝、朱发稼、丁永康、马美丽、程志远、钱叔文、朱启瑞、朱葆

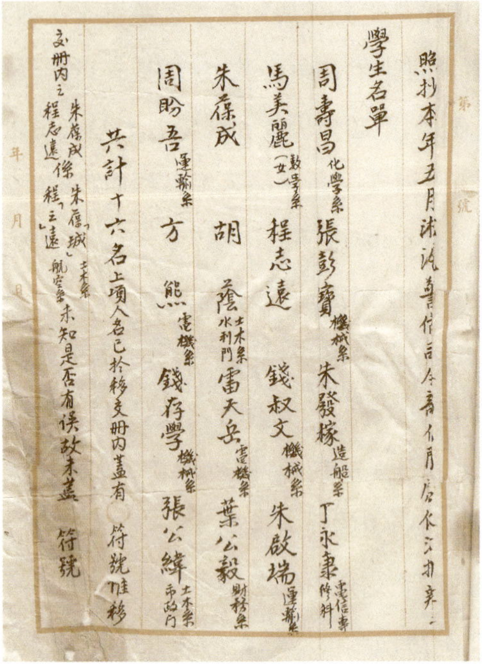
學生名單
周壽昌 化學系　張彭寶 機械系　朱發橡 造船系　丁永秉 電信專修科
馬美麗（女）數學系　程志遠　錢叔文 機械系　朱啟瑞 運輸系
朱葆成　胡蔭 土木系水利門　雷天岳 電機系　葉公毅 財務系
周盼吾 運輸系　方熊 電機系　錢存學 機械系　張公緯 土木系市政門
共計十六名上項人名已於移交冊內蓋有符號准移
交冊內之朱葆成係朱葆城土木系 程志遠係程之遠航空系 未知是否有誤故未蓋符號

1947 年 5 月上海淞沪警备司令部开列的计划拘捕学生的名单

成、胡荫、雷天岳、叶公毅、周盼吾、方熊、钱存学、张公纬。

1948 年初至同年 7 月，经组织安排，我回到上海，在中华工商专科学校做郑太朴老师的助教，教微积分课程。此外，我还负责安排这所学校的全部教学课程。中华工商专科学校分校在外滩附近的朱葆三路开设日校和夜校。许多名人在那兼职教书，比如马寅初、李平心等。当时我受上海学联党组织领导，负责和上层人士的联系，而郑老师是联系工作的主要桥梁，学联的主要活动都由我事先告诉郑老师。这当中发生了反美扶日运动。6 月 5 日，上海学生举行反美扶日示威大游行，中华工商专科学校分部是个重要的集中点，有五六百大中学生云集，被国民党军警包围。当时军警在朱葆三路两头荷枪实弹，还加上机关枪，将学生的游行队伍围堵在分部门口。那天郑老师冒着极大危险，坐了小轿车来到我们中间，和我们共同战斗。在现场，我多次劝他离开，他坚决不肯，直到学联领导通知我“游行停止，以防重大伤亡”，我转告学运领导人后，郑老师才离开。

1948 年 10 月，郑老师与药物学博士王雪莹（后任化工部顾问、全国政协常委）结为夫妻，住在愚园路王雪莹的房子。后来，由于在上海已不安全，郑老师到了香港。他憧憬新中国，向往新中国。在新中国成立前夕，担任民建常务理事的郑老师响应共产党的号召，起身北上参加新政协，从上海乘船取道香港途中，由于长期超负荷的工作，积劳成疾，在北上的船上去世。他去世的原因不明，胡国定猜测可能是心脏病发作。郑老师没有看到新中国的诞生，令人无限惋惜。

战斗在中共地下交通站

1948年7月到1949年天津解放前夕，我有幸作为一名秘密交通员，和胡国定一起参加了党的地下交通站工作，这是我毕生难忘的一段经历。交通站负责人胡国定是交通大学物理系毕业的，后来去南开大学才搞数学研究。我们都是1947届的。在学生运动中，我们并肩战斗，配合默契。胡国定父亲是保险公司经理，同时也是中共地下党员，他把所有家产全部捐给党组织。胡国定本人参加学生运动比较早，护校运动中，他作为学生代表经常和吴保丰校长联系。

胡晓槐与母校采访人员合影（左起：陈泓、胡晓槐、孙萍）

1947年，南方党组织派陈赓仪（原上海市学联主席）到天津，传达了建立交通站的指示。当时胡国定经陈省身先生介绍，并得南开大学教务长吴大任推荐，到南开大学数学系当助教。陈赓仪与胡国定在上海时，就有组织关系，所以这个交通站主要通过胡国定与上海地下党挂钩，进行输送。由我和从解放区派来的经验丰富的老交通员孙大中协助胡国定开展工作。

我们首先开辟了从上海到天津的地下交通线。从上海到天津，主要靠坐轮船，要走差不多两天。第一天晚上在上海上船，在海上要经过两宿，第三天中午才到天津。此外，交通站还开通了经静海、唐官屯、青县、沧县到泊镇的交通线。后又开辟了从天津到冀中解放区的另一条交通线。交通站建立了与解放区十分严密的联系方式，对经交通站去解放区的人员，交通站要交代暗语，还要发给一张“路条”，即国民党银行新印发的小额法币1万元。到解放区的人员要对接暗语，还必须交验“路条”，查对号码，这样既保证了交通线的安全，又有效地阻止了敌特分子混入解放区。这个交通站，经过我们掩护并输送到解放区的先后有上海、南京、杭州、武汉、湖南、四川、北京、天津的地下党员、中国民主青年联盟成员、进步群众，累计达400余人之多。其中包括知名人士楚图南、王冶秋、李何林夫妇、闻一多家属等人，从来没有出过任何意外。

1948年10月，上海地下党又通过姚欣茂（董辉）去冀东解放区建立新的地下交通线，从上海经天津，输送爱国人士和技术干部至东北解放区。我和冀东区党委、天津工委于文同志建立联系，因为临近天津解放，输送人员不多，只十来个人。

我与天津城建

1949年1月天津解放后，我的第一项工作就是参加接管国民政府的天津工务局，就是后来的天津市政府建设局、市政工程局。我在天津生活、工作了50多年，主持了1958年的海河改造工程，两年建成，解决了天津市400万人饮用水源、污水处理、农田灌溉等方面的问题；主持了1963年的抗洪救灾，大港卫星城石化基地的规划与建设；参加了1976年唐山大地震后城市基础设施恢复与重建，完成了天津城市道路交通规划中的以“三环十四射”为代表的城市快速干道系统建设；1982至1985年主持建设了全国第一座大型污水处理厂——纪庄子污水处理厂等一批重点市政工程项目。工作中，我干过工业、农业，还参与建设大港区石化基地、电厂、炼油厂。我总是这么认为，人都是要经过磨炼的，困难就是困难，勇于面对，我们都能应对并解决。

20 世纪 80 年代初，作为全国知名的大都市之一，天津的市政道路养护任务相当繁重，但是当时国内的道路养护技术相当落后，还停留在用人工明火加热沥青，然后用洋镐刨除旧料再进行修补，不仅费时费力，修补效果还不好。1982 年参加交通部举办的一次展览会，我看到了当时世界上最先进的公路养护设备——“维特根铣刨机器 SF 500/3”。它先进的工作性能和技术理念深深地吸引了我们。会议期间，我们就开始询问、寻找购买渠道。之后，我们通过香港维昌洋行完成了采购。从此，天津市政公路局道桥处率先在国内开始使用机械设备修补路面，不仅操作方便灵活，而且工作效率高，修补路面质量高。一直到现在，天津城建系统的历任领导称赞我们超前的眼光，我也觉得比较欣慰。

环境保护是造福子孙的千秋伟业，其中城市污水处理问题是环保的重点，天津市政府对此是非常重视的。早在 1958 年我主持海河改造工程时，该工程分为三部分：一是在塘沽海河口建防潮闸及渔船闸各一座，以防止海潮进入海河；二是建排污干管 180 千米，泵站 15 座，集中控制污水不入海河；三是在海河两岸开凿南北两大排污河，全长约 100 千米，大型泵站 2 座，以使经

胡晓槐主持建设的纪庄子污水处理厂鸟瞰图

处理后的污水可以直接入海。1980—1984 年建成纪庄子污水处理厂，1988—1993 年又建成东郊污水处理厂，解决了天津市 50%以上的城市污水净化问题。这项海河工程耗费时间长，综合工程量浩大，在国内处于领先地位。1993 年全国人大环保委领导专程来天津视察后指出，天津污水处理为全国解决城市污水净化问题走出了一条新路，处理厂内筹建学校为全国污水厂培养了大批干部、工人，为全国做出了贡献。

作为天津城建战线的一员老兵，有幸在这场伟大的事业中参与决策，并经历了全过程，实在是一次千载难逢的机遇。在这些难忘的岁月，把我的青春和人生献给人民事业，使我的思想感情与天津城市发展紧紧地凝合在一起。老市长李瑞环在一次城建会议上说："在最困难的时候，晓槐同志总是有办法，他是打开天津城市建设的一把金钥匙。"回顾过去的工作，我认为，超前的思考，直至千方百计地解决城市交通问题，是城市主要领导者的神圣职责与多谋善断的体现。

1986 年交大 90 周年校庆，学校一位副校长送我去机场，沿路上讨论了大学培养人才的问题。我觉得，培养一个为国家作出贡献的人才，首要条件就是爱国。一个人本领有大有小，但是不爱国，有再大的本领又有何用。知识、本领可以学习，但是作为党和国家培养的人才，首先要为人民服务。就我个人经历来说，我是解放前国民党培养出来的大学生，但是我的一生是为共产主义理想而奋斗。现在我看到学校的校训是"饮水思源，爱国荣校"，我觉得非常好。

沈讴

沈讴(1925—2013),女,曾用名沈再圆,祖籍浙江嘉兴,生于上海。1940年8月在上海正行女中读书时加入中国共产党,并参加了新四军上海办事处的工作。1942年2月考入上海新本女中,并担任党支部委员、党支部书记。1943年7月考入交通大学运输管理系,1947年7月毕业,期间担任交大党支部副书记、书记,党总支副书记、书记。1948年7月被捕入狱。新中国成立后,先后担任青年团上海铁路团工委宣传部部长、上海铁路报社第二社长、上海铁路局政治部党委宣传部部长、局党委常委。"文革"期间遭受长时间的迫害。粉碎"四人帮"后,先后担任上海市工交办干部处复查组组长、市经委纪检组副组长、市经委副主任、市工业党委委员、纪委书记。1984年任中共上海市委纪委常委。1985年4月离休。2013年12月病逝。

访谈中[①],沈讴朴素而深情地讲述了自己年仅15岁便在家庭、党组织的双重影响下参加中国共产党与革命工作的经过,重点介绍了在交大求学期间与党支部成员一起发展党组织、开展群众工作的具体举措与成功经验,回忆了交大党组织领导发动学生参加反甄审、抗暴斗争、护校运动、"反饥饿、反内战"斗争等一系列爱国民主运动,并在斗争锤炼中逐渐壮大的历程。

① 本口述文稿吸收了1959年1月25日交大地下党员座谈会上沈讴同志发言的文字记录,座谈会主题是"一九四七年前交通大学学生运动情况",记录人为庄咏文。

无悔的青春之歌

口述：沈　讴

采访：盛　懿、王世根、欧七斤

时间：2005 年 5 月 31 日

地点：上海沈讴寓所

记录：欧七斤

编者：欧七斤

中学入党，那年我 15 岁

我的祖籍是浙江嘉兴。祖父沈卫，自小读书用功，清末时期考中了进士，被授予翰林院编修，后任甘肃主考、陕西学政。进入民国后，长期寓居上海，是一个有名气的书法家。在我很小的时候，我父亲就不幸去世了，我家兄弟姐妹很多，有兄妹五人，我算最小的一个。我的堂伯父沈钧儒，是"救国会七君子"之一；王蘧常是我的堂姑父，他也是一个有名的书法家。我的爷爷从小很疼我，支持我读书。1931 年"九一八事变"那年，我进上海南洋女中附属小学读书，到 1937 年夏抗战爆发时毕业。1938 年春，我考进了正行女中。

我是 1940 年加入中国共产党的，那年我还在正行女中读书。入党介绍人是地下党员沈诒，他是我的哥哥，大我三岁，后来调到苏北参加新四军去了。记得他给我看《西行漫记》等书，我从中知道了八路军、新四军的存在，还有共产党领导的抗日政权。在他的影响下，我先是参加了党的外围组织——“上海学协”，在校内做一些抗日救亡工作。中学入党那年，我只有15岁，说实在话，只是凭着一股爱国救国的热情。入党后，我受委派参加了上海新四军办事处的一些工作。1941年10月，我跟随党组织到苏中新四军根据地。不久，因为日伪军“清乡大扫荡”我又撤回上海。之后，经过组织的帮助，我于1942年初插班考入私立新本女中读书，1943年7月顺利毕业。

沈讴(右一)在其寓所接受母校采访

中学毕业后投考交大是我自己选择的。我在中学的功课很好，毕业时同时考取了交通大学、之江大学、圣约翰大学等5所大学。我认为交大影响大、声誉好、要求高，在上海很有地位，所以最后选择进了交大，读的是管理学院的运输管理系。我在交大读书时间是1943年至1947年，前两年在绍兴路中华学艺社内，后两年在徐家汇校园。前二年是抗日战争时期，后二年是解放战争时期。

读大学期间，我爷爷病逝了，家庭经济状况不太好，要靠自己努力学习争取助学金。我在大学里基本上依靠助学金，但是这要成绩好，然而地下党的工作比较忙，常常影响学习。不过我有点小聪明，平时笔记记得勤，临时突击本领也好，各门功课还是不错的。我通过考试获得了申报馆的助学金。

"单线联系"的地下党员

我进校时，交大就有了党支部，党员人数不多，由支部书记仇启琴与我联系，不过时间不是很长。他当时已经从交大毕业，在交大工学院当助教，已经不参加学生支部了。我后来的联系人是曹宝贞，她是大学区委地下党员，好像是圣约翰大学的学生。

当时上级与我是单线联系的，大致是一个月一次吧，一般是在马路上，有时候也到我闸北的家中来。上级联系人知道我，我却不知道他的工作和住处。如果要调换联系人，都是预先告知碰头的地点、时间，还有接头的暗号，这些都是秘密的。要是你去晚了，过了时间，联系人是不会等候的，你也就从此失去了与党组织的联系，断了党的关系。联系时，暗号由上面预先规定，比如手里拿一张报纸，对话时他问"某某路怎么走？"你答"向东边走"；或者他问"你是交大的吗？"你答"是的"。这一问一答，要是对上了，就彼此找地方再交谈。交谈时要向上级汇报，内容大体上有三方面：一是有关学校的情况，或是某些工作的开展方法；二是反映所联系学生群众的情况；三是学生中某些积极分子的表现，发展培养计划，等等。

就读交通大学时期的沈讴

发展党员是一项基本任务，需要随时发展积极分子，订出培养计划，逐步吸收入党。那时候发展一个党员是很严肃的事情，要花很长的时间，有的三个月，有的半年甚至一年的考察期。考察期间，要对考察对象的家庭、社会关系全面了解清楚，主要还要看本人，学习成绩要好，思想要进步，对党有认识，有要求入党的愿望。有的人出身资本家家庭，或者自己曾是三青团员，只要他自己认识清楚了，脱离了关系，也可以发展入党的，交大地下党员李家镐就是那样一个例子。

党员对象的培养，先是要交朋友，了解情况。到了一定程度，再让看《西行漫记》或进步小说，然后彼此交谈，逐步引导对新四军、八路军和中国共产党的认识。到了条件比较成熟的时候，向他提出“你想不想参加进步组织？我们一起去找门路”，或者说“我有个亲戚，你可以熟悉一下”，这样党员自己的身份不会暴露的。入党时本人要写一份申请，有的写在纸上，有的为了保密用米汤写，然后用碘酒一刷，就清晰可见了。发展一名党员要经过党支部认真讨论，有的学校没有支部就由联系人来谈话，批准后要宣誓。誓言主要是“自愿加入中国共产党，拥护党的纲领主张，遵守党的纪律，愿为共产主义而奋斗……”

抗日战争时期，党的政策是积蓄力量，勤学勤业，勤交朋友。交大党的力量不强，党员只有十来人。学生群体性活动在敌人压制下也很难开展，我们就在学生中用隐蔽的方式搞一些学术性活动，还开展福利性活动，搞生活互助，等等。交大学生与其他学校学生不同，“死”读书的多，生活艰苦的多，但是都具有一定的爱国民主观念，工作做到位的话，学生也容易发动起来，争取过来。经过我们细致工作，在交大逐渐发展或联系了一些党员，有朱爱菊、陆兆珊、徐明德、孙畹珠、叶公毅、侯英、武维尧、蒋壁厚、杨瑛等，大都是我们管理学院的学生。这样，积极分子增加了，党的力量也壮大了，这为抗日战争胜利以后交大党的力量有较大的发展打下了基础，不少人成为解放战争时期爱国学生运动的重要领导核心。

反甄审斗争

抗日战争胜利后，在中共上海学委的正确领导下，交大党组织团结发动大多数进步学生，接连不断地开展了各种爱国民主运动，使交大成为战斗在第二条战线上的核心力量，交大党组织也在斗争的锤炼下不断壮大，逐步成熟，在群众中的影响也越来越大。

首先开展的是反“伪学生”甄审斗争，这是地下党领导的一次比较大的学生运动。抗战刚刚胜利时，多数学生对国民党、蒋介石存在很大的幻想，认为国民党是正统的执政党，蒋介石是个民族大英雄；对共产党及对苏联的认识却很不够。上海一胜利，国民党势力返回上海，就拼命宣传抗日胜利是国民党军队的功劳，还有美国两颗原子弹的作用，人们对胜利感到很喜悦，很满意。抗战期间，交大徐家汇校园被日本人占用了，师生被迫搬到法租界办学，租借震旦大学、中华学艺社多余的校舍办学，地方很挤很小；现在胜利了，师生们心情都很兴奋，自发地到徐家汇校址去看看，希望早一天搬进去读书。

但正在这时，国民党的教育部却不承认我们交大沪校学生的学籍。抗战期间留在上海的六个大学，除了交大（沪校）外，还有上海医学院、上海商学院、雷士德工学院等。国民党的教育部称这几所大学是“伪大学”，认为我们学生是“伪学生”，说我们思想已奴化，要把我们集中训练，甄审过关才行。这时重庆交大的师生分批来到了徐家汇校园，我们这边接管人是李寿雍，他不让我们与重庆交大学生合在一起，学生们就很着急。这对群众的打击很大，大家都很气愤，也非常失望，好像劈头盖脸浇了一盆冷水。重庆交大来的学生，有的看不起我们，说在上海的交大投靠汪伪，不正统。当然其中也有好的学生，同情理解我们。其实，我们坚持在租界里读书很艰苦，非常不容易。交大学生考进来都是各个中学里面的尖子生，进校后读书很用功，学校管的也很严，每周上课 30 多个学时。交大学生一般家庭不太好，生活很艰苦。我们地下党就组织义卖活动，帮助困难同学；也动员同学留在上海同汪伪政权进行斗争。

我们地下党就抓住广大学生争取正当读书的权利，组织领导他们反对所谓的“伪学生”、反对甄审的斗争。斗争时，我们利用班级、学系出面，支持周寿昌等一些积极分子，他们功课比较好、在学生中威望高，容易争取中间学生的支持，我们党员一般在后面暗中指挥联系。抗战胜利之初，全校性组

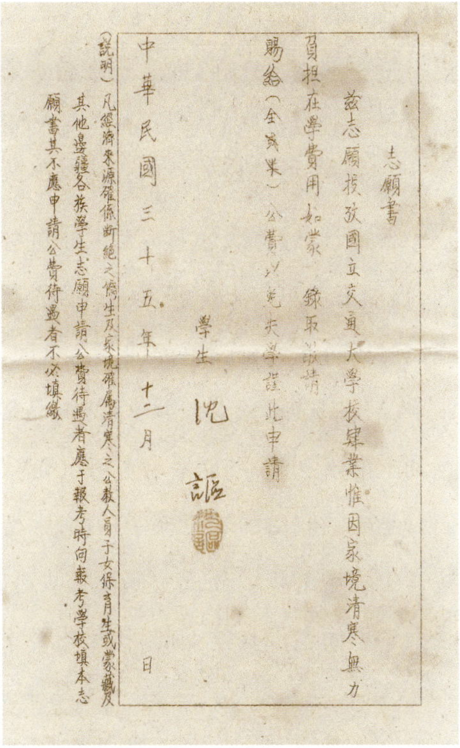
志願書
茲志願投考國立交通大學校肄業惟因家境清寒無力負担在學費用如蒙錄取敬請賜給（全或半）公費以完學業謹此申請
學生 沈謳
中華民國三十五年十二月 日
（說明）凡經濟來源確係斷絕之僑生及家境確屬清寒之公教人員子女係青年生或蒙藏及其他邊疆各族學生志願申請公費待遇者應于報考時向報考學校填本志願書其不應申請公費待遇者不必填繳

1946 年 12 月，沈讴填写的交大清寒学生志愿书

织比如学生自治会是没有的，只有系科性活动。那时，党的力量小之又少，就通过班级中积极分子共同商量问题，也没有什么形式，好像是自发的，组织过几次学生去教育局请愿。

开始请愿时，学生都还不习惯这种方式，队伍也不多，后来我们联络其他被当作“伪大学”的学生，游行队伍一次次就壮大起来。同时，我们在社会上进行广泛宣传，让广大市民支持我们，给国民党当局施加压力。我们也向各方面发公开信，刊登到《密勒氏评论报》上。我们的口号是“人民无伪，学生无伪”“我们要读书”。有一次请愿，我们经过河南路天妃宫桥，敌人就摆起机关枪，阻止我们前行，让学生非常气愤。

当我们听到蒋介石来到了上海东平路，就发动群众去请愿，以便消除学生们对蒋介石的幻想。当时请愿过几次，没什么效果，别的地方的学生都开学了，我们还在马路上游荡。我们到东平路蒋介石寓所时，上海警备司令部的宣铁吾就派铁甲车及大批人来阻挠学生前进，学生仍旧大声呼喊着口号。

蒋介石住的房子窗门是关好的，有灯光。我们等了一晚，也叫了一晚的口号，还是没有见到蒋介石。附近居民很同情我们，一些年龄比较大的居民烧开水、拿零食给我们吃，对大家教育很大，感到群众支持我们，我们自己更要坚持下去。直到凌晨，军警才来说，蒋总司令要接见你们了，你们往后退，快排好队，结果还是没见着，原来他从后门溜走了。实际上，斗争到后来，学生们精疲力竭，我们预见这样也解决不了问题，就考虑收缩斗争，与他们军警谈判，让我们在蒋介石的住宅前通过一下，他们同意了。在通过时，我们也不指望见到蒋介石，而是想在蒋介石的面前叫叫口号，让他听听。过去斗争只是一般教育局的官员接待、应付我们，这次直接与蒋介石碰头。通过这次斗争，大家对蒋介石是恨透了。

不过，经过这次还有以后几次的接续斗争，社会舆论和正义者也支持我们，当局不得不作出让步，虽然还是要用“上海临时大学”的名义，但已答应我们可以进交大校园里面读书。这时，地下党认为目的已达到，就此结束了斗争。我们进入交大校园学习时，已是11月初了。重庆交大的三、四年级已经到上海，我们按照院系合并在一起上课读书。通过反甄审的几次斗争，我们对学生的政治面貌也摸了一次底，党在群众中的影响逐渐扩大，周寿昌这些学生运动的积极分子大多被吸收进共产党，党员增加到20多人，我们在临时大学里面也设有党支部，我是支部书记。

深入细致的学生工作

交大沪校、渝校汇合徐家汇后，学校性的学生自治会建立起来。地下党组织逐步把学生自治会的领导权争取了过来，以争取全校学生，特别是中间派学生。周盼吾、朱启瑞等进入自治会，他们在学生中享有威望，周盼吾曾经是地下党员，后因环境所迫暂时与组织失去了联系。在党组织的影响下，学生自治会考虑通过各种形式，为学生办实事，把中间群众组织起来。

自治会首先为学生们争取了一些生活福利。那时教育经费紧张，学校伙食品质很差，学生们称之为“八宝饭”，沙子、稗子什么都有。我们把改善伙食作为学生自治会一项重要工作，许多积极分子深入到伙房，自己去买柴买菜，提高伙食质量，受到学生的广泛好评。我们还搞了一次去苏州的春游活动，这次组织工作做得很好，参加的人起码有四五百人之多。这是第一次把群众组织起来，群众相互间也熟悉起来，加强了学生们的团结。

通过一些运动，党组织感到光靠学生自治会组织群众还不够。1946年下半年，党支部就派党员钱存学组织了交大青年会，主要也是做中间派学生的工作，团结他们参加进步活动。开始搞青年会时，有些党员也不同意，他们认为这是基督教组织，我们不是教会学校。党支部多数党员同意要搞，就组织了青年会。青年会主要搞舞蹈、唱歌等。这些活动比较有特色，学生群众对这些活动也没有顾虑，参加面比较广泛。青年会还开过纪念“五四”晚会，这些活动搞得比较成功。此外，还注意争取同乡会、级友会、文艺性社团等的支持，通过它们把中间群众的代表也吸收到我们这边来。

接受采访中的沈讴

通过自治会、青年会这些学生组织，我们加强了与广大学生的联系。我们把一些党员、积极分子挑出来做负责工作，同时也发展了一批人加入地下党。原来党的力量只分布在少数几个系科，现在各个院系基本上都发展了。比如，原来在化学系党的力量极少，这时也发展起来。党的力量的发展壮大，学生群众的联系发动，有利于接下来的各种爱国运动，反过来又在各种运动中得到锤炼，这样就形成了良性循环。

我们进入徐家汇校园刚刚稳定下来，昆明就发生了“一二·一惨案”，于再、李鲁连等 4 名师生被害，60 余人受伤。全国都在声讨国民党当局的暴行，上海闹得也很厉害。于再烈士的妹妹住在上海，她打算在玉佛寺祭奠他的哥哥。上海地下党组织就借此机会搞了一次全市性的公祭活动。交大党组织一方面抓住这件事教育学生,揭露国民党反动独裁的面目,争取和平民主;一方面也发动学生到玉佛寺去参加公祭,现场接受教育。后来实际去的学生尽管不多,但留给他们的印象都很深刻。在会场上,我们交大学生丁仰炎代表学生自治会在大会上发了言。会场齐声高唱"安息吧,死难的同学",歌词到现在我还记得一些:"安息吧,死难的同学,别再为祖国担忧。你们的血照亮了路,我们将继续前进!"许多参加公祭的同学感动得眼泪都流出来了。公祭会结束后,一万多名参会者又进行了示威游行。

接下来我们又组织学生参加三八妇女节纪念活动,地点是在中山公园。上海很多女工人被动员来参加,她们的劲头很大,兴致很高,有的女工还是小脚呢。我们交大来的女同学还是不多,女党员们带了些积极分子去参加。会上,鲁迅先生的夫人许广平到场讲了话,中心意思是要和平要民主,不要打内战,对学生群众、积极分子,甚至党员的教育意义都很大。通过参加公祭以及纪念妇女节,交大同学开始与外界接触,突破了过去仅局限于自己一个学校的范围,对同学的影响教育一次比一次深刻。

1946 年 9 月开学后不久,上海发生了"臧大咬子事件"。臧大咬子是一名人力车夫,他把坐车的美国水兵拉到目的地后,向他们讨要车费,竟被这位美国水兵活活打死了,凶手则扬长而去,中国的宪兵、警察都不敢过问。事后,美国军事法庭竟然宣布美国水兵无罪。此事件激起上海人的公愤,痛恨美国人在中国土地上无法无天,更感慨当局的软弱无能。年底,北平发生了美军士兵强奸北大女生的"沈崇事件",更激起全国人民的愤慨,爆发了声势浩大的抗议美军暴行活动。1947 年元月,交大党组织和党员、积极分子发起签名抗议,把美军暴行的真相向同学们做宣传,又组织 1 000 多人参加上海学生界的示威大游行,抗议美军暴行,要求美军撤出中国,废除《中美商约》等。不想 4 月,我校数学系学生贾子干在大街上被美国人的汽车撞死了,我们就借抗议暴行的影响力继续进行斗争,很多同学直接到市政府向吴国桢市长请愿,结果迫使美国领事给予相应的赔偿。

1947 年元旦，交大 1 000 多名学生参加抗暴请愿示威游行

在这些斗争中，我们注意把反美与反蒋结合起来，使得许多学生开始摆脱了对美国扶助中国的幻想，认清了国民党政府媚外卖国的真面目，把他们争取到我们这边来，进一步投入到爱国民主运动当中去。

党领导下的护校运动

到 1947 年初反美抗暴斗争时，上海学委决定建立国立大学区委，交大党总支归国立大学区委领导，总支书记吴增亮调任大学区委委员，交大党总支书记由我来接任。随后，在大学区委的指导下，交大党组织又领导学生开展了轰轰烈烈的护校斗争与“反饥饿、反内战、反迫害”运动。

1947 年 5 月初，交大发起了护校运动。首先是国民党政府大打内战，经济吃紧，教育部要压缩交大经费，停办两个系科。我们抓住取消两个系的问题进行宣传，校园内贴满了壁报，申诉国民党一心打内战，不管教育事业，无视教员学生的利益，这激起学生义愤，甚至获得教授、校工的同情与支持。

学生自治会出面组织召开多次系科代表会议，通过充分讨论，大家思想都比较明确，就是要发起全校性的护校运动，发动大多数学生晋京请愿。意见统一后，我们就发动广大学生参加，结果很顺利，有 2 500 多名学生参加，那时全校一共是 2 800 多人。其他组织工作做得也比较好，甚至把米、锅子都搬着带着去。

当局对我们晋京请愿很是恐慌，用尽各种办法来破坏我们。我们要乘车离校去火车站时，吴国桢市长急急忙忙跑过来，挡住大门口不让车子开走，并威胁说："你们如要开车，就轧死我。"结果两个学生纠察队员一边喊着"保护市长"，一边用手臂把他一拧，就架到一边去了；同时，那边开车的司机用力把喇叭一揿，吴国桢吓得腿一软，汽车就开出校门了。他原来打电话叫全市汽车都不许租给交大，但已经晚了一步，汽车早已开到了交大，只好自己来到交大阻止学生离校。

到达北站后，所有火车都停运了，火车头、客车也都被藏起来了。同学们等了许久，没有火车可以上，情绪开始低落。我们一边组织啦啦队，给大家鼓劲打气；一边派人去找车。后来同学们找到了机车，又弄来一些货车，同学们情绪重新高涨起来，大家排好队上了火车。火车由我们机械系的同学自己开，开得很吃力，走走停停，到了东站麦根路，车轨被弄去一段，只好停下来。土木系的同学们下来，在工人帮助下铺好铁轨。车又开起来，到了真如站，路轨被破坏得更厉害。车厢是货车，相互隔断的，联系不便。天色又渐渐地黑下来，天气也开始冷下来，有些车厢里面还有个别坏蛋在捣鬼，同学们

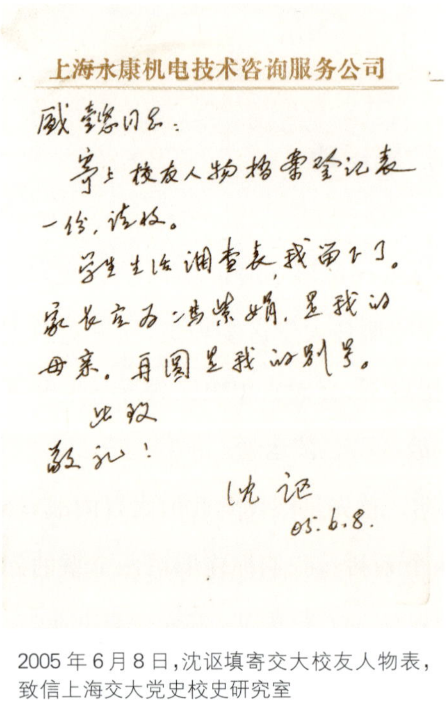
上海永康机电技术咨询服务公司

威[illegible][illegible]同志：

寄上校友人物档案登记表一份，请收。

学生生活调查表，我留下了。家长宣乃鸿紫娟，是我的母亲。再圆是我的别号。

此致

敬礼！

沈讴

05.6.8.

2005 年 6 月 8 日，沈讴填寄交大校友人物表，致信上海交大党史校史研究室

情绪又开始低落起来。

当时，情况很复杂，变化也很大，党组织对整个形势也有考虑不足的地方。这时，大学区委负责人吴学谦、浦作等同志也来到了火车站，现场了解实情，指导运动开展。我们估计火车也不能开到南京，一方面火车已没有煤，同学又不太会开；另一方面国民党也决不会让我们开到南京。我们这样做，对国民党影响已很大，京沪杭交通已断绝，上海乃至全国都已震动了。后来，教育部长朱家骅紧急乘飞机赶到上海现场，他们和我们隔着河浜谈判。这时，上级党组织及时指出，在当局作出一定让步条件下，我们及时收缩。当局最终答应两个系科不停办，交大经费不削减，斗争就此胜利结束。上海市政府找了汽车把同学陆续送回学校。在护校运动中，一些党员与进步学生有所暴露，事后当局在搞黑名单，加强了镇压，发生了零星的被捕事件。

五二〇运动

护校斗争不久，就是5月下旬的“反饥饿、反内战”斗争。那时内战吃紧，大学生生活困难。南京中央大学学生于5月20日首先发起斗争，遭到了镇压，就是“五二〇”事件。我们派了同学到南京了解情况，回来后教育同学，筹备发起“反饥饿、反内战”斗争示威游行。我们做了两根半大油条，说明我们一天的伙食费只值二根半油条。

5月25日夜里，国民党派军队来包围交大，进入校园抓人。当时，学生自治会原来准备在上院文治堂开会，但文治堂窗门低，军警容易进来抓人。后来改在上院114号开会，有些进步同学在里面。有一特务卞岫云放爆竹为信号，门外军警听到爆竹就进入校园，冲到114号准备抓人。军警正要冲进去时，里面立刻把门紧紧地关起来，挑出身强力壮的人把守门口。徐家汇警察局局长带头用斧头亲自来劈门。纠察队员罗友在匆忙关门时被关在外面了，被警察抓住恶狠狠地打了一顿，打得头破血流。以后等伤治好了后，头顶上还长不出头发。特务拿尖石头从窗外扔进来，拿钉棒头对着窗内的同学敲打，许多同学被尖石头掷伤；有的代表跳出窗门外，就被当场捉住，有的被打伤。有一个同学叫路远，头被劈开，鲜血直流。后来，许多同学前往医院慰问路远。

这时，有人敲响了钟，惊醒了所有住在学校宿舍的学生，他们都从床上爬起来，手拉着手，包围住上院，把特务包围在里面，形成反包围圈。里面的同学关了灯免得被特务掷伤；外面的同学们高唱“团结就是力量”，后来又大声呼喊：“代表们放心，我们一定保护你们。”这使代表们感动到眼泪都掉下来。这时，会场内就开了灯，主席宣布会议继续进行，作出了决议。同学集体去请愿要求释放被捕同学。结果，有些同学们被当场释放。第二天，交大学生群集大草坪，提出“大家一起坐牢去”，还在图书馆公审了特务卞岫云。

五月底，军警继续抓人，我们就集中住在体育馆。国民党“飞行堡垒”包围交大好几天，我们已连着三天不敢出来。当时气氛是很紧张的，许多人想

沈讴与母校采访人员合影（左起：盛懿、沈讴、王世根）

办法躲,有人躲在教授家,有人跳出竹篱笆离开了学校。其实,事先地下党员李家镐从他的父亲、上海教育局副局长李熙谋那知道了交大的黑名单,早来通知了。暴露的党员和进步学生已经离校了,没有捉到。但是党的力量遭到了削弱,离校的都是自治会负责同志,一共有 18 人。他们走后,我们把他们的照片贴出来,用此来教育大家。此后,学生大会上又选出吴振东来负责学生自治会。

“五二〇”事件后,我因其他工作离开交大。后来又回来参加毕业考试,以后就离开了交大,继续参加革命工作。

丁仰炎

丁仰炎（1925—2010），江苏常州人。1943 年考入交通大学机械工程系，1945 年加入中国共产党，1947 年 7 月毕业。1947 年 5 月至同年 9 月担任上海学联主席团主席，并于 1947 年 10 月至 1948 年底作为学联代表在东南亚活动。1949 年 1 月至 1964 年 5 月在大连工学院工作，历任秘书、辅导室主任、政治教研室副主任、主任，党委常委兼宣传部副部长、部长，期间曾任大连工学院工农速成中学校长兼党总支书记。1964 年 5 月调新华社工作，历任国际部西方组组长、波恩分社首席记者、国际部值班室主任、国际部副主任、外事局局长。1990 年 1 月离休。在新华社期间，还曾受聘社科院研究生院硕士生导师、大连工学院兼职教授、中国新闻学院兼职教授、新华社世界问题研究中心特约研究员、《经济参考报》编辑部顾问和中国国际公共关系协会理事等职。

丁仰炎从学生时代起就投身革命，他的一生是为党的事业奋斗的一生。采访中，丁仰炎回顾了在战火中逃亡的经历，讲述了在交大入党的过程、党组织生活、开火车去南京请愿的故事，以及他对马克思主义理论教育的研究和思考。

为党的事业奋斗一生

口述：丁仰炎

采访：盛　懿、欧七斤

时间：2006 年 7 月 17 日

地点：北京丁仰炎寓所

记录：徐　骞

编者：徐　骞

国破家亡百恨增

1937 年抗日战争爆发时，我 12 岁，在常州读初二。常州是个文化古城，人文古迹不少。我的外祖父是常州的望族，我们的住房是从外祖父家典来的，在星聚堂的最后一进，是个五开间的两层楼房，有自己的大门，院里有两棵两人合抱的梧桐树。外祖父家住在西边，我家住在东边。我的祖父是清朝末代举人，跟我们住在一起，他支持民主革命，特别钦佩章太炎的为人和学问，因此给我起名为仰炎。

当时的常州通讯闭塞，报纸要从上海来，真空管收音机是有了，但却是少数人家才有的奢侈品。不过救亡浪潮还是席卷了这座古城，人们有了民族意识的觉醒。1937 年"七七事变"后，京津和华北相继沦陷，"八一三事变"日军进攻上海，11 月上海失守，战火烧到了身边，我愤怒、仇恨、焦急、惶恐交加。祖父在南京，父亲在上海，母亲挺着大肚子带着我兄弟姐妹 4 人在常州，我大妹比我小 7 岁，才 5 岁，二妹 3 岁，弟弟 2 岁。我们跟祖父和父亲都失去了联系，走投无路之际，我们一家大小逃到了阿妈家，即二妹的奶妈家乡去。我们在阿妈家的小村子待了半年多，虽然没有碰上日军，但几乎天天要逃难，隔着长荡湖的烛天火光和密集的枪声，乡亲们传来的日本侵略军奸淫烧杀的暴行，在我幼小的心灵上留下了不可磨灭的仇恨。

1938 年夏天，我们跟上海的二舅取得了联系，一家人到了上海，住在法租界辣斐德路（今复兴中路）桃源村。当时日军还没有进租界，上海租界被称为"孤岛"，抗日的气氛很浓。我经过考试，进入江苏省立上海中学，读初二。上中是一所有名的学校，有许多好老师，受他们的影响，我看了不少进步书籍，如茅盾的《子夜》、巴金的《家》《春》《秋》、艾思奇的《大众哲学》。上中当时就是反汪伪斗争中心之一，由于有了国破家亡的切肤之痛，对日汪痛恨之极，所以我也很快参加了进去。当时我们班相当活跃，出版了一份油印的手抄刊物《警钟》，宣传抗日思想。1940 年，学生们在学校里发动反汪斗争，高中同学走在前列，我们初三丙班也积极参加，但由于学校采取高压政策，我们整个班都被开除了。

这样，1940 年我考进了东吴大学附中的高中。东吴大学本来在苏州，苏州沦陷后也搬进了上海租界，在八仙桥附近的慕尔堂。1941 年 12 月太平洋战争爆发，日军进入租界，东吴大学及其附中也被迫关闭，改办成私立的中学。东吴附中也有许多好老师，使我在学习上打好基础，受益良多。日军进入租界后，上海的气氛低沉到了极点，所有进步运动全部转入地下，我的抑郁和苦闷也发展到极点。祸不单行，我们一家又一次和祖父失去联系，经济来源再次断绝，生活日益艰难。弟弟妹妹都因缴不起学费失学在家，他们白天去轮流排队买平价米，晚上我给他们补一些功课。1943 年，我们跟着二舅家搬到南市侯家路吴家弄，这里是旧市区，房租便宜，但环境相当不好，一到下雨天，泥泞满地，粪水倒流，无处下脚。冬天，路上总要看到好几个因冻饿而倒毙在路边的僵尸。

1943 年暑期考大学，我先后考上了好几所大学，上海医学院首先发榜，上医是国立的，不要学费，我去报到。读了一个月，交通大学发榜，我也被录取了。交大也是国立的，也不要学费，名气还大，再加上上医要念 5 年，而交大只要念 4 年，最后我决定上交大。当时上海青年学生因家庭经济问题，上学有困难的比比皆是。上海的两家大报《申报》和《新闻报》为此都设立了助学金，确实帮助了许多家庭经济困难的学生。我考取了“青树”奖学金，这是当时最高额的奖学金。另外，交大的牌子响，我在课余去当家庭教师，很受欢迎，每月还可补贴家用。

心向往之——加入共产党

1943 年秋，我进入交大机械系，开始我的大学生活。交大的功课很紧，当时我很用功，在一、二年级打下了较好的基础。到交大后碰见了一些初中时期的同学，特别是在同班同学中的俞宗瑞、朱发稼等，我和他们虽然以前不认识，但是谈得很投机。1944 年朱发稼和傅文毅设法到重庆去了，我和俞宗瑞的关系也更密切了，互相传播抗日的消息，特别是有关新四军活动的情况。

我对共产党、新四军早有了解。杰出的无产阶级革命家张太雷同志是我表姑父，他家和我家来往比较多，我很小的时候就听过他的故事，对他十分敬仰。太雷同志的夫人是我祖母的侄女，太雷在广州起义中牺牲之后，我母亲陪太雷夫人接触过党组织。我的表兄张一阳，太雷同志的儿子，很早就参加了新四军，后来在“皖南事变”中牺牲了，所以我家对共产党的印象比较好。加上我目睹国民党消极抗战，贪污腐败，排除异己，而共产党艰苦抗日，关心百姓。我又看了许多进步书籍，早已向往共产党。

在交大读书的时候，我对新四军的活动特别关心。当时上海的苏联领事馆办了一个《时代》杂志，杂志社门口的橱窗里陈列着苏军反攻进展图。我们不仅自己常常去看，也动员一些要好的朋友去看，当时对我们起着很大的鼓舞作用。到1945年春，苏军反攻进展迅速，太平洋日军连遭败绩，新四军在浙江四明山区和江南一些地区活动的消息也不断传来，我们许多人都兴高采烈。我和俞宗瑞之间的交谈也越来越深，我们谈的主要是对日军侵略的痛心疾首，对国民党消极抗战、积极反共的深恶痛绝，对共产党努力抗战、推行民主的钦佩和向往，并相约有机会就一同去参加新四军。

大概是1945年5月份，有一天俞宗瑞悄悄地告诉我，他一个亲戚刚刚从新四军里来，和他谈了好几次，答应把我们介绍到新四军去。他问我去不去，因为去参加新四军的事我们酝酿已久，所以我很快回答说去。他说，不过要先写一个申请书，申请内容要包括自传和要参加的原因。我很快就写好了，交给了他。过了几个星期，他告诉我实际上是申请参加共产党，并已被批准，约我在一个晚上去他家里和上级派来的人见面。

7月份的一个晚上，我如约到了俞宗瑞家，他把我领进他的小屋。这时在他的小桌边上已坐了一位比我们大几岁的女同志，俞宗瑞给我介绍说这是张大姐。她告诉我们，组织上已批准了我们的申请，从此以后我们就是同志了。在她主持下，我们举行了入党宣誓，举起了左拳，跟着她宣读入党誓言。她还给我们讲了地下工作的纪律和注意事项。宣誓仪式很朴素但很庄严，我的心情激动不已。后来我才知道，主持宣誓仪式的张大姐就是当时上海市学委书记张本同志。

8月15日，日本无条件投降，全上海人民兴高采烈，但是却很快开始失望。许多当时有名的汉奸如周佛海之类，居然摇身一变，成了国民党的地下工作者，许多伪军也成了国民党的“地下挺进军”。沦陷区的广大人民虽然对国民党已开始失望，但正统观念仍很浓。当时，美军用飞机将蒋军空运到上海和全国，帮助蒋介石下山摘桃，许多上海市民包括交大的学生赶到虹桥机场去欢迎。

为了接受日军投降，当时新四军曾准备进入上海，我们地下党也积极组织群众，准备欢迎新四军。在我们班上，共产党员就我和俞宗瑞两人，我们要动员学生去欢迎新四军是很困难的，愿意去的人就是几个积极分子。后来党中央决定新四军暂不进上海。现在回头来看，这一决定是十分正确的，否则党在上海包括交大的幼小力量将完全暴露和孤立。

交大党组织生活的两道题

抗战胜利时，交大只有一个党支部，一共25名党员。当时渝校并未建立党组织，这支地下党的力量主要来自上海租界内的交大。为了推进党组织的发展，我们的一个重要工作就是做好群众工作，发展优秀同志入党。虽然当时的党组织在群众中建立了初步基础，但相当一部分学生对中国共产党缺乏了解，所以发展党员的工作很不容易。我们一个重要法宝就是交朋友，交品行好的朋友。当然，要想交到优秀的朋友，你自己首先要优秀，大家尊重那些作风正派而成绩优秀的学生。

为了交朋友，我们的工作方式是以学业为中心，跟同学们一起学习，复习功课，一块讨论各种各样的书籍。在一起学习的过程中，我们会把一些积极的思想跟他们分享，这不是谈话，不是行政命令，更不是硬性灌输，而是潜移默化，这样他们就会对我们的工作有感触。之后，我们开小组会就要把班上所有的同学分析一下，谁比较进步，谁思想比较好，谁比较顽固，谁的旧观念比较多，为什么会这样子，都要研究的，这个研究不是随便研究的，也不是我看你顺不顺眼，而是很认真、很严肃地来对待。

经过研究，我们从中摸索要发展的工作对象。这个工作对象就是群众中的积极分子，也可以说是群众领袖。群众领袖是群众中的领头人，没有群众领袖，就不会有真正的、广泛的群众运动。举个例子，当时理学院物理系1947届的胡国定就是一个群众领袖，他父亲是以民主人士面目出现的地下党员，受他父亲影响，他思想一直很进步，又有意愿加入共产党。我们先做胡国定的工作，很快就把他发展入党了。化学系的周寿昌学习优秀，是他那届全校第一名，家庭贫困，为人正直。胡国定等党员特别注意做好他的工作，向他宣传党的主张，并将他发展入党，之后成为学生运动的骨干力量。

我们做的是点点滴滴的艰苦工作，但水滴石穿，到 1946 年 9 月，党员人数已增加到 60 多人。

那时的党组织生活都是在秘密的状态下进行的。内容中最重要一条，就是开展批评和自我批评，这是我们的老法宝。一个小组组织起来，第一次小组会就要互相介绍，自我解剖，介绍自己的基本情况，自己的优缺点。同时，他人把大家对你的看法告诉你，以后碰到一些问题，要参考他人的意见，这是真正的批评和自我批评。

另外，我们当时学习共产党的纲领文件，不仅要认真研读，读完了还要讨论，出的很多题目都是意想不到的，隔了 50 多年我还印象深刻。记得有一道题目是这样的：红军进入一个小镇上的车站，缴获了一批武器，大家围绕如何处理这批武器发生了争论。有的说应该把武器发给群众；有的说不行，应该烧掉、毁掉，因为发给群众，白军一来，一声令下，就收回去了。最后，武器还是发给了群众，但是后面白军进来了，一声令下武器就收掉了。题目最后问，为什么要这么做？这道题很有意思，为什么这么做呢？其实这叫关注群众，相信群众。发下去的武器，大部分肯定会给白军收去的，但是要相信肯定会有群众把枪藏起来，留下来，如果你不发，就一支枪也没有。这道题非常生动，非常形象，到现在我还记得。

我还记得有一个题目：在胜利曙光来临之前的最后战斗中，向敌人发起冲锋，你愿意做那个无声无息、中弹牺牲的人吗？这个题目非常好，对于年轻的知识分子、学生，让他们做英雄，他们愿意，但是无声无息为党和人民牺牲，他们内心就矛盾了。所以，这些题目的讨论非常有意思，能够提高党员的思想觉悟、组织性和纪律性。

学生自治会的副会长

1945 年，国民党回到上海后，宣布原在沦陷区的大学生是“伪学生”，不承认他们的学籍，并要对他们进行甄审。本来对国民党还寄以满腔期望的大学生们，一下子被迎头浇了一盆冷水，所有的学生都愤懑不平。除了极少数自以为有门路的同学外，大家都主张要团结起来据理力争。于是在党组织的引导下，学生开始组织起班会和级会来。

交大有个传统，每个班中入学考试成绩最好的学生就是这个班的班长，我们机械系1947届班的班长本来是朱发稼，他在1946年去重庆后，班长就由当初的第二名蔡姓同学担任，可是他对组织班会并不热心，引起了同学们的不满，大家罢免了他，选举了我做班长，组建班委。抗战时，上海交大徐家汇校舍被日本东亚同文书院和部分日军所占，交大只能挤在原法租界爱麦虞限路的中华学艺社，离学艺社不远处有一片空地。我读大学一年级的时候，许多课如微积分、物理、化学等都是上大课，电机系和理学院一起上课，机械系和土木系在一起上课，我们开玩笑叫“鸡兔同笼”。大教室里的桌子是长条桌子，凳子是长条凳子，座位是随便坐的。所以同一级的同学都比较熟，1947届当时应该进三年级，已算是高年级。1946届学生即将毕业，有个毕业后就业问题，行动非常谨慎。1948届进校才一年，对学校各方面还不熟。1949届更是刚刚考上，还是小弟弟，所以当时最积极的是我们1947届。

各班的班委组成后，开始成立全校的学生自治会。周寿昌被选为会长，我被选为副会长。我和寿昌是高中同学，本来就比较熟，这一来就更接近了。学生自治会还成立了党组，由周寿昌、胡国定、孙增闳和我4个人组成，胡国定任组长。党组开会经常在我家或国定家，有时也曾在增闳家开。这时国

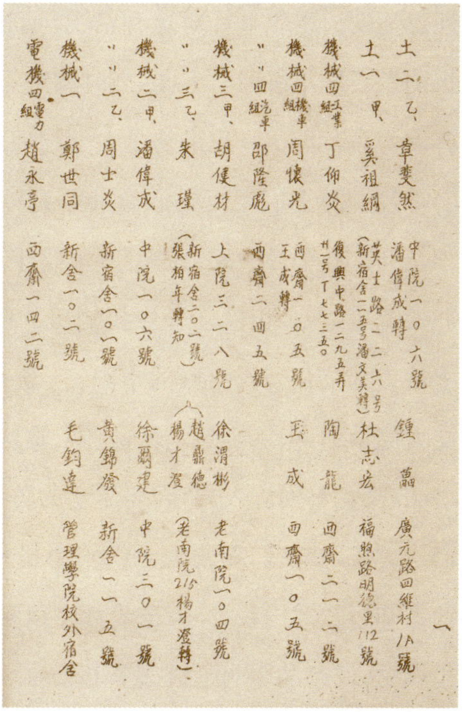
土二乙、	章燮然	中院一〇六號 潘偉成轉	鍾矗	廣元路四維村18號
土一甲、	奚祖綱	英士路二二六号（新宿舍一一五号潘文美轉）	杜志宏	福煦路明德里112號
機械四組工業	丁仰炎	復興中路一二九五弄廿一号 丁七七三五〇	陶龍	西齋二一二號
機械四組機車	周懷光	西齋一〇五號 王成轉	玉成	西齋一〇五號
〃〃四組汽車	邵隆彪	西齋二四五號		
機械三甲、	胡健材	上院三二八號	徐渭彬	老南院一〇四號
〃〃三乙、	朱瑾	（新宿舍二〇二號 張柏年轉知）	（趙鼎德 楊才澄）	（老南院215楊才澄轉）
機械二甲、	潘偉成	中院一〇六號	徐爾建	中院三〇一號
〃〃二乙、	周士炎	新宿舍一〇一號	黃錫慶	新舍一一五號
機械一	鄭世同	新舍一〇二號	毛鈞達	管理學院校外宿舍
電機四組電力	趙永亭	西齋一四二號		

1946年，丁仰炎担任机械系四年级班长的名册

定的父亲已经去世，我父亲不在上海，我们两人的母亲都积极支持我们的活动。自治会也经常在我们两家召开积极分子会议，每到吃饭时候，朱尔鑫就买一堆面包和花生米之类的食品，用长袍子的前摆兜着，回来分给大家。他和我原在初中就是同学，后来因病比我晚了两届，也是自治会的积极分子。几十年后，每次他来看我时，我母亲总要对他重提当年旧事。

交大党组织提出的“人民无伪、学生无伪”的口号成了广大同学的共同心声，一再呈文得不到任何回音，同学们也主张诉诸社会。为了把分散的群众斗争集中统一起来，六所学校学生成立了学生联合会。在党组织的领导下，11 月 11 日，愤怒的学生再次走向街头游行示威。当时示威游行时的《告市民书》大多由寿昌和我起草的，上海音乐学院的李德伦、瞿希贤、陈亮等人经常在游行示威或群众集会中指挥大家唱歌，对鼓舞斗志起了相当大的作用。

当时已是 11 月了，别的学校已上了两个月的课，同学们担心学业荒废而惶恐不安。组织上针对这种情况，通过学生自治会组织学习成绩好的高年级同学给低年级同学上课，当时教室是借慕尔堂（基督教堂）的，讲课的同学有周寿昌，也有我，我讲的是大学物理。

经过同学们反复的联合斗争，1946 年 6 月，我们正式转入国立交通大学，历时 10 个月的反“甄审”斗争终于胜利结束。这次斗争大大提高了同学们的觉悟，许多积极分子像我们班的陶尧、王惟本等都参加了党组织；从雷士德工学院并到我们班的李国富、杨德兴、李学方也都是党员，在重庆来的交大同学中，熊庆生是党员，上海、重庆两部分合并后，我们班很快发展了刘继明、陶龙等同志入党，因病休学的蒋淡安同志，这一年病好复学后，也在我们这一班，使我们班成为党组织力量相当强的班。在此期间，“今天社”“创社”“知行社”“山茶社”等进步社团以多样的活动方式，活跃了校园的民主进步气氛，鼓舞和影响了许多积极分子，他们从这里坚定地走上了革命道路，成为学生运动中的重要组成部分。

当上司炉，开火车去南京请愿

1946年下半年，国民党发动全面内战。国民党政府迫于内战的财政压力，导致交大教职工长期被欠薪，学生学习条件日益恶化，教育部更强令交大停办航海、轮机两科，又不准设立水利、纺织、化工三系，当时又盛传要取消管理学院，引起了交大师生的极大愤慨。

1947年4月初，1 000多名学生联名要求开展护校运动，学生自治会立即成立了由周盼吾、周寿昌、胡国定和我等学生组成的护校委员会，组织学生进行护校斗争。5月13日，多次请愿被拒绝之后，近3 000名学生分乘50多辆卡车从学校出发，集体去南京请愿。刚出校门就碰到吴国桢市长站在校门前路口，伸着双手，阻拦车队，不让前进。这时我在第一辆卡车上，就下车和纠察队一起把吴国桢拉到路边，和他理论，车队趁机冲过路口，直奔车站。车站接到南京的命令，拒不卖票，同时上海站的全部列车停开。当同学们进入月台时，整个月台空空荡荡，我们组织了几个小组沿着铁轨向不同方向寻找车辆。

1947年5月13日，交大学生自行驾驶火车晋京请愿

当时组织上要求党员注意团结群众，我就拉了机械系傅家邦组成一个小组，沿着一条路轨，寻了下去，终于远远看到一辆机车停在路轨上，仍生着火，我们就爬了上去。机车上的司机和司炉看见我们拦上去，就爬了下来，把机车让给了我们。这时的机车都是蒸汽机车，是烧煤的，至少要两个人才能开动，一个司机，一个司炉。说来也巧，我和

傅家邦都是机械系四年级，对蒸汽机的原理是学过的。傅家邦家里开了中华铁工厂，平时就爱摆弄机器，动手能力很强。司炉也要一些技术，煤要加得又薄又匀，火才能上来得快，才能保证蒸汽的需要。就在这年春天，学生自治会组织到昆山春游时，曾包了一列车，我曾上机车和工人交朋友，看见过司炉加煤，听他讲过加煤诀窍，脚踩按钮，炉门打开，送煤要快，煤一送进，脚松按钮，关上炉门，再送再开，以免热量损失。用手铲往里送煤时要有一个稍稍往上和往后拖的动作，才能使煤撒得又薄又匀。我和傅家邦上了机车，他当司机，我当司炉，居然就把机车开动了。

这时车站里到处都是交大同学，有学土木的，有学运输管理的，于是有的搬道岔，有的找车皮，终于组成了一列有 27 节车厢的列车。下午 4 时左右，在同学们高呼"交大万岁"声中，驶进了月台。我们找到的这辆 P7－112 号机车，原是一台在站内调动车辆的机车，是一辆小号机车，要拖动 27 节车厢是很吃力的，但在找不到别的机车的情况下，也只好用它了。列车进了月台，宣传组在车头上贴上了"交大万岁"的标语，在列车上贴上了"交通大学晋京请愿专车"等大字标语。要走长途，就要给机车上足水，但这辆机车的上水鹤喉是老式的，结构比较特殊。正在为难时，有同学说，机械四年级张清澧同学手上有本关于机车的书。同学们把张清澧找到机车上，发现这本书里正好介绍了这种鹤喉的结构，于是大家按图索骥，顺利地给机车上足了水。

这时暨南大学、上海医学院的同学们也分别赶到车站表示支援。在车厢旁贴上"恭祝交大同学凯旋"。后勤组的女同学们当厨师，男同学们当伙夫，就地做好了晚饭，同学们就地用餐。直到下午 6 时半，教育部长朱家骅就是不来谈判，同学们早已等得不耐烦了，在"走呀"的一片呼声中，5 分钟内同学们就上了车，在地上、车皮上、电线杆上，到处都留下了粉笔写的"走"字。列车在同学们的欢呼声中驶出了车站。当列车驶到麦根路车站时，发现前方有一段路轨被拆掉了，列车被迫停驶，经过检查，发现拆下的铁轨和拆轨的工具还放在路边，土木系的同学立即动手把路轨修好，列车继续往前行

护校晋京请愿队伍准备启程

驶。但很快就发现前方路轨又被拆了一大段，这次连铁轨也被搬走了。土木系的同学就把列车后面的铁轨拆下，把前面的路轨重新补好，列车继续前进。几经折腾，午夜前后车到真如车站时，前方弯路上长长一段铁轨又被拆掉，无法用列车后面的路轨补上。同时，国民党已把青年军调来布下了封锁线，包围了列车，列车不能前进。

全体同学在车厢内和赶来包围他们的军队相持了一整夜，终于迫使朱家骅、吴国桢等赶到真如来进行谈判，并在14日清晨基本上接受了同学们的要求，还答应如有未尽事宜，可派代表去南京面谈。于是，全体同学胜利返校，并于15日晚派出15位代表与教授会的代表一同去南京，我也是15位代表之一，我们在南京经过两天的谈判，解决一笔经费问题，使护校斗争终于取得了完全胜利。

17日，交大、同济、暨大、上医、上商、音专等国立院校学生自治代表大会讨论开展“抢救教育危机”运动，为响应南京中央大学等校的倡议，决定派37名代表去南京，与南京、杭州等地的学生一起向国民政府请愿。37名代表中

赴京请愿的交大学生代表在南京合影(前排中为丁仰炎)

有交大的代表 7 人,我又被选为代表之一。5 月 20 日,京、沪、苏、杭等城市学生代表 6 千余人在向国民党政府请愿时,遭到军警宪特的袭击,重伤 19 人,轻伤 90 多人,被捕 28 人,这就是“五二〇”惨案。当晚,我和张彭宝就被派回上海,21 日晚,交大学生自治会召开学生群众大会,由我和张彭宝报告了“五二〇”惨案真相,学生们个个义愤填膺,决定无限期罢课,并向全市各学校和市民揭露“五二〇”惨案真相。“反饥饿、反内战、反迫害”的运动就此逐步走向高潮。

在国民党的白色恐怖之下,我接到了组织上的通知,不要住在家里,这一段时间我住到邬娴容、周慕妹等同志家里,也曾住在朱尔鑫哥哥在南京路上的牙医诊所里。因为从 5 月 23 日起我已去上海学联(学联处在地下状况)。5 月下旬交大学运高潮时,我没有在交大抛头露面,所以并不在国民党黑名单中。这期间,我还参与了转移黑名单上同学们的工作,如送周寿昌去机场,把他送去香港。6 月中,交大举行毕业考试,我也去考了,当时进步教授钟兆琳在监考，看到我去考试，着急地对我说："你怎么还来考试？"不过我还是考完了，所以我算是取得了交大的毕业证书的。

7月，黄振生同志通知我，世界民主青年联合会和国际学联决定1948年初在印度加尔各答召开东南亚青年大会，组织上决定派我们组成中国学生代表团，代表国民党统治区的学生参加大会，揭露国民党摧残民主，残酷镇压学生的罪行。但当时形势复杂，我几经香港、泰国曼谷，偷渡缅甸仰光、马来亚等地，历经种种艰险，虽没能赶上印度的青年大会，但了解了东南亚的一些学运情况。1949年1月，终于经北朝鲜到大连，被分配到大连大学工作。

马克思主义理论教育的一线战士

我们到了大连后，大连大学的筹备工作正在加紧进行。有什么工作安排我，就做什么工作，我曾给预科学生讲过物理，也给电讯专修科的学生教过英文。一直到1950年，大连大学工学院成立党委，任命我负责党委宣传部的工作。这时，学院强调要正规化，要正式上政治理论课。因为我平时比较爱好政治理论，又参与主管政治思想工作，筹建政治教研室、筹备3门政治理论课的任务也就落到了我的头上。

当时，北京的中国人民大学还没有毕业生，要培养政治课师资，必须自己动手。筹建政教室的任务得到了学校的支持和帮助，从学生中挑选了一批品质优秀、对政治理论又有一定兴趣的同学，调到政教室当老师。这样我和他们边学边讲，把政教室撑了起来。在这一段时间里，我在政治思想工作和政治理论教学方面做了一些工作，在帮助同学们提高政治觉悟和分析事物的能力方面起了一些作用。

为了提高政教室老师的理论水平，我为他们讲授哲学、政治经济学、马列主义基础、中国革命史等课程，并训练他们编写讲义、课前试讲，教他们领会马列主义立场、观点、方法的精神实质和精髓，以及如何掌握马列主义理

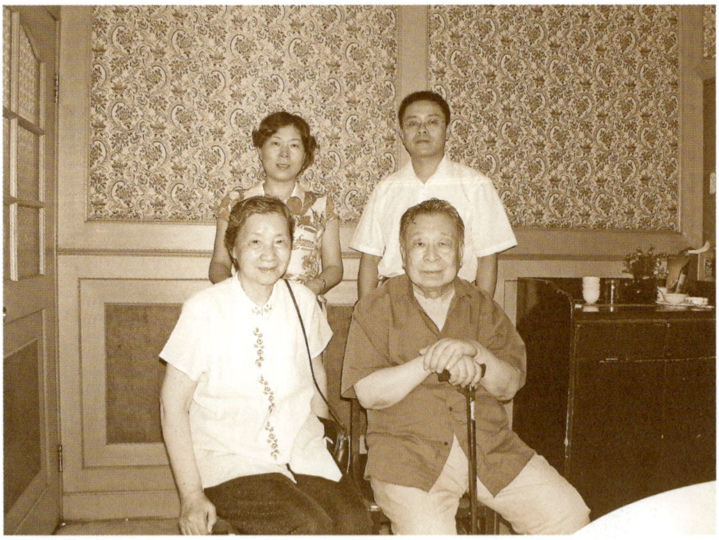

丁仰炎与母校采访人员合影(前排：丁仰炎夫妇，后排左起：盛懿、欧七斤)

论的方法，否则不但不能融会贯通，灵活运用，一旦词句忘记了，就如同竹篮打水一场空，一无所获。为此，市内北院三楼政教室的窗户常常是夜夜灯火通明。之后，我们有计划、有目的地分期分批送这些青年老师去中央党校、中国人民大学、北京大学、东北局党校等机构的马列主义研究班进修。就这样，一支速成的青年理论教师队伍初步形成，基本适应了当时形势的急需。没几年，学校就系统地开出了"中国革命史""政治经济学"和"马列主义基础"三门课程。

1964 年，我被调到北京新华社工作。1973 年，被派往西德任波恩分社首席记者，历时 7 年。在这期间，我有了一个客观地观察世界许多国家经济发展情况的机会，使我在一些理论问题上得到启发。1982 年，新华社创办了《经济参考报》，有一段时间由我兼任副总编，使我又一次有机会接触世界经济的实际情况，引发了我对斯大林关于社会主义经济问题的许多思考。我认为，马克思关于资本主义的基本理论在新的历史条件下，遇到了新的挑战，因此，我国的理论工作者必须开阔视野，理论联系实际，独立思考，以发展的观念认真地关注和研究当代资本主义的新变化，揭示这些变化的原因及其实质，丰富并发展马列主义关于当代资本主义的理论。

1994 年秋，丁仰炎与大连工学院孙懋德同志在新华通讯社大门口合影

1990 年，我离休以后，有时间对政治理论工作进行探讨和梳理，开始写一些文章。如《计划经济与市场经济相结合的思考》《股份制是资本主义的吗？》《20 世纪的资本主义和社会主义》《政治经济学随想》《德国的社会市场

20 世纪 80 年代末丁仰炎在宣武门家中的全家福

经济》等，这些文章是我学习运用马克思主义的基本观点，总结苏联、中国社会主义发展的经验教训以及汲取了长驻国外观察研究的感性养料，参阅国内外最新学术成果，经过多年思考，逐篇成文，汇编成册，冠名为《足迹与探索》。这些文章是我自己过去思想的一种总结，也希望能对今后的马列主义研究提供一点借鉴。

俞宗瑞

俞宗瑞，1925 年 12 月生，浙江定海人。1943 年考入交通大学机械工程系，1947 年毕业，留任助教。1945 年加入中国共产党，曾任中共上海国立大学区委委员兼交大地下党总支书记、中共上海地下党徐汇龙华常熟分区委书记。新中国成立后，曾任上海新中动力机厂党委副书记、代理书记，上海电焊机厂厂长，哈尔滨电机厂副厂长兼总工程师，哈尔滨大电机研究所常务副所长，昆明电机厂副厂长兼总工程师，《机械工程手册》编委，《电机工程手册》总编辑，一机部科技情报研究所第一副所长、总师、总编，机械工业部教育局副局长，电器工程师进修学院院长等职。

访谈中，俞宗瑞讲述了自己从同情革命到走向革命的转变，谈到抗战时期和解放战争时期交大党组织领导学生运动、发展群众工作的经验，还回忆了上海解放前夕坚持革命的艰苦岁月。

黎明前的战斗

口述：俞宗瑞

采访：漆姚敏、朱　恺、杨　捷、程凯莉

时间：2011 年 7 月 15 日

地点：北京俞宗瑞寓所

记录：漆姚敏

编者：漆姚敏

走向革命

小时候有两件事对我影响很深，现在大家听了可能觉得是很小的事，可是这两件事对我来讲很重要。第一件事是小学一年级时，老师叫我上黑板做数学题“5 乘 9 等于多少”，我跑到黑板上去写了个 35，答错了，老师批评了我。我是个很要强的小孩，这事给我的刺激很大，懊恼自己怎么不好好背口诀，下决心要好好读书。第二件事是我们学校有手工剪纸，过去叫劳作，我和几个人在一个同学的家里一起剪纸，弄得满地都是碎纸，走的时候，我给扫得干干净净的。过两天，我同学对我说，他爸爸妈妈夸奖我做事情有头有尾。我听了同学转的话，表扬我了，知道这是对的。这普通的两件事对我影响很深，从此学习、做事我都很认真。后来，我小学毕业第一名，初中毕业第一名，高中毕业还是第一名。

我小时候住在虹口，那里有很多日本人。抗日战争时期搬到法租界，又经常看到日本人的坦克在那来来去去。年龄虽小，我们对日本军国主义却是很憎恨的，抗日对于我们这代人来说，是一种天然的感情。但是，要怎么抗日怎么救国呢？我想要实业救国，当科学家、当工程师。所以，要认真学习，把书读好，考第一名。小学啊，初中啊，都是这样想的，也是这样做的。

在高中的时候，我有个同班同学马大抗，后来我知道他是地下党员。马大抗对我来说是知己，他经常到我家里和我一起玩，给我看很多书。本来我对课外书不感兴趣，觉得浪费时间、影响学习，但是他给我看的书感觉与观念中的闲书不一样，非常有意思，我很喜欢看。他借给我什么书呢，一个是刊物方面的，《读书生活》《世界知识》《海沫》，这以前很有名的。一个是一些书籍，有报道苏联、美国情况的，像邹韬奋的《萍踪寄语》《萍踪忆语》；有关于记录帝国主义的侵略、社会的腐朽黑暗的，比如像《上海冒险家的乐园》《雷雨》，茅盾的《子夜》；还有鲁迅的《花边文学》《阿Q正传》《且介亭杂文》，艾思其的《大众哲学》《思想方法和训练》；还有苏联高尔基的《母亲》《在人间》，法捷耶夫的《毁灭》，斯诺的《西行漫记》，司徒昂的《长征》……这些书是我以前从没有看到过的，看了感触很深，对我帮助很大，使我从自己的生活中走出来见世面、看世界，看到了帝国主义，看到了上海冒险家的乐园，也看到了红军长征、抗日战争，增加了很多革命的知识，懂得了一些革命的道理。那个时候白色恐怖很严重，我家在租界里，马大抗借给我的这些书都秘密看的，不能随便放抽屉，晚上看一眼，白天要放到屋顶上去。

高中一二年级，在马大抗的影响下，我慢慢接受革命知识，还做一些秘密工作。我当时不知道马大抗是地下党，他的社会知识很丰富，分析问题的能力也比我强，我很佩服他。曾经，我产生了某种想法：我做政治工作行不行啊？我觉得自己水平低、分析问题的能力不像马大抗那么强。并且，自己了解的东西要让别人接受很不容易，很多同学对党啊、红军啊并不了解，让他们认识到这些很不容易。所以，我就想，我到底能不能做思想政治工作？另一方面，我对几何难题很感兴趣，做得好，自然学科的考分很高。从个人作用、个人成就来考虑，还是做一个自然科学家或工程师更合适。所以，我感觉自己还是应该做一个同情革命的自然科学家或工程师，做革命者还不太适合。一开始是这样的，有这么一个过程。虽然已经懂得了一些革命道理，但还没有真正体会到革命的重要与迫切。当时，我的人生观、世界观还没转变。

后来，日本人发动太平洋战争。1941 年，日本进到法租界，租界环境非常恶劣，我家里的经济也越来越困难了。我父亲本来在洋行里工作，这时失业了，就用我家里的客堂做小买卖。再后来由于地方上的地痞流氓很多，买卖也做不成了。为了求学，我考取了“申报馆贷学金”并领得私人奖学金，课余还担任家庭教师，就这样一直坚持到大学。这期间，我的思想发生了变化。因为那时日本加速侵华，很多仁人志士在为国家流血牺牲，这时我还只想着做一个同情革命的人是不应该的，人家把生命都舍弃了！我下定决心，要干革命。

我跟着马大抗进行革命工作，但是，由于白色恐怖，工作比较难开展。我们利用同学们春游一块玩的机会做思想工作，但是特务也很警觉，所以也不能老是采取这种方式。1942 年二三月间，马大抗建议我们采取别的方式，到汪伪的保甲青年团做群众工作，把里面的群众争取过来。这个保甲青年团的秘书长是我们高中的英语老师，他经常在无线电台进行广播，宣传保甲青年团。马大抗要我打入进去，我下了很大的决心，想要打入进去。其实当时汪伪政权很残酷，有些革命者被抓进 76 号（现在的万航渡路 435 号）受到严刑拷打，甚至流血牺牲。但是，这时我没有考虑个人，对这些已经有心理准备了。这是一个转折点，我下定决心走革命道路，不怕牺牲了。我到那个老师家里去一看，写字台上面挂着一个希特勒的石膏像，台上放着一本书《我的奋斗》，这是我痛恨的法西斯分子啊，我却要与他搞好关系。他在学校举办英文演讲比赛，我就去参加，背了一个苏格拉底的演讲，得到第一名。他亲手送给我一个奖牌，认为我是他的得意门生。这样，关系就拉近了，也算很成功的。过了一段时间，马大抗告诉我，保甲青年团是个空架子，秘书长算是空头司令，里面没有什么活动，打进去也无法开展工作，还不如在学校班级里把学生们团结好。我觉得他的想法很有道理，并照做，当时并不知道这是上级组织的决定。

加入共产党

我们还在高中的时候，马大抗说，毕业以后他考圣约翰大学，让我到交大，他知道我功课还行。1943 年 9 月，我考进交通大学机械工程系，当时的校址是在爱麦虞限路（后改为绍兴路）的中华学艺社内。

大学时代的俞宗瑞

到了交大，工作条件发生了很大变化。在高中时，开展工作是以马大抗为主的，有事可同他商量，得到他的指导。现在班级里只有我一个人，感到力量很单薄，责任很重。交大功课比较繁重，像物理课，老师一堂课讲下来，整理笔记就很费时间，还要做很多习题。校内没有操场，课外活动也难组织。交大同学在入校前，一般都是各中学成绩比较优秀的学生，他们读书用功，勤奋好学。除了少部分同学家庭比较富裕外，一般家境比较清寒，生活俭朴。他们关心个人的出路、个人的前途，很多人抱有“实业救国”“科学救国”的善良愿望。他们痛恨日本侵略者，寄希望于国军和英美把日本人赶出去。他们对蒋介石和国民党抱有很大的幻想，对苏联、中国共产党、新四军、八路军很不了解。这种情景激发了我的责任感，觉得应该使他们觉醒过来，而且相信他们一定能够像我一样觉醒过来。只要我能像马大抗那样耐心地做启蒙工作，他们思想的转变、政治的进步是大有希望的。

在交大，如果读书成绩不好，在同学中说话是不会有威信的。于是，我觉得首先要把自己的功课搞好。我每天晚上把老师讲课的记录尽快整理好，而且书写得很整齐。同学有需要的，我热情地借给他们作参考，以此联系和团结周围同学。当时交大学生都是走读的，我利用放学回家路上的时间，找同路的、与我住得较近的同学结伴同行，边走边谈；有时请他们到我家来讨论功课，做习题；要考试了，我约他们一起复习功课；空闲时间里，大家还一块儿谈谈共同关心的国家大事。我深深地体会到，没有这个交好朋友的基础，要想政治上进一步有效启发引导同学是不可能的。在功课比较繁重的条件下，平时没有一点艰苦、自我牺牲的精神，要建立这个基础也是不可能的。

记得 1945 年初的一天，马大抗来找我，说他的叔叔在新四军工作，是共产党员，最近秘密到上海来，邀我一起参加共产党，问我有没有决心。这是多么令人兴奋的消息啊！我激动地对他说："决心当然是有的，跟着共产党干革命，这是我早就确定了的。但像我这样政治理论水平低的人，怎能够有条件参加党呢？"他鼓励我说："有坚定的决心，就是很重要的条件。"他叫我写篇个人自传，写清楚自己的思想转变过程，给党组织审查。从那天起，我每天在夜深人静的时候，认真地思索，如实地写我个人思想转变的过程，最后用米汤水誊写在练习簿上（这是秘密工作的规定，组织上审阅时，只要用棉花蘸碘酒在纸上一擦，字迹就很清楚地显示出来），前后大约写了两个多星期。之后，交给马大抗，由他转交给党组织。不久，大抗通知我，组织上已批准我为候补党员。再后来，有个姓张（张本）的大姐，到我家里来，带我做入党宣誓。到了那一天，我在张大姐来前十分钟做好准备，在亭子间里外、里弄里做记号，表示是安全的。张大姐来后，我很感动的。她讲了很多，讲到白色恐怖的严重、地下党组织的政策、秘密工作的纪律……宣誓，在我的印象里，没有红旗、毛主席像，这些都没有，但是，张大姐举起拳头宣誓，我也宣誓，她说一句，我说一句，这情景是很感人的，我都掉眼泪了。后来我才知道，当时张大姐是上海市学委书记，当时她亲自到我家来。

再后来，马大抗告诉我组织上决定要把我的关系转到交大地下党组织，并把交接关系的时间、地点、口令、记号告诉了我。1945 年 4 月 12 日早晨，按照组织的安排，交大老吴同志接收了我的关系。我同老吴虽素不相识，但一接上组织关系，都抑制不住内心的兴奋，一见如故。我向他汇报了我所在班级工作开展的一些情况以及下一步的打算，得到了他的肯定。老吴讲了组织上对当前形势和白区工作方针的指示精神，“隐蔽精干，长期埋伏，积蓄力量，以待时机”以及“勤学，勤业，广交朋友”等。他的话使我恍然大悟，原来前几年大抗讲的意见都是当时地下党组织的指示精神。

发展群众工作

我家住在上海法租界沿马路二层楼房的楼下，因为经济困难，把客堂、前厢房出租给别人开中药铺了，一家七口就挤在后厢房和亭子间里住。我经常在亭子间里学习和接待同学。记得 1945 年 7 月的一天下午，新建立的交大支部委员会第一次会议就在我家亭子间召开。在会上，张大姐宣布吴增亮同志为支部书记，沈讴同志为宣传委员，我这个刚满候补期的新党员担任了支部委员。当时交大地下党员有 10 余名。从此新建立的交大党支部就担负起整个交大学生运动的领导重任。

交大地下党支部的会议一般都是在我家亭子间里开的。先后领导交大地下党支部的有张本、吴学谦、莫振球、陈一鸣等同志。记得有一次，张大姐来交大支部传达党的“七大”精神。那天她带来一本厚厚的线装书，在书的夹层里取出好几页薄纸，上面是毛泽东《论联合政府》的手抄稿，字迹像赤豆一般大小，写得端正清楚，排列整齐紧密。当时，我深感这手抄的几页纸是长期地下秘密工作环境下锻炼出来的杰作，也足以体现共产党人办事的认真精神。我是第一次见到这种手抄稿，它给我留下了极其深刻的印象。

遵照上海地下党组织的指示，交大地下党支部在有党员的班级里发动积极分子把同学组织起来，根据各自的具体情况，开展迎接抗战胜利的各种活动。当时，在没有党员的班级开展工作很困难。我所在的机械系，1946 届（比我高一年级）有一个党员；1947 届（我所在的年级）同学较多，也只有我一个党员；1948 届同学更多，但党的力量是空白。经支部研究同意，我所在的班级里，在近两年发现和培养积极分子工作的基础上，先后发展丁仰炎、陶尧两同志入党，并把本班级的工作以他俩为主去开展。发展他俩时我入党也不久，入党前我与他们已经很亲密了。当时组织告诉我候补期是三个月，候补期一满我就发展了他们两个，发展得很快。张本看了他们的入党申请报告，觉得很好。她很肯定我的工作，同我讲了一句话，“地下党员做久了，都是小手小脚不敢发展。你一下就发展了两个！”当时白色恐怖，党的工作“小手小脚”，现在看来，也不是说要大刀阔斧，而是要实事求是，抓紧时间发展新的党员。我的工作还是有效果的，组织上对我也是肯定的，后来我也发展了很多人入党。同时，我千方百计去开辟低一级即 1948 届的工作。经过一个时期与该班级同学的广泛接触，发现一个叫朱宏康的同学比较进步，组织对他的社会关系调查清楚后，便确定他为发展对象。再经过一段时间的培养、教育，条件成熟后，便发展他入了党。这样，除 1945 届即将毕业离校外，其余三个年级都有了地下党员。根据支部的意见，每个党员都把周围的积极分子组织起来，着重讨论当前的形势，加强联系，增进友谊，为迎接抗战胜利做好思想上和组织上的准备。

我进交大的时候是 1943 年，毕业是 1947 年，跨越抗战前后两个阶段。抗战期间，在交大做党的工作还是很隐蔽的，在白色恐怖下工作，有隐蔽的要求。抗战胜利以后呢，就要放手发动群众。我们不是长期隐蔽、埋伏么？现在要放手发动群众，怎么来放手发动？感觉这个问题很难解决。我过去都一个一个很认真细致地做思想工作，现在革命高潮到了，抗暴啊、学潮啊越来越多，要放手发动群众了，怎么办？不过，我们过去埋头苦干发展群众，这倒也积累了经验，我们体会到，放手发动群众就要抓住群众切身的利益、迫切的要求，这样才能把他们组织起来、发动起来。比如反甄审，这就是群众的切身利益，在交大念书念到最后，好多汪伪汉奸摇身一变成了“曲线救国”，学生倒成了“伪学生”！组织上告诉我们“人民无伪、学生无伪”，我们把广大同学发动起来参加游行，这是抗日战争后的第一次斗争，这一次就是抓住了群众切身的利益、迫切的要求。组织斗争不要只有积极分子，组织斗争的方式要是中间群众能够接受的方式、要是他们能接受的程度，这些很重要，这是我们发动群众的经验。

黎明前的战斗

1948 年 5 月下旬，交大特务先后逮捕了四位交大毕业同学。虽然他们的组织关系都已不在交大，但其中有我在 1945 年介绍入党的同志。根据地下党秘密工作的原则，与被捕的四位同学有关联的交大地下党员必须立即隐蔽起来，准备撤退到解放区去。组织上通知我立即隐蔽，不准回家，不准住在学校助教宿舍，不准去学校。当时我是交大机械系助教，协助沈三多教授，负责批阅同学们的作业习题。在地下党内，我是国立大学区委委员，主要负责领导交大地下党总支。这一变故给我的生活和工作带来很大的困难。

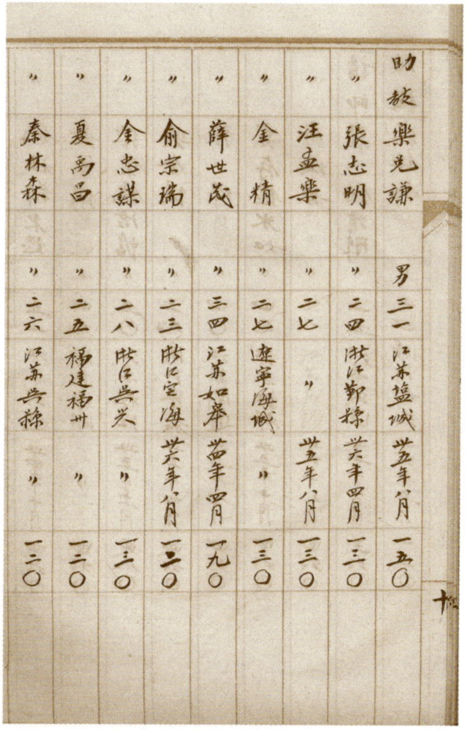

交通大学 1948 年度教员名册（右六列为俞宗瑞）

开始一两周，我到处“打游击”，轮流到有条件的地下党员家里去住。后来基本上固定住在 1949 届机械系地下党员洪遵珩家里，我是他机械设计课的助教。同学们的制图作业由班长收集起来通过洪遵珩交给我，我批阅后，通过洪遵珩交给班长发还给同学。班长也是地下党员，我的行动他们替我保密。我隐蔽起来不去学校，但仍能继续履行我的助教职责。在洪遵珩家，我的身份是洪遵珩的义务家庭教师。洪遵珩家五口住在一、二楼，三楼是阁楼，空着堆放东西。我就住在这阁楼上，夏天热且闷，但很安静。洪遵珩的父母对我很好，经常要留我吃饭，但我以各种理由推辞，以免增加他们的麻烦。一般情况下，我买块山东大饼和一包花生米，边走边吃直到开会地点，就算饱了，这是最经济实惠的办法。有时在店铺里吃碗阳春面，牛肉汤的阳春面，连汤喝光，感到滋味很美，但往往吃不饱。我隐蔽在洪遵珩家阁楼里，对万一敌人来搜捕，如何从三楼的窗户跳到屋顶上，如何避开敌人，都做好了具体的准备。外出去参加地下党会议时，我一路上都会注意身后有没有可疑的人盯梢，往往走一段路向身后看一下，或者走一段路故意停下来看一下商店的橱窗，顺便用眼扫一下身后的情况。由于长期如此走路，养成了习惯，新中国成立后好几年还改不过来。

在这间阁楼里，根据当时国立大学区委的分工，我负责编写以反对帝国主义、封建主义、官僚资本主义为内容的党员教材。我利用隐蔽条件，收集诸如《经济周刊》《四大家族》等资料，花了一个多月的时间，编写了一万多字的教材。草稿完成后，交大总支把它刻成蜡纸，油印出来，并给我一份。这份油印教材，我妥善地保存了下来。新中国成立后虽经多次搬家，“文革”期间又遭两次抄家，我都舍不得丢掉。这一间小小的阁楼，国立大学区委曾在那里开过许多会议。我当时确实感到，能坚守在教育我、锻炼我的交大斗争岗位上，为生我、养我的上海市的最后解放而贡献自己的力量，即使是牺牲自己的生命，也是很值得的。

过了几个月，洪遵珩家发生了一件悲惨的事情。洪遵珩的母亲和小弟在回老家宁波时因船祸而葬身海底，全家万分悲痛。再后来，洪遵珩父亲筹办婚事，要利用三楼的阁楼了，我只得离开洪家，又开始了“游击”生活。

1949年2月，上海地下党为了迎接上海解放，重新按地区组织区委，国立大学区委撤销了。我担任徐家汇、常熟、龙华学校分区区委书记，重点联系交大总支。那时，组织上告诉我，被逮捕的4位交大毕业同学已交保释放，但仍要我坚持隐蔽的方针，不要住在家里和助教宿舍里，白天可以从交大旁门进出，但要提高警惕。

俞宗瑞与母校采访人员合影(左起：朱恺、俞宗瑞夫妇、漆姚敏)

在临近上海解放的一个多月，是上海最黑暗、最艰苦的时期。国民党京沪杭警备总司令汤恩伯发布了杀气腾腾的“十杀令”“连坐法”，经常查户口，突然封锁马路，抄身搜捕，国民党特务头子毛森手下的特务到处捕人杀人，深夜警备车的尖叫声时有所闻，法西斯恐怖笼罩全市。我的“游击”生活也越来越困难了，几乎很难找到比较安全的居住地方。4 月上旬，上级党组织再次强调指出，敌人临近败亡，对共产党人和革命者的迫害也必然更加疯狂，必须保持高度警惕，随时准备应付突然袭击和敌人大逮捕。我与交大总支认真研究，分三种情况做了具体安排：凡已暴露的党员和积极分子要离开学校隐蔽起来；还不太暴露的党员和积极分子，白天可在学校坚持工作，但晚上不得住在学校或自己家中；尚未暴露的党员和积极分子可仍住在学校，但事先要准备好应急措施。

这一阶段的工作，交大总支对党的白区工作总方针“隐蔽精干，长期埋伏，积蓄力量，以待时机”有较全面、深刻的认识，对国民党最后挣扎也有比较充分的思想准备。我们在恶劣的形势下，把革命斗争坚持了下来，揭露反动派企图把交大搬迁到台湾去的阴谋，发动广大学生，团结教授会、广大教职工和广大校友，开展反对搬迁，应变护校的工作，使交大这所历史悠久的高等学府得以在上海保存下来；积极发展党组织，并以党员为核心，建立秘密的党的外围组织“新民主主义青年联合会”。到上海解放前夕，参加“新青联”的会员就有400多人（含地下党员），地下党员有180多人（撤退离校和毕业党员不包括在内），主动停止进步社团的公开活动，把工作重点转移到班级。班级是日常群众活动最合法的基本场所，社团的进步力量与班级工作的进步力量结合起来，在班级做更广泛、更深入的团结教育工作，这是在任何恶劣的环境下都能坚持下去的；学生自治会的理事由以个人为代表，改为以班级集体为代表，理事由班级推选，并经常调换，这样既可使更多人参加学生自治会工作，又能使骨干更加隐蔽，起到保护作用。在学生自治会工作的骨干，仍坚持分为一线、二线、三线，一线同志暴露转移时，由二线同志顶上去，依次坚持下去，使学生自治会的工作长期坚持下去，不被敌人打垮；采取公开和秘密相结合的方法，多层次、多方式向广大学生群众和教职员工宣传解放战争的胜利形势和我党政策。如“每日新闻社”每天有专人用短波收音机秘密收听记录新华社广播，并把记录稿放在隐蔽的地方，另外组织力量轮换取广播记录稿，抄成大字报张贴在校园里，或者向全校广播，或者油印成传单秘密广泛散发。收听电台记录的、抄写张贴、油印散发的同志彼此不发生联系。每日新闻受到师生员工和附近居民的热烈欢迎，影响很大，但它的组织却不易被敌人发现破坏。为了迎接解放，防止国民党的最后破坏，我们还策划组建“护校总部”，以“新青联”会员为骨干，轮流参加夜间巡逻。由于有了这样的思想准备和组织准备，“四二六”大逮捕时，护校人员及时向全校报警，打乱了国民党大搜捕的计划，大大减轻了革命的损失。

4月26日清晨，我骑自行车去交大，只见反动军警包围了交大校园，知道昨日深夜对交大的大逮捕开始了。我立即去找吴增亮同志（他当时领导徐家汇学校分区委），待反动军警撤离交大后，我们又同去交大找总支书记庄绪良了解情况，商讨具体对策。敌人垂死前要镇压，要大逮捕，这对交大总支来说是早有思想准备的，但对敌人紧接着下令限期三天内紧急疏散这一毒辣手段，却是出乎意料的。在这临近解放的最后时刻，交大地下党能不能继续发挥多年积蓄起来的革命力量，在敌人最后的袭击下，坚持团结广大群众，发挥堡垒作用，在迎接上海解放的最后斗争中贡献自己的力量，这是个极其严峻的考验。有些同学提出誓死保卫交大，不让军队驻校。这种同垂死的敌人去硬拼的想法，当然是不足取的。我们决定要避敌锋芒，保存力量，把主要力量转移到校外去，尽快在校外建立党内的组织联系制度，通过党员联系"新青联"会员，再通过会员联系广大群众，把散布在上海市区的广大同学团结在交大地下党组织和"新青联"的周围，建立一个严密的联络网，在校外坚守岗位，保证一有指令，就能迅速传达到全党、全体会员和广大群众中去。我们还讨论了发动被捕同学家长营救被捕同学，布置校工中的地下党员及少数骨干，利用校方合法地位作为留守人员，保护学校的图书、设备和仪器。在不到两个星期的时间内，交大总支认真地、创造性地贯彻落实了上级组织的决定。最令人感动的是，要落实一批比较暴露的学生自治会和进步社团骨干的隐蔽居所时，不少同学挺身而出，主动做家长工作，把他们隐蔽在自己家中。很明显，没有平时工作的基础，是不可能做到的。这一时期，根据上海地下党的统一部署，交大总支把全校的人民保安队、宣传队组织起来，并组织他们采用多种办法对徐家汇、龙华、常熟三个地区作调查，调查对象包括敌人的军事设施、军政机关、仓库物资、战犯住宅及其资产，为迎接上海解放做了一系列的准备工作。

5 月 26 日清晨，我骑自行车去交大总支联络点。经过拉斐德路（现复兴路），一路上看到众多的士兵，很有秩序、很有纪律地躺在人行道上睡觉。"啊！这不是我们人民解放军么？我们的队伍来了！上海解放了！"我高兴地叫了起来。我立即赶到交大总支联络点，原来，在 5 月 25 日深夜，中国人民解放军已从上海西面插入龙华镇、徐家汇区，驻在交大的敌军已经闻风溃逃。由于解放军进展神速，学校得以完整保存。那天上午，根据徐家汇区人民保安队的指令，交大总支领导的人民保安队、宣传队迅速整队上街，配合解放军进行维持社会治安等工作。交大校门口，穿着草绿色军装的解放军战士和佩戴着人民保安队臂章的交大同学并肩站岗。同学们接到通知后，

2016年4月，俞宗瑞夫妇回母校参加120周年校庆活动(左为1950届李郁芬学长)

陆续返回学校，两年来转移到解放区去的一部分交大同学，这时穿着军装回来了。分处在两条战线上的交大同学，在上海解放后的第一天就在交大会师，激动而欢乐的心情是难以用言语来形容的。5月27日，上海全部解放，“四二六”大逮捕中被抓的同学也一批批回校了。他们有的是在解放军将要到达、敌人已下枪决令而来不及执行的情况下，从关押处逃出来的！

结 语

从抗日战争后期到解放战争时期，整整有六年的时间，我都在交大。是交大给我以机械工程的基本知识，是交大这个斗争岗位给我以教育和锻炼。不论是在历次学生运动的高潮时刻，还是在敌人进行镇压、大逮捕，白色恐怖笼罩着交大的日日夜夜，我都是与交大、与交大师生战斗在一起的。这六年不平凡的教学生活和共同斗争的经历，使我与交大、与交大师生建立起深厚的感情。这种感情已经不是一般的情谊，而是同整个交大的斗争、同伟大的人民解放事业紧密联系在一起的。

诚然，时代不同了，过去是战争和革命的时代，现在是改革与开放、和平与发展的时代，时代赋予我们的任务也不同了。但是，我们要像前辈一样，永远把握住时代的脉搏，认清时代所赋予的历史使命，要和全国人民同呼吸，共命运，要以人民的利益作为自己行动的准则，要有为振兴中华而献身的精神，这一点是相同的。

《机械工程手册》（俞宗瑞任编委）、《电机工程手册》（俞宗瑞任总编辑）获全国优秀科技图书一等奖

陈警众

陈警众，1927 年 4 月生，浙江吴兴人。1943 年加入中国共产党，1947 年毕业于交通大学电机工程系。1949 年后，历任上海电力公司馈电处工程师，上海电业管理局线路管理所所长，华东电业管理局生产技术处处长，上海供电局局长，华东电业管理局副局长，华能国际电力开发公司上海分公司副董事长兼总经理等职。中国电机工程学会第四届常务理事、城市供电专业委员会主任委员。长期从事城市供用电的生产技术管理工作。

访谈中，陈警众回忆了童年与少年时期所经历的抗日救亡种种人事见闻和社会活动，逐渐萌生了朦胧的革命意识；回忆了抗战期间如何攻坚克难考入在租界办学的交大，入学后作为班长与党小组成员如何打好群众基础。最后还介绍了抗战胜利后沪、渝两地学生复员后的种种矛盾及形成原因，以及中共地下党组织所做的大量团结工作。

东鳞西爪忆峥嵘

口述：陈警众

采访：盛　懿、胡　端

时间：2011年8月23日

地点：上海交通大学董浩云航运博物馆

记录：胡　端

编者：胡　端

爱国救亡思想的启蒙

我生于1927年4月，过了8天左右，“四一二”反革命政变爆发；我刚进小学读书时，正值1932年1月上海十九路军抗击日军的“一·二八事变”发生；我进中学时又恰恰是日本人大规模入侵上海的“八一三事变”之际。可以说，我的童年与少年时期基本上都是在国家、民族内忧外患与社会动荡严重的背景下度过的。所以，我从小就耳濡目染了许多关于国家兴亡、抗日爱国的人事见闻，也目睹与听说过关于汉奸卖国的丑闻与民愤。比如1936年，我9岁的时候，还在读小学，鲁迅先生去世。送葬的殡仪馆是在上海的胶州路昌平路，我家当时住在现在的顺昌路，与殡仪馆相隔很远，我虽然也很想去，但是到不了现场，只能在报纸上看照片。当时，社会上很多民主人士、抗日志士都去给他送葬，队伍很长，实际上包含有抗日宣传的意义。从那时起,“抗日是英雄,汉奸是坏人”的思维判断就印在脑海中了。

等上了初中,关于“抗日光荣、汉奸可耻”的思想就更有印象了。记得在上海中学读初三的那一年,是 1939 年下半年,正值汪精卫叛国投日,成立伪政府之际。当时,上海中学有几个教师准备到汪伪政府去当官了,同学们知道后都骂他们汉奸教师。到了 1940 年上半年初三快毕业的时候,学校里的地下党外围组织的力量不断壮大,叫“学生界救亡协会”,简称“学协”。这个组织发动学生掀起运动,反对汪伪政权。我当时也参加了学生运动,把教室的门窗都钉起来,不让一个教地理的汉奸教师进来上课,后来又把那些汉奸教师都赶出学校。那时我虽然只有 13 岁,但有些道理已经很明白了。如抗日是得到民心拥护的,做人要正派,有气节。

我读中学时,上海中学有个规定:初中到高中,本校不直升,也要重新通过考试。这种情况当时是很少的,为什么要这样呢?因为校方准备在重新考试过程中把反汪伪政权的激进分子删掉。其实,说白了就是排除掉“学协”组织中的成员。这是国民党政府借反汪伪的名义来反共的手段,他们认为反汪伪的激进分子都是共产党领导与操纵的。记得当时我们班上就剔除了好几个同学,具体人名我忘记了。我开始还想不通,为什么反汪伪的同学就升不了学,他们的功课成绩还是很好的,不应该考不上的。后来进了高中一年级的时候才模模糊糊意识到,这是跟政治内幕有关系的。

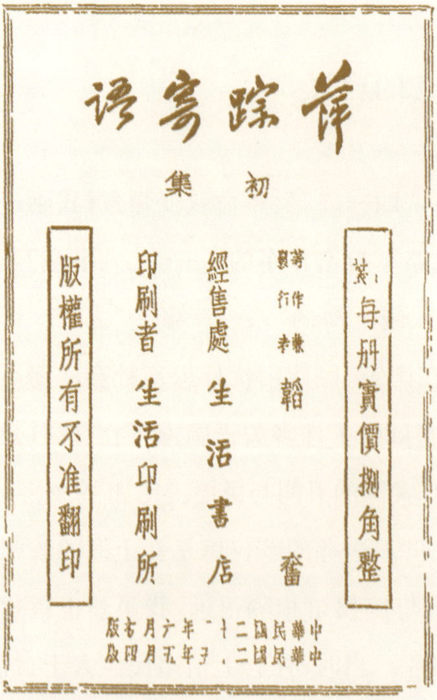
萍踪寄語
初集
每册實價捌角整
著作兼發行者 韜奮
經售處 生活書店
印刷者 生活印刷所
版權所有不准翻印

生活书店 1934 年出版的《萍踪寄语》初集

当时“学协”的同学大概看我还有些正义感,就让我也慢慢接触进步组织。从高一开始,他们就借书给我看，主要有三方面的书：一是美国共产党员辛克莱写的揭露垄断资产阶级剥削制度的《石油王》《汽车王》，还有专门揭露黑奴制度的书籍。二是邹韬奋的《萍踪寄语》《萍踪忆语》，主要从记者的角度写美国社会的一些情况。我那时只是觉得很新鲜，里面的真正含义并不太懂。我还看了一本书，是别人不太看的，叫《形式逻辑》。为什么看这本书呢？因为从中学开始，我对数学、物理比较喜欢，觉得这两门课逻辑严密。

由于时代的缘故，我经历了很多关于抗日救亡的人事见闻和社会活动，再加上学生时代在思想理论方面容易受到学校教育的影响。可以说，到了高中毕业的时候，我走向革命道路的意识已经有了初步的轮廓，但还不是很成熟，毕竟只有十五六岁，还是不太懂。但是如果要问我后来为什么一定要入党救国，其实，许多想法早在源头上就一点点地积累起来了，当时没有感觉，现在回想，的确如此。

破难攻坚入交大

在我读高中的年代，上海有两所中学的升学目标基本上都锁定交大的。一所是我们上海中学，另一所就是南洋模范中学。我从上中读高一开始，学校就明确讲，上海中学第一升学目标就是交大。当时交大每年的生源有50%以上是来自这两所中学。这两所学校相互竞争相当厉害，厉害到什么程度呢？已经不仅仅是比谁考上交大学生数量的多少了，而主要是比第一名有多少。应该说，两所学校不相上下，互有胜负。当然，两校同学中也有考清华的，但相对很少。因为当时在我们看来，清华带有留学预备班的性质，出来后主要是留学美国的，不是培养工科人才毕业后去工作的，即使有留学公费名额，也是竞争激烈。一般来说，上海的贫苦学生要想读理工方向的很少去清华，一般都选择进交大。而且，我们那时考交大的人都是奔着工科去的，考理学院的比较少，因为理学院毕业后工作不好找，很多都是当教师，留校的都不多，都是去中学任教的。因此，交大那时学工科与学理科的人数是严重失衡的。

我读高一时就把升学目标锁定交大，而且明确为电机系。因为那时已经知道电气化是代表当时最先进的科学技术，而且列宁讲过，苏维埃政权加全国电气化就是共产主义。但是，众所周知，交大是相当难考的，考试题目要比现在高考难得多。我记得当时物理考试考三个小时，总共三道题。假如你之前没做过大量难题怪题，可能连题目都不容易看懂，如果你比较熟练的话，大概能做完一道半，算是非常好了。我大概做完二道半。成绩算可以的。印象比较深的一个题目是：一个半球，中间空的，像碗一样，半球中间放置四个小球，四个小球上面再顶一个小球。已知小球半径是大碗半径的四分之一，就这么一条数据。现在用手指把碗轻轻推一下，五个小球和大球都晃动起来，要求分别写出运动轨迹的方程式，不考虑摩擦力。这个题目是三道题中最难的一道，我现在已经不太会做了，但印象非常深。至于语文、英语考试，则难度更高，具体题目记不清了，大概是将一篇古文翻译成英文。这就是老交大传统中“起点高、门槛高”的典型表现。

陈警众接受母校采访(左为盛懿)

我进交大时是1943年，是太平洋战争爆发后两年，交大正借用法租界爱麦虞限路的中华学艺社上课。1941年的时候，交大是借着震旦大学的部分校舍，到太平洋战争爆发的1941年底，震旦的房子不借给交大了。因为法国人已经投降德国了，日本人把法国人看成同盟关系，法国完全听日本的话。所以，交大就借不了震旦的房子了。记得我们当时在中华学艺社上课时，教室很紧张，我们上完一节课，就得把教室让出来，跑到马路上去等，等下一节课教室空出来了，再进去上课，跟打游击战一样。那时外地来的学生根本没法安排住宿，只能自己想办法投亲靠友。如果在上海没有亲戚朋友，一般不会来交大读书的。

因为第一名的成绩，我自然成为班长。当时我年龄算小的，不知道怎么当班长。后来想了个办法，我一家一家地上门跟同学们交往，了解情况。现在看来，还是打了一定的群众基础的。其次，在交大当班干部必须坚持功课优秀，成绩好是别人衡量你的第一标准。大一读了一个学期以后，结果全班就我一个人没有补考，其他人都有补考的情况，一半不到的人要补考两到三门的功课。我也从中得到鞭策，此后更加注重自己的成绩，也只有成绩一直保持前列，才能连任班长，同学们才会服你敬你。

再次，当班长必须要热心，乐于帮助别人。这里举一个例子。大二年级初期，我们班来了个新同学，叫吴增亮。他本来是 1946 届的，比我高一级，为什么会留到我们班里呢？可能是出于革命工作的需要。那时，我在政治上也比较成熟了。吴增亮一到我们班以后，就发展我入党，成为我的介绍人。当时班上还有一个同学叫徐康，后来到了解放区，更名叫洪民光，也是这时候入党的。所以，到 1944

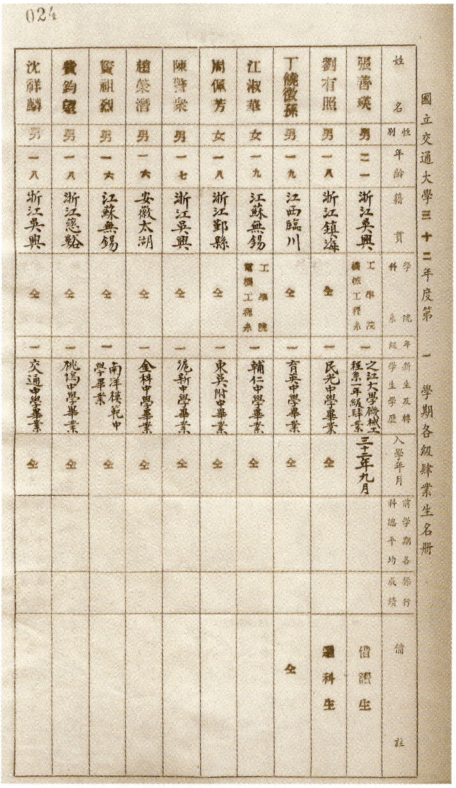
024

國立交通大學三十二年度第一學期各級肄業生名冊

姓名	性别	年齢	籍貫	學院科系	年級	新生學歷及轉學生學歷	入學年月	請學期各科總平均成績	備註
張善瑛	男	二一	浙江吳興	工學院機械工程系	一	之江大學機械工程系一年級肄業	三十二年九月		借讀生
劉有照	男	一八	浙江鎮海	仝	一	民光中學畢業	仝		選科生
丁饒徵孫	男	一九	江西臨川	仝	一	育英中學畢業	仝		仝
江淑華	女	一九	江蘇無錫	工學院電機工程系	一	輔仁中學畢業	仝		
周佩芳	女	一八	浙江鄞縣	仝	一	東吳附中畢業	仝		
陳警衆	男	一七	浙江吳興	仝	一	滬新中學畢業	仝		
趙榮濳	男	一六	安徽太湖	仝	一	金科中學畢業	仝		
竇祖烈	男	一六	江蘇無錫	仝	一	南洋模範中學畢業	仝		
費鈞璧	男	一八	浙江慈谿	仝	一	桃塢中學畢業	仝		
沈祥麟	男	一八	浙江吳興	仝	一	交通中學畢業	仝		

交通大学 1943 年度电机工程系新生入学名册（左五列为陈警众）

年底 1945 年初，我们班上 3 名党员就组成一个党小组，继续发展其他同学入党。

在三人党小组中间，吴增亮与徐康学习基础相对较差，每逢考试前，我都要帮他们准备考试，就在徐康家里复习。徐康的姐姐也是一名地下党员，给我们单独安排了一个房间，我们都是吃了晚饭才去的。这时恰值 1944—1945 年抗战期间上海最困难的时候。一户人家，不管住多少人，一个月只能用几度电，电用过头就会被拉电闸的。我们每次去徐康家时，周围电灯都熄掉了，我们就在油灯下面复习备考。小考一般都不用准备，主要应付一个学期两次的中考，一次大考。当时不仅用煤紧张，油也很紧张，都是固定配给的。后来，我们想了一个办法，就是温习功课用三根灯草，温习完了，11 点多开三人党小组会议，用一根灯草。现在回想起来，也蛮有乐趣的。

沪、渝两部学生的摩擦与融合

1945 年抗战结束后，交大重庆部分的师生复员回上海徐家汇，跟交大上海部分（简称“交大沪校”）的同学会合后，发生了一些摩擦与矛盾。首先就是沪校学生被国民党政府说成是“伪学生”，要进行“甄审”。记得是 1945 年 9 月 17 日前后教育部发来的通令，不承认我们是正宗的交大学生。当时大家非常气愤，感觉又像是来了个“九一八”。当时，教育部认为交大沪校学生都在沦陷区，所以把我们当作亡国奴，甚至是汉奸。大家首先感觉是人格受辱，其次就是学籍丧失。那怎么办呢？只有自发地起来抗议请愿。这件事对于交大重庆部分学生来说，助长了他们的气势。因为他们来自国民党统治区，现在复员到上海，好像觉得自己是胜利者，是正宗的交大，大有来接收“伪交大”的味道在里面。其实，这种分裂的倾向，就是国民党挑拨出来的。虽然口头上没说出来，但就包含着这层意思，而且在行动上也有所反映。

其次，沪、渝两部的学生自治会分别由中共地下党员与国民党三青团员

2012 年 5 月，交大部分地下党老同志在交大总办公厅合影（后排左四为陈警众）

掌握。上海部分的学生自治会主席是周寿昌，我是自治会委员、学术部部长，整个氛围的正气比较抬头。重庆部分学生自治会的学术部长叫丁慧凡，就是后来 1947 年 5 月在老图书馆被批斗的学生特务。据说他在校三年，没有一门成绩及格，照样做学术部长，因为他是三青团的。我曾经跟他打过交道，一起商议邀请民主人士来校演讲，但我们的意见有分歧。我提议请马叙伦，他却要请王云五，王云五当时是国民党行政院政务委员兼财政部部长，掌管经济大权，完全是帮国民党讲话的，这是很明显的例子。

最后，学校当时对两部分同学的管理政策也容易产生矛盾冲突，具体表现为：第一是宿舍问题。重庆来的同学，学校保证有住宿；上海的学生，学校全部不管。因为沪校学生是被编入上海临时大学的，交大没有责任与义务管。那为什么包括江泽民同志在内的那批学生能够安排住宿呢？因为这是国民党教育部的命令，要把中央大学的几个系并到上海的临时大学，所以校方必须负责帮他们找借住的房子，这样就借宿到徐汇中学去了。至于从上海别的学校转来读书的，也不管住宿，我们上海本地学生就更不管我们了。第二是上课问题。当时临大的学生不许坐在前面，只能坐在后排。我们班上有好几个是三青团的学生，他们要严格执行这种分别对待的政策。不管是阶梯教室，还是一般教室，我们上海部分的学生都坐在后头。“临大”结束后一段时间内，对我们的这种歧视还是存在的。后来，我们地下党组织做了大量的团结工作，才逐渐消除了两部分的分裂。

关于住宿方面，我还想讲个小故事。我们当时为了要开展地下工作，必须要找到住的地方。想了一个办法，当时的上海临时大学除了交大外，还包括上海医学院、德国医学院、雷士德工学院、上海商学院和上海音乐学院。我们后来就找到上海医学院住宿，在中山医院。那里有两个房间是空的，谁都不愿意去住，因为是在太平间的楼上。我们几个地下党员和一些积极分子就进去住了，差不多有近十个人。那里没床的，晚上还没电，而且对面一间大房子里还停着六具日本兵的尸体，是给医学院学生解剖用的。但我们几个人胆子都还挺大，晚上点着蜡烛开夜车，甚至看见骷髅头，都没有什么害怕的。住在太平间楼上的那段日子，我们早晨都是同进同出，主要考虑到一是联络感情，二是保证安全。

2006年6月27日，陈警众（前排左四）出席上海交大庆祝建党85周年座谈会

过了半年多以后，上海临时大学撤销了，我们跟上海医学院也就没有关系了，就搬出来了。这时，有些同学又没地方住了。如当时机械系有个叫马国良的，就住到上院的钟楼里面，我们都叫他“钟楼怪人”，取意电影“巴黎圣母院”里面的“怪人”卡西莫多。因为这个电影当时在上海放映时，不叫“巴黎圣母院”，就叫“钟楼怪人”。而这个地方后来也成为我们开展地下工作的据点。

顾江

顾江，原名顾虽柔，字履强，1928 年 2 月生，上海金山人。1944 年 9 月考入交通大学工学院土木工程系，一年后转入理学院化学系学习。1948 年 2 月加入中国共产党，同年底离校前往解放区从事秘密交通工作。新中国成立后历任国家经委企业管理局副局长、国家经委基层政治工作办公室副主任、中宣部中国职工思想政治工作研究会专职副秘书长。主编有《企业思想政治工作新编》《国企改革与党的政治领导》等多部著作。离休后两次获得“中宣部机关优秀党员”称号。

采访中，顾江讲述了自己在抗战中考入交大、逐步与封建家庭划清界限、加入地下党的经过，回顾了自己作为“来复会”成员在新中国成立前夕下乡办学和从事秘密交通工作的经历，还介绍了兄弟姐妹间的革命情谊和手足亲情，最后寄语今日母校学子。

从封建家庭走出来的革命战士

口述：顾　江

采访：漆姚敏、朱　恺、程凯莉、杨　捷

时间：2011 年 7 月 14 日

地点：北京顾江寓所

记录：程凯莉

编者：朱　恺

财主家庭子弟考入交大

我的祖籍是松江亭林，新中国成立前隶属江苏省，现在属于上海金山区。我出生于一个封建大家庭，我的曾祖父在清朝时曾在浙江做过县令，到了民国我父亲这一辈虽不再为官，但仍然是家乡富有的士绅。我父亲兄弟三人，各有良田千亩。当时亭林有“顾半镇”的说法，言下之意亭林镇一半以上人家都姓顾。我的外祖父高吹万也是江南名士，他是“南社”耆宿、著名的藏书家，最多的时候藏书达 30 万卷，只可惜抗战时大多毁于兵燹。

我父亲这一支堂号是“来复堂”（后来“来复会”的名称便源于此），它的实际管理者就是我的父亲——因为我的大伯搬到松江县城去住了，而我的叔父很早就过世了。我们家的老屋是四进的大宅，还有很大的后花园，佣人有好几十个。我的父亲作为亭林镇著名士绅，热心家乡公益事业，做了不少善事。平日里经常有宾客来来往往，总是高朋满座，宴席不断。大人们包括我父亲在内都有抽鸦片的嗜好，生活作风有些奢靡。

我母亲嫁到顾家后，前后总共生育了九个子女，除了有一个在很小的时候夭折外，其余都长大成人。因为我们小时候用的都是奶妈，所以减少了母亲操持家务的辛苦。旧社会讲究的是母以子贵，母亲生养了这么多子女，外加本身就出身名门望族，所以在家里很有“面子”，父亲开始时对她感情也很好。

不过随着抗战的爆发，原先的一切都改变了。淞沪会战接近尾声的时候，日军在金山卫登陆，并以此为跳板进占松江。我们一家因而逃难到上海租界居住，从此家道中落。尽管经济状况已大不如前，但瘦死的骆驼比马大，靠着家乡的田产，我们还能够吃老本。我和我的兄弟姐妹们还是接受了系统的教育，念完了中学，有几个还升入大学深造。像我大姐顾静专是圣约翰大学的，大哥白铠是南通学院的，大妹顾蕴玉是上海幼专的，只有一个弟弟学习成绩不好，当了练习生和水手。

另一方面，我们家庭内部也不像原先那样和睦了，起因是父亲到上海以后，又另外娶了一个小老婆，我们管她叫姨娘。由于娶小的缘故，父母间的感情变得淡漠，我们经常看到母亲独自一人掉眼泪。开始时，父亲把姨娘安顿在外面，后来随着经济的拮据，父亲想把她接进门一起住，我母亲无论如何不同意，为此还两度试图自杀。我们子女对母亲都很同情，后来父亲还是单独带着姨娘回家乡老宅去了。所以说对封建旧家庭的不满是我和兄弟姐妹后来走上革命道路的原因之一。

1944 年我从徐汇中学毕业，同年考入交通大学沪校。我的第一志愿是工学院土木工程系，第二年秋我转到了理学院化学系就读。当年我们顾氏家族同时有四人在交大求学，除我之外还有一位堂兄、一位堂姐和一个表弟。

我在交大读书的时候，化学系的系主任更换比较频繁，潘承圻、梁普、裘维裕和苏元复都曾担任或兼任过系主任。化学系的学生是理学院三系中最

1982 年，顾江(左四)等校友重返母校，在徐汇校门前留影

多的，因为化学专业与化工结合得比较紧密，学生毕业后相对于数学系和物理系的同学容易就业。我们这个系留级、转系、中途退学的比较少。20 世纪 40 年代交大化学系培养出了好几个院士，比如徐光宪、高小霞和何祚庥，徐光宪、高小霞二人是夫妻院士，1944 届的，我进校的时候他们已毕业了。何祚庥是 1945 级的，后来去了清华。另外，史霄雯烈士也是我们化学系的，他与我同级。

当年所学的课程，除国文、英文、微积分、物理这些必修课外，还有第二外语——德语，专业课则有定性分析、定量分析、分析化学、有机化学和工业化学等以及相关课程实验。此外，抗战胜利后工学院还新建了化学工程系，化工系和我们化学系还共同建立了“交大化学学会”，一起进行课外学习，搞学术讲座，并组织参观工厂。

国仇家恨，迎接革命风暴

抗战胜利后不久，我家遭遇了一桩惨祸，这让我对社会的不公和政府的无能有了深刻的认识。1945 年 8 月，当时日本已经宣布无条件投降，然而驻沪日军仍未完全缴械，日本人的军用卡车依旧在大街上横冲直撞。我的母亲就不幸惨死在日军的车轮之下，对此国民党当局不闻不问，拒绝追究肇事日本人的责任，我们兄弟姐妹对此既悲痛又气愤。我大姐当时已在圣约翰大学秘密加入了中国共产党，我们为母亲守灵的时候，她拿出一个香烟盒，在背面强忍住泪水写道："日本已经投降了吗？为什么满街仍是昂首阔步的日本兵？为什么依旧有横冲直撞的日本军车？是该庆祝抗战胜利的时候了吗？可我们的母亲却在战胜国的国土上，在战败了的日寇军用卡车的冲撞下，死在了血泊之中。为什么？为什么呀？为什么？我要为母亲的死控诉！"在此关头，党组织向我们伸出了援手。大姐所在的圣约翰大学农学院地下党组织获悉此事，经过与我们的协商，决定以农学院的名义在圣约翰大学举行一次悼念活动。党组织认为此事不仅仅涉及我们一家，而是事关如何保卫抗战胜利果实的大问题，所以说既是家仇，也是国恨。那次悼念会有 40 多人参加，悼念会以我母亲惨死这个血的事实，有力揭露了日寇的残暴和国民党的腐败无能。我姐姐写的控诉诗也被当众念诵，大家听后反映十分强烈。总之，这件惨祸促进了我政治上的觉醒，同时我对共产党有了初步的认识。

当然，我信仰共产主义也不是一蹴而就的，而是有一个逐渐接受的过程。开始时，我和生活在沦陷区的其他不少青年学生一样，对蒋介石和国民党当局还抱有不切实际的幻想，对他们的本质认识不清。可是严酷的现实很快暴露了蒋介石和国民党反动、腐朽的本质。首先是国民党"接收大员"搞"五子登科"，以及美国兵带上"吉普女郎"胡作非为的丑恶现象等，引起了

顾江在接受母校采访

大家的强烈反感。此外，针对我们沦陷区学生的"甄审"，更是让大家对于国民党失望之极。1945 年 9 月，国民党政府颁布《收复区中等以上学校学生甄审办法》，宣布我们沦陷区的学生是"伪学生"，必须通过三民主义、总理遗教和蒋介石的《中国之命运》的学习考试，才能重新恢复学籍。这样一来我们就面临失学的危险。地下党发动大家开展了"反甄审"运动，打出"学生无伪"的口号，组织游行请愿。我参加了"国立临时大学补习班"同学 1946 年 2 月在蒋介石驻沪官邸前的请愿，我们在凛冽的寒风中等候了整整一夜，但蒋介石始终未出面接见学生。"反甄审"运动最终获得了胜利，我又能进徐家汇交大校园内上学了。自此我对蒋介石、国民党的幻想开始破灭。

1946 年下半年，全面内战爆发。交大党组织在一段时间内把工作重点放在班级的日常群众工作上，以便积蓄力量，等待时机，迎接群众斗争的新高潮。当时，我和理学院同年级的进步同学，组成了"笔谈会"，作为班级的一支骨干队伍，经常在一起学习讨论交流，进一步提高自己对党、对革命形势的认识。1946 年底、1947 年初，从抗议美军士兵强奸北大女生的"抗暴斗争"开始，整个国民党统治区和交大的爱国学生运动掀起了新的高潮，逐步

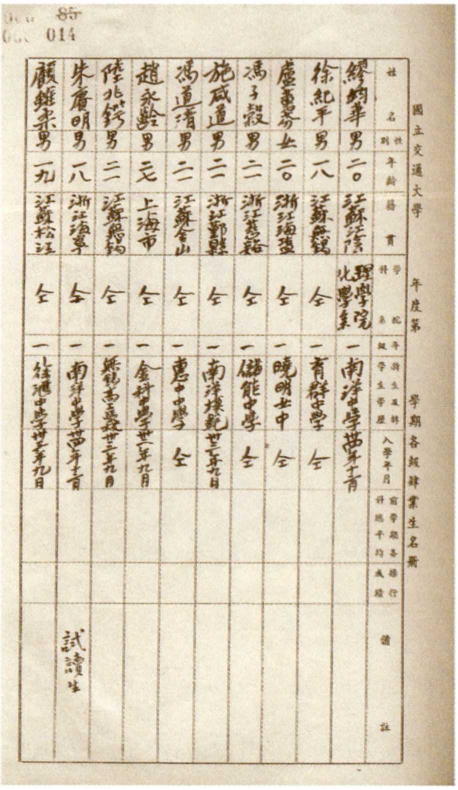

国立上海临时大学补习班第一分班学生名册（左一列为顾江，时名顾虽柔）

形成了反对美蒋斗争的“第二条战线”。在此期间，我与班里同学先后参加了交大地下党领导的一系列反美反蒋斗争，如为本校同学贾子干被美商汽车轧死而开展的赴上海市府请愿、与美商谈判索赔的斗争；为抗议国民党教育部下令停办航海、轮机两系而发动的全校师生赴南京请愿的护校斗争；以及“反饥饿、反内战、反迫害”的罢课示威游行，等等。

当年交大各种进步社团很多，像创社、建社、知行社、山茶社、今天社、电联社、天蓝社、愚公社、三九社等。我是“交大生活社”和“创社”的成员。“创社”是地下党的外围组织，其公开的宗旨是“砥砺学行，联络感情，服务同学”，平时的主要活动是给学生补习功课和在学生运动的时候组织游行、发传单。“创社”还有自己的刊物，名为《创报》，每周一期，主要报道学校新闻，当然也会涉及时事和学运。我有时也协助做些《创报》的编辑工作。

此外，党组织还通过读书会、座谈会、时事讲座等形式，来组织党员、积极分子及进步学生进行时事政治和理论学习。记得当时党组织曾经推荐我们阅读、学习的书籍、文件有：《钢铁是怎样炼成的》《大众哲学》《新民主主义论》《中国革命和中国共产党》《论联合政府》《论共产党员的修养》《西行漫记》《中国土地法大纲》等。其中尤其是《中国土地法大纲》，对我教育特别深刻。通过学习，联系自己在学运中的体会，我认识到，封建主义是帝国主义和官僚资本主义的同盟军，是蒋介石在广大农村实行反动统治的阶级和社会基础。因此，要推翻国民党的反动统治，就必须消灭封建剥削制度，没收地主阶级的土地为农民所有，这是新民主主义革命的一项主要内容。作为一个地主阶级出身的革命知识分子，应该坚定地站在农民一边，坚决拥护土地改革，与剥削阶级家庭划清界限。上海解放后，在土改和镇反运动中，我和全家兄弟姐妹之所以没有走上维护地主家庭的错误道路，这是与当时这一学习打下的思想基础分不开的。

走向农村播火种

在交大的这段岁月，令人难忘的就是参与了地下党总支和“来复会”组织的下乡办学活动。“来复会”是解放战争初期由在沪求学的松江亭林籍的部分大中学生自发组成的一个同乡进步青年团体，成立于 1946 年初。会长是顾虽愚，他是我的堂兄，也是交大学生，他 1946 年 3 月就入了党。除了顾虽愚外，顾淑性（现名白良）、钟允若和我也都是“来复会”的骨干。

1946 年夏天，我们“来复会”曾回到故乡亭林，举办了一个暑期文化补习班，主要是为家乡的中学生义务补习国文、英语及数理化课程，还在课余教唱进步歌曲，并推荐学生阅读《李有才板话》《李家庄的变迁》等解放区的文艺小说。因为我们这批下乡的“小老师”在沪上高校都是成绩较好的，基本功比较扎实，教课态度又比较认真，所以很受当地学生和家长的好评。这就为此后连续两个暑假来复会在地下党领导下回乡办学创造了条件。

1947 年 5 月底，为镇压日益高涨的学生运动，国民党当局在上海制造了“五三〇”大逮捕，一时间白色恐怖笼罩沪上。6 月，上海各高校学生会发动无限期罢课，后改为休止罢课继续斗争，国民党政府教育部则宣布提前放暑假以为应对。在此形势下，中共上海市委学委要求各校党组织转入分散斗争，开展深入细致的群众工作，而下乡办学则成为斗争的主要形式之一。此时党中央发出由周恩来同志起草的关于暑期学生下乡的指示，其中明确指出：“暑期学生下乡，其中心任务应是宣传群众，锻炼自己……播撒反蒋斗争的种子，学习与群众接近……其组织形式最好是利用社会与家庭关系分散下去，或者利用夏令旅行、采集生物、暑期教育等等名义集体下乡。”学委也提出“学生运动要走向人民，知识分子必须与工农结合”的要求。根据党的这些指示，顾虽愚向交大党总支提出组织一批交大进步学生同“来复会”的部分骨干一起去亭林办学的建议。这一建议很快获得了党组织的批准。

于是我们共有20来人一起前往亭林，由地下党员顾虽愚和交大青年会的汤寿梁带队。交大学生自治会派李家镐参与这次下乡的组织领导。同去的成员中来自交大的有钟允若、白良、金迟、程问美、刘韵、朱佛幸、毛国民和我，来自南通学院的有顾来裔（我大哥，后改名白铠，）及其好友史启宇，来自上海幼专的有顾蕴玉（我大妹）、佘元顺和程韵和，其他人还包括大同大学的唐孝若，之江大学的钟瑞瑶，震旦女子文理学院的钟蕙馨，华东农校的钟允敏，上海法学院的吴大钧以及沪光中学的李以衍等。

顾江（前排左二）一家七个兄弟姐妹合影（1994年摄于上海）

由于那次下乡人数较多，所以大家商议后决定兵分两路，一路到亭林，剩下的同学则前往张堰镇（属于今天的上海金山区）——我外祖父的家乡，离亭林不远。具体说来，去亭林的以交大青年会的学生为主，由汤寿梁带领；去张堰的以“来复会”的成员为主，由顾虽愚带领，我被分派到了去张堰的那一组。

总的说来，亭林那一组办学比较顺利，因为有了上一年办学留下的好口碑，因而得到了当地乡亲的支持。他们上午开设小学补习课，内容涵盖语文、数学、自然、音乐；晚上则针对镇上的工人、学徒和店员，开办成人民众夜校，教授语文、珠算，深受这些失学青年的欢迎；除此之外，应学员要求，大家还教他们《兄妹开荒》《康定情歌》等民间歌舞。

相较之下，我们在张堰办学就没那么顺利，期间遇到了一些波折。因为我们办班借用的中心小学校舍就在金山县警察局张堰派出所的旁边，故而我们的活动自然引起了当地警察的注意。我们上课时，经常有人探头探脑前来窥伺，更有甚者，竟有人在教室的泥墙上挖窟窿以监视我们的讲课。幸而镇上中心小学的女校长徐云对暑期班十分支持，她提醒我们“隔墙有耳”，因而我们在课堂上进行时事宣讲时很注意分寸，以免授人以柄。

尽管如此，我们的办学还是受到了当地官员的干涉。一天我们正在上课，突然金山县长李曰刚带人闯入中心小学，声称要同全体下乡人员“谈话”。他说自己是信奉三民主义的，听说我们是信奉共产主义的，因而想与我们来一番辩论，如果我们辩输了，就得改信三民主义。当时我听完就插话说：“我们没研究过什么主义，办暑期班只是想为家乡的教育事业尽绵薄之力。我在张堰的外祖父非常赞成我们的做法。”那天正好也在张堰活动的李家镐也说：“家父一贯要我们重视教育，他也支持我们下乡办学。”至此李曰刚才搞清楚我的外祖父是南社耆宿、著名藏书家高吹万，而李家镐的父亲是上海市教育局局长、三青团上海支团部总干事李熙谋，就面带笑容，口称误会，悻悻离去。

不过事情还没完，几天后当地警察局头子又带人冲入学校办公室，翻箱倒柜，寻找我们进行“反动活动”的蛛丝马迹，可惜一无所获。此时暑期班已接近结业，为免生枝节，我们果断决定暑期班提前结束，返回亭林。临别时，张堰的许多学生和家长都依依不舍前来送行。回到亭林，那里的暑期班也即将结束，我们两队人员合起来搞了一个告别晚会，演出了一些以反内战为主题的文艺节目，观者无不群情激奋。有在场的老人说：“记得只有当年北伐军途经松江时，镇上才有过这样激动人心的场面！”

1947年夏的下乡办学就这样顺利结束。经过这次活动，我们一面密切联系工农群众，将革命火种播撒到农村；另一方面在实践中锻炼提高自己。大家在办学之余，聚在一起组织秘密的读书会，阅读讨论新华社的时事评论以及毛主席的《迎接革命的新高潮》《蒋介石政府已处在全民包围中》等文章，从而对中国的前途命运和当前学生运动的任务有了更为深刻全面的认识。

返校后，新学期我把主要精力放在交大学生自治会主办的《交大生活》这个刊物的编辑出版上，其内容主要是报道交大和其他院校的学运和校园生活。

1948年夏，交大党总支决定仍用“来复会”的名义再次到亭林举办一期暑期补习班（这次下乡还包括临时掩护、隐蔽一些已暴露的党员骨干的任务）。这一次我因为入党后要前往解放区从事秘密交通工作而未参加。无论如何，几次下乡办学的成效是显著的，到1949年解放时，亭林镇报名参加解放军、参加南下服务团和西南服务团以及报考华东革大和华东军政大学的青年人数，在浦南各镇中位居第一。至于我们这些办学人员，很多人（包括我在内，还有金迟、毛国民、朱佛幸、刘韵、白良）在回校后都先后加入了地下党。

从事秘密交通工作

我入党的介绍人是与我同班的顾虽愚和赵国辉。我记得当年校园里有个秘密洗印学运照相的小房间，我就是在那里写的自传和入党申请书。入党之后，我被安排在《交大生活》党小组过组织生活，同组的还有土木系的钱耀文、化学系的周效良等。至此，我终于完成了从一个不满于封建旧家庭的知识青年到一名共产主义革命战士的转变。

1948 年暑假后不久，党组织决定将上海一批已暴露的和已引起敌人注意的党员和积极分子撤退到解放区。我接到通知，要前往苏北的华中解放区从事秘密交通工作。当时我根据组织纪律，对家里人保密，只说是要去江阴教书。1948 年秋冬之交，组织上派遣一位老交通员带我前往苏北。为了通关，我摘掉了眼镜，扮作学徒模样，带上一张假的国民身份证，怀揣几枚银元，并把姓名改为“顾江”——因为去苏北要过长江。我们先坐火车到镇江，在江边码头乘轮船渡过长江来到泰兴县龙窝口，由当地一名“土交通”（是农村妇女）带路穿过国民党控制区，徒步到达口岸镇我方交通站。交通站的同志热情地欢迎我们到来，我们也像到了自己的家里一样，感到十分亲切。在交通站小住了几日后，继续前行，途经泰州、东台和盐城抵达益林镇五分区交通站。在那里我接受了第一项秘密交通任务——要我去上海把学运的一些相关资料带到解放区来。于是我化妆成做豆饼生意的伙计，跟着一位可靠的船老板，先从湖垛坐船到无锡，前往当地的豆饼行办完生意上的事，随后一个人坐火车回沪。在上海通过接头取得学运资料后，又回无锡，仍然乘坐来时的船返回益林五分区交通站。途中我把资料藏在了船上的锅灶底下，以此躲过了敌人的检查，顺利完成了任务。

1949 年 2 月，解放军准备渡江南下。我和五分区交通站的同志前往淮阴集中，那是华中党校所在地。我被分到了华中党校十三队。这时距离我入党正好满了一年预备期，于是我就在十三队支部转正。在淮阴时我还有幸听过中共华中工委书记陈丕显同志所做的长篇政治报告，还看过大型歌剧《血泪仇》，都给自己留下了深刻的印象。

不久，我又接到了另一项重要的交通任务，就是要求把毛主席在党的七届二中全会上所做的报告文件带给地下党上海市委。那时上海地下党的电台大都被敌人破坏，无法及时了解到这一重要信息，因而组织上要我跟随上海工委交通科副科长施宜同志（是圣约翰大学的学生）一同执行这项任务。施宜当时还在泰州，我们约定在南通九分区交通站碰面。于是我从淮阴步行前往南通，日夜兼程，走得脚上都起了血泡。到了南通后，我和施宜分工，花了三天时间将毛主席所作的报告全文 7 000 多字都背了下来。我们原定坐沙船在吴淞登岸回上海，但长江南岸的国民党守军不断向江面扫射，我们只得改在太仓附近的一个小港上岸，再搭车返沪。到了上海，我们便把先前背熟的毛主席报告一字不差地默写下来，交给接头联络的同志，圆满完成了任务。当时，由于上海即将解放，经组织同意，我暂住在一位中学同学的家中，直至 5 月 25 日上海解放。虽然过去了很多年，但我对从事地下交通工作的这段经历始终难以忘怀。

骨肉亲情和“连环家书”

上海解放后，我先后在上海市学联、上海市青委、华东纺织工业党委、中央华东局办公厅工作；1954 年调往北京，先后在中央书记处第三办公室、中央工业交通工作部、中央华北局工交政治部、燃化部进出口公司工作；改革开放后，在国家经委和中宣部中国（职工）思想政治工作研究会从事企业管理改革、思想政治工作和党建的实践及理论研究。

我当年投考交大是抱着“读书救国”“科学救国”的志向，但最终没能从事自己所学的专业，从这一点上来说，不能不说是一种遗憾。但我至今无怨无悔。如果再让我选择一次，我想我还是会义无反顾地踏上革命道路，这其实也是我们那个时代很多跟我有着相似经历的人的共同选择。像交大学生自治会主席周寿昌，也是化学系的，学习成绩好得不得了，英语也十分流利，能直接回答外国记者的提问，学校里的很多教授都说从没见过如此优秀的学生。以他的能力通过公费出国留学考试根本不成问题，但他最终还是走上了革命道路，成为学生运动的领袖。

我们一家可以说是一个特殊的革命家庭，同胞兄弟姐妹8人中有7名党员。我之前已经提到大姐顾静专在圣约翰大学就入了地下党，她后来在1948年抗议港英当局九龙暴行的大游行中表现突出，她勇敢地爬上英国驻沪领事馆围墙的镜头被刊登在次日的中外报刊上；大哥白铠大学毕业后被地下党组织作为技术骨干输送到华北解放区，后去苏联实习，归国后一直在化学军工企业从事科研，为我国合成材料工业的发展做出了贡献；大妹顾蕴玉和二妹顾锐锋受大姐影响，也先后加入了所在学校的地下党组织，其中大妹曾在市总工会工作，二妹在解放初就参加了随军南下服务团去福建支援新区建设，后曾担任过福建医学院纪检委副书记，对院领导干部违纪腐败问题敢于坚持原则，严肃查处，受到群众好评；大弟顾履德也随二妹一同参加了南下服务团；至于小弟顾维仁和小妹白铃在哥哥姐姐们的潜移默化下，也分别在新中国成立后入了党，小弟初中毕业后就进入了华东军政大学和三野青年干校，之后参加过抗美援朝和珍宝岛战役，多次立功获奖，转业后在上海仪表局党校任副校长。

在新中国成立后的历次政治运动中，我们有些兄弟姐妹在极“左”思潮下受到了冲击，经历了不少坎坷磨难，受到了不公正的对待，但大家对于党的信念和革命意志却始终没有动摇。

新中国成立后，由于我们同胞兄弟姐妹8人分处上海、北京、南京、福州、莆田各地，往来不便，聚少离多，于是经过商议，我们采用“连环家书”来互通信息（由一个人分别给其他七人写信不便交流，故而采用连环周转传阅撰写信件的方式）。这些家书不仅起到了传递“家讯”的作用，还承载着割不断的“手足亲、战友情”。举例而言，新中国成立初二妹锐锋随军南下福建之初，由于言语不通、水土不服、条件艰苦，而自己长期过惯了优裕的城市生活，感到很不适应，曾想找个借口回上海养病，后来大姐静专在家信中严肃地批评了她的错误想法，并热情地鼓励她克服困难，最后她终于在福建扎下根来；又如大妹蕴玉患了乳腺癌，后又多次转移，我们其他兄弟姐妹除前往探望慰问外，还不断地去信安慰劝导，并寄去营养保健品和抗癌药物。

我们的连环家书曾因“文革”而一度中断，改为双向书信往来，2001 年重又恢复（大哥白铠已于 1982 年逝世）。新时期我们的家信所包含的内容也越来越丰富，除了互报平安、问寒问暖外，还涉及老年保健养生、学习电脑网络等新知识技能、如何处理好家庭内部矛盾、关心下一代成长以及社会热点和国际形势等等。

顾家的连环家书

从 2001 年 4 月至 2011 年 3 月的这十年中（弟弟履德于 2005 年病逝），我们的连环家书从未间断，前后共轮转了 33 轮，合计 238 封（均由我保存）。2011 年底，我们将这些信件全部捐献给了中国人民大学博物馆，并参与公开展出。中国人民大学家书文化研究中心和抢救民间家书项目组委会联合主办的《中国家书网》把我们捐献“连环家书”一事列为 2011 年抢救家书十件大事中的一件。

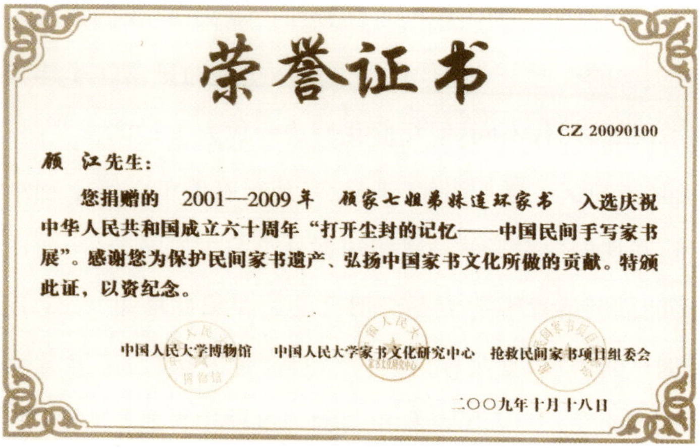
荣誉证书

CZ 20090100

顾　江先生：

您捐赠的　2001—2009 年　顾家七姐弟妹连环家书　入选庆祝中华人民共和国成立六十周年“打开尘封的记忆——中国民间手写家书展”。感谢您为保护民间家书遗产、弘扬中国家书文化所做的贡献。特颁此证，以资纪念。

中国人民大学博物馆　中国人民大学家书文化研究中心　抢救民间家书项目组委会

二〇〇九年十月十八日

顾家捐赠连环家书的荣誉证书

寄语今日交大学子

作为一名在交大锻炼成长起来的老党员、老校友，我有几句话要对今日母校的青年学子讲。我们这老一代人已经实现了推翻三座大山和建立社会

顾江夫妇与母校采访人员合影（前排：顾江夫妇，后排左起：朱恺、漆姚敏、程凯莉）

主义新中国的历史使命，而实现中华民族伟大复兴，把我国建成富强、民主、文明、和谐、美丽的社会主义现代化强国的历史使命则落在了年轻一代的青年学生身上。虽然时代不同，但相信我们这一代人走过的奋斗路程，对后代年轻人仍有启发意义。譬如当年“来复会”成员在党的领导下利用暑期下乡办学的事迹，在现如今看来就是青年知识分子与工农结合、与实践结合的一个值得借鉴的范例。青年学子不能把自己关在象牙塔里，一定要理论结合实际，多参加社会调查、专业咨询、科技扫盲、智力扶贫、志愿者服务等社会实践活动，这样才能在与人民群众相结合的过程中做到学以致用，不断增长自己的能力和才干。

钱存学

钱存学，1923 年 9 月生，江苏泰州人。1939 年 9 月参加革命工作，1942 年参加新四军，1946 年 2 月参加中国共产党。1945 年 6 月由贵州遵义浙江大学转学四川重庆的交通大学机械系。1947 年 6 月中华全国学生联合会(简称“全国学联”)派其出国担任常驻国际学生联合会(简称“国际学联”)代表职务后离校，1949 年 2 月回国后留在北京全国学联总部工作。新中国成立后，先后在全国学联团中央国际组、第二机械工业部政策研究室第四十研究所、山西省机械工业厅设计研究所、教育部外事局、联合国教科文组织中国全国委员会秘书处、中国常驻联合国教科文组织代表团等部门工作。1988 年 4 月离休。

在访谈中，钱存学讲述了他在上海麦伦中学参加革命工作、加入地下党的经过，抗战期间在党组织安排下赴苏北参加新四军、撤离后考入浙江大学、转入交通大学求学的坎坷历程；重点介绍了在交大组织青年会争取学生群众，参加全国学联并赴欧洲联络国际学联获取国际声援的事迹，最后结合李家镐等交大地下党典型人物，谈及了他对交大爱国精神的理解与感悟。

存爱国思想　学建国本领

口述：钱存学

采访：毛杏云、盛　懿、朱积川、欧七斤

时间：2006 年 7 月 18 日

地点：北京市海淀区知春里 12 楼老年活动室

记录：欧七斤

编者：欧七斤

在麦伦中学参加革命工作

1937 年抗战爆发后，我随父母从南京"逃难"迁居上海。途中，我结识了一位小朋友，听取了他的建议，考进了上海麦伦中学高中部。麦伦中学是英国教会在中国办的第一所中学，原名麦伦书院，上海解放后改名为上海继光中学。这所学校的校长沈体兰先生是一位著名的爱国知识分子，他在东吴大学学习期间，就作为学生自治会主席，代表东吴大学参加了"五四"爱国学生运动，建立了以"教育救国"为终身事业的人生观。在英国牛津大学学成后，回国任上海麦伦中学校长，1937 年"七七事变"后，他加入了保卫中国大同盟等抗日救亡组织。在麦伦中学创建计划中，有一个科学馆的项目，由于经费不足迟迟不能实现，他毅然将位于苏州周庄古镇的祖传老宅变卖，捐给学校充当建馆经费。这座科学馆至今仍挺立在继光中学的校园里。他为学校聘请的老师也都是德才兼备的爱国知识分子，有几位还是以麦伦教师为掩护职业的中共上海文委、教委的同志。

在“左”倾机会主义路线的影响下，中共上海党的组织和全国其他白区一样，在大革命失败后的白色恐怖中几乎都被国民党反动派破坏殆尽。1937 年中共中央在延安召开白区工作会议批判了“左”倾路线错误之后，委派刘晓同志来到上海进行党组织的恢复和重建工作。刘晓到上海后化名“林庚汉”，他的公开身份就是麦伦中学国文教员，还兼任我所在班级的班主任。他和沈校长及其他进步教员一起，一改过去死记硬背死读书的方法，用辩证唯物主义和历史唯物主义的观点，结合中国的抗日战争和第二次世界大战的形势特点，自编国文、历史、地理等教材，系统讲授社会发展史、帝国主义论、民族民主革命等基础理论，对学生进行革命的启蒙教育。与此同时，鼓励学生积极参加课外活动，如“学协”和“上海联”在各个班级成立的读书会、举办跨班级或全校性的甚至校际的文艺晚会、辩论会，举办工人夜校，为难民办义卖、捐寒衣等等，给学生创造接触和了解社会实际的机会，树立革命的世界观、人生观和价值观。

钱存学(左二)接受母校采访

麦伦中学除在课堂上以教师为主对学生系统讲解革命理论外，麦伦地下党支部还要求每个党员都要负责帮助若干位同学的课外学习。负责帮助我学习的是麦伦地下党支部书记、同班同学施宜，他直接影响了我的思想转变过程甚至人生历程，后来成为我的入党介绍人。抗日战争爆发时，我年纪还比较小，看到日本鬼子在中国奸淫烧杀并一步步占领中国，心里很是着急，但不知道该怎么办。在他们这些良师益友的影响下，我知道了中国共产党的存在和使命，热切向往参加革命，抗击日本侵略者，解放劳苦大众。同时，他又安排我在学生自治会和青年会担任一些具体工作，让我在实际工作中学习联系和关心群众。在参加校内课外活动的基础上，他还先后安排我到上海地下党直接领导的两个全市性进步学生团体担任一些工作，一是上海市学生界抗日救亡协会，简称“上海学协”；一是上海基督教学生联合会，简称“上海联”。这两个学生团体都在党的统一战线领导下，克服了“左倾”宗派主义错误路线，团结广大学生群众积极参加上海的学生运动，并在实际斗争中为地下党培养出一批又一批党员和团员，成为解放战争时期“第二条战线”上学生运动的骨干力量。中学毕业后，他又安排我先后到敌后抗日根据地和西南大后方，去进行近距离观察和比较，选择自己下半生为谁服务的方向和道路，立志为人民解放而奋斗。

1941 年夏，我和同班同学施宜一起从麦伦中学毕业。施宜毕业后按上级指示，考入从杭州迁来上海的之江大学，担任之江大学地下党支部书记。毕业前，施宜曾问过我毕业后的打算，我表示想入党，然后当兵上前线。一天，他约我谈话，通知我组织上已同意接受我入党，并叫我补写了一个正式的入党申请书；同时对我说，之江的工作不太理想，建议我同他一起去之江大学去协助他开展工作，以后再考虑参军的问题。我同意了他的建议，和他一起去了之大，成立了之江大学学生青年会，把之江的学生进一步发动组织了起来。这期间，他通知我，这段时间之大的工作很有起色，但我本人可能有些暴露，受到了敌特的注意，为安全起见，组织上决定让我去新四军工作。

从新四军到大学生

1940 年秋黄桥决战后，新四军有了些大战。1941 年 1 月“皖南事变”后，新四军在苏北重建军部，刘少奇任政委，陈毅任代理军长。新四军急需补充新的力量。这时组织上要求从上海调集一批人过去，党组织紧急安排我转移到苏北新四军三师的修械所工作。当时，我们三师修械所的所址设在盐城和阜宁之间海边的一个的盐碱地小村子里，主要任务是将从敌人手里缴获的枪械进行修理，制造枪弹，就是把自制火药，重装到从战场上捡回来的弹壳里。还发动群众将家中和社会上不用的废旧铁器、铁轨等，集中起来交到修械所，熔化铸造弹壳，再配上木制手柄，用自制的炸药填满，就制成了手榴弹。全所只有 1 台车床、一台牛头刨床和一台压床，共 3 台机床，都是孙象涵厂长参军时从徐州带来的。由于所在地没有通电，开动机器的动力是用皮带绕在一个约一人高的大木轮，由几个身强力壮的“大力士”用人力摇。

我在兵工厂待了一段时间，1943 年日军大扫荡，我们就将机器埋在地下，人员疏散。根据政策，我返回了上海，我的好朋友林鸿荪也回到了上海。他原是我培养的一个对象，我送他去了解放区，不过他一回到上海就被抓住了，后来经过营救出狱了。新中国成立后他和钱学森一起搞导弹工程。不幸的是，他后来在“文革”中被造反派整死了，很可惜的一个人啊！他被捕后，我就不能留在上海，组织上要求我到大后方重庆去。我走到贵州的时候，正好赶上大学招生，就在路上考取了浙江大学。在浙大读了一年后，我又转学到了重庆九龙坡的交通大学，读机械工程系。在奔波迁徙中，我与党组织失去了联系。

重庆是战时政府的陪都，国民党控制得很严，对青年学生更是防备有加。“皖南事变”过后，国民党统治更加严厉，一旦发现或怀疑某人是共产党员就要抓走。在交大，国民党主要通过三青团把学生紧密控制起来。我党在重庆和其他大后方于是都停止了活动，组织上不再发展党员，原有党员也

大学时期的钱存学

切断了组织联系。交大学生中有五六人原先入过党，但是都没有了组织关系，即使以前有关系的也切断了，重庆交大进步学生的力量处于分散状态。比如周盼吾，当时他是学生自治会主席，是1938年入党的老同志，也是在这个时候失去了党组织的联系，成为孤零零的一个人。

当时，青年学生在高压之下很苦闷，要求民主、关心政治的热情不断显现。我们就找一些志同道合的同学交交朋友，沟通思想，联系了一大批进步学生，引导他们共同参加争取民主的斗争。1946年初，重庆各界进步人士在较场口召开群众大会，庆祝政治协商会议获得成功。我与谭西夷、杨福生、陈明煌等10多个交大学生前去参会。国民党特务破坏了正在进行中的大会，打伤郭沫若、李公朴、马寅初等民主人士。交大参会学生十分气愤，以"一群参加大会的学生"的名义，写了"抗议信"，在《新华日报》上发表。

抗战胜利后交大师生分批复员上海，我是第三批回沪的。复员上海途中，先是乘坐汽车，到了宝鸡后换成闷罐车，沿着陇海线东走，一路上经过被战争破坏得赤地千里、哀鸿遍地的中原大地，又看到国民党军队对投降的日本兵还优待有加，而对自家百姓、青年学生却气势汹汹，从而看清了国民党政府的本质，提高了自己的觉悟。

我从重庆一回到上海，就马上找到了我中学时期的入党介绍人施宜。他说我离开党组织有几年时间了，按党的规定超过三年算是脱党，需要重新入党。1946年2月，在施宜的再次介绍下，我重新入党。施宜的叔叔是上海公安局局长，他就打入公安局工作，当上了保密室的秘书，为我党搜集了许多有价值的情报。我就是在公安局保密室的办公室里重新入党的。

组织青年会，团结教育学生

1945年抗日战争胜利后，国民党政府就策划大打内战，学生、工人和广大老百姓都积极地反对内战。所以，这时政府就已经把自己摆在人民的对立面，与人民为敌，对学生群众采取打压、镇压政策。中共地下党便组织发动广大学生群众反内战，争和平，反对国民党独裁。复员上海后，重庆和上海两地的师生合在一起，交通大学有了地下党组织，党员开始有20多人，有吴增亮、俞宗瑞，他们俩是交大总支的前后两任书记；还有沈讴、胡国定、丁仰炎、周寿昌等人，基本上都是交大沪校的学生。

重新入党后，我跟吴增亮联系上了，他把我介绍给胡国定、周寿昌、丁仰炎、孙增闳等人，他们都是交大学生自治会党团成员。我是从重庆交大过来的，主要任务是联系重庆来沪学生中的进步力量，协调两地学生之间的行动和思想。刚开始的时候，我们按照在重庆时期的做法，成立了一些学生社团，还扩充了一些社团，将进步学生团结组织起来。当时社团有知行社、今天社、山茶社、青年会，等等。这样，就将两地进步学生组织起来。

但是，在国统区一直处于敌强我弱的状态，交大的进步力量不是很强，当时学生党员20多名，进步学生也就三四十人吧。其实，学生中真正的反动学生也不多，大多数是中间派。他们对国民党很不满，国民党在接收过程中贪污腐化，弄得物价像火箭般地上涨，老百姓非常不满，怨声载道。不过，多数学生对共产党也不太了解，这些中间派学生约占全校学生80%—90%。如何将这一部分学生组织发动起来，争取到革命这一边来，是我们地下党工作关键之所在。组织上考虑到我在中学时搞过青年会工作，认为这个形式比较好，现在还可以用，就安排我去做中间学生的工作。

1946年秋，在党组织的安排指导下，我和一些积极分子在交大筹建成立了青年会，成为团结教育广大中间学生的一个得力助手，为他们提供一个参加课外活动和接受党对他们进行启蒙教育的平台，帮助他们在历史的转折时刻紧紧跟上时代前进的步伐。交大青年会不是基督教青年会，不是宗教性组织，但为了掩护，我请了上海女青年会学生部干事沈佩容来当顾问。有一次，青年会组织“五四运动”纪念大会，沈佩容邀请许多社会人士来校壮声势，其中有一位美国青年会的干事，叫耿丽淑（Teresa Gerlach），类似于史沫特莱那样的进步人士。虽然我们表演了不少进步节目，但是当局不敢动我们，大会主席台上有美国人坐着呢！

我还请了学校训导处的课外活动组组长邵秀琳老师当顾问。邵老师是英文教授，是个正直诚实的人，她原来在美国留学，抗战后回国报效祖国，到了重庆交大教英文，兼做课外活动组组长。当时我算是邵老师的高材生之一，和她很熟，知道她过去在女青年会当过干事，就请她当了交大青年会的顾问。这两个顾问既不是国民党，也不是共产党，学生们也就放心来参加了。

当时交大青年会里面就我一个党员，后来青年会组织部部长也入了党。那时候我们和党组织是单线联系，两个人就是两条线。当时组织规定在青年会里面不发展党员，会员可以在各自班级、系里面发展，比如学机械的在机械系组织里，学电机的在电机系里面，系里面有党小组。这样就算把我这个党员抓走了，也不知道青年会里面有多少党员，其他党员很安全，不会出事情的。交大青年会很活跃，活动很多，有时候在文治堂，有时候在体育馆，但是来人很多，有校内的，还有很多校外的，多得根本坐不下。只要遇到我们青年会搞晚会，全校的人都想来看，别的学校也有人来。上海学联趁这个机会就动员人来，接受教育，回去发动学生。李家镐等一些进步学生就这样先参加青年会，后来受到影响参加革命工作的。

交大青年会在党领导的爱国民主学生运动中迅速发展壮大，成为当时交大最受欢迎的参加人数最多的学生社团之一，在冲破国民党反动派的白色恐怖，团结和教育广大同学，为进步的学生运动不断输送新生力量，壮大进步势力和孤立反动势力，把交大建成上海进步学生运动的“民主堡垒”的工作方面，成为交大地下党的一个重要助手。

1947 年 5 月，交大学生在图书馆与上海市市长吴国桢辩论（右边戴眼镜站立发言者为钱存学，中间手执烟斗者是吴国桢）

通过像青年会这样的许多社团组织，我们精心开展多样化的活动，广交朋友，耐心说服，争取让多数学生站到我们这边，与我们一起并肩战斗。在后来轰轰烈烈的爱国学生运动当中，我们接连组织发动了“抗议美军暴行”“护校运动”“五二〇运动”“反美扶日运动”等多次爱国活动，学生参加面广，热情高，斗争坚决，校内外影响很大。每次运动都遭到了当局的破坏与镇压，不过我们是“民主堡垒”，打不散，更打不垮。当时有的学校一抓就散了，而交大抓一批又出来一批，再抓一批再出来一批。比如，1947 年“五三〇大逮捕”，国民党派了 3 000 名军警，全副武装，把交大校园团团包围起来，气氛非常恐怖。当时交大一共才 3 000 名学生，军警一下子就来了 3 000 人，要是人数少，他们是不敢进校园的。几个特务学生拿着进步学生的照片，挨个寝室地找，结果连一个学生也没有抓到。为什么呢？我们已经团结了 90％的学生，不但是学生，就连校长、院长、教授、职工，甚至连管我们的训导长也都向着我们这一边，向我们通风报信，帮助我们撤离，几乎全部都到我们这边来了。最后国民党那边可怜得很，没有多少人跟着他们，没有几个人敢出头。当时搞生活指导的邵秀琳老师，她是非党人士，完全是从爱护学生出发，冒着极大的个人风险把当局要捕人的消息事先告诉我，让我赶紧先隐蔽起来。在党组织的安排下，邬娴容等 10 多名学生掩护我安全地离开了学校。

当时出现这种好现象不简单啊！原因何在？我认为，其中一个很重要的原因就是党的正确领导。1935年中共中央瓦窑堡会议，实行统一战线工作。后来又开了白区工作会议，制定了正确的统一战线的指导思想。北方派了刘少奇，南方派了刘晓做地下党的工作。刘晓亲自在麦伦中学蹲点，出色地领导了上海地下党恢复与发展工作，一直到上海解放，从未暴露，贡献非常大。第二个原因，交大的工作做得比较好，我们革命力量团结了大多数中间学生，很多思想进步、家庭出身不好、开始认识不清楚的学生，也被我们争取过来。所以我们才可能发起护校运动，团结绝大多数同学参加，自驾火车去南京请愿。南京可是国民党的首都。护校运动是解放战争时期一个很重要的收获，它所起的作用不仅在当时，不仅在交大，它对此后第二条战线的形成，各项爱国民主运动的顺利开展，都起到了重要作用。

从全国学联到国际学联

1947年“五二〇运动”发起后的48小时之内，全国60多所大中学校迅速起来响应，覆盖了整个国民党统治区域。为了相互声援，统一行动，先是由上海学联出面，成立京、沪、江、浙、豫五个省区的学联；6月17日至19日又在上海召开了全国学生代表大会，继而发起成立了全国学联。全国学联组织是公开组织，发动学生群众很便捷，比秘密状态的党组织领导起来快多了，地下党还要一层一层地往下去做工作。交大在学生运动、革命方面起到了很大的作用，在全国学联组建和运行当中也是一个核心力量。当时上海学联第一任副主席是交大的丁仰炎，后来是周寿昌。全国学联的主要筹备人也是交大学生，叫史继陶，是电机系的。全国学联第一任负责人实际是交大学生，尽管学联总部名义上设在南京的中央大学，不过秘书处在上海，秘书长就是史继陶，因此可以说学联“司令部”实际上就设在交大。

1947 年 7 月，钱存学在捷克布拉格出席国际学联理事会会议

1947 年 6 月全国学联成立后，社会上和大学里还弥漫着恐怖气氛，国民党当局四处捕人，我们交大也有人被捕了。学联决定要派人去国外，寻找进步的国际学生组织，争取国际支援。我有幸被组织选派去执行这项重要的任务。记得是沈佩容到交大来通知我："世界基督教青年大会将于 7 月中旬在挪威首都奥斯陆举行，中华基督教青年会全国协会已同意上海男、女青年会的推荐，由你以交大青年会会长的身份参加代表团出席会议。"我随即向党组织汇报，党组织上表示同意，要求我同时代表新成立的中国学联参会出国，在完成了青年会的任务后，再到巴黎世界民主青年联合会去执行全国学联的任务。这时候我的组织关系已从交大转到了负责全国学联工作的上海学委副书记吴学谦同志那里。

那时我 20 岁出头，没有出过国，也不知道能不能找得到，但是我却满腔热情，并不知道害怕。我出去有些有利条件，就是我是交大青年会的会长，对中国学生运动的情况比较熟悉，在用英语同外国人打交道方面也没有什么困难。"五二〇"以后我就没有待在交大了，已转移到江西路周慕梅同学的哥哥家里隐蔽，周慕梅读管理学院，也是我们青年会的成员。乔石、吴学谦都是地下党学委的负责人，又是我组织上的负责人，这时候他们也在帮助我做出国准备。乔石的爱人翁郁文是全国学联宣传部的负责人，她公开的职业是《大公晚报》的记者，这家报纸是中国和美国合办的，她在里面做文字工作，为我准备了一套十分完整的关于中国学生运动的剪报资料和照片。吴学谦是上海学委副书记，乔石是同济大学地下党书记，他们都是抽出时间做了一阵子全国学联的工作。他们两人帮助我了解国际政治形势。吴学谦还多次来到我隐蔽的住所，辅导我学习中国革命及学生运动的历史、现状和主要经验，要我找到进步的国际学生组织后，争取留在它的总部工作，在工作中要主动配合苏联同志，同世界各国进步学生代表紧密团结，共同奋斗。

1947年6月28日，预订动身出发的前两天，交大地下党总支委员、我的党小组长朱爱菊同志来通知我说："根据内线情报，国民党特务已经知道了你出发的时间，准备在机场对你进行逮捕。因此，组织上决定你提前走，前往香港乔冠华同志处，明天就动身。出席奥斯陆基督教青年大会的中国代表团所乘的飞机后天路过香港时，在那里接你登机，同他们会合。装资料的箱子你不要自己带，由我们另外托人带到奥斯陆去给你。"她随即把一张到香港的机票和出国护照交给了我。我打开护照一看，发现护照上除了照片是我本人的以外，名字和生日都已改掉了，名字改得洋里洋气，年龄小了一岁，生日晚了一天。原来是地下党的同志为我填表向国民党政府外交部申请护照时，为了防止被特务发觉，把我的名字和生日都做了改动。结果，在我后来的自传里便多了一个"曾用名"，而生日也就将错就错地沿用至今。

我这是第一次出国，对中国以外的世界是个什么样子，除了一点书本知识外，可谓一无所知。带队团长是吴耀宗，他是世界基督教青年大会的中国代表团负责人，很同情和支持共产党，认为社会主义和基督教的目标是一样的，都是为了穷人，为了弱势群体求得解放。后来的"三自"爱国运动委员会就是用的这个理论。吴耀宗知道我们大多数团员都没有出过国，怕我们在会上没有共同语言，于是就利用联合国救济难民署的专机，对上海到奥斯陆这段旅程进行了煞费苦心的设计，首先到香港，然后到泰国、印度，再到中东的伊拉克、伊朗、阿联酋、埃及，都是殖民地国家，帝国主义占领统治的地方。接着去了欧洲的希腊、意大利，西方文明的中心。再到荷兰、法国、英国，最后到北欧社会民主党的国家挪威、瑞典，最后去参加基督教会议。我们走过各种类型的国家，有殖民地国家，有发达国家。一路上我们停下来，安排了座谈或参观活动，这使我受到国际主义的教育，开阔我的世界眼光，要知道当时我只不过是一个学生，眼光非常窄啊！

到奥斯陆后，我随意翻看出席世界基督教青年大会的代表名单，想看看有没有从巴黎来的可供咨询的人。不料，在出席会议的贵宾名单中，世界民主青年联合会秘书长赫伯特·威廉姆斯的名字竟赫然在目！这让我如获至宝，一路上我就是要找这样的组织。我带着介绍信连夜去找秘书长威廉姆斯，他是个澳大利亚人，矿工出身，态度亲切，作风朴实，使我一见就对他产生了信任感。威廉姆斯接待了我，他说1945年成立的联合国，是解决国家与国家之间利益关系，此外还成立了一些非政府的世界组织，如世界工会联合会、国际民主妇女联合会、世界民主青年联合会和国际学联。他还告诉我1946年在布拉格成立了世界学生联合会，可能就是我要找的组织，而且世青和国际学联联合举办的第一届世界青年与学生联欢节也即将在布拉格开会，他很快也会去参加，让我也去参会。

我等奥斯陆会议结束，就去了布拉格。世界青年与学生联欢节正在这里举行，来自70多个国家的1万多名青年学生欢聚一堂。我找到了国际学联会议筹备组，他们很欢迎我来参会。我还联系上了来参会的解放区代表团，代表团团长就是蒋南翔，副团长是陈家康。我原来就知道陈家康，他是解放战争时期中共中央在上海的发言人，也就是周恩来同志的发言人。我带着一个大箱子到了会场，里面装满了我国爱国运动资料、报纸、照片，很多是关于学生运动的，其中不少是交大的，最主要的一张写着“交大万岁”的火车头照片。会议方帮我在会场简单办了个照片展览会，将“交大万岁”这张照片放得很大。

1949 年 5 月，毛泽东在北京香山接见全国青年代表及全国学联代表，左起第二人戴眼镜者为钱存学

我代表全国学联来参会的，此外还有两位代表，一位是张凡，参加过“一二·九运动”的老同志，他是解放区学生界的代表；一位是李彦，是北京中法大学的，代表华北学联。我们三个人成立一个中国学生代表团，正式参加了国际学联会议。在会上，我做了几次关于中国学生运动情况的报告，让国际学生界了解我国艰苦卓绝的学生运动。国际学联对中国进步学生运动非常同情和支持，后来还通过一些决议，抗议蒋介石政府镇压学生的行为。这些情况都刊登在上海的全国学联机关报《学生报》上面，对鼓励学生斗志起到了一定的作用。

我的出国任务是找到国际进步学生组织，并和他们建立联系，所以这个任务很快就完成了。中国的学运在国际上很有影响，特别对于半殖民地国家，当时国际学联简报搜集了很多反映中国学运的资料，我带去的资料照片也被展出。在国际学联会议上，我当选为学联副主席，兼任半殖民地国家学生局局长，主持半殖民地国家的学运工作。我一下子当选为这么重要位置，这怎么行呢，生怕做不了，担不起啊。蒋南翔就告诉说，你不是代表自己，是中国学生的代表，代表中国学运，要将位置摆清楚，你就不会害怕了。这样我就留在那里工作。当时中共中央有个欧洲工作委员会，管理并对接世界进步组织，比如前面说的世界工联、妇联、学联、青联，书记是刘宁一，是解放区驻世界工会联合会的代表，实际上是四大组织的中国方面的负责人。还有陈家康，代表青联；妇联的代表是陆璀，饶漱石的夫人，是燕京大学的学生；我就代表学联。我们四个人成立一个党的小组。我的党组织关系就归刘宁一管，业务上通过在香港的周寿昌、史继陶跟中国国内联系，他们在香港成立了全国学联对外联络处。

1983 年钱存学在巴黎联合国教科文组织第四次特别大会期间摄于教科文总部办公楼前

我们那一代人的典范：李家镐

我认识李家镐大概是在 1938 年冬天，那时我在麦伦中学念高一。有次参加一个座谈会，遇到中西女中的学生吴经，她后来是上海医学院地下党的书记，曾经做过西安某医院的院长。她说她住的弄堂里面有一个小鬼，把弄堂里面的小孩都组织起来，搞军事训练，练习救护，早上一起来就排队，喊着“一二一”就训练开来。我觉得挺有意思，就让她带我去见见他，这样我就认识了这个小鬼，他就是李家镐，小我1岁，在南洋模范中学读书。当时我住在陕西北路，他住在赫德路，就是现在的常德路，离得不是太远。我们有什么活动，如“上海联”的活动，就邀请他一道参加。

我中学毕业后参加了新四军，后来又去了浙大、交大读书，我们暂时失去了联系。在浙大期间，我在青年会办的“学生服务处”“学生救济处”服务，做些帮助学生的事务。有一天，我正在一间教室里编排壁报，李家镐进来看到了我。我们都很惊奇，也很高兴意外地重逢。原来，他也在浙大读书，读的是化工系。重新联系上以后，他经常来宿舍里找我，无话不谈，十分要好。

为了打通河南到湖南、广西的交通线，1944年日军发动豫湘桂战役，国民党军队真是不经打，一路闻风而逃。当时日本军队派了不多的兵力，就打到贵州、湖南交界的一个城市。重庆的国民政府慌得不得了，准备搬往西康。浙大当时在贵州遵义，也停了课，也忙着要搬家。其实，日本人的目的不是要打下重庆，只想打通铁路交通线。

这时，李家镐来找我，说国家快完了，我们去参军吧。那时蒋介石搞了一个“百万青年百万军”的计划，要建立青年军。我在解放区待过，知道问题不是军队少，光胡宗南就有10万精锐，关键问题是他们不去前线抗日，而包围着陕甘宁边区。我说现在国民党搞法西斯统治，你这种思想去参军救国是不行的，救国有其他办法。他当时非常生气，满腔热情地说：“我们国家已经到了这个地步，你还这个党那个党的。我从小一直敬佩你，想不到在国家如此危险时刻，你却不肯去当兵。”说完就生气地走了，报名参加了青年军。

浙大停课后，我转学到了重庆交大。当时在浙大物理系的李政道，和我也很要好。我说要到重庆交大读机械，你去不去。他说不去。他知道我家有个亲戚在西南联大物理系当系主任，叫吴大猷，后来在台湾的“中央研究院”当院长。他要我陪他先到云南昆明找吴大猷，把他推荐一下。这样我们

交通大学化学系 1943 届学生、地下党员李家镐在校读书期间及中年照片

先乘卡车去了昆明，把李政道当面介绍给吴大猷。不久他顺利转入西南联大物理系。然后，我就去了重庆九龙坡的交大，凭着离开浙大前学校开的借读证，不用考试，先是借读在交大，不久正式入了交大。

有一天，我在交大上晚自习，李家镐的妹妹李月华来找我。她当时还没有进大学，父亲李熙谋是交大的教务长，她们一家都住在交大。她拿了一个牛皮纸袋交给我，说是她哥哥要她亲自把它交给我。我问你哥哥人呢，是不是在家里。她说不在，他在青年军里面被抓起来了。原来，李家镐当上了青年军后，看到长官克扣军饷，压制士兵，拿他们不当人看，就写大字报揭露这些腐败。当时国民党腐败得简直就不像样子，当兵叫拉壮丁。我从贵州到重庆的路上，看到一路上都有拉来的壮丁，用麻绳串在一起在路上走，一个人小便大家都得停下来。这些硬抓来的人，怎么训练？怎么打仗？在部队里面，这些人还要受长官欺压，过着简直不是人的生活。李家镐也看到了这些，原来满腔热情，现在感到怎么参加了这样的军队，就写大字报。国民党特务怎么允许他这样做，就把他抓起来了。

我打开纸包一看，里面是李家镐的从军日记。他给我日记的意思，一是给我做个纪念，另一层意思是我当时劝他不要去是对的。我拿到日记看后很感动，就拿到新华日报社，给朱语今看。他是中共中央南方局青年组的负责人，我没有党组织关系，就和他经常联系。他看了日记也很感动，更同情爱国青年没有政治经验容易遭到欺骗，认为对于青年学生有教育意义，就把日记在《新华日报》上连载，题名叫着《一个青年军的日记》。连载了三期，还没有完，就遇到国民党在重庆发动了反苏游行，实际上是反共游行，游行队伍进入新华日报社打砸抢，为了防止特务拿走材料，报社的工作人员就把一些材料烧毁，从军日记原稿也就在其中烧了。

后来，李家镐被他的父亲李熙谋救了出来，复员上海后就进了交大。他知道以前犯了错误，希望补过，拼了命地学习，参加进步活动。1947 年底他毅然加入了地下党，这是最困难的时候，他进来了，这就是他最令人敬佩的地方。他毫无畏惧地加入知行社做工作，公开抛头露面，做壁报搞宣传；还负责党的外围组织"新青联"工作，是副的负责人，正的是许锡振，后任三机部设计院院长，搞飞机方面的研究。

20 世纪 90 年代，李家镐当选上海市九届人大常委会副主任、财经委员会主任委员，担任上海交通大学中欧国际工商学院首任中方院长、上海工程技术大学校长等职。他办中欧国际工商学院目的也是为国企培养一代人才，培养有世界眼光的、有现代企业管理知识的现代高级人才。这是他生前做的最后一件大事情，他一直念念不忘国有企业是中国的命根子、工业的基础，一直到死还在著书立说，探索中国国有企业的正确道路。

总之，我认为交大有两个典型人物，一位是钱学森，一位是李家镐，是我们那一代人的典型。

交大人的老黄牛精神

新中国刚刚成立，急需大量干部与技术人员的时候，我们交大人上去了，多数是经过解放战争时期学生运动锻炼培养出来的一大批学生，成为工业、科技、教育战线上的骨干，交大的作风与贡献就体现在这方面。这与其他大学不一样，交大人是踏踏实实，身上有老黄牛、孺子牛的精神。交大出来的人在高层领导位置上虽然不多，但要是到基层去看看，多少工厂厂长、总工程师，研究所所长、研究人员，大学校长、教授，很多都是交大人。在国外也是，一些重要领域中有不少交大人，都是在扎扎实实地干。这些人是中国的脊梁，是民族发展最重要的力量，在国家建设中发挥着很大的作用。

第一流的大学不是想办就能够办成的，那要有多年的积累、多年的学风。交大不追求培养领导人才，要多培养建设国家的骨干人才，他们要埋头肯干，求实严谨，做真学问，做实干家，就像钱学森、李家镐那样的人才，是交大要树立的榜样，是交大要坚持的学风。钱学森他们在那样艰苦的、一穷二白的条件下，把导弹、原子弹搞出来了，那真是惊天地、泣鬼神的工程啊！我们那一批学生中有一位黄旭华，是搞核潜艇研究的，隐姓埋名几十年搞出了核潜艇。我们对黄旭华宣传得还不够，他有时候也到北京来，我们就聚在一起；还有率先倡导开发浦东的林同炎，也是交大毕业的。

记得1996年我们参加百年校庆的时候，校党委书记王宗光、校长翁史烈来住宿地看我们。当时我和俞宗瑞住在一起。他们说："我们现在培养出来的一些学生，唯一的目标就是毕业后要到美国去，不像你们出国了还想着回来报效国家，你们完全有条件可以不回来的。"我回答说："我是中国人，就要回来嘛！"他们又说："当时党的力量也就十来人，你们却团结了全校95%以上的同学。"我说这个问题提得非常好，假如用传统来讲的话，我觉得交大的传统就在这里，爱国主义思想的教育，教育学生为人民服务、为民族争光，随时不要忘记自己是中国人，就算加入外国国籍也不行，你还是一个中国人，就得爱国爱民，报效国家。

因此看来，现在不光要培养大学生的本领，还要进行政治思想教育。确实地，一个人无论有多大的本事，如果你的思想境界不行，不是为国为人民，也难以成大器的。一个人没有灵魂是不行的，一旦国家有事去当汉奸都是有可能。我们交大有位地下党员黄鹏九，现在的名字叫黄澎，曾经当过西南交通大学副校长。他退下来发挥余热，当学校的两课辅导员。他认为现在高校的政治思想教育有缺陷，学生只强调专业、分数。他就拼命地写东西，向校内外领导反映，希望引起重视加以改进。他现在病得很厉害，去年一年基本上住在医院里面。这位老同志在生命最后的一段，还想着大学生的思想政治教育和人才培养。

我觉得，解放战争时期包括抗战甚至之前的交大地下党，给了我们这一代人政治方向，教育我们爱国，永远不要忘记我们作为一名中国人，就是要让我们国家不受欺负，能够在世界上站得住脚。就是爱国爱民，爱国必须爱民，爱民必须爱国，这就是地下党教给我们的爱国思想，学校又教给我们立身本领，这两个方面一个也不能少，缺一不可，希望母校在这个传统上下功夫。

钱存学与母校采访人员合影（左起：盛懿、朱积川、钱存学、毛杏云、欧七斤）

周蔚芸

周蔚芸，女，1927 年 10 月生，江苏扬州人。1945 年 9 月考入交通大学工学院工业管理系，当时校址位于重庆九龙坡。次年 4 月，随交大师生复员上海。在校期间，与穆汉祥等人组织创办交大民众夜校，当选为学生自治会执委、女同学会会长。1948 年 4 月加入中国共产党，7 月撤退至解放区。1949 年春随解放军南下，参加扬州、上海的接管。新中国成立后长期从事共青团工作，历任共青团上海市委副秘书长、常委、青农部长等职务，后调任上海农业大学副校长，“文革”后在上海人民出版社任编辑，以后历任上海书画出版社社长、党委书记、总编辑，上海科学技术出版社副社长、党委副书记、副总编辑，上海市政府经济研究中心综合处处长等职。1985 年离休后受聘为上海市政府发展研究中心、上海市经济信息中心特约研究员。

采访中，周蔚芸讲述了个人成长及追求光明、选择革命道路的思想进步历程，深情回忆了与战友穆汉祥并肩工作、撤退时穆汉祥车站送别的感人故事，总结了交大爱国主义传统和求真务实精神对其一生的影响。

爱国主义传统和求真务实精神

口述：周蔚芸

采访：孙　萍、朱　恺

时间：2017 年 5 月 25 日

地点：上海周蔚芸寓所

记录：孙　萍

编者：孙　萍

入学重庆、复员上海

我的父亲周厚复是一位化学家，他在 1933 年至 1942 年担任浙江大学化学系教授、系主任。1937 年，日本发动全面侵华战争，9 月杭州告急，浙大开始西迁。父母亲带着我们四个小孩，随浙大师生队伍长途跋涉。当时，我二伯父周厚枢按教育部指令，收容沦陷区学生，在四川合川创办了国立第二中学，并担任二中校长。于是，我们投奔二伯父，翻山越岭，来到了嘉陵江畔的合川。父亲把我们送到合川后，就追随浙大的队伍到了贵州，在十分艰苦的条件下从事教学和科研。母亲带着我和弟妹们在合川乡间，艰难度日。我先是在合川瑞山小学读书，后来进了国立二中住校读书。高中毕业后，我于 1945 年夏离开合川，到沙坪坝参加大学的入学考试，分别被交通大学、同济大学录取。我选择进了重庆九龙坡的交通大学，读的是工学院工业管理系，是公费生，学费全免，供食宿。

交大风气艰苦朴素，学校管得很严。老师非常认真，对学生学习抓得很紧，考试非常多。交大这么严、这么认真啊！入校后我就有这种强烈的感觉。一年级下学期我们复员回上海，在上海的教学就不像在重庆时那么严格了，但老师讲授的知识面要广得多，结合讲课，介绍了很多国外新知识，而且很多老师都是用英文授课。

周厚复夫妇与儿女合影（左一为长女周蔚芸）

在我印象中，有一位老师可能是教统计学的，板书写得很整齐，讲得非常有条理。他给我们讲公式的原理，从实际生活中举例子作分析，把抽象的知识结合实际事例，讲得通俗易懂。我觉得他这种思维方法很好。经济学和统计学是我们工业管理系必修的课程，统计的方法很多，很有用处。微积分这门课，对我们影响也很大。我还很喜欢工程画图这门课，老师教得很好。指导我们实验的老师也非常认真，把我们做实验的一些细微差错都一一指出来，要求学生重新返工，绝不允许学生马马虎虎凑一个数据写上去。

在重庆入校后不久，我参加了进步社团今天社。今天社是重庆交大创办的第一个进步社团，由张攸民、李嗣尧等地下党员及进步学生发起组建。当时学校里有很多壁报。今天社的壁报《今天》以宣传抗日、民主、进步思想为主要内容，它的很多观点我都很欣赏，所以我经常去看。电信管理系一年级学生穆汉祥也常去看壁报，我就注意到有这么一个男同学跟我一样喜欢看今天社的壁报。因为穆汉祥过去在厂里做技术员的时候发生事故，脸烧

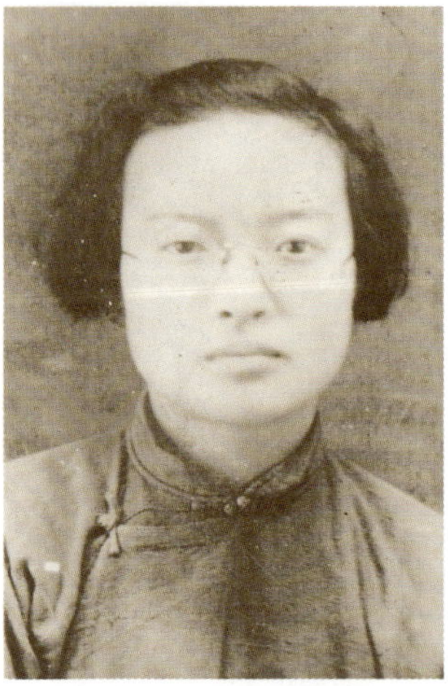
大学时代的周蔚芸

伤了，脸上、手上有很多伤疤。我就觉得这个同学很特别，但是我并不知道他是谁。后来今天社贴出了一个小布告，欢迎同学们入社。我就报名加入了今天社，参加社内组织的时事政治、哲学讨论会，阅读马列主义书籍和进步报刊。我认识穆汉祥后，也介绍他参加今天社，那是复员回上海以后的事情了。

1946 年 4 月，我随交大师生复员，乘坐大卡车走川陕公路，又挤在铁皮车厢内，经陇海、津浦铁路返回上海。大卡车没有棚，每一部车坐 40 人左右。我是工业管理系的车长，我们工管系和电信管理系一年级学生拼一部车，穆汉祥也在这车上。我们这辆车老是抛锚，驾驶员下去修车，穆汉祥动手能力很强，总是帮着修车、推车。有时我们会到沿途的老百姓家里，买点吃的东西。我和穆汉祥都喜欢跟老百姓聊天，贫苦农民向我们诉说恶霸地主、伪乡保长残害老百姓，以及国民党军队拉壮丁、征军粮的种种暴行，大家听了都义愤填膺。当我们车子到宝鸡以后就听到枪炮声了，内战的火药味越来越浓。一路上老百姓贫穷困苦的景象触目惊心，使我们接触到更多的社会现实，受到深刻的教育。我和穆汉祥很谈得来，慢慢地互相熟悉起来。

复员回上海后，一开始还没有上课，我和穆汉祥等几位同学一起去逛大上海。在南京路跳舞厅门口看到灯红酒绿，在先施公司看到卖的都是高档洋货，这跟复员路上所见所闻完全不一样，形成鲜明的对比。

创办交大民众夜校

那时候我们很穷的，没有钱买课本和计算尺。为了解决书籍文具费用和日常生活所需，我在校外兼职做过家庭教师、小学教师、专科学校教师等工作。1946年五六月间，我们刚刚参加了救灾反内战的学生运动，我又与穆汉祥、何孝俅等进步同学一道，开始创办交大民众夜校，吸收失学的工人、青少年入学。

当时，基督教青年会所属的学生救济会拨来一笔钱给交大，用半工半读的形式救济家境清寒的同学。校方决定创办一个自助食堂和一个洗衣作坊，办一所民众夜校，由家境清寒的同学担任教师，发给教书津贴。一天上午，学校的学生生活辅导组突然把我和土木系的何孝俅找去，把创办民众夜校的事交给我们负责。当我去找穆汉祥商量办夜校的具体工作时，他连声叫好。他说，他一直有个梦想，希望所有的穷苦工人和他们的子弟都能上学。现在自己动手来办夜校，附近失学的孩子们和没有钱读书的工人们都能有机会读书了，这太好了！

接着，穆汉祥、何孝俅和我一道为创办夜校而忙碌起来。学校拨给我们做教室的是校门外右首的几间破平房，我们自己动手，打扫整理、填平地面、擦洗门窗，把教室修缮得漂漂亮亮。许多家境清寒的进步同学和自愿来夜校工作的同学，如张培性、谌文聪、林雄超、刘秀英、归小芳等纷纷应邀来夜校教书，夜校的第一支教师队伍形成了。为了招生，我们手提糨糊桶，把"免费读书"的大幅广告从交大校门口一直贴到徐家汇。交大办民众夜校的消息一下子传开了，三天内就有一百多名失学青少年和在工厂工作的工人赶来报名入学。我们把学生按年龄和文化程度，分别编入成人班、儿童班的各个年级。我们还利用星期天和寒暑假，搜集资料，为夜校的各个班级编写了一整套实用的教材，从刻写钢板、油印到装订，都是自己动手。那时候，我们要读好自己的书，在学生运动中还担负一些工作，在半工半读、夜校教书之余，还要编写夜校教材，确实是比较辛苦的。穆汉祥总是任劳任怨带头干，并且用鲁迅先生的话"吃进去的是草，挤出来的是牛奶"来鼓励大家，更好地为夜校学生服务。

夜校刚开学不久，教会提出要开设圣经课，教唱赞美诗。穆汉祥把这个问题交给夜校的教师和学生一起讨论，大家纷纷表示"我们上夜校是来读书

1945级电信管理系学生、交大民众夜校主要创办人穆汉祥

的，不是来做礼拜的。谁想要传教，请他到教堂去讲吧”。就这样，圣经课最终没有开成。夜校初创时，教学内容以文化课为主。学生读书的情绪很高，特别是成人班的工人饱尝读不起书、不识字的种种痛苦，读起书来特别用功，使我们教书的同学很受感动。不久，在穆汉祥倡议下，夜校开设了常识课，内容除了自然科学方面的基础知识外，大部分是时事政治讨论。我们从《群众》《时代日报》《文萃》等进步报纸上找来材料，在课堂上一起讨论。很多学生联系自己的亲身经历和工厂里的实际，越讨论越热烈，有时到了深夜，课堂上仍然谈兴正浓没有散。通过这类讨论，我们做教师的从学生那儿学到的东西，其实比教给学生的要多得多。我们从夜校工作中真正体会到了知识分子必须与工农相结合的道理。后来，夜校还组织唱革命歌曲，演革命戏剧，阅读《钢铁是怎样炼成的》等进步书籍，看《列宁在一九一八》等进步电影，参加交大学生运动的一些活动和聚会，办起了《民众报》……

夜校从创办时起，名义上我和何孝俅是教务主任，但应该说穆汉祥才是真正的教务主任。夜校从创建到发展，每一步都倾注了他的心血。每天，他最早一个到夜校，又最后一个离开，天晴下雨，几乎从不间断。到了1946年10月，我一度离开交大，教务主任的工作正式由穆汉祥担任。等到1947年11月我重返交大，再次回到夜校工作时，发现夜校在穆汉祥和师生们的共同努力下，已经有了很大的发展和进步。

科学救国？革命救国？

我父亲周厚复是一位富有才华而正直的知识分子。很早父亲就给我和弟妹们讲《礼记·大同篇》，教我们跟着他吟唱“大道之行也，天下为公”。他给我们讲岳飞的故事，领着我们唱岳飞的《满江红》。父亲还给我们讲牛顿、富兰克林、爱迪生等科学家的故事，不止一次对我们谈到居里夫人的故事，他鼓励我和妹妹要以居里夫人为榜样，他说“化学和物理学是分不开的，你们长大了读物理学更好”。父亲常流露出对国民党政府官员的不屑，他认为：这些官员都是政客，国家败在他们手里，国家应该由科学家来管理，人类进步、国家兴盛，都要靠科学。受父亲早年教育的影响，我对“天下为公”，“世界大同”的理想社会非常向往，这使得我很容易就接受革命思想影响，参加革命活动。同时，我非常崇拜居里夫人，始终没有放弃对物理这门学科的爱好，并且把科学救国作为自己的志向。1946 年暑假，我和妹妹周绮芸一起投考清华大学物理系，被录取为公费生。

就在我转学清华大学前夕，穆汉祥已经和我谈到共产党了。他在斗争实践中迫切地寻找革命真理，如饥似渴地阅读介绍马克思主义和论述中国革命的进步书刊，积极参加地下党通过进步社团组织的政治性集会，他清楚地认识到：只有跟着共产党，进行新民主主义革命，打倒三大敌人，走社会主义道路，才能救中国。他坚定地表示一定要找到工人阶级的先锋队——中国共产党，但是他还没有找到。这时候我和他就有分歧了。我一心想学居里夫人，要科学救国。我表示我很佩服共产党员，但我认为无党无派也可以革命。

1946 年 10 月，我离开交大，暂别一起战斗的战友，来到了清华大学。在清华，我和绮芸妹勤奋学习，生活艰苦，并尽量争取勤工俭学的机会。我们都是爱国的热血青年，先后参加了清华地下党的外围组织民主青年同盟（简称民青）。1946 年冬，北平发生美军士兵强奸北京大学女生沈崇的事件，我们参加了抗议美军暴行的斗争。1947 年 5 月，清华、北大和全国大中学校学生展开“反饥饿、反内战”运动，我们也都参加了宣传队和大游行。

但是，父亲的不幸遭遇使我的思想出现了极大的转变。父亲一心科学救国、教育救国，他把自己的大半生都奉献给祖国的科学和教育事业，培养出大批优秀化学人才，包括优秀的军事化学人才。在抗日战乱环境下，他借助简陋的实验设备，进行了多项科学研究，发表了多篇高水准的论文，被誉为中国的物理有机化学家。1943年，父亲应邀去英国从事科学研究工作，并受教育部委托带一批研究生去英国进修。就在他投入紧张工作之时，发现自己辛勤研究的重要学术成果被人剽窃，公然冒名发表在著名的学术刊物上。他去找英国皇家学会交涉，遭到冷遇，又找国民政府驻英大使馆求助，也遭到搪塞推托。父亲接连遭受挫折和打击，身心遭遇重创，罹患精神疾病。1945年羸弱的父亲被好心的学生送回国内后，失去了工作，陷入贫病交加的困境。1947年6月，父亲病情严重，我和继母强行把他送进南京的中央医院精神病房治疗。看到父亲神情呆滞、目光茫然，我感到锥心的痛：为什么我从小敬仰的父亲会落到这样的下场？为什么一个为国家做过许多重要贡献的科学家会被彻底的遗忘？父亲的悲惨下场使我深刻地意识到：在黑暗的旧中国，学习居里夫人，像父亲那样科学救国，这条路走不通。这时我相信：只有跟着中国共产党，推翻反动统治，才能救中国。于是我决定放弃攻读物理科学的初衷，在1947年11月回到交大复读。

周蔚芸与母校采访人员合影（左起：朱恺、周蔚芸、孙萍）

当我回到交大时，穆汉祥已经是中共党员了。他再跟我谈入党的事，我马上就接受了。这时我的想法是先要投身革命，推翻反动统治，等革命成功了再搞科学。1948 年 4 月，我写了一份入党申请书交给穆汉祥。不久，他告诉我党组织已同意发展我入党，并对我说：某一天晚上在工程馆的第几教室，有一个人手上拿了一份报纸，卷起来的报纸用绳子扎着，你去找他。你第一句话要问什么，他回答什么话，然后你再讲什么，两人暗语应答对了，他就是你的领导。当晚来接头的是总支书记庄绪良，我们接上了头，他带我进行秘密宣誓，大体内容是决心为共产主义理想和人民解放事业勇敢奋斗，奉献个人的一切，不惜牺牲生命。那时，我先后当选女同学会会长、学生自治会执委。因为穆汉祥对我的教育和引导，我在学生自治会里是较先入党的，比吴振东、李君亮等要早些。学生自治会里成立了一个党组，党组组长由总支书记庄绪良亲自担任。以后我介绍了多位优秀同志入党，并在学生自治会任职。

秘密撤退至解放区

1948 年春，我积极投身到反对美国扶植日本军国主义（简称“反美扶日”）等学生运动中。当时，学委由上海学联出面，在交大举行了一系列大规模的政治性集会，组织全市学生参加。如 5 月 3 日，在交大体育馆举行纪念“五四”文艺晚会；5 月 4 日，举行盛大的“五四”营火晚会；5 月 10 日，上海学联在交大体育馆集会，欢迎国际学联秘书布立克曼女士；5 月 22 日，上海学联在交大民主广场召开了 100 多所大中学校、15 000 多人参加的纪念“五二〇”一周年、庆祝上海学联成立一周年大会。交大成为上海反美扶日运动的主战场和“民主堡垒”。我们学生自治会成员各有分工，各忙各自分管的一摊子事。我笔头稍微快一点，就分工做秘书，负责所有的文字工作，“五四”营火晚会宣言等都由我起草撰写的。

6 月，上海市市长吴国桢把矛头指向交大，扬言要对交大学生进行神经战。他致函校方提出七点质询，提出“何人向系科代表大会要求行动？何人主张罢课游行？”等等。几日后，吴国桢不满交大复函，又抛出八点再质询，提出“‘五四’营火晚会何人召集？反美扶日抢救民族危机联合会何人主持？”等等，并威胁说要“以妨害治安论，由警局传讯交大学生自治会及系科代表大会负责学生，依法惩处”。学生自治会根据党总支的指示，先后发表五封公开信，针对吴国桢的七质八询提出反质询，重申爱国立场，严责吴国桢：“我们爱国犯了哪一条法律？违了哪一条校规？如问反美扶日运动是谁操纵？那就是四万万五千万爱国同胞的良心操纵。反问吴国桢：不许学生爱国，不许学生反美扶日，是谁操纵？”给吴国桢的这五封公开信也都是我起草的，我根据学生自治会集体讨论的意见执笔写好后，再请大家看看有什么需要改的，然后修改定稿。6 月 26 日，交大学生自治会根据上级党组织指示，发动各界人士举行公断会，彻底粉碎了吴国桢对交大的神经战，取得了政治上的重大胜利。

公断会后，总支书记庄绪良告诉我们，组织上已设法从国民党内部拿到了特种军事刑事法庭拘捕黑名单，我和学生自治会其他成员等一批学生都在黑名单上，所以将要安排我们离校撤退至解放区。我一听到要撤退的消息，就去找穆汉祥。那时候穆汉祥大部分时间在夜校工作，此外他有很多班级上的事情，还要绘制《向炮口要饭吃》《民主堡垒》等宣传画，所以他也忙得很，有时候我们半夜才能约着见一次面。那一次我告诉穆汉祥，组织上安排我撤退，我希望他最好能够和我们一道走，我说你最喜欢唱“解放区的天是明朗的天”，到解放区去干革命不是你最迫切的愿望吗？他却强调说你们这么多人走了，留下来的工作需要有人来负责。我说：“你在同济事件中为保护女同学，被军警马刀砍伤，已经暴露了。”我很担心他的安全，他却安慰我说“我们会用巧妙的方法对付敌人”，要我不必为他担心。他对我一再说，鲁迅先生说过“让我肩负起黑暗的大闸门，让受难的人们通过大闸门走向光明的前方”。他用坚定的语气反复对我说：“我愿化为泥土，让人们践踏着走向光明的前方！”直到上海解放后我才得知，当时党组织已经通知他和我们一起撤退，他却没有告诉我。是他自己经过党组织同意，毅然选择留下来。就在我走了之后，他又送了好几批同志其中包括夜校的师生，安全转移到解放区去，他自己却仍坚持留下来，继续在非常艰苦危险的环境中日日夜夜辛勤工作。他把生的希望送给了别人，却用自己的鲜血和年轻的生命实践着庄严的誓言。

当年我离校的时候，有些女同学帮我化装成一名穿着工装服的男孩子，由一名男同学骑车把我从学校的后门送出去。那时候大门口都是特务，只好从后门出去。组织上事先安排好了，让我住到周桂香的家里，对她爸爸妈妈讲我是外地来考大学的。穆汉祥曾经到周桂香家里来看我，通知我哪一天去火车站，由一名叫许铭的交通员带着我撤退。事先约好在火车站什么地方碰面，许铭穿着什么衣服，戴了什么帽子，手上还拿着一份报纸。穆汉祥还给了我离沪的火车票。到了撤退的这一天，我化了妆，离开周桂香的家到火车站，在月台上联系到许铭。许铭是这位交通员的化名，他的真名我并不清楚。同行的还有一个姓张的国民党起义空军，许铭带着我们两人一起去乘火车。当天，穆汉祥到火车站来送我，我老远看到他，但是我们装作互相不认识，没有打招呼，他目送着我们火车开走。这是我们最后见的一面。

我们离开上海后到了扬州，由另外一名交通员带着我们到了解放区。交大撤退的同志先在江淮区党委汇合，住在区党委招待所里，我是第一批到的，吴振东、李君亮他们是后面到的。江淮区党委书记曹荻秋原本想把交大同志留在江淮工作，但组织上不同意，后来我们一起进了华中党校，编进交大这一组，组长是杨波。杨波原名朱爱菊，是俞宗瑞的爱人。他俩都是交大地下党员，俞宗瑞担任国立大学区委委员兼交大总支书记，后来不再担任总支书记，但仍负责联系交大，交大总支书记由庄绪良担任。朱爱菊做过交大总支委员，到华东党校后改名叫杨波。后来杨波有调动，由我接任党校交大组的组长。

1949 年 1 月，扬州解放。因为我是扬州人，就把我抽调出来参加接管扬州，于是我离开了华中党校，跟着解放军进了扬州。刚开始我在军管会民营工作组工作，到民营企业去宣传党的工商业政策，发动工人保护企业。大概一两个月后，要筹建扬州市青委（团市委的前身），就把我调去做市青委委员。二分区要成立学生联合会，我又兼了二分区学委委员。这个时候，我参加了扬州市建立青年团的整个筹备工作。临近上海解放时，又把我从扬州抽调出来，准备参加上海的接管工作。陈毅同志把参加上海接管工作的同志集中到丹阳，进行学习。我就到了丹阳，加入上海军管会的队伍。1949 年 5 月，我随解放军回到上海后，在上海市军管会的中教室工作，作为接管联络员，负责接管务本女中、敬业中学、上海中学等。

我获悉穆汉祥同志牺牲的消息，是在从丹阳到上海的火车上。途中火车停下来，我们买到了一份 1949 年 5 月 31 日发行的《解放日报》，报上刊登了这样一则消息：虹桥路荒地发现大量尸体，已认出内有交大学生……后来我才知晓：4 月 30 日，穆汉祥不幸在虹桥路上被交大特务学生龚瑞町上而被捕。面对敌人的严刑逼供，他宁死不屈，不但义正严辞地痛斥敌人，还对

1979 年 5 月 30 日，穆汉祥父亲和两个妹妹来校参加穆汉祥、史霄雯烈士殉难 30 周年纪念活动（左三为周蔚芸）

看守人员晓以大义，做教育争取工作。5月20日，在人民解放军解放上海的隆隆炮声中，穆汉祥和史霄雯两名交大学生被押至闸北宋公园（今闸北公园）秘密杀害。临难前，两人高呼“中国共产党万岁！”“中国人民解放军万岁！”6月5日，交大师生从上海殡仪馆迎回两位烈士的灵柩，安葬在徐汇校园内。我心情万分沉痛地参加了追悼会，并在会上发言。

敬爱的汉祥啊，我们永远永远怀念你！

2004年5月19日，地下党老同志纪念史穆烈士牺牲55周年祭扫活动（前排左三为周蔚芸）

培养又红又专的行业标兵

新中国成立后，我一直在上海工作。我参加上海市军管会中教室的接管工作后不久，上海团市委成立了，就把我调去做青年工作。原本我想要归队，我说我是学理工的，也喜欢搞理工，但那时候批判白专道路，不同意我归队。结果我一直做上海青年团的工作，干了17年。从区团委书记开始，先是做浦东区团委书记，后来浦东分成几个区，我做了洋泾区团委书记，以后调任江宁区团委书记、老闸区团委书记。后来调到团市委工作，一开始做副秘书长兼办公室主任，公私合营时期在团市委青工部工作，管工业这一摊。我一直是团市委常委，还当过一届团中央候补委员。

1957年11月，知识青年要和工农相结合，全市动员安排知识青年上山下乡。我作为带队的下放干部，带了一批知识青年到上海西郊区华村乡的农民家去插队落户，下田劳动。那个时候开河，要把河里面的水都抽光，把河泥从底下一担一担挑起来。我带头挑着担子下去，然后一步步走上来把河泥倒掉，再下去挑。一个上午干下来，我已经走不动了，肩膀红肿，也不想吃饭。我从来没有干过这样重的体力活！当时我刚生完女儿6个月，这完全是考验啊！但是下午还要继续去挑。除了挑河泥，到冬天拔棉花秆，我们不像农民那样手上老茧多，手掌都拔得起泡了。经过一段时间的锻炼，我们对农民的了解进一步加深了。1958年开展公社化运动，9月上海第一个人民公社——七一人民公社成立，需要成立一个班子，就把我抽调去当七一人民公社党委副书记兼团委书记。以后我被任命为团市委青农部长，一直管农村团的工作。

交大对我的培养，对于我做青年团的工作有很多帮助。交大教育青年人不但要有爱国的理想，而且要有真才实学。所以我做青年团的工作，就很重视青年人的全面成长。当时知识青年上山下乡，我们除了重视思想政治教育，教育青年要爱国、有理想，在政治上追求进步，还鼓励青年要有真才实学，做一行钻一行，在生产实践中运用科学实验的方法。那时候，我们在农村搞了很多活动，树立了很多标兵。我们召开全上海地区的县团委书记会议、公社团委书记会议，都要讨论这个问题，即如何培养又红又专的农村青年。有一位叫浦锦文的高中毕业生，下乡插队劳动，在宝山种田时进行各种对比试验，钻研蔬菜怎么嫁接，如何培育良

参加工作后的周蔚芸

种。我们发现了这位科学种田的标兵，马上总结推广他的经验。我们还树立了陈胜龙科学养猪的典型。他怎么用科学的方法来养猪，猪长得好，猪肉质量也好。陈胜龙养猪在上海郊区很有名的。我们在浦东高桥又发现了一位“鸭司令”胡秀英。她养鸭跟人家不同，小鸭子孵化后能听她哨音指挥，她吹哨子走到哪，一群鸭子就跟着她跑到哪。她研究科学养鸭，什么时候把鸭子放到水里游，什么时候喂饲料，饲料怎么配。“鸭司令”胡秀英这一典型影响很大。另外我们又培养了一位棉花姑娘，叫朱玉琪。她种的棉花产量高，质量好。后来她成为全国的标兵，参加全国棉花会议，还在会上作了发言。

有一段时期我分管过店员工作，我们开展一个什么运动？商品小专家运动。我们号召青年店员要钻研自己销售的商品，了解商品的产地、性能、使用方法、维修知识等各类信息。本来很多青年店员不安心工作，觉得当店员就是卖东西，没什么意思。开展商品小专家活动以后，很多青年人热情高涨，工作投入，觉得自己可以成为小专家。

交大历来具有求真务实、讲究实际、从实际出发的传统，这对我的教育和影响很大。1958 年开展人民公社化运动，一大二公，刮共产风，把农具、耕牛等集中起来统一使用。到运动后期，我在农村从事青年工作时，到很多生产队去，发现当地的不少农船没人管，船在河面上胡乱漂着，有的船连一根缆绳都没有，有的桨也断了。田野里散养着的耕牛也没人管，变成野牛了，到处乱跑。我在农村劳动过，知道春耕生产时农船运输很重要，耕牛犁田也很重要。为此我专门对这个问题做了调查，发现原本农船归某个生产队的，耕牛也一家一户养在牛棚里。人民公社成立后，农船等大型农具不再固定到某个生产队或者生产组，而是集中起来，各大队都可以调拨使用，等用完后就任意摆放在那里，这样一来就变成没人管了。当时党中央下达了有关人民公社的一系列政策，但政策并未真正落实，有的也还不够完善。于是我写了一份专题调查报告，反映耕牛、农船、大型农具等无人管理的严重现象，分析造成的原因，提出关于进一步落实“公社、大队、生产队三级所有，队为基础”“生产组四个固定”等党的政策的建议，指出大型农具、农船、耕牛等都应该有固定的人管理，以利于农业生产。上海团市委将这份工作报告发到上海各个区团委，同时上报给团中央，团中央书记胡耀邦看后觉得很好，批示转发给各省团组织，表示赞扬，并指出我们青年团作为党的助手，不仅要做好青年人的教育工作，还应该关心党的政策落实情况。我这份报告中谈到的农船、耕牛等问题，团支部书记一般是不会和我们谈的，因为这似乎和青年团没有关系。我是受交大求真务实精神的教育影响，不论从事什么工作，都要从国家人民的利益出发，重视深入实际，调查研究，发现问题，认真探求切实解决问题的办法，为国家多作贡献。

以宏观思维解决实际问题

“文革”中，我受到了冲击，关过牛棚，下放五四农场干校劳动，还插队农村，到第七皮鞋厂做工。直至1975年下放劳动结束，我被调到上海人民出版社当编辑。不久又把我调到上海书画出版社当社长、党委书记、总编辑。我去了以后主持恢复了“朵云轩”品牌，恢复了收购鉴定旧书画的业务，组织画家办画展。但是我觉得自己并不精通书画，仍希望搞理工。于是我主动请求调到上海科学技术出版社工作，担任了该社副社长、党委副书记、副总编辑，分管农业科学技术类、医药卫生类书籍，以及《大众医学》《医学百科全书》等出版工作。几年后，上海市政府成立经济研究中心（后更名为发展研究中心），就把我调去搞经济研究。1985年以享受局级待遇离休后，我又被上海市政府发展研究中心、上海市经济信息中心聘请为特约研究员。

当特约研究员的时候，我去外贸公司和码头上深入调查化工原材料进出口情况，结果发现：码头这边进口把苯运进来，那边出口把苯运出去。我觉得很奇怪，苯是很重要的化工原料，为什么同样的东西，我们一边进口一边出口？进一步调查后发现，这涉及计划经济的体制问题。这家公司负责进口业务，那家公司负责出口业务，两者都要完成各自的进出口考核任务，所以出现了同一种化工原材料这边进口、那边出口的奇怪现象。我感到这很不合理，我国外汇很紧张，这不是乱弹琴吗?！于是，我专门写了一份调查报告，朱镕基市长很重视，立马批转市计委，要求深入调查研究，认真举一反三，切实解决这方面的问题，并发给我一笔奖金予以表扬。我为什么会深入实际开展调查研究呢？这与交大求真务实传统对我的影响有关。当然，我也可以用另一种方式开展工作——到这两家公司请他们谈谈进出口业务，然后根据这两家公司完成进出口任务的情况写一篇报告，这同样能完成经济信息中心的调查任务。但是，这样只做表面文章的工作方式不能够发现和解决任何问题。

还有一个例子，当时我们大量进口某种化工原材料，但我又听说这种化工原材料金山石化是可以生产的，那么为什么还要进口而不用国内自己生产的原材料呢？金山石化反映他们的设备有欠缺，需要用外汇购买新设备，才能增加产量、提高质量，满足国内的需求，但问题是金山石化自己缺少外汇，因此无法更新设备，表面上看这问题似乎解决不了。其实另外一家外贸公司有的是外汇，它正使用这些外汇来进口这同一种化工原料，供应国内生产所需。很明显，如果采取一种措施，把这家公司用于进口的外汇转过来提供给金山石化更新设备，这种化工原料就可以由金山石化在国内大量生产，不但使国内需求得到充分满足，完全不必再进口，而且金山石化提高产量后还可以进一步用于出口，这就实现了进口替代。市计委的一位同志也发现了这个问题，我们两人一起做调查，写成调查报告递交给朱镕基市长。朱市长非常重视，又把这报告批转了，要求市计委举一反三地去调查和解决类似的一些问题。

我觉得交大对我的培养，对于我从事各方面的工作都有帮助。我在工作中坚持一切从实际出发，去发现问题、解决问题，就是受了交大求真务实精神的熏陶和影响。我认为，交大培养人才，还应该培养具有宏观思维的人才。因为像中国这样一个巨大经济体，从计划经济向市场经济转变的过程中，有很多问题需要从宏观角度来思考解决。但这些问题又不是抽象的，而是落实在微观的具体问题上的。比如说我发现码头上一边进口一边出口，

2004年5月20日，周蔚芸(前排右二)回母校出席《风雨迎春雷》《“四二六”斗争纪实》首发式

这是微观的具体问题，但它反映了宏观的体制问题。所以交大学生要有意识地培养宏观思维。特别现在我们讲一带一路、人类命运共同体，我们更要有全球思维。既要从实际出发，又要有宏观思维，两者结合起来，从全局的角度考虑问题。

邢幼青

邢幼青，1926 年生，浙江嵊县人。1946 年考入交通大学工学院航空工程系，一年后转入管理学院运输管理系。1945 年 1 月加入中国共产党，是交大新民主主义青年联合会核心领导成员。1948 年撤退至华中解放区，进入华中党校学习，后赴江淮地区参与组建华东大学皖北分校。新中国成立后，曾任国家体改委工业局局长，研究员。1990 年离休。

访谈中邢幼青讲述了自己在接受学校和家庭教育、阅读进步书籍以及在先进共产党人的感召下成长为一名共产党员的历程。他三次被捕二次入狱，在狱中坚持斗争，用一个共产党员的革命行动实践了他所创作歌曲《坐牢算什么》中的豪迈誓言。

坐牢算什么

口述：邢幼青

采访：漆姚敏、朱　恺、程凯莉、杨　捷

时间：2011 年 7 月 13 日

地点：北京邢幼青寓所

记录：杨　捷、朱　恺

编者：漆姚敏

教育与成长

我很早就参加了革命工作，回顾我的成长，第一是受社会、学校和家庭教育的影响，第二是受进步书籍的影响，第三是受到党的形象和无数党员，特别是先烈们和党的领袖人物的人格魅力的感染和吸引。

先说社会现实的教育。我小的时候，正是日本侵略中国的时候。我父亲邢传新在哈尔滨东北造船所工作，他学的是机械，是工程技术人员。1931 年“九一八事变”，日本人侵占了沈阳，又很快侵占了东三省，我们全家逃难回到关内。此后父亲在青岛自来水厂工作，1937 年“七七事变”后，青岛的日本势力很大，形势紧张，父亲又带我们逃难。从小就经历逃难，在我心里造成了很大的影响，体验到国家弱小人民没有安全可言。我还有一个表弟被日本兵活活踢死。在上海苏州河的一座桥上，一个日本军官坐黄包车过桥，叫我表弟推车，我表弟不干，穿着大皮靴的日本军官下车就踢表弟的肚子。回家后，表弟很快就死了。另外，我外祖父家也是被日军飞机炸毁的。所以，我自然而然憎恨日本帝国主义。

然后是学校教育。当时的小学里都有爱国主义教育，体操课学习砍大刀，砍到鬼子头上。老师们给我们订画报，上面讲日本人是怎么侵略中国的。我在进交大之前，1945 年 1 月份就加入了中国共产党。那时候看到国民党腐败，军队无能，兵败如山倒，反共很积极，搞内战很积极，一直搞摩擦，对国民党逐步失去信心。而新四军跟老百姓关系很好，受到老百姓的赞扬，我身边很多人参加新四军。我那时候虽小，刚上高中，也受很大影响，所以在家乡浙江嵊县就入了党。当然，对我最有影响的教育是在交大，我革命人生观的树立和巩固是在交大，那时候学校里革命热情很高，对我影响很大。我三次被捕，两次坐牢，通过火热的斗争，更加坚定要跟着党干革命。

再说家庭教育对我的影响。我父亲邢传新是很正直、很爱国，也特别乐于助人的一个人。在青岛的时候，因为很危险，他先把我们送回老家，自己还在青岛留了一段时间。青岛市政府提出要炸毁自来水厂抗战，这也是积极的想法，让日本人没有水，以前德国人打苏联，苏联也搞过这种坚壁清野的政策。我父亲是自来水厂工程师，他自告奋勇请求参与破坏日本人在青岛的资产。当时自来水厂厂长威胁我父亲说，你把自来水厂保留下来，以后让你当厂长。如果你破坏了自来水厂或者是其他资产，你以后会有危险。这厂长还雇自来水厂的工人杀我父亲。我父亲跟工人关系特别好，谁家有困难了，他就出钱帮助，谁家有人病了，他就去送东西，所以工人得知消息后就告诉他：邢先生，你赶紧走，你在这里很危险。但我父亲说一定要把日本人的资产破坏掉，他冒着危险，说服了工人，最终炸毁了自来水厂的部分资产。我父亲在那个时候算是比较有钱的人，

邢幼青的父亲邢传新

回到老家后，他拿出积蓄，本来想组织游击队抗日，后来看见失学的孩子很多，他就自己办学。贫困学生很多，他就免学费，还管吃饭。因为规模、教室、操场什么的还达不到正规学校要求，还只是补习学校，学生需要到嵊县中学参加期考，才能被正式认可学历，就这样办了两年。有一年发大水，父亲带着学生乘着竹筏去赶考，路上水很急，竹筏触礁，师生落水，父亲救起几个学生后溺水而亡。他本身水性很好的，游松花江都没问题。后来，嵊县政府为他开了很隆重的追悼会。我父亲乐于助人，舍己救人。我在这样的家庭中长大，自然的就有了爱国、正义这些品质。

第二个呢，就是进步书籍对我的影响。我父亲给我买了好多进步书籍，鲁迅、郭沫若、巴金，还有苏联高尔基、奥斯特洛夫斯基，他们的书我都看过。艾思奇的《大众哲学》对我影响很大，它是讲辩证法唯物主义的，讲万物都在不断变化。举一个例子，比如说日本打中国，日强我弱，但是这形势是不断变化的，日军越战兵力越分散，我们可以发挥我们的有利条件，慢慢一小股一小股吃掉他们。总体上是敌强我弱，但是在局部可以做到我强敌弱，所以我们最终可以打败他。我相信这是对的，但是也想，什么都是变动的，桌子怎么老不变呢，桌子今天是这样的，过 3 年、4 年、10 年还是这样的。所以就想这到底对不对，思考了很长时间，知识学了以后就想要思考了。最后我想清楚了，两百年以后它不是就腐烂了吗，这不是有一个渐变的过程么。慢慢地，通过阅读这些进步书籍，我接受了辩证唯物主义，信服了马列主义。

第三个是受到党的形象和无数党员，特别是先烈们和党的领袖人物的人格魅力的感染和吸引。那个时候我们浙东有个“浙东纵队”，是共产党新四军，很多人投奔到这里来。这些人参加新四军是为了抗日，哪个人会为了追逐名利去呢？为了做官会到那里去吗？没有！是因为看到这个军队品质高尚才加入进去的。另外，叶挺“皖南事变”被抓住后写了一首诗《从狗洞里爬出》，你看这个气节，不屈不挠，宁死不屈；还有军爱民、民爱军，这样的事迹很多，很有感召力。我被这些人和故事强烈地感染了，被吸引着跟着党走。

所以说，社会、学校和家庭的教育，进步书籍的影响，党的形象和党员的人格魅力，引导我走上了革命的道路。

义无反顾干革命

我高中念的是宁波中学，是抗战宁波沦陷搬到嵊县来的。后来嵊县也沦陷了，学校就搬到大山深沟里的磐安县，我就在磐安县念的书毕的业。我毕业是 1945 年初，是寒假，那时候我已经是党员了。1945 年 10 月，正好国共“双十谈判”，我们主动放弃南方的九块根据地，往北撤。浙东一些新四军都往北撤，地下党员也很多都往北撤，留下很少数的坚持做地下工作。我回到嵊县，见到我的入党介绍人。他说你去考大学吧，我说我去上海考大学，他说行啊。他就给我开了一个条，告诉我四川北路有一个店，我去讲个什么暗号，把条给谁。后来，我到了上海，就去找这个店，去了就把条交老板。老板拉了个小门帘，接过小条，我估计这就是“转关系”，但是具体是怎么转，我不知道。

大学时代的邢幼青

我高中的时候成绩非常好，在学校常常名列前茅。我考大学时，交通大学的航空、电机牌子很响，算是最好的专业，我就考进交大航空系了。但是，当时政治斗争很激烈，我是党员，热心国家大事，积极参加学生运动，极大地影响了功课。国民党把一批学生叫做“职业学生”，说他们打着学生名义搞运动，实际不学习。我当时算得上是一个真正的“职业学生”，主要精力就是组织学生运动。一年级还可以，还上点课，还勉勉强强及格，再往下走就不及格了，后来我就转到运输系，因为运输管理比较好学。

曾经有种提法叫“学习不忘救国，救国不忘学习”，希望救国不会影响到学习。但是救国怎么可能不影响学习？交大的考试要求那么高，你要是有一半的时间不上课，考试不可能考得好的。革命确实影响到学习。我就说一个金凤，就是《人民日报》一个很有名的记者，她跟我一起考入交大的。她学的是工业管理，她一年级就不行了，不及格。没办法，只好转学去了清华。我转到运输系，大概也只是上了一些课，完完全全靠吃老本，勉勉强强及格。当然，参加学生运动的也有成绩拔尖的同学，我们很佩服一个叫周寿昌的同学，他真了不得，他学的是化学系，但他考试的物理成绩比学物理的还高。学生自治会的一些党员成绩也非常好，在那里做学生工作需要群众基础，成绩好才有号召力。

为干革命而学习受到影响，我是义无反顾的，心里没有矛盾。因为不把这个腐朽政权推翻，在当时根本是不可能好好学习的。为什么呢？就比如我们交大有一个“护校运动”，那是 1947 年 5 月初，国民党不给我们学校办学经费，而且要把轮机系、航海系砍掉。我们不起来抗争，哪里还有书读！国内也没有安宁的读书环境，到处都在打仗，还怎么读书！所以说，我是义无反顾、全心全意地要干革命。

三次被捕两次坐牢

解放战争期间，我作为交通大学的学生，在中共地下党的领导下，积极投身进步学生运动。1947—1948 年，我曾先后被国民党反动派逮捕过 3 次，其中两次坐牢。我用自己的行动实践了曾在牢中高歌的“坐牢算什么，我们不害怕，放出来，还要干！”的庄严誓言。

我第一次被捕是在 1947 年，南京“五二〇”惨案前夕。那时，在交大学生自治会的号召下，进步学生纷纷组织宣传小队奔赴街头或其他学校宣传“反饥饿、反内战”，我也是参加、组织宣传小队的积极分子。一天，我同几位同学外出由近及远到各个学校进行宣传，一开始比较顺利，到普陀区的一所中学时，异常情况出现了，我们一进这所中学的校门，校门就关上了，随即有人跑进传达室去打电话。我们预感到事情不妙，但是毫不退缩。我们走进一间教室，老师正在上课，我们向他说明身份和来意，并请他给我们一点时间宣传。老师予以首肯，同学也都聚精会神地注视着我们。我像在其他学校里一样，亮开嗓子进行宣传，宣传小队成员也都站在我的身旁为我助阵。不多时，那个跑去传达室打电话的人带着一群警察冲进教室。警察们把我们带出校门，押进警车，开到普陀警察分局。警官逐个盘问并登记我们的姓名、年龄以及所在学校，责问我们为什么要跑到别人学校来宣传，破坏学校的教学。最后把我们训斥了一顿，说什么今后不要再受共产党的欺骗利用，不要再外出闹事，学生就要埋头读书。然后，一挥手说"走吧"，把我们放走了。

我第二次被捕，是在第一次被捕后不几天的 1947 年 5 月 25 日。这时，南京刚发生过"五二〇"惨案，国民政府血腥镇压了游行请愿学生，上海也被浓重的白色恐怖气氛所笼罩，"反饥饿、反内战"宣传明显减少。5 月 25 日上午，我们 20 多位同学（其中绝大多数是"知行社"社员）不约而同地在学校上院门前聚合，大家决心去外滩宣传，随即组织了后来被同学们所称的第一宣传小队。来到外滩和平女神像下，宣传小队立即开展工作，大家齐声高唱"反内战"歌曲，吸引了不少群众，接着就有同学用洪亮的声音作"反饥饿、反内战"的宣传。正当宣传工作进入高潮时，警车飞驰而来，一队警察冲进人群，把宣传小队全部押上警车，送进黄浦警察分局，很快又解送到四川北路警备司令部拘留所。

我们进到牢房，看到同济、复旦、新建等大中学的一些同学已被关押在这里，顿时，一股志同道合、命运与共所激起的热血激情涌向心头，大家情不自禁地高声互报校名，热情致意。随后，交大第二宣传小队的同学也被关了进来。入夜后，各牢房的同学们依然精神振奋，大家一遍又一遍地高唱《反对内战》《团结就是力量》《五月的鲜花》《同志们向太阳，向自由》《跌倒算什么》等歌曲。革命的歌声在牢房里回荡，革命的烈火在胸膛中燃烧，革命的意志被锤炼得更加坚强。在这种气氛感染下，我和其他同学一起把大家熟悉的作曲家舒模所写词谱曲的《跌倒算什么》重新填词改为《坐牢算什么》。大家唱道"坐牢算什么，我们不害怕，放出来，还要干！生，要站着生、站着

1947 年反内战被捕同学留影(后排右一为邢幼青)

生;死,要站着死、站着死。反内战,要和平,为民主,坐牢是常事情、常事情。坐牢算什么,我们不害怕,放出来,还要干!”由于大家对原曲都非常熟悉,新歌词又符合当时的心境,大家一哼就会了,《坐牢算什么》的歌声很快就在各牢房中传唱开来。

深夜,国民党管辖下的上海市党部书记长方治亲临拘留所,隔着牢房的栏栅门对我们说:“你们年纪轻轻,要安心读书,不要外出闹事,内战是共产党挑起来的,你们不要受共产党蒙蔽利用。”我们针锋相对地反驳说:“国民党打内战,大量削减教育经费,学生吃不饱饭,怎能安心读书?”“抗战刚刚胜利不久,人民好不容易盼来了和平,国民党政府为什么要遣兵调将发动内战,使人民重新陷于水深火热之中?”“我们宣传‘反饥饿、反内战’有什么罪,为什么要抓我们坐牢?”对方只好悻悻离去。

迫于社会舆论的压力,加上翌日交大全校同学在校园内与上海市市长吴国桢进行了坚决的斗争,吴国桢被迫下令释放我们。下午 3 时许,吴保丰校长来到拘留所接被捕学生,警备司令部把交大两个宣传小队的成员从牢房里放出来。我们在拘留所的一块空场地集中时，发现同济、复旦等校难友还被押在牢房里未被释放。我们心头马上沉重起来，一致认为"反饥饿、反内战"无罪，在押的学生都应释放。我们坚决表明其他学校同学如不出狱，我们也绝不出狱的立场，并把《坐牢算什么》改唱为"生，要一起生、一起生；死，要一起死、一起死"，显示了全体难友生死与共的决心。经此斗争，在押同学终得释放，这是一次向恶势力团结斗争的胜利！

我们乘着学校派来的车返回学校，沿途边放鞭炮，边高唱着"反对内战，反对内战，要和平，要和平"的反内战歌，吸引并感染了许多沿途的群众。夜幕笼罩着大地，我们乘坐的车子驶入校园，云集在校园广场上的在校同学们立刻沸腾起来，鸣放鞭炮，热烈鼓掌，庆祝我们安全归来。不少被捕的同学被在校的同学们从车上抱下来，抬着在广场上走了一圈，大家纵情欢呼，同学们的心贴得更紧密了。在欢迎被捕同学归来的大会上，被捕的同学们满怀激情地高唱《坐牢算什么》，随后，学生自治会代表全体同学将一面"爬起来，再前进"的锦旗献给了被捕的同学们。

《坐牢算什么》这首歌，自从它在牢房里诞生后，很快就在国民党统治区流传开来。当时在香港出版的进步歌曲集中也曾转载过。这首歌激起许多革命志士强烈的共鸣，激励他们为推翻压在中国人民头上的"三座大山"而百折不挠地奋斗。20 世纪 80 年代，我在重庆红岩烈士陈列馆进门处的最醒目地段，就曾看到悬挂着《坐牢算什么》这首歌曲的巨大匾幅。在重庆解放前夜，被国民党反动派残害的红岩烈士们，也曾在狱中高歌《坐牢算什么》。《坐牢算什么》，像是刺向国民党反动派的一把犀利匕首，使他们胆战心惊、惶恐不安。不久，国民党反动派就严禁传唱这首歌。但是一纸禁令，怎能禁止得住正义歌声的传播！哪里有压迫，哪里就有反抗。这歌声伴随着革命火种的传播，在国民党统治区内不断传唱，直至反动统治在大陆彻底覆灭。

我第三次被捕是在 1948 年 1 月 29 日"同济事件"中。我作为交大学生代表，在参与同当时上海市市长吴国桢谈判时被捕。

1 月 29 日中午，地下党组织通知我，同济大学为"反迫害、争自由"而拟晋京请愿的学生队伍与前去声援的其他学校的学生队伍，在同济工学院旁的其美路（现四平路）上被反动军警拦阻，形势危急，亟须组织力量前去增援。我立即联合一批进步同学赶往同济。一到现场，就见马路上聚集着大批军警、马队、警车、飞行堡垒、装甲车，全副武装的军警戒备森严，杀气腾腾地把列队的学生队伍迎头拦住，双方对峙着。我们很快找到了先到的交大学生队伍，并与之会合。这时，同济学生代表在整个学生队伍的最前面，正与吴国桢谈判。下午 3 时许，忽然前面的队伍乱了，马队、军警冲了过来，疯狂地用马刀、皮鞭等毒打学生，不少同学被打伤，交大同学穆汉祥被军警的马刀砍伤，门牙被砍落，嘴唇被砍破。学生被迫拿路旁的石块进行还击。在武装到牙齿的反动军警的残酷镇压下，为了保护同学们的安全，避免更多的牺牲，学生队伍撤入校内，关上大门，同济工学院随即被反动军警团团围住。不一会，校园内广播喇叭里通知各校代表紧急开会商讨对策。我原本不是学联中的交大代表，可是聚集在一起的交大同学纷纷要我去参加会议。我就快步前去会场，看到一直参与学联工作的交大同学刘泉棋也在座。会议决定，由同济、交大、复旦、圣约翰、同德医学院、中华工商专科学校 6 所学校派出代表去与吴国桢交涉，要求撤退军警，保证被包围在同济校园内的各校学生安全返校或回家，同时要求严惩残害学生的凶手。我被推为交大代表与同济黄仁端等 6 个人出去谈判，快出校门时一位代表不见了，我们 5 人继续前行。走出校门后，把守在门外的军警将我们带到在现场附近的吴国桢那里。吴国桢站在一张桌子旁，怒容满面，身边簇拥着一批军警、特务。我们见到吴国桢后，黄仁端首先说明来意。但吴国桢不待黄仁端说完，就大声喝问其他代表是哪个学校的，叫什么名字。圣约翰代表刚一说出假姓名，就被可能是该校的一名特务学生识破，那位戴着墨镜以掩饰其真面目的人急促地说："他不是××，他是×××。"这时，吴国桢火气更大了，他一声令下，就由军警把除黄仁端以外的 4 位代表押进停在马路旁的飞行堡垒中。吴国桢因要黄仁端返回同济校园传话，把黄仁端暂时扣留。之后，黄仁端在当夜也被捕。这时，在同济校园内的大礼堂内，被围困的同学们举行了千人控诉晚会。可是，荷枪实弹的军警不久就强行冲进校门实行大逮捕。之后，我们4位谈判代表与被捕的部分各校同学几十人，在深夜里被尖叫的飞行堡垒押解到卢家湾警察分局监狱。

卢家湾警察分局监狱设在警局大楼的半地下层，监狱出口处用两重铁门紧紧地锁住，外界就被隔绝开来。监狱中有好几排牢房，每排约有牢房10间，每间牢房的面积不足10平方米，狭小得像鸟笼一样。三面都是厚厚的墙壁，前面有一扇铁栅门，一片黯淡的灯光从铁栅门的间隙处投射进来，这就是我们所能见到的仅有的光明。牢房里阴森森的，充满着潮气，牢房里的桶散发着臭味，污浊的空气使人感到憋气、恶心。在监狱里，我们遭受了非人的待遇。头几天，连条破薄毯子也没有，我们只好互相以体温取暖以度过严寒的黑夜。之后，每间牢房发给一二条破薄毯子，也不足以御寒。吃的是介于稀饭与干饭之间，掺杂着沙子、炭粒、谷壳等的"八宝饭"，菜是既酸又臭的咸菜。糟糕的是没有碗筷，我们只好用双手捧着、抓着吃。之后我们设法用草纸、牛皮纸当碗。一日两餐，上午10时一餐，下午3时一餐，开饭间隔时间时长时短，胃肠也很难适应。饮水头几天干脆是没有，以后供给量也很少。再就是大便不自由。牢房里虽有尿桶，但大便在尿桶里使牢房里臭气熏天，所以我们都争取在放风时去厕所解大便。可是放风时间只有10几分钟，需要洗脸、漱口，在监狱走廊里跑跑步、做做操。因每间牢房放风时间不一，还要利用放风时探望一下其他难友。时间太局促了，有时大便来不及解净，或排在前面的难友未能及时让出位子，未及出恭又被关回牢房，此时往往就得自觉地将其尽量憋住，十分痛苦。我们同牢房里的同德瞿宇平、同济孙克孖两位同学，经不住摧残一度病倒。

为了改善待遇，我们多次开展抗议、斗争。我们的斗争是有理、有利、有节的。采取的步骤一般是：先通过看守或值班警官，转达我们合理的起码要求；如警方当局不予理睬，各牢房就串联在一起"跳板游行"，高呼口号或唱歌抗议；如再置之不理，各牢房就联合起来，大家拆下铺板，在统一号令下，整齐动作，大撞铁栅门。抗议的口号声、歌声，伴随着大撞铁栅门发出的巨大响声，几乎把整个监狱闹了个天翻地覆。这时就震惊了警方当局，使他们坐卧不安，因而不得不应允或部分应允我们的要求，使我们的生活待遇得到些许改善。事实证明，我们狱中点滴改善，只有通过团结斗争才能取得，反动派是不会发善心的。

虽然境遇恶劣，但是我们始终意志坚定，乐观、开朗。除了多次组织争取改善待遇的斗争外，我们在狱中的日常生活是充实而丰富多彩的。主要内容有：学习交流，做体操，唱歌，诗创作与诗朗诵，讲故事，集体游戏，牢房之间开联欢会等等。同牢的难友原本素不相识，彼此自我介绍，以增进了解，对当时一些有影响的电影、话剧、小说展开评议，并就个人所知，讲些历史、地理知识等。通过交流，大家谈得津津有味。做体操时，因牢房面积太小，而每间牢房一般关押有七八个人，施展不开，于是大家就紧靠墙根站着，腾出一定的活动空间，一个一个轮流做操。放风时，再抓紧时间在监狱走廊里做一些锻炼活动。唱歌是狱中生活的主要内容。除唱一些流行的进步歌曲外，大家还互教互学，学会了不少新歌。如《你是灯塔》《别让它遭灾害》《民主是那样》《农村对唱》《活不起》《牛头对马嘴》《光明的世界就在前头》《牧马歌》等。《抓进一批又一批》这首歌，是关在后面一排牢房里的申新九厂的工人难友们教我们唱的。我们还对一些歌曲进行改词，如《四季杨柳青》《我们是难兄难弟》《度过这黑暗的日子》《王大郎坐牢》等。我们还针对性地改编过一些歌，如按《打倒列强》的调子改唱：“肚子饿了，肚子饿了，要面包，要面包；肚子饿了要面包，肚子饿了要面包，要面包，要面包”；按“大家起来要求吃饱饭呀”的调

邢幼青诗集

子改唱："大家起来要求喝开水呀，大家起来要求喝开水呀，要，要，要开水。"这些歌曲有力地配合了我们的抗议斗争。我们还进行诗创作与诗朗诵，同济女同学张彩珍为同牢复旦女同学等人先行获释而创作了一首诗《她们走了》，我也创作了一首《狱中致友人》。这些诗表达了我们对真理的不懈追求，对战友的关怀、祝福与相互激励。诗朗诵则是大家选自己背得出的诗或自己创作的诗朗诵，也教大家一起朗诵一些诗。讲故事，多半讲的是名人传记、各地传说等。集体游戏，因为身体活动的范围太窄小，所以大多是动嘴，如猜谜语等。以上这些活动，大都是每间牢房单独组织的。牢房间的春节联欢会是难友们的大联欢，各牢房轮流出节目，唱歌、唱地方戏、朗诵诗或相互猜谜语等等。这样，各牢房间的嘹亮歌声、爽朗笑声，使大家亲密无间地融合在一起。

关押期间，杨东海、瞿宇平、黄寿龄、张彩珍和我等几位同学，曾被解往警备司令部，我们在凛冽刺骨的寒风中，长时间站在警备司令部的广场上候讯。这时，我们意识到可能要遭遇更严酷、更复杂的情况，但大家神情自若、毫无惧色。后来不知怎的，警备司令部只扣留下杨东海一人，其他人退回卢湾警察分局。在返回途中，一个押送我们的警察冒出几句："警备司令部不扣留你们，算你们额角头高。"杨东海同学被关押进警备司令部监狱后，备受酷刑，但忠贞不屈，表现出了一名共产党员无私无畏的英雄本色。

被捕学生本来就清白无罪，国民党反动派妄图栽赃学生，捏造事实说在同济事件中有人殴打了吴国桢，借此判处学生有罪。但卢湾警察分局对关押学生的审讯一无所获。在地下党组织的多方营救与社会舆论的压力下，并经过狱中同学们的抗争，之后，国民党反动派将关押的学生移交给地方法院检察处审理。最后，除继续扣留瞿宇平一人外，地方法院宣判学生们犯有"妨碍交通"罪，取保释放。这样，我在卢湾警察分局监狱里被关押了 26 天，终于重见了天日。

一生献给党

1948 年 8 月 26 日深夜，国民党反动派在上海对进步学生又实行了一次大逮捕，我又被横加以“危害国家”的罪名，列入被通缉的黑名单中。奉地下党组织之命，我告别了上海，告别了交大这个“民主堡垒”，撤退至华中解放区，进入华中党校学习，后又被派赴江淮地区参与组建华东大学皖北分校和进行反匪反霸斗争。从此，我进入了一个新天地，在党的领导下，踏上了革命的新征程。新中国成立后，我既在地方行署从事过秘书工作，又在中央航天航空部门从事过生产技术管理工作，我既在中央部门当过司局长，又曾在“文革”期间被下放到地方工厂，无论在什么工作岗位上，我始终兢兢业业，任劳任怨。在离休前的十多年，我听从组织安排，从事生产企业的体制改革工作，一直到 1990 年离休。回顾一生，《坐牢算什么》这首歌的革命精神，始终激励着我为祖国的社会主义、共产主义光辉事业而努力奋斗。

邢幼青、周荧夫妇在访谈中

李菊

李菊，女，1927年12月生于上海，江苏苏州人。1946年考入交通大学化学系，1950年毕业。1948年7月加入中国共产党，是交大学生自治会党组成员，多次参与领导学生民主爱国运动。新中国成立后历任上海纸品厂厂长，上海感光胶片厂副厂长，上海市老科技工作者协会轻化委委员，高级工程师。为我国感光材料工业的创业和发展作出贡献，曾参加筹建感光胶片厂及组织领导试制和生产我国第一代胶卷、电影胶片、X光片及科研国防用的多种感光材料，供应市场急需。主要著述有《国际缩微摄影情况和建议》《上海感光材料发展战略探索》等。

访谈中，李菊讲述了在运动中成长、在社团活动中得到锻炼、在地下工作中走向成熟的历程。她的革命历程与工作经历是交大爱国主义革命传统的实践与丰富，是个体的也是集体的。

在革命熔炉里成长

口述：李　菊

采访：孙　萍、胡　端、吉运韵、余　悦

时间：2011 年 7 月 22 日

地点：上海李菊寓所

记录：吉运韵、孙　萍

编者：漆姚敏

耳濡目染“科学救国”

我算是从小生长在交大的，我父亲是交通大学土木工程系主任李谦若教授，我们家就在交大校园里面。我父亲为人正派。年少时，他从家里逃出来到上海求学，先后在震旦学院、复旦公学就读，后赴美留学。1911 年辛亥革命爆发，他毅然回国参加革命，报效祖国。后来他一直从事铁路和长江的测量工作。1930 年起执教于交通大学。他工作严谨、一丝不苟、注重实干，这也体现了交大“求真务实”的传统。我母亲是位家庭妇女，默默地支持父亲。父亲总是教育孩子们要好好读书，将来要“科学救国”，他把这些思想灌输给我们。

抗日战争爆发后，交大校园被日军占领，我们被迫离开了交大，来到租界。日本军人到处横行，生活质量越来越差。高中我读的是市一女中，也就是工部局女中。这个学校比较注重英文，因为日占区的缘故，还有个日本人来教日语。读书期间我看了电影《居里夫人》，非常受教育，希望自己将来能做一名科学家，像居里夫人一样为科学献身，为祖国服务。正巧我高中时，化学老师教得比较好，我化学成绩也比较好，因此对化学学科很有兴趣，所以考大学时报考了交大化学系。

运动中成长

1946 年我考入交大化学系，一开始是用功读书不问政治，这时候是抱着“科学救国”思想的。我们化学系系主任是苏元复，化学系教授有顾翼东，顾的儿子是助教，教我们实验。教《有机化学》的是梁普教授。我记得一位叫刘馥英的女老师，给我们上过课的老师还有张大煜、璩定一、潘承圻。当时，化学系归理学院，化工系归工学院，两系有些课合在一起上，有些课则是分开的，老师也有交叉。老师上课，有些用英文，有些用中文。但是在白色恐怖的环境下根本不可能安心读书，在学生运动的浪潮中，我接受了教育和锻炼，逐步走上了革命的道路。

那时国民党政府加强了对统治区人民的压迫，物价飞涨，教育危机四起。1947 年年初，教育部要停办交大的两系一院。在地下党的领导下，交大师生开展了护校斗争。5 月，近三千学生一起到南京去请愿，这个运动我也参加了，我就是从这个时候开始参加学生运动的。当时交大同学自己开火车，一直开到真如，铁路被拆除，土木系同学就自己修复铁路。后来，教育部长朱家骅亲自来和学生谈判，答应了学生们的条件。在这次运动中我深深感觉到团结就是力量，感觉到只有斗争才能取得胜利。

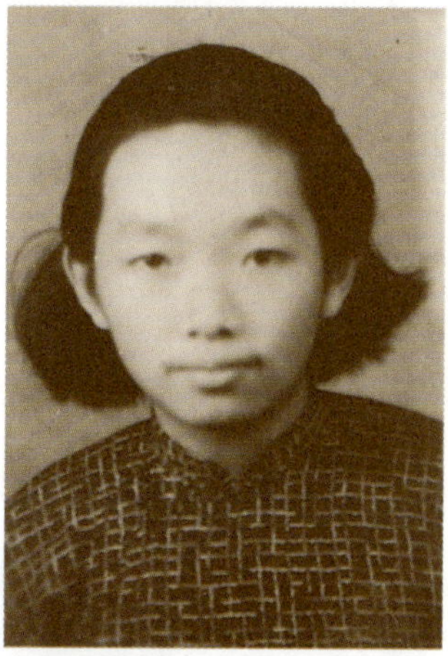
1946 年李菊入学交通大学化学系

护校运动之后，“五二〇”“反饥饿、反内战、反迫害”运动接踵而来。南京发生“五二〇”惨案，上海积极响应，各高校开展罢课斗争。这个阶段，不断发生一些进步同学被打被捕的事情，交大组织的两支宣传小队在街头宣传时被军警带走关押入狱。同学们被营救出狱后作了一个报告会，刚出牢门的同学们发言后满怀激情地高唱："坐牢算什么，我们不害怕，放出来还要干""反内战，争民主，坐牢是常事情。"（那时有一首歌叫《跌倒算什么》，被这些同学改编成了《坐牢算什么》。）他们面对白色恐怖所表现出来的毫无畏惧的革命英勇气概，让我深受感动。我就在想：同学们要和平民主，为什么会遭受迫害?！反动统治下的黑暗现实激发了我的正义感，我从担心个人前途，即担心在国民政府的腐败统治下我们个人有没有前途，转为担心国家的前途。我认识到只埋头读书、不问政治是不对的，一定要推翻这个腐败的政府才能够建设好国家。

这年冬天，我参加了"救饥救寒"运动，募捐寒衣、访贫问苦。我和同学们到处募捐寒衣送到棚户区去。棚户区的人们穿的是破衣服，吃的是烂蔬菜，孩子们都骨瘦如柴，很多人挤在一个大棚里。在那里，我看到了劳动人民的无穷苦难。我们心中悲愤，不由自主唱起了"月儿弯弯照九州，几家欢乐几家愁。几家高楼饮美酒，几家流落在街头"。

这一年，运动非常多，然而，正是这些运动让我体会到书本之外的现实社会是一个大课堂，在现实社会里我们懂得了应该爱谁，应该恨谁，应该为谁服务，应该反对谁，应该怎样解决社会的问题。

投身社团活动

1948年初，同学夏宗芳介绍我参加交大青年会，这是一个地下党领导下的进步学生社团。由此，我走出个人生活的小圈子，投入到团结友爱的革命大家庭里。青年会经常举办各种活动：开时事报告会，向同学们报告解放战争的发展形势，如解放军打到什么地方了、东北战争取得了胜利等等，从而提高了斗争信心；组织讨论，小说《钢铁是怎样炼成的》的阅读讨论使我接触到保尔·柯察金的革命精神,“个人前途与国家前途的关系”的讨论促使我进一步思考中国学生的历史使命和社会责任;组织瞻仰鲁迅墓,介绍他的事迹,在鲁迅墓前我看到许广平同志前来扫墓;参加与申新九厂女工的座谈会,了解他们怎么和反动派斗争、怎么罢工,从而对工人有了深刻的了解,感觉到工人阶级是坚决的;还有参加和清华、北大的学生运动交流会。

青年会中有不少毕业班同学,他们有的放弃了父母给找的待遇优厚的工作,有的放弃了出国留学的机会,热情地奔赴艰苦的解放区。这些都让我深受教育。在一批大哥大姐毕业离校后,我担任了青年会的书记,留下来一直做这方面的工作。另外,我还参加了很多其他的社团,比如交大美术社、三九社等。我们1950届学生大都参加了三九社,这也是一个进步同学组织。

1948年5月,爆发了“反美扶日”运动。当时,我们排演了一个活报剧,在美童公学演出。活报剧的内容是:一个高个子同学扮演“美国”,一个矮个子同学扮演“日本”,其他同学扮演工、农、兵、商等,大家一起团结起来把“美国”“日本”打倒。但是演出中途遭到了干扰——特务把灯都关掉不让我们演。我们据理力争,坚持演出到底。这年5月4日,交大举办盛大的万人营火晚会,我参与布置学生运动史料展览。这个展览介绍从过去到当时的“五四运动”,重温中国青年的光荣革命传统,有很多图片,规模蛮大的。营火晚会上,校园大草坪中央竖起了一个高大的“民主堡垒”,大家在堡垒周围控诉日寇暴行,揭露国民政府的卖国政策,同时扎了三个象征着美国、日本、蒋介石的稻草人,把它们埋葬在烈火中烧掉,大家高喊“为独立、自由、民主、富强的新中国奋斗”。我又一次深受教育,认识到只有共产党才是中国的救星。

1948年5月4日,建在交大上院、中院南面大草坪上的“民主堡垒”

临危受命　积极斗争

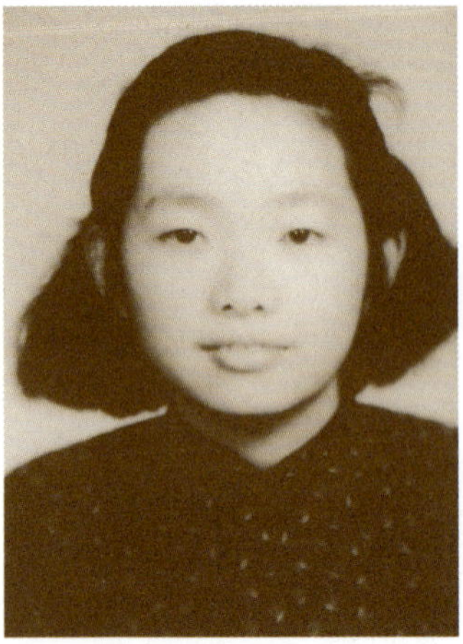
大学时代的李菊

1948年7月，有一批进步学生和学生自治会的干事被国民党特刑庭传讯，这些同学被迫撤退到解放区去，还有一些学生被开除。当时，工业管理系周蔚芸同学约我到工程馆四楼屋顶上去谈话，问我对国民党与共产党的看法，我如实回答后，她说她因被传讯要到解放区去了，希望我能加入共产党的队伍，继续战斗下去。我表示要向她学习，我说："你放心走吧，你们的事业我们会顶上的。"几天后，她通知我已被批准入党，我非常激动，决心要终身为共产主义事业奋斗。后来，女同学会的洪熙君同学来和我接关系。女同学会让我动员一批同学参加民众夜校的工作，于是我动员我妹妹李均以及一批同班同学去夜校工作，自己也加入了夜校的工作。

1948年暑假后，上海各大学的学生自治会均被破坏而无法活动。当时，交大的学生自治会是上海学联领导下唯一存在且可以公开活动的学生组织，也是学联唯一可以利用来向全市大中学校学生传输信息与公开发出号召的机构。交大学生自治会的竞选气氛非常热烈，学生运动的积极分子、三青团的同学都有来参加竞选的。同学把我推荐为学生自治会干事的竞选人，在食堂里传发介绍我的资料，上面写着"请投某某人一票"，还把我的画像贴在体育馆等。这样，我被推选为学生自治会干事，我的组织关系就转到了学生自治会。我们那一届以后，形势进一步恶化，敌人要对学生下毒手。因为学生自治会干部暴露得快，为了保护同学，并把学生会的工作坚持下去，学生自治会决定把以个人为代表的学生自治会竞选改为以班级为单位来竞选。竞选上的班级，再推出代表来负责自治会的具体工作。新的学生自治会组织和选举方法，构建了班级基础，减少和避免了敌人的打击破坏，保证了学生自治会的公开和活跃。

当时的学生自治会党小组由穆汉祥领导，成员有3人，包括黄贻诚、林雄超和我，我被推选为党小组长。党小组经常研究如何贯彻党的指示，在新形势下做好发动群众工作，利用一切开展合法斗争，包括组织级联会、开展统战工作、争取教授员工参加到斗争中来。我是负责联谊部的，主要开展校内班级间、社团间的联络和与校外同学的联系等。这时期，我一边工作，一边学习革命理论，阅读《新民主主义论》《中国革命和中国共产党》《论共产党员的修养》等文章，政治觉悟进一步提高。

1949年初，党组织要我转入班级工作。因为我们班级（化学系和化工系合在一起）没有党员，也没有新青联成员。于是，我深入到同学家里谈心交朋友，分析每个同学的基本情况，确定发展对象。当时我以为会有很多同学不愿意参加读书会，但是一经发动，绝大多数同学都愿意参加，因为大家都想知道解放区的情况，都对读书会讨论的文章感兴趣，很快，我便组织了班级的新青联小组。随着战争局势的发展，这时候党组织开始安排迎接解放。为了防止敌人做最后的挣扎破坏校园，大家团结起来，组织救护队、纠察队，积极准备应变工作。我们负责成立救护队，从上医大请来同学讲解救护知识，女同学们学习包扎，晚上还给负责巡逻的纠察队男同学送稀饭慰问。

"四二六"大逮捕前夕，已经暴露的同志按组织要求住在校外。我也接到通知，白天到学校工作，晚上不得留宿学校。我就住到了学校对面一个同班同学的家里。"四二六"大逮捕以后，学校被迫解散。我不能回校，也不能回家，就在四个同学家里轮流住，同学们都对我很照顾、爱护。由于忙于工作，我平时不怎么回家，父母知道我们参加了革命工作，但我们具体做些什么，他们并不多问。"四二六"大逮捕前后我不回家，在这之前还有一次，是在1949年初，按照组织要求，我需要住在校外，母亲就安排我到姐姐家住了约半个月。学习方面，进入交大前两年我学业抓得比较紧，后两年因革命工作紧张，学习上就有点松了。那时，班上有位同学成绩很好，我经常向这位

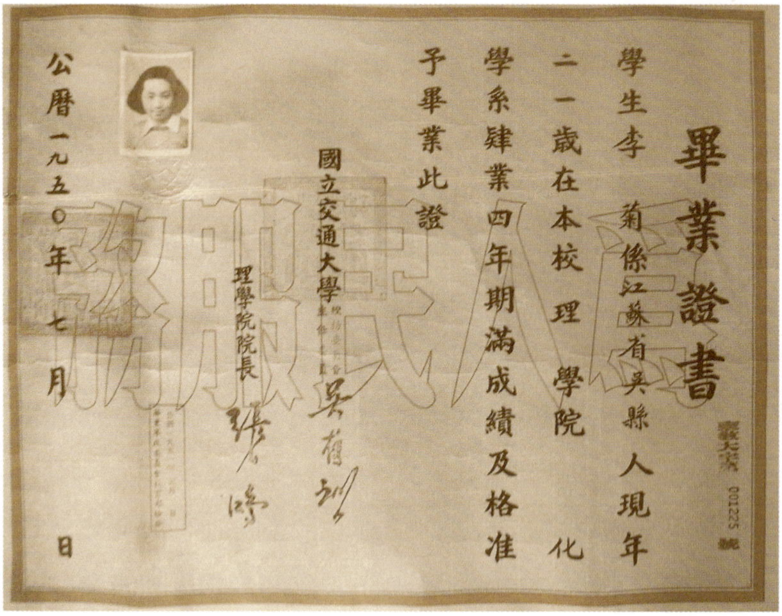
畢業證書

學生李　菊係江蘇省吳縣人現年二一歲在本校　理　學院　化學系肄業四年期滿成績及格准予畢業此證

國立交通大學校務委員會主任委員　吳有訓

理學院院長

公曆一九五〇年七月　日

001225號

李菊的交通大学毕业证书

同学请教。有时没有上课，同学就把老师课堂讲授内容讲给我听。我经常晚上开夜车，特别是考试前抓紧用功，基本上做到不落下学业。可以说，我干革命工作其实得到了家庭和同学的默默支持。

史穆印象

学校里，穆汉祥、史霄雯等同学给我留下了深刻印象。穆汉祥踏实苦干的作风和冷静沉着的态度令我敬佩，也时刻影响着我。他画漫画、写标语、刻蜡纸，什么都干。有一次他发高烧了，还坚持工作。他说："多画一份漫画，就等于向敌人多投一颗炮弹。"他创作的大幅漫画"向炮口要饭吃""美国兵滚出中国去"，在游行队伍中起到鼓舞人心的作用。他在党小组会上对我们说："我最反对小资产阶级坐在沙发上空谈革命，一杯咖啡一喝，就什么事都忘了。""革命工作要一点一滴做起，只要对革命有利的就要去干。"学生自治会的工作很紧张，一些干部撤退到解放区去了，我也想到解放区去。我向他暴露了这些思想，他就把自己的情况说给我听。组织上曾考虑到他处境危险，要他撤退到解放区去。但他坚决要求留下来，因为这边的工作非常需要人去做。特别是学生自治会作为公开的组织，如何发动群众坚持斗争，是非常重要的工作。他这一生动的例子，对我教育很大。

史霄雯是品学兼优的高才生，非常正直、热情。他担任学生自治会学术股负责人，主要搞革命宣传工作。他创办《生活壁报》《每日文摘》，内容十分丰富。他收集稿件、抄写编辑、张贴，什么都干。他工作非常有计划，口袋里放着一本小册子，记录工作安排时间表，写着几点干什么、几点干什么，宣传工作实在是太多了。他还参加党领导的秘密小组活动，刻印《新民主主义论》《中国革命和中国共产党》等小册子。他睡眠很少，每天只睡三四个小时。有一天深夜我看到他两眼通红，连夜刻小册子，他说要抓紧时间刻好，第二天一早就可以发到同学中去了。他说："要一字一句刻出对反动派的仇恨，要一字一句刻出对党和人民的热爱。"他说，他最感动的是《钢铁是怎样炼成的》中的一句话："一个人的生命是应该这样度过的，在临死的时候，生命和精力都献给了世界上最壮丽的事业，为人类的自由解放而斗争。"他就是这样的一个人，把生命和精力都献给了解放事业。他知道自己被列入了国民党的黑名单，他说："一旦有危险，准备牺牲一切，不惜牺牲生命。"史、穆两位烈士时时给我们做出了榜样。

工作经历

新中国成立后，我在交大团委会工作，担任团委会组织委员。1950 年毕业，被分配到机关，在上海工商管理局工作了两年，从事政治教育等。后来遵照"归队"的要求，调到上海工业局工作一年，从事技术管理等。1953 年，调到国营上海纸品厂担任厂长。当时我只有 25 岁，我感到虽然担子很重，但一定要把工作做好，为国争光。

1958 年，组织上要我负责筹建感光胶片厂，这是一个新兴的技术密集型的精细化工企业。当时国内是没有感光胶片的,电影胶片、X光片和胶卷全部依赖进口。外国欺负我们不会制造,有时卖给我们过期货,还把价钱抬得很高,并拖延交货时间。国内用户急需,譬如医院等着X光片给病人看病,但不能及时到货。所以上级要求我们要自力更生,尽快生产出国产胶片,填补国家空白,为国争光、为用户服务。那个年代钢铁紧缺,工人就用木头做出机器;没有不锈钢搅拌机,就用搪瓷筒进行手工搅拌;没有冷气机,就用大块的工业冰进行冷却。依靠群众,土法上马,艰苦创业,最终,我们试制成中国第一代黑白和彩色胶卷、黑白和彩色电影胶片、X光片等,当年就收回了国家投资,缓解了市场急需。无论遇到什么困难,还是要发动群众,依靠群众,在工厂搞技术攻关也是如此。后来,我们不断改进技术,攻克许多技术难关,品种不断发展,试制生产出科技国防、航空航天、气象地质、工业医用等各类胶片,科研新产品中得到各种科技成果奖励的有十多项。

粉碎"四人帮"后,我一直在厂里担任技术领导工作,担任技术副厂长20多年,直至离休。

传承爱国主义革命传统

我回学校次数还是挺多的。2000年,我们1950届毕业50周年,很多同学都回来团聚,参加校庆大会,各个系再开小会,还拍了几百人的合影照。2010年毕业60周年,我们再次回母校,化学系和化工系校友合在一起开会,听取学校化学学科发展情况的介绍。我们还经常回校缅怀史、穆烈士,2009年是两位烈士牺牲60周年,我们再次组织了祭扫活动。还有就是参加地下党老同志的聚会研讨活动。

我在交大所受到的爱国主义革命传统教育,让我有一种强烈的责任感和愿望,一定要为建设好国家而奋发图强。我负责筹建感光胶片厂时,就想要为发展新中国的胶片工业贡献自己毕生的力量。几十年来,每当我遇到个人不愉快的事情,每当发现自己在考虑个人得失的时候,就会回想起史、穆两位烈士的音容笑貌和高尚品质；每当我工作遇到困难的时候，就会想起在交大搞地下工作时和群众一起苦干实干，做深入细致的思想工作的情景。这一切都是激励我前进的动力。

李菊与母校采访人员合影（左起孙萍、李菊、吉运韵、佘悦）

最后我想讲讲，近年我们国家发展很快，但是，我国还是个发展中国家，摆在面前的是机遇也是挑战。最近胡锦涛同志在讲话中讲到，我们一代又一代的中国共产党人，都是从青年时代就满腔热血地参加党，决心为党和人民奋斗终生。青年是祖国的未来和希望，希望交大同学热爱祖国和人民，学习史、穆两位烈士的牺牲精神，发扬交大的爱国主义革命精神，树立时代感和责任感，坚定理想信念，学好知识本领，接过革命的接力棒，担起历史重任，为建设现代化强国、实现中华民族的复兴而奋斗终生。这是我对同学们提的一些希望。

周荧

周荧，女，原名周桂香。1927 年生，上海人。1947 年考入交通大学化学系，1948 年 7 月加入中国共产党，1948 年秋撤退至解放区。新中国成立后，被保送到中国人民大学经济专业，获本科、硕士学位。曾任国家计委经济预测中心主任。1994 年离休。

访谈中，周荧讲述了自己少年时要求和平却被学校开除、用功读书却被打上品行不良的烙印，不合理的遭遇迫使她深入思考国家的命运。交大一年，虽然短暂，却是她革命工作的起点。她还谈到自己永葆革命青春、发挥余热的心愿，以及对青年学生在实际工作中学习提高、经受锻炼不断成长的建议。

关键一步

口述：周　荧

采访：漆姚敏、朱　恺、程凯莉、杨　捷

时间：2011 年 7 月 13 日

地点：北京周荧寓所

记录：杨　捷、漆姚敏

编者：漆姚敏

我于 1947 年秋考入交通大学化学系，1948 年秋因遭国民党反动政府登报通缉，被迫离开学校。我在交大读书的时间仅有一年，在我漫漫的人生道路上虽是短暂的，却是关键的一步。我从苦闷彷徨、探索真理到明确方向；从埋头读书、幻想"科学救国"到投身火热的革命斗争；从一个朴素的爱国主义者成长为一个自觉的共产主义者。这一年是我终生难忘的，是我探索真理、转变思想的至关重要的时期。

理想与现实

我小的时候，父亲是一个洋行职员，家里不是很富裕，但温饱是没有什么问题的。父亲是一个很严谨、要求很高的人，对我非常严格，他在家我就不能出去玩，必须在家里读书学习。放假期间我就自己学习，四大名著诸如《红楼梦》很早就开始看了。我母亲是一个家庭妇女，很善良。我家是四姐弟，开始是三个女孩，下面有一个男孩，所以这个小弟弟就算是宝贝吧。可惜他生下来一个月我就离开家了，我们相隔 20 岁。我是家中长女，家里对我很重视，要求也很严格。我从小学习非常努力，成绩非常好，也因此没有叫父亲出过多少学费，因为我总是考第一名，可以免学费的。我小学是在市立小学，初中在国立博文中学。读高中时家里搬到南市，我进了教会学校晓明女中，也就是高中三年叫父亲出了学费。

晓明女中是一所基督教的教会学校，管得很严，男老师上课是有嬷嬷在场监视的。如果课堂上老师说了一些话学生们笑了，嬷嬷就要禁止，在她们看来学生必须端坐聆听，轻浮举止是不允许的。

我们小时候正是中国惨遭日本军国主义蹂躏的时候，1945 年抗战胜利，全国人民欢欣鼓舞，觉得"振兴中华"有望了。国家兴亡，匹夫有责。这时我正好念到高中，就觉得要更加认真地读书，要为国家做一点贡献。怎么贡献呢，我想学居里夫人，我以为只要努力读书，学好本领，就可以报效祖国，就可以使祖国富强起来，不再受欺侮。

然而，现实生活给人的教育是直接并且深刻的，残酷的现实打破了我的美好愿望，两件直接关系到个人前途的事引起了我的深思。

一是 1946 年因参加"六二三"大游行而被学校开除。抗战胜利后，国民政府违背全国人民的愿望，在美国的支持下，要发动内战，企图消灭中国共产党和人民革命力量，以维护其独裁统治。1946 年 6 月 23 日，上海人民团体联合会组织发起了全市人民欢送各界晋京请愿代表大会，会后举行"反内战，要和平"大游行。当时我正在读高二，也希望有一个安静的读书环境，就参加了那次游行。不过，我所在的学校是不可能有游行队伍的，我有朋友在大同大学，我就和女中的同窗好友一起跟随大同大学的队伍参加游行。上海的 6 月非常炎热，游行之后我们晒得满脸通红，回到学校就瞒不住了，一下就被看出来我们游过行。当时，学校要求我承认错误，承认错误就不开除，不承认就开除。一同游行的好友，因为写过一篇反宗教的文章，是肯定要被开除的。我不干，我说，我不认错，反内战有什么错呢？另外，我觉得我不能这样离开我一起行动的朋友。结果，我们两个一起被开除了，尽管我俩过去一直是品学兼优的好学生。当时，各校一般都不招收高三插班生，我们十分焦急。幸而得知南洋模范中学女子部招收暑假补习生，学习成绩优秀的可升入该校高三。我们就赶快去补习，好在我们成绩都是很优秀的，之后顺利升入该校女子部高三，这样总算解决了我们的升学问题。这件事使我愤慨，也引起了我的思考：我们要求和平究竟犯了什么法，竟被开除学籍？这样热衷于打内战的政府能建设好国家吗？

二是高中毕业时操行被评为“丙”等，险些上不了大学。转入南模女子部后，我珍惜这来之不易的学习机会，更加勤奋学习。但是我又不能“两耳不闻窗外事”，南模靠近当时学生运动的“民主堡垒”交通大学，交大和全市各学校开展的民主运动必然会对我们中学生产生重大影响。被晓明女中开除，没有动摇我继续追求真理的决心。我一面刻苦学习，一面积极参加进步的学生运动。特别是1946年底美国士兵强奸北大女学生而反动政府还曲意包庇，激起了我们女中部学生的强烈愤慨，我积极参加出墙报表示抗议。我还参加了1947年交大举办的“五四”文艺晚会，进一步擦亮了眼睛，激发了要求民主的情绪。这一学年虽然我的学习成绩优良，品行端正，但由于参加学生运动，毕业时操行却被评为“丙”等，显然是对我政治倾向的负面评价。这一评定势必影响我升大学，对我又是当头一棒。这件事促使我进一步思考：为什么我关心国家的前途和命运却被视为行为不端、品行不好呢？在这种高压统治下，只靠科学能救中国吗？

高中的时候，我看了一部电影叫《居里夫人》，那个时候我就非常想学居里夫人，想要科学救国。我学习一直是很努力的，想打下扎实的学业基础，考上国立大学。因为父亲是个洋行小职员，承受不了私立大学昂贵的学费。还因为我是女孩子，不能上大学还要家里负担费用，当时的社会观念是一个女孩子是不应该费力培养的，所以我想自力更生，考上学费较低的国立大学。高三毕业的时候，我报考了四所国立大学：交大、复旦、同济、暨南，结果四所大学都考取了！复旦先放榜，我先到了复旦，记得复旦口试我的是翻译

《共产党宣言》的陈望道先生。一个月后，交大发榜，我也被录取了。复旦我报考的是中文系，交大则是化学系。我虽爱好文学，但我更想学居里夫人，想实现“科学救国”的愿望，所以，当然更愿意去交大了，于是最后去了交大。

在学生运动中成长

1947 年秋进入交大后，我在这座革命的熔炉里迅速成长起来。交大的政治气氛十分活跃，有很多进步社团，我参加了“四〇社”和“青年会”，打开了生活小圈子，和广大同学一起参加进步活动。这一学期有两项活动使我深受教育：一是参加全校罢课，抗议反动当局残暴杀害浙江大学学生自治会主席于子三。这件事激起了我无比义愤，也使我进一步认清反动当局的真面目；二是参加救饥救寒运动。我和同班同学一起上街劝募。我们背着麻袋，在一般里弄居民中募集了一些衣物。但当我们跨入灯红酒绿的舞厅时，却遭到了白眼，甚至讥讽和呵责。这些醉生梦死的公子哥儿们竟然对贫寒群众毫无同情心。我虽从小生长在这十里洋场的大上海，但进舞厅还是第一次。当我看到少数达官富豪在舞厅里过着骄奢淫逸的生活，而广大贫苦人民却饥寒交迫、处于水深火热之中时，不禁要问：社会上贫富为什么这样悬殊？怎样才能解决贫苦人民的温饱问题呢？

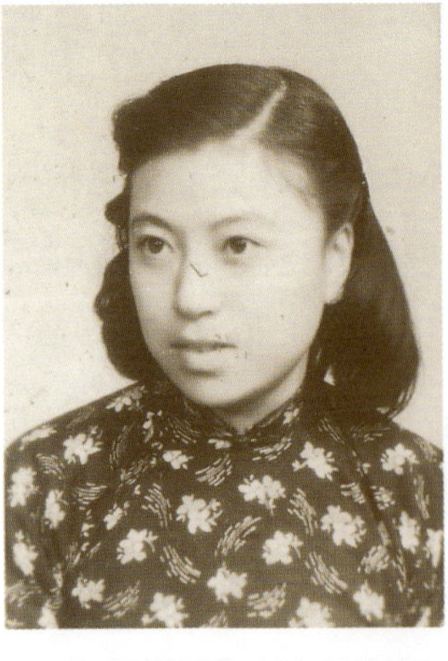
大学时代的周荧(时名周桂香)

1948 年春，刚开学，学校以公开竞选的方式进行学生自治会的改选。出乎我意料的是，我被推荐参加竞选。我是一个新生，很多人不认识，大家帮我弄了一个海报，写上竞选文字，配上画像，当时还有很多男生跑过来看谁是周桂香，弄得我非常不好意思。后来，我当选为学生会干事。在实际的运动中锻炼能力、增长才干，这对我是一个很大的锻炼。我决心虚心学习，积极工作，不辜负同学们的信任。被选入自治会后，我参与组织杭州春游，和同学们一起畅游美丽的西子湖，祭扫于子三烈士墓，又受到了一次深刻的教育。这学期使我受教育最深的是参加“反美扶日”运动。运动中交大充分发挥了“民主堡垒”的作用。先是举办了“五四”文艺晚会、“五四”营火晚会和纪念“五二〇”一周年大会，随后又举办了反美扶日座谈会和公断会，使同学们深刻认识到国民党政府奉行的是追随美帝国主义扶植日本军国主义的卖国政策，大家义愤填膺，吼出了“老天爷，你不会做天，你坍了吧”的歌声。

在自治会我被分配在学术组，除参加组织校内活动外，还外出邀请各界人士来校参加座谈会和公断会。当各界人士顶着当局压力，慨然接受我们的邀请时，我由衷地钦佩他们。我还和一些同学到校外进行反美扶日的宣传。记得有一次我们到一教会女中，利用同学们午餐的时间，在餐厅进行讲演，取得了较好的效果。我经常同编印《交大生活》的同学们联系、了解学运情况，她们埋头苦干、勤奋工作的精神，对我也是很好的促进。

6 月 28 日的公断会后，预计反动当局将加剧对革命群众运动的镇压，学生自治会中比较暴露的同学撤离学校。离别前，自治会全体干事怀着激动和惜别的心情举行了告别会。我意识到自己的责任加重了，决心不辜负战友临别时的嘱咐，继续把学校工作做好。

经过一次又一次进步学生运动，我逐步认识到在专制政府的统治下，“科学救国”是一个幻想，只有起来推翻这个黑暗统治，中国才能得救。

革命之路

我进入自治会后，认识了同届干事周蔚芸，一位很能干、很热情的女同学。她是交大民众夜校的负责人之一，很快便介绍我去夜校当教员。我在夜校工作的时间虽不长，却从学生身上学到了不少东西。他们学习勤奋，特别是阶级觉悟高，在一些讨论会的发言中，讲的革命道理往往比一般知识分子深刻得多，使我初步认识到知识分子必须走与工农相结合的道路。

1948年夏的一天，同窗好友洪熙君匆匆通知我，要我作为汤寿梁同学的女伴立即去杭州“旅游”一次。原来有个特务学生在杭州参加三青团夏令营活动，偶然碰见正在杭州隐蔽的钟藟同学，对钟藟进行了盘问。组织上得到消息后，派人速去杭州了解详细情况，以便采取对策。我作为掩护与汤寿梁同行，顺利地完成了组织交给我的这一项特殊任务。

在参加实际斗争的同时，我还观看了学生自治会组织放映的进步电影《一江春水向东流》，阅读了《钢铁是怎样炼成的》和《文萃》《群众》等进步刊物，特别是《中国革命和中国共产党》等著作，提高了思想认识，接受了马克思主义的启蒙教育，增强了参加革命的自觉性。

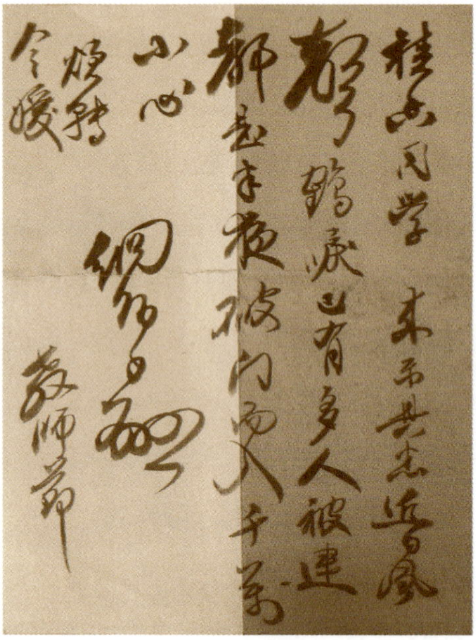

张䌹伯先生写给周荧的示警信

1948年5月以降，上海形势比较紧张，至下旬已有四位交大毕业的同学被逮捕。我以前的老师张䌹伯先生为此给我写了一张字条示警：“桂香同学：来示具悉。近日风声鹤唳，已有多人被逮，都是半夜破门而入”，嘱咐我“千万小心”。6月28日，学校里一批比较暴露的同志要撤退，周蔚芸是这批人中的一个，她是学生自治会里面比较早暴露的。撤退不可能一下子全部撤离，要分批走。走之前，周蔚芸就在我家隐蔽，藏在我家楼下大约有一个月，7月15号才撤退去解放区。就在这段时间里，她找我谈话并发展我入党。她走后，是穆汉祥跟我接的头，从此至进解放区之前，一直是穆汉祥跟我保持联系。穆汉祥和周蔚芸，他们俩是很要好的一对情侣。

那是7月份一个星光闪烁的夜晚，穆汉祥约我到校园的一个僻静角落，向我宣布党组织已批准我入党，鼓励我要为党的事业奋斗终生，提醒我入党后要注意的事项，特别嘱咐我要严守党的机密，在任何艰险时刻都永不叛党。我欣喜自己已经成长为一名无产阶级的先锋战士，这是我生命中一个重要的转折点！我下决心，要永远跟着党走，做一个真正的共产党员，为共产主义事业奉献个人的一切。

入党后不久，8月26日深夜，国民党反动派在各院校实行全市性大逮捕，特刑庭开出拘、传票360多张。交大学生中被拘、传的有35名，其中拘票16名，传票19名，分别被加上“奸匪嫌疑”和“危害国家”的罪名，我是被传讯者之一。特刑庭军警到学校搜捕时，我幸好住在家里，未遭逮捕。27日一早，好友洪熙君奉地下党组织之命冒着很大的风险跑来通知我，立即离家到亲友处去“打埋伏”。28日，反动当局登报通缉，并大造舆论，诱骗被列入拘传名单的学生家长携学生前去自首。我父亲一度糊涂，动员我去自首，然后他再保我出来，哪怕倾家荡产也在所不惜。我果断拒绝，告诉他这是可耻的失节行为，同时我向他阐明当局政府的虚假与伪善，表示绝不能受骗上当。父亲明了这些后，积极帮助我到亲友家隐蔽起来。当时需要撤往解放区的同学很多，只能分批送走。组织上认为我家在上海，亲友较多，可较晚离开，我于是先到表哥家暂住。后来，因为上海打埋伏的人很多，局势紧张，组织上又派洪熙君来，通知我赶快离开上海，去外地亲友处隐蔽。洪熙君只知道我住在表哥家，并不知道具体地址，她从清早出门，在从来没到过的高桥地区一直找、一直找，找到我的时候已经是晚上了。我非

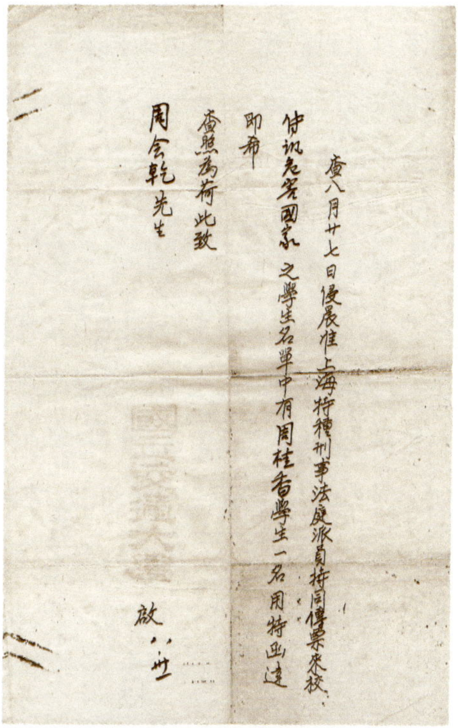
查八月廿七日傍晨准上海特種刑事法庭派員持同傳票來校
傳訊危害國家之學生名單中有周桂香學生一名用特函達
即希
查照為荷此致
周会乾先生
啟 八.卅

1948年8月31日，交大函告周荧家长上海特种刑事法庭传唤事宜

常感动，她几次不顾个人安危来转达组织的指示，给我莫大的精神力量，也使我感受到战友的情谊深似海。

遵照党组织的指示，我又到青岛姨母处暂住了一段时间。无论是避居在上海郊区还是在青岛，军警经常深夜来查户口，我白天也不敢在家里待着，都到学校里去，在操场或者教室里待着，我也是学生，那些地方也都是学生，一般看不出来。亲友们虽都知道我是被通缉的“危险分子”，但都甘愿承担风险保护我。党组织的坚强领导，战友的深情厚谊，亲友的关怀爱护，鼓舞着我不畏强暴，同敌人的迫害作斗争。12 月初，我欣喜地接到穆汉祥的信，他的信暗示我立即返沪，回老家，我终于可以去解放区了。

进入解放区

我回到上海，但是，进解放区之前的一段时间还是不能回自己家，我就在朋友家隐蔽着，她和家人担着风险把我保护起来。临走之前我看了我妈妈一次，在什么地方塞了一张纸条就走了，心里觉得很对不起父母。以后直至新中国成立，对家里来讲我是下落不明的，当时父母与亲友一谈到我就很悲痛。

我是 12 月 8 号离开上海去解放区的，去的时候不是我一个人，是 5 个人一起走，交大同学张正铎（张固）就是跟我一起进解放区的。进解放区的路上，交大同学赵国辉是我们的信息员。当日，他穿着格子衬衣，手里拿着一份报纸，坐在火车站附近，撤退的同志先要找到他，跟他联系上。他给我们买好车票，大家都在一个车厢，但是相互之间不打招呼。到镇江下车后，跟着他走，间隔着人走。当时火车上、码头上都有被通缉者的照片，我们的身份证件都是组织上给准备好的。我去青岛的时候是化妆的，烫了头发，戴了一副大墨镜，遮挡着脸，这样才离开港口。去解放区的路上，我穿着蓝布衣服，拿着蓝布包袱，里面是棉毛衫裤和袜子什么的很少的一点东西。离开上海时，我们几乎是身无分文，连路费都困难，我的车费是把旗袍当了后筹得的。被问干什么去的，我就说我是工人，回老家过春节探亲——春节将近了嘛。

从上海到解放区，我们先是坐火车到镇江，再坐轮渡到大桥镇，然后几次冲过封锁线。一路上都有人护送，有几十里路都是在晚上走的，不准讲话，也不准抽烟。

我们遇到的第一道封锁线是扬州到泰州的公路，那里有很多碉堡，敌军队伍不断巡逻，我们找地方隐蔽好，等敌军刚刚巡逻过，就冲过去。扬泰公路封锁线旁有一条小河，小河里早早停了一条小船，敌人铁甲刚刚巡逻过这一段公路，我们就到了小船上，老乡立刻把我们载到对岸去。那时候老乡的保护是非常有力的，党和群众之间亲密的关系我们真是深有体会。这第一道封锁线过得还比较顺利。

第二道封锁线在泰兴附近，这个地方解放不久，同行有二地委书记和他的两个警卫员，我们跟着他们，所以没有另派兵力来护送我们。过封锁线的时候，突然对面传来声音问"是哪一部分的?"由于是解放区，我们就回答"二地委"，结果对面啪啪开枪了，我们的船都被打穿孔了，警卫员也受了伤。我们惊觉不对，反击起来，二地委书记、中国银行行长两个还游到对岸去阻击。实际上，对方是国民党的散兵游勇，他们心虚，不久就逃跑了。这时，水漫到船上，于是，我们上了岸，躲到老乡家去。老乡家很穷，然而对我们亲切似家人，让我们坐炉灶边取暖，有一个同志掉到河里棉裤湿了，老乡拉他坐到床上去。遭到突袭之后，老乡的友好热情让我觉得特别感动，这也是我第一次受到枪炮的考验。

历经险阻，我们终于到了盼望已久的解放区。令人痛心的是，穆汉祥通知我进解放区，我却在解放区得知他英勇就义的消息。穆汉祥在上海坚持斗争，在上海解放前夕被敌人逮捕，在敌人的屠刀面前坚贞不屈，英勇就义。烈士的光辉形象永远活在我的心中，永远激励我在革命的征程中勇往直前。我要以一生的实践来努力实现入党时的誓言，来纪念我最尊敬的革命引路人。

永葆革命青春

在解放区，我先到苏北的华中党校学习，然后就分配工作，主要分两批，一批是回上海，像张正铎，他就是回上海的。我原来也是回上海的，但我想到艰苦的地方磨炼自己，主动要求到皖北去。邢幼青也被分配到皖北，我们就是这样认识的。从苏北到皖北，在皖北工作了三年。后来，组织保送我去中国人民大学学习，因为新中国成立初期国家急需经济管理人才，组织建议我由化学专业改为经济专业。本科毕业后，继续念研究生。六年下来，掌握了比较扎实的专业知识。以后，我就一直在原国家计委系统做经济工作，中间“文革”六年在甘肃，因为老伴被分配到甘肃，我也就跟去了。我60岁退出工作第一线，到宏观经济研究院去做经济理论工作，到67岁才离休。

青年时代的周荧

回顾往昔，在交大一年的岁月是短暂的，但对我一生的影响却是深远的。首先，从那时起，我确立了正确的政治方向，树立了为共产主义奋斗终生的人生观。从此，理想永存，信念不移。二是进一步培养了我勤奋刻苦、一丝不苟的学习精神。在以后的学习中受益匪浅。三是培养了我敬业奉献的精神。参加工作的几十年，我一直在计委系统兢兢业业地从事经济计划、经济预测和经济理论研究工作，以自己掌握的马列主义理论和业务知识为社会主义建设贡献了一份微薄的力量。四是树立了诚挚朴素、严于律己的作风，坚持襟怀坦白、堂堂正正做人。饮水思源，深深感谢党对我长期的培养，也深深感谢母校的培育之恩。

半个世纪过去了，我已年逾古稀，从朝气蓬勃的青年进入了双鬓斑白的老年。生命是多么有限，而共产主义事业远未完成。在为人生画上圆满的句号之前，我要努力做到以下三点：一是保持革命晚节，终生坚持真理，坚信马列主义；二是永葆革命青春，在力所能及的条件下，尽可能发挥一些余热。我们老两口的收入不低，但是我们从来不铺张浪费。比如说我们出去，孩子都说你打的吧，何必坐公交车。我说我们不是出不起打的费，除非到医院去打个的，否则我们都是坐公交车，我们没有为自己过分花费的习惯。现在，我们每年都去交特殊党费。我们国家灾情很多，往往一个旱灾过去，又来一个水灾。但是，一方有难，八方支援，这是我们国家的宝贵传统；三是力争身心健康，关键是保持健康的心态，并加强体格锻炼。“革命人永远是年轻”，让我们的晚年生活中永远充满着青年时代在交大时那样的青春活力。

对青年学生的一些建议

说到对青年学生的建议，我觉得首先要在学习期间打下扎实的专业基础，同时也要在实际工作中学习提高，拓展知识面。比如说，我搞经济工作，并不是在一个地方工作，也是常常调换的，哪里需要你就去哪里工作。你不能说我知识面很窄，我不知道，我不去。这样是不行的，你必须在实际工作岗位上进一步学习提高，努力拓宽自己的知识面。二则，工作岗位也会有变动，不可能一辈子就搞一件事。我从人民大学毕业后，主要在国家计委系统工作，但是具体工作也是有变动的。开始是在国民经济综合局，搞综合平衡，研究工农业比例关系等。后来要搞经济预测，要我组建经济预测中心。这就需要在工作中快速拓展提高。比如，经济预测要用电子计算机，我去搞经济预测中心的时候，计算机才刚引进来，我根本没有接触过，完全要从零学起来。电脑建模型，我的知识储备不够，怎么办，从头学起。开头真是非常艰苦，我根本不休息，没有礼拜天，没有节假日，整天就是学习，学数学，学电脑。那时招进来的工作人员，要么就是学理工的，要么就是学经济的，没有人两样都会，我学会之后，就开始带他们，学数学的我就跟他讲经济，学经济的我就跟他讲数学，缺什么补什么，这样培养了一批年轻人。那几年是很辛苦的，那时候我已经50多岁了，即使这样，我还是要在工作岗位上不断学习新知识，这样才能使自己从外行变成内行。不然你自己都不懂，怎么领导别人啊？你自己实际工作都不会做，怎么去指导别人啊？创建经济预测中心，我一干就是4年，也算是开辟了一个新的工作领域。

我还有个深刻的体会，一个人需要历经磨炼才能逐步成长。我参加工作以来，组织上对我很爱护，但也让我去到不同环境经受锻炼，使我不断成长。我自己回忆主要经过这么几重磨炼：一个是前面讲过的奔赴解放区途中遭遇突袭，这是我第一次直面枪火的考验。第二个是从淮安到皖北的长途行军。一路上都是步行，脚底都磨起了血泡。因为下雨，我身上都长了虱子，那时叫"革命虫"。晚上睡在老乡用玉米秸铺的地铺上。生活很艰苦，但是我们都没有叫苦。同志们都很友爱，我比较弱，很多人都来帮我，像邢幼青就帮我背背包。过独木桥，我也不会过，很长的桥都是别人拉我过去的。这个时候我就感觉到了党和群众的鱼水之情和革命大家庭的温暖。还有，

邢幼青、周荧夫妇(前排)与母校采访人员合影(后排左起：漆姚敏、朱恺、程凯莉)

到皖北农村参加反霸反土匪，到生产第一线参加劳动锻炼，这些都是实际工作中的磨炼。我觉得，这些磨炼，对于一个从小在大城市长大、生活无忧最起码是温饱没有问题的女青年，是很好的教育，培养了我吃苦耐劳的精神，锤炼人的意志、增强对人民的感情。我认为知识分子将来在事业上有所成需要这样一些艰苦的磨炼。我想，我们的学校是不是应该为在校学生打好自觉经受锻炼的思想基础，上学期间就养成这样的自觉性，能使他们在人生路上克服困难不断成长。毕业以后，我比较主张的是大学生去基层体验，只有经受磨炼，有了吃苦耐劳的精神，才能把责任承担起来。现在国家选拔机关干部的时候，不是都到基层去选吗？我们需要经过基层锻炼的干部。

孟树模

孟树模，1927 年 10 月生，江苏常州人。1947 年 9 月考入交通大学工学院造船工程系。在校期间参加革命工作，担任交大民众夜校校长。1949 年 4 月加入中国共产党。1951 年 1 月被抽调至徐汇区委参加工作，历任中共徐汇区委宣传部干事、科长，统战部副部长，组织部部长，区委委员。1956 年 9 月调至上海造船学院，历任上海造船学院船舶制造系总支书记、党委常委，交通大学（上海部分）党委委员、船舶制造系总支书记、机械系总支书记。1960 年起历任上海交通大学第一、二、三届党委委员，生产管理处、科研生产处、总务处、技术物资处副处长，后勤组负责人，副校长兼基建办公室主任，第五届党委常委等职。1983 年 7 月调任上海市计划委员会副主任，期间被市计委机关党委评为 1987 年度优秀党员。1988 年春当选为第九届上海市人大代表，同年 8 月任第九届上海市人大常委会委员（驻会）、财经委员会副主任委员。1993 年 8 月被评为高级经济师。1994 年 7 月离休。

采访中，孟树模回忆了个人成长经历，讲述了他接受进步思想影响、参加交大民众夜校工作、在革命熔炉中锤炼成长的故事，回顾了改革开放初期上海交大突破发展瓶颈、重振雄风的改革历程。

一生交大缘

口述：孟树模

采访：孙　萍、胡　端、刘　昀

时间：2011 年 7 月 23 日

地点：上海孟树模寓所

记录：刘　昀、孙　萍

编者：孙　萍

苦难童年　国恨家仇

我 1927 年出生，出生后前十年的命运已经和国家的命运联系在一起了。当时我父亲孟君谋在东方图书馆工作，母亲丁愈昭在商务印书馆工作。1932 年 1 月上海“一·二八事变”爆发，日本人突然在宝山发起进攻，把商务印书馆和东方图书馆烧了，这很可能是有预谋的，因为这两个地方是我国很重要的文化机构。我家就在那儿，当时整个家都没了，只有人逃了出来。那时我父母结婚没几年，这突如其来的变故使我母亲深受打击，健康状况受到影响。后来她患了肺病，在抗战前就过世了。1937 年，我父亲在联华电影制片厂工作，我们家住在斜土路。不幸的是，“八一三事变”后，这第二个家也被毁了。9 月，我父亲和一批电影工作者奔赴四川成都、重庆，去做抗日宣传。我和祖母、小叔父、弟弟 4 人则从上海逃难到常州。那个时候我 10 岁，小叔父比我大 8 岁，弟弟比我小 6 岁。我们 4 人相依为命。没几个月，日本人打到常州。常州老家的房子也在战火中被毁。我们又从常州逃难，经过扬中和南通，再回到上海。所以这 10 年间，3 个家先后都毁在日本帝国主义的炮火下。

父亲孟君谋、母亲丁愈昭和妹妹逢清的合影

回到上海后，父亲不在身边，我们没办法生活。比我大 10 岁的姑母已是地下党员，正从事难民收容所的工作。抗战时上海有几十万难民，慈善机构建了很多难民收容所，难民们依靠慈善救济过日子。1938 年春天，我们住进了难民收容所，我和祖母、小叔父、弟弟 4 人分开住在两个地方。祖母他们 3 人进了普通的难民收容所。我 11 岁，已是读小学五年级的年龄，所以进了难童收容所，在那里一边生活一边读书。当时，我患了一身疥疮，很厉害，到现在还留有瘢痕。我在难童收容所一共住了三年半。

后来，我父亲从重庆汇来一笔钱。整个抗战八年，由于战火阻隔，我只接到父亲一封家信和一笔钱。我就是靠这笔钱，念了一年正规中学初中三年级的课程。我先在复旦中学读了半年。1941 年底日本军队偷袭珍珠港、对美宣战以后，日军占领了复旦中学。我就到培真中学读了半年书。当时培真中学的校长是地下党员、后来出任上海中学校长的叶克平。父亲寄来的钱用完后，我经亲戚介绍去做练习生，以解决自己的生活吃饭问题。直至抗战胜利后的1946年初，我父亲和继母吴茵从重庆复员回上海，我才重新上正规的学校，又考进复旦中学，从高二下读到高三，1947年7月高中毕业后考取了交大。

工业救国　报考交大

我为什么要报考交大造船系呢？因为我终究不是正规学校读上来的，基础比较差，英文比较困难，所以我想选择一个比较有把握、能考进交大的专业。我去请教了同学的哥哥，他已是交大三年级学生。他说交大机械、电机是老专业，入学分数很高，他建议我报考造船系，录取分数相对低点。当时，我们很多同学都有工业救国的思想。如果我没有考取交大的话，我会读复旦大学的土木系。因为我从复旦中学毕业时，在180多名学生中排名前八。而复旦中学与复旦大学有关系，都是李登辉做校长，所以我可以被保送去读复旦大学。我之所以选择交大造船系，就是因为我想读工科。

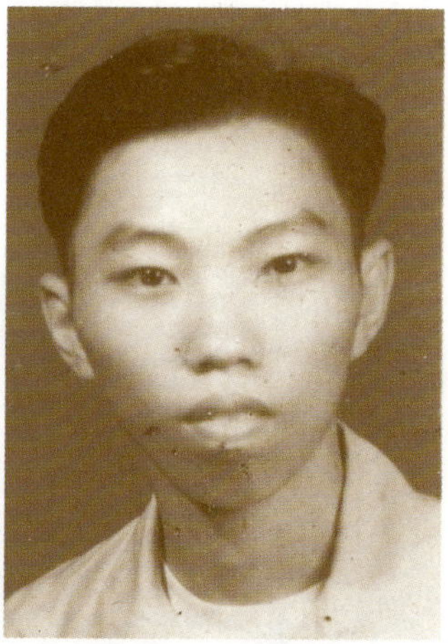
大学时代的孟树模

我在交大读书遇到很大困难。当年交大是英文授课，教材也大多是英文的。而我此前只读了两年半的正规学校，英语底子不好，所以我经常到校外找英文教材的中文版来看。

造船系老师很多是兼职的。例如，辛一心教授是造船界一位很有水平的专家，课上得很好。他除了在交大任教，同时在上海招商局工作。每次他清晨7:30来校上课，上完课就离开了，课后与学生的交流较少。杨俊生教授是中华造船厂的老板，也是兼职的。系主任叶在馥教授，他的主要工作精力也在校外。

思想启蒙　追求进步

说到进步思想的启蒙，我在难童收容所就已经接触到进步思想了。因为难民收容所里都是穷苦的老百姓，我们党一贯坚持走群众路线，所以抗战一爆发，有一大批难民来到收容所，我们党的力量就进入各收容所，把这作为一项重要工作来抓。我住的难童收容所就有党支部，只是当时我们并不知晓而已。收容所里教救亡歌曲，读《西行漫记》《小瘌痢》等进步书籍。我在难童收容所里算年龄比较小的。年龄较大、本人自愿参加革命的很多同学，经党组织安排，被输送到解放区，参加新四军。20 世纪 80 年代担任上海市委副书记的杨堤同志，当年就和我待在同一个难童收容所，他比我大四五岁。

工华收容所的难童观看抗日节目

我住的先是工华难童收容所。该收容所负责人是丁佩瑜，其爱人是后来任上海市委常委、组织部部长的周克，当时周克也是负责难民工作的领导成员之一。1939年，我进入上海慈善团体联合救灾会（简称“慈联会”）专为难童设立的、党领导下的红色学校——慈联职业中学学习和生活。我在工华、慈联住了两年半。此后随着抗战形势的变化，日本人势力逐渐渗透进上海租界。收容所经费困难，日渐难以维系。党的部分队伍撤退至苏北，比如我姑母撤退至南通从事地下工作。党的力量弱了，敌人力量强了。到1940年夏天，慈联中学的党组织被排挤出去，原有的教职工全部撤离，由另一家慈善机构国际红十字会上海难民救济协会接办，改名为协济中学。具体接管校务的是上海买办虞洽卿的孙女婿陈宪谟，他政治倾向反动，学校完全没有进步思想。1941年我离开了协济中学。

抗战胜利后我就读复旦中学，一开始学习不适应，高二下学期学业负担比较重。到了高三就好点，我开始参加学生运动，如1947年初的抗暴斗争、1947年5月“反饥饿、反内战、反迫害”运动等。这和后来在交大参加学生爱国运动就衔接起来了。复旦中学也有地下党的力量，不过当时我不知道。

1947年入学交大后，我参加学生运动更多了。学生基本任务是什么？读书呀。搞学生运动是迫不得已，不起来斗争不行啊。很多交大学生不是简单地从小学、中学到大学，有的是从军复员回来，有的在社会上做过事情，经过一番历练后再上学。社会的实践是最深刻的教育。有些同学从重庆复员回来的路上看到老百姓生活得很苦，看到国民党对日本兵的放纵；在上海看到国民党的灯红酒绿，汉奸摇身一变成为接收大员；看到美国大兵在马路上打死黄包车夫……有正义感的学生怎能不气愤？学校里还有很多社团，都是培养和锻炼人的地方，很多成员在社团里交流学习马列主义理论的体会。一般站在学生运动前列的都是好学生。因为交大有一个传统，只有功课好的学生才能当班长，同学们选代表都选功课好的。而交大学生都是工科生，大多也是穷学生，他们勤奋好学、踏实认真，绝不好高骛远，始终一步一个脚印，凡事真正弄清楚后就认准了这个理，不屈不挠地坚持下去。我们学生尊敬老师，老师也爱护学生。交大校长和老师大多是工程界有名望的专家学者，富有爱国心、正义感，不会跟着国民党去吓唬、镇压学生，而是保护青年学生。所以在党的正确领导下，在交大爱国主义传统的熏陶下，一批又一批的爱国知识青年成长起来。尽管国民党要镇压学生运动，要来抓人，在党的领导下一批批学生骨干调离交大隐蔽起来，或被输送到解放区，走了一批又有一批顶上来，始终能够把学生运动组织好，继续斗争下去。因此，交大的学生运动能够发挥“民主堡垒”的作用。

我家庭的进步思想对我也有很大的影响。介绍我进难童收容所的姑母是党员，两个叔父也是党员。一位是和我一同逃难、比我大 8 岁的小叔父，他是在难民收容所入党的。一位是比我大 12 岁的叔父孟波，他在抗战以前专门从事救亡歌曲创作宣传，后在苏北任新四军抗敌剧团团长，到延安任延安鲁艺教员、戏剧音乐资料室主任、延安中央管弦乐团指导员。还有就是我的父母，我父亲孟君谋从重庆回来后，在联华影艺社、昆仑影片公司工作。他们拍的都是进步电影，比如《一江春水向东流》《乌鸦与麻雀》《万家灯火》《希

1949 年初，上海昆仑影片公司经常组织进步人士举办星期晚会，公开揭露政府的黑暗统治。这是一次晚会后在电台集体留影（前排左四是吴茵，后排左三是孟君谋）

望在人间》等。我们搞学生运动时，组织同学们观看过电影《一江春水向东流》。当时我家就住在电影厂，我带同学去电影厂观看拍片，还请电影厂同志来校帮助学生排演话剧。

概括而言，我进步思想的形成受到三方面的影响。第一，整个国家和民族的命运和我自身是紧密联系在一起的。国家遭难，我也遭难。第二，我从难童收容所接受进步思想的影响，直至进入交大参加学生运动及民众夜校的工作，在“民主堡垒”的革命熔炉里锻炼成长。第三是家庭的影响。虽然我没有追随父母从事艺术之路，但家庭的进步思想对我有很大的影响。

夜校工作　锤炼成长

从1947年9月入学交大到1948年上半年，我积极参加学生运动。我们进校时，经过护校运动、“五二〇”大逮捕，国民党疯狂镇压爱国学生活动，严禁10人集会，很多进步学生撤退，学校进步力量受到一定的削弱。1947年冬天，我参加了党组织发动的救饥救寒运动，将募捐所得的寒衣送给劳动人民。接着我参加了1948年1月的抗议九龙暴行大游行。通过这些活动，冲破了政府当局的禁令，学生运动再次走向高潮。1948年3月，学校放四天春假，学生自治会组织学生到杭州春游，祭扫于子三烈士墓。我参加了这次活动，接受了很好的教育。接下来是轰轰烈烈的“反美扶日”运动，交大师生与上海市市长吴国桢进行质询与反质询的斗争，最后交大学生自治会通过召开“反美扶日”公断会，取得斗争的胜利。组织“反美扶日”游行时，由于国民党军队包围学校，交大队伍采取了校内游行的方式。当时我在交大民众夜校教儿童班，夜校的工作分量不重。我同时是交大生活社的成员。交大校内游行的当天，我从学校后门篱笆钻出去，来到外滩参加了校外的游行，并将校外的一些信息带回学校。到1948年下半年，我在夜校方面的工作逐步增加。同时，整个交大学生运动转入到深入班级，加强班级工作，护校应变，迎接解放。

我参加交大民众夜校工作开始于1948年初。那时我读一年级，住在中院底楼最靠东头的一间大宿舍内，房间里放了33张双人床，床挨着床，住着66名学生。当时学生宿舍很紧张，有的学生进校后没地方住，交大学生自治会就帮助同学争取宿舍。1948年初的一天，工业管理系二年级学生周蔚芸来到我们宿舍，问谁愿意去夜校义务教书。经周蔚芸动员，我去夜校当教员，开始教儿童班，接着教成人班，后来参与夜校的工作。教成人班时，很多同学都是工人学徒，还有些女同学既没有文化，又找不到工作。女同学上完课回家，路上会有流氓挑衅骚扰，同学们就三五结伴回家，有时由我们老师护送回家。在夜校工作，接触工农群众，尽管我们文化程度比他们高，但是他们处在受剥削的第一线，饱受阶级压迫和国家苦难，他们的悲惨遭遇也教育了我们，让我们认识到读书不能只是为了个人前途，而是要为劳苦大众服务，必须走革命的道路。

至1949年2月，我参加党的秘密外围组织“交大新民主主义青年联合会”（简称“新青联”）以后，因夜校前任校长黄香国于1月份经党组织安排撤退至解放区，就由我接任交大民众夜校校长。4月，经张培性介绍，我在夜校加入了中国共产党。张培性是土木工程系四年级学生、夜校成人班教师。此后，我在张培性的直接领导下开展党的工作，张培性的直接领导人则是电信管理系四年级学生穆汉祥。当时地下党员之间没有横向联系，只有单线联系的两三人，就是联系自己的同志和自己联系的同志。这是组织纪律！但我们心中有数，知道穆汉祥是党员。4月30日穆汉祥被国民党特务逮捕后，组织上就告诉我们：“穆汉祥同志被抓了！”但我们心里并不慌张，照常开展夜校工作。因为穆汉祥是夜校的创始人，他在学校的活动及在夜校的工作我们都看在眼里，我们对他是完全信任的。

1949年3月，交大民众夜校整个党组织关系从学校划到徐龙区委徐汇分区委。穆汉祥任徐汇分区委委员，这是我们后来知道的。夜校党支部在徐汇分区委领导下迎接解放。为维持社会治安，防止敌特和坏人破坏，夜校的党员和“工协”会员、“新青联”成员等对交大附近地区的工厂、街道里弄、棚户区进行社会情况调查。调查的内容主要有国民党驻军的防务、敌伪资产、地方保甲组织、反动人物和地痞流氓以及工厂、仓库、学校等方面的情况，及时向上级汇报。根据上级党组织关于建立人民保安队的指示，交大民众夜校组成一个中队，下设四个分队和一个救护队。中队长是江涌林，政委是张培性，我和罗普生、王善庆、曹晨旭 4 人任分队长，救护队长是徐寿铿。人民保安队的主要任务是配合解放军站岗放哨，维持治安、支援、引路、护厂和救护等。临解放时，我们分别住在昆仑电影制品厂摄影棚、虹桥路棚户区、华山路南段的一处空房内，等待行动命令。5 月 25 日凌晨，人民解放军进驻徐家汇一带。天亮后，我们带着袖标到达指定地点执行纠察任务，不分昼夜协助解放军维持社会治安，发现国民党散兵或可疑分子，就协助解放军进行抓捕。几天后，人民保安队完成任务，宣布解散。

上海解放初期，为纪念英勇牺牲的穆汉祥烈士，交大民众夜校改名为“汉祥民众夜校”，我们继续在夜校工作。当时全国上下开展扫盲运动，夜校学生人数大量增加。民众夜校在虹桥路八区中心小学内和徐虹北路虹桥路口先后办了两个分校，又在虹桥路平民村建立了儿童福利站，并新增了一批交大同学来夜校任教。我的工作也增多，要跑教育局取得他们的支持，联系夜校经费等。1949 年 7 月到 10 月，我由徐汇分区委指派，参加了中共上海市委党校第一期的学习。市委党校设在原正始中学校址（现上海交大法华校区）。上海市委组织部部长王尧山兼任校长，马飞海任教务长，上海市市长陈

孟树模接受母校采访

毅来党校讲过课。我去党校学习的时候，王善庆任夜校的代理校长。我学习回来后，继续任夜校校长。大约到1949年底，夜校整个党支部回到学校，我的党组织关系也回到了交大。1950年春，党指出大学的主要任务是培养建设人才，大学生不宜参加过多的社会活动。市教育局社会教育处派人来参加夜校工作，进行交接。一个学期后，到1950年秋季，民众夜校交由市教育局接办，改名为“三十四工人夜校”。

亲历改革　见证发展

1950年9月，我升入四年级。10月，抗美援朝战争开始，交大学生响应党中央号召，在校园内掀起参加军事干部学校的热潮。我也踊跃报了名。在这一年，中共徐汇区委刚刚新建，很缺干部，就从交大报名参加军事干校的学生党员中调了一批人到徐汇区委。我们系报名参加军事干校的同学，就我一人被调到徐汇区委，其他同学去了部队，都在海军。剩下一半同学到1951年毕业，后来大多搞民用船舶等。就这样，我在1950年底就调离交大了，一直在徐汇区委工作。1956年9月，我突然接到通知，把我从徐汇区委调到上海造船学院。当时国家号召“向科学进军”，上海造船学院正式成立，需要干部，就把我调去了。以后，上海造船学院并入交通大学上海部分，1959年交通大学上海部分独立建校为上海交通大学。从1956年到1983年，我在交大工作了27年。1978年7月到1983年7月，我担任了5年上海交大副校长，亲身经历了学校改革开放初期的建设与发展。

交大20世纪50年代经过院系调整，经过西迁，很多院系调整到其他学校，学科力量有很大的削弱。理科调出去了，变成单纯的工科，造船学科很强，但其他学科不行。世界科技发展很快，可是中国高校在“文革”十年中被耽误了。所以上海交大的改革不仅仅是管理改革，更是如何重振交大雄风，教学科研能够跟上时代的步伐，重新把交大真正办成中国知名的大学。粉碎“四人帮”以后，党委书记邓旭初带领我们去拜访清华、北大的领导，听听

父亲孟君谋、继母吴茵与儿女合影(后排右一、右二为孟树模夫妇)

他们的想法,一心想要把交大搞上去。

在中美尚未建交前,经批准,1978 年 9 月至 11 月,上海交大率先组团访美。这与六机部部长柴树藩的支持是分不开的。我们认为交大是一所综合大学,起初划归国防科委主管,为军服务,还是比较宏观的。后来划归六机部领导,六机部只管船,太专了,什么专业都要带个“船舶”的帽子。所以学校感到体制不顺,想要改变领导关系。邓旭初到国防科委和六机部去反映。刚巧柴树藩同志出任六机部新部长,他思想开明,工作思路开阔。他听取汇报后,建议交大先不要离开六机部,但因交大是综合大学,部里应该支持并帮助交大有更大的发展。他动了个脑筋,请分管国防的国务院副总理王震同志兼任交大校务委员会主任。王震说,我当主任,你就当副主任。1978 年 5 月,王震正式兼任交大校务委员会主任,柴树藩兼任副主任。这对交大改革、开放和发展是关键一步。交大地位提高了,到各方面去呼吁也比较容易,得到的支持比较多。紧接着,交大率先组织教授团赴美访问,了解国外高校情况,并与交大美洲校友会建立联系,让校友了解祖国和母校现状,从资金、信息、人员等方面提供帮助，使学校在教学科研方面有进一步的发展。

包兆龙图书馆也是柴树藩牵线引资的。他先征求邓旭初意见，问学校需要什么。邓旭初一想，学校图书馆太小太老，需要建先进的图书馆。然后，柴树藩找机会向香港船王包玉刚提议，包玉刚同意了。在一次来北京访问时，包玉刚将捐赠信函递交给邓小平，小平同志接下来了。于是，学校建成了包兆龙图书馆。在当时中国高校，用个人名字来命名受赠建筑物，这还是第一次。包兆龙图书馆馆名是叶剑英同志题写的。这些都是交大改革的大手笔。包玉刚赠款 1 000 万美元是分 8 期给的。柴树藩要求，图书馆一定要建设好，建造费用不能超过捐赠款，还要留 200 万美元下来。因为当时有很多基本建设都是超额的。交大硬是控制好，所以后来学校能够用余款在闵行建了包玉刚图书馆。这样，打开了校友捐赠的通道，对学校发展很有利。例如在美籍校友倪军的大力推动下，学校与美国密西根大学携手合办交大密西根学院等。一路走来，学校对外开放交流的路子越走越宽广。

孟树模夫妇与母校采访人员合影(左起：胡端、孟树模夫妇、刘昀)

在学科建设方面，一是恢复理科，从 1977 年到 1978 年，恢复应用物理、应用化学、应用数学和工程力学系。工科院校没有理科作支撑是不行的，理科是基础。二是建立文科，包括人文、美术和音乐等。校马列主义教研室哲学教研组组长陈章亮去校外宣讲“实践是检验真理的唯一标准”，他后来长期担任上海哲学学会会长。三是设立新专业，如张钟俊院士办自动控制专业。学校新设生物技术、新型材料、大规模集成电路、电子计算机、图像处理与模式识别、光纤通信等新专业。

当时教师生活条件困难，住房紧张，工资不如工人。这种局面不打破，是没有办法工作的。1979 年，复旦大学校长苏步青、同济大学校长李国豪、华东师范大学校长刘佛年和交大党委书记邓旭初，一起呼吁教育部给高校放权。这是很震动的。一方面呼吁扩大学校自主权，另一方面学校自身要解放思想，把教职员工积极性发挥出来，把教学科研搞上去。当时学校派我去北京，向六机部副部长张有萱汇报申请每月 6 元的奖金。发 6 元奖金，我们先向上海市申请，市里说，你们学校归六机部领导，要向六机部汇报。张有萱副部长同意了，我回来再向上海市汇报，市里也就同意了。当时发奖金、岗位津贴，钱从何而来？若向国家、政府要，则有困难。我们的做法是自己想办法找钱。学校很多实验室设备除教学科研外尚有余力，就将实验室向社会开放，教师有能力，可开展技术服务，学校专门设立技术服务部。实际上，这就是科技与生产、经济相结合。如阮雪榆的冷挤压技术很受社会欢迎，他所在的教研室开放后，事情多得不得了，模具所就从那时发展起来的。阮雪榆后来能被评为中国工程院院士，与他解决生产实际问题的贡献有关。学校与社会联系了，科技与生产结合了，教师收入增加了，积极性发挥了，水平也提高了。当时学校制订了很多管理办法，如收益如何管理、如何分配，学校财务要放权，教师有工作量制度，干部有岗位责任制，一整套制度联系在一起，慢慢地把学校搞活了。

还有件大事，就是拓展交大校园。交大徐汇校园那么小，学校发展受到限制，怎么办呢？学校曾考虑设法拆除棚户区，在原地扩建，但这一方案代价太大，一直没法实现。20世纪80年代初期，邓旭初带着我们到处跑，到青浦、淀山湖、莘庄、闵行看地。新校区若选得近些，在莘庄拿的地就少；若选得远些，在闵行拿的地就多。最后选在闵行。但一开始困难很大。教师上课，徐汇、闵行两个校区来回跑，相当吃力，教师也有怨言。但从长远来看，开辟闵行新校区是艰难而又英明的决定。学校一步跨到闵行去，不容易。1983年教育部、上海市批准交大建闵行校区时，我已经调离学校，到上海市计委工作。

改革开放初期，对外开放、管理改革、学科建设、建设闵行校区，是关系交大长远发展的几件大事。当时交大管理改革影响比较大，是学校发展的一个重要方面，1984年《政府工作报告》专门提到交大的改革。实际上，交大的改革不仅仅是管理改革。阻碍交大发展有好几个瓶颈问题，都在那时候突破了。通过改革，为学校发展打下了重要的基础。不开放，如何跟上世界科技发展潮流？没有场地，谈何发展？那一时期，如果没有党委书记邓旭初带领交大一班人，从"文化大革命"造成的困境中走出来，为开创新局面打下基础，就不会有交大的今天。

2007年6月29日，孟树模(前排右四)出席上海交通大学纪念中国共产党成立86周年暨《民主堡垒》出版座谈会

勤于思考 善于总结

在我任职上海交大副校长期间，我分管过世界银行贷款项目。世界银行贷款项目就是国家给你资金去建设，贷款的钱由国家来还。改革开放初期，国家财政很困难。学校能够得到一笔世界银行贷款，用于购买设备、培训人员，加强实验室建设，在某些领域跟上世界先进技术发展潮流，这在学校发展史上是比较重要的一件事情。对国家来说这也是件大事，很多学校都是靠这笔贷款，获得一定的发展。世界银行贷款项目有一套科学的办法。教育部成立专门机构，我们学校也成立世界银行贷款项目领导小组，我是副组长。教育部开会，我和学校有关同志去参加。项目的资金除购买设备外，为了用好设备，还拿出一定比例的资金用于人才培养。通过世行贷款项目派遣出国进修的人员，是学校里较早出国培训的一批人。当时体育馆旁边的计算中心，就是通过世行贷款项目建设起来的。购进电子计算机，要看哪家公司的计算机质量比较好、价格比较合理。中国把所有高校需要购买的计算机合在一起，在世行贷款项目中在世界范围进行招标。整个世行贷款项目做得比较成功，各高校都按照项目要求认认真真地去做，效果比较好。

我们做工作很重要的一点，就是在工作过程中设法留下点东西来。改革开放以后，学校实验室工作有了很大的发展。实验室对外开放，工作人员积极性得到发挥，实验设备得到较为充分地利用。1982 年，我建议创办《实验室研究与探索》刊物，用于研讨交流如何把实验室工作做好。我感到，实验室工作是学校工作很重要的一方面，但它常常不被重视。那时，我校设立了实验室管理处，专门研究如何加强实验室建设与管理，所以办了这一刊物。现在，它已发展成一棵大树，是国家级权威刊物。夏有为同志长期担任该刊物主编，做了很多工作。他原是材料力学实验室主任，他那实验室搞得好。所以我认为，工作中要把实践过程的经验总结上升至理论高度，以支撑其长远发展。

1983年我调任上海市计委副主任以后，做过一项《人才预测》工作。因为十年浩劫，粉碎“四人帮”以后人才断层，专业人才缺乏，大家都有此概念，但具体情况不清楚。国家有关部委要求对专业人才情况进行调查，布置了这一任务，要求各省市层层汇总，向中央提供数据。在我们上海市，我和上海市教委副主任奚心雄具体负责此事，上海市副市长谢丽娟主管这项工作，工作成果要递交到市委，在陈国栋书记那里讨论。我们打算把工作做得更扎实些，在当时计算机尚未普遍使用、一般都是人工制表的情况下，率先使用计算机进行基础数据的汇总，以确保数据不流失，并在此基础上开展研究，后来我们这一项目获得国家科技奖励。当时我们从高教局抽调一批人从事这项工作，后来我又建议成立智力开发研究所，把这支队伍保留下来。该研究所隶属于教委办，设在教学科学研究院下面，专门研究如何开发智力，其工作有了很大的发展。因此当我们面对一项任务时，不仅仅单纯地完成任务本身，而且要研究如何做得更好，研究其潜在的好处。比如通过人才

孟树模夫妇全家福

预测，可以了解缺乏什么人才，如何补救，如何规划，怎样分配基建经费等。后来，我们计委根据人才预测来规划高校在未来五年内需培养多少专业人才，然后将培养规模、基建经费直接切块给教委，再由教委批给各个高校，这样避免了层层审批，大大提高了效率。我在交大工作时深有体会，在当时计划经济体制下，学生分配、基本建设等各项工作都需要到上级部门去审批，具体操作往往掌握在中央某部委下面某个处某位工作人员手中。这种审批制度是有弊端的。因此，上海市计委将人才培养规模、基建经费等切块给市教委，市教委比计委更了解各高校情况，由市教委具体审批各高校人才培养规模、基建经费更为适宜。所以说，我们在工作中要善于找出问题症结，并想办法解决它。

宗慎元

宗慎元,1928 年生,江苏宜兴人。1949 年初入党,1951 年于交通大学工业管理系毕业后留校工作,历任交通大学团委书记、校党委委员、动力系党支部书记、人事处副处长等职。1964 年调中央高等教育部工作。曾任国家教委教师管理办公室主任,兼任全国高等学校师资管理研究会顾问;国家教育委员会正司级督学。主编《中国普通高等学校教授人名录》。

在访谈中,宗慎元回顾了从苏州中学考入交通大学的经历,讲述了自己在交通大学接受进步思想、参加学生运动、秘密加入地下党、毕业留校工作的丰富经历,追忆了与彭康校长共事的情况,介绍了自己调到教育部后从事师资工作的情况。

我在交大实现了救国理想

口述：宗慎元

采访：毛杏云、盛　懿、龚诞申、朱积川

时间：2006 年 7 月 19 日

地点：北京大木仓胡同教育部老干部活动室

记录：龚诞申

编者：凌　惠

考大学就考交大

我的籍贯是江苏省宜兴县。宜兴有讲究上学、读书的传统，故乡的青年人对读书都是很向往的。我的父亲在家乡官林镇上与他人合伙开了个小杂货铺，我是家里的老大，下面还有三个弟弟和一个妹妹，一家生计勉强可以维持。在那个年代，国难当头，日本人侵占到了家乡，宜兴一半是敌占区、一半是国统区，新四军也在周围活动。那个时候困难家庭子弟能上个小学就很不错了，我却不仅上了中学，而且还上了省里的名校苏州中学，这是我的运气好！那时候的苏州中学因战乱迁到了官林镇，我小学毕业后，幸运地就近上了这所全省有名的中学，在苏州中学读完初中又直升了高中，抗战胜利时随学校迁到了苏州，一直到 1947 年高中毕业。

苏州中学是一所很好的学校，对学生首先是爱国教育，我们的爱国、抗日思想就是从中学树立起来的。苏州中学的教师讲爱国、讲读书、讲科学，民主自由倒不怎么讲。当时有一些活动，如东北张莘夫事件等等，很多大中小学都上街游行了，苏州中学的老师却说，这些都是政治，你们别去弄，你们也弄不清楚。要救国就是把书读好，今后科学救国。在这样的教育灌输下，我一心读书、不闻窗外事，理想就是好好读书、考上名校。我这样的情况在苏州中学的学生里面是比较普遍的，特别像我们这个班，全都是从宜兴乡下来的同学，更是为了能考出去而死读书，尽管真正考出去的是少数。我的功课基本上都在前列，对考上大学是比较有信心。但要考什么大学呢？在南方，主要是考交大。苏州中学的老师也说，交大的人才对国家建设贡献很大，考大学就考交大。我在心中也认为，能够考上大学的话，最好是交大，其次是清华。我的父母也认为，今后要靠老大来主持这个家，不是主持小杂货店，而是好好读书，考上了交大就不会失业，今后能把弟弟妹妹都带出去上学了，这个家就有前途了。就这样，"考上交大"既能实现我的救国理想，又能解决我的家庭问题，成了学校的教诲、家庭的期望和我个人的追求。

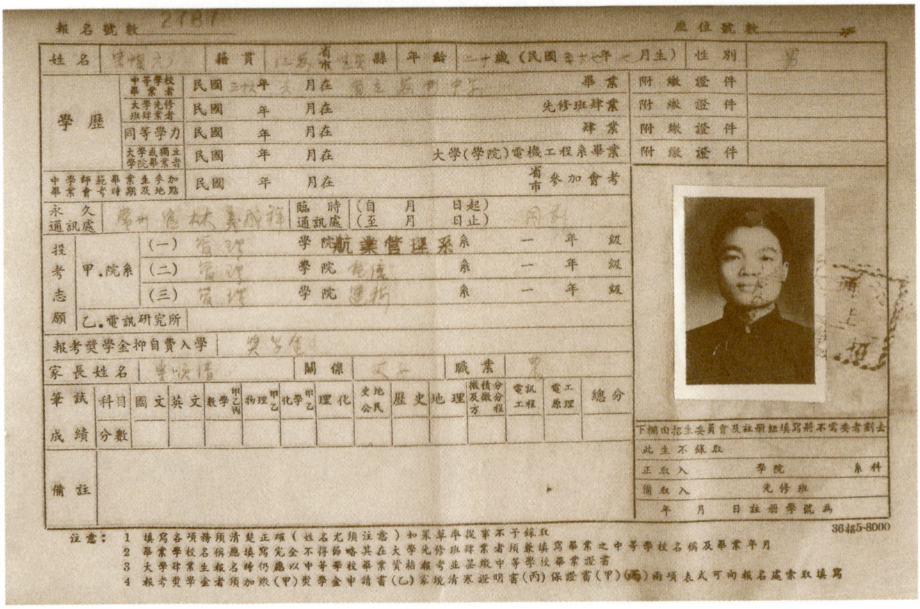

報名號數 2787　　座位號數

姓名　籍貫　省市　縣　年齡　二十歲（民國　年　月生）　性別　男

學歷：中等學校畢業者　民國　年　月在　畢業　附繳證件

大學先修班肄業者　民國　年　月在　先修班肄業　附繳證件

同等學力　民國　年　月在　肄業　附繳證件

大學或獨立學院畢業者　民國　年　月在　大學（學院）電機工程系畢業　附繳證件

中學師範畢業生參加畢業會考時期及地點　民國　年　月在　省市參加會考

永久通訊處　臨時通訊處（自　月　日起）（至　月　日止）

投考志願　甲.院系（一）　學院航業管理系　系　一　年級

（二）　學院　系　一　年級

（三）　學院　系　一　年級

乙.電訊研究所

報考獎學金抑自費入學

家長姓名　關係　職業

筆試	科目	國文	英文	數學甲乙丙	物理甲乙	化學甲乙	理化	史地公民	歷史	地理	微積分及微分方程	電訊工程	電工原理	總分
成績	分數													

備註

下欄由招生委員會及註册組填寫考生不需填寫

此生不錄取

正取入　學院　系科

備取入　先修班

年　月　日註册學號為

36.8.5-8000

注意：1 填寫各項務須清楚正確（姓名尤須注意）如果草率從事不予錄取
2 畢業學校名稱應填寫完全不得節略其在大學先修班肄業者須兼填寫畢業之中等學校名稱及畢業年月
3 大學肄業生報名時仍應以中等學校畢業資格報考並呈繳中等學校畢業證書
4 報考獎學金者須加繳（甲）獎學金申請書（乙）家境清寒證明書（丙）保證書（甲）（丙）兩項表式可向報名處索取填寫

宗慎元填写的交通大学报考单

交大学长的革命启蒙

苏州中学有一位比我高一届的同乡蒋达考上了交大运输管理系，我们从小要好，他知道我想考交大，就建议我早些来交大复习备考。1947 年 6 月底，我兴冲冲地来了上海。第一次迈进交大，第一眼看见古色古香的校门、门前的小河和桥，就忍不住赞叹：交大真气派！能在这读书太棒了！我在校门口两面墙的一边，看到了令人震惊的一幅画——一门大炮的炮口冒着烟，下面一个衣衫褴褛的孩子捧着饭碗在讨饭，上面写着“向炮口要饭吃”！那时正是“反饥饿、反内战”时期，我平时接触的进步思想比较少，受到国民党宣传的影响，对于内战的认识是比较模糊的。所以，在交大看到这幅画震动很大，可以说是终生难忘。

1947 年穆汉祥所作“向炮口要饭吃”巨幅漫画

在校门口有“考生服务团”招呼外地考生，我去询问蒋达的住处，学生就热情地帮我拿着行李去找蒋达。那时交大已经放了暑假，老生住在执信西斋，蒋达他们大一新生就住在西边的新建宿舍，就是现在的研究生宿舍楼的位置。蒋达家里穷，假期他留在学校可以公费吃饭不花钱。我住进他宿舍里的空铺，学习方面可以问他，他也介绍我考什么系科。在那个年代，通常毕业就是失业，但是交大的就业率比较高，一般考进交大就保住了饭碗。清华的毕业生除了留洋就是教书，而交大只要考进资源委员会资助的土木、电机、机械、航空、工管这 5 个系里的任何一个，毕业后工作岗位就没有大问题。

蒋达是运输管理系的，毕业生都分配在铁路上，也是非常好的。他指点我说，工业管理系是5个系里门槛最低的，当然它要比其他理科、工科系门槛都高。我要先保证考进交大，进校后还可以转系。我曾想过报土木系或化工系，听他这么一讲后就报了工业管理系。

蒋达是参加过护校运动的进步学生，他和我详细讲了护校运动的来龙去脉，还领我到上院114教室，详细讲了5月25日晚全校系科代表大会时，警察用斧头砍门、系科代表用桌椅挡门，外面同学赶来声援围住警察的斗争情景。他肯定地说，要是没有学生斗争的爱国行动，就不可能有我们的学校，也不可能有我们的前途。经济紧张是因为国民党打内战，要消灭共产党。救饥救寒、振兴国家，就要先停止内战，而停止内战的责任在国民党。蒋达原先的经历和我相似，思想和我也差不多，他进交大这么短的时间，就在学运的教育下发生了改变。他说的都很有道理，对我的教育很大。我原来以为，国民党虽然腐败，但它终归是正统、是政府，共产党是怎样我也搞不清楚。要停止内战，国民党有责任，共产党也有责任，是各打五十大板。经过蒋达这么一讲，我受到了启发，冲破了国民党、蒋介石在思想中的“正统”位置，开始思考很多问题。进交大准备功课受到了革命启蒙教育，成为我人生道路上的一个转折点。

加入“四〇社”“星光社”

考试后不久，我收到了录取通知，终于考取交大了！家人和邻里乡亲都为我高兴。开学进校后我印象最深的是“四〇社”，这是一个级友会性质的学生社团，是在民国40年，也就是1951年毕业的学生中成立的，所以叫“四〇社”，蒋达是“三九社”。新生大约80％都参加了“四〇社”，它的群众性还是很广泛的。“四〇社”负责人是毛德铭，是一位地下党员，后来成了我的联系人。

开学进校时，学生自治会组织了“新生服务团”为我们服务，其中很多人都是先修班“星光社”的成员，如韩永平等。先修班是前一年没有考上交大但分数比较高的人，也就是预科，有100多人，先修班里就有“星光社”。他们向新生介绍情况，主要介绍护校运动，然后提供学习和生活上的帮助，交大服务处有个文具中心，经常以批发价卖一些用品，正是我们这些穷学生需要的。学生自治会能够密切和学生的关系，与同学打成一片，“星光社”在其中起了很大作用。

工业管理系这届只有我们一个班共33名学生，大部分人都参加了“四〇社”，其中有8个人被吸收为“星光社”成员，我们班也因此成为“堡垒班”，这8人在解放前全都入了党，具体的名字是：谢辰椿、王兆基、王惟元、李均、王天仁、屈永芳、梁相和我。实际上，“星光社”就是“四〇社”的骨干，“四〇社”的一些活动，如学习、议论时事等，都是先在“星光社”中进行的。当时的地下党注重在外地乡下来的同学当中考察积极分子，“星光社”安排我和谢辰椿去参加宿舍斗争活动，当时毛德铭是工业管理系一年级学生中唯一的地下党员，他来联系我，我就这样和他比较熟悉了。他后来因为暴露了，没有毕业就去了解放区，是1948年大撤退去的那批，到解放区后改名徐昶，新中国成立后在中国人民大学研究生班搞工业信息。对于我的进步道路而言，蒋达是启蒙者，毛德铭是引路人，“星光社”“四〇社”都对我影响很深。

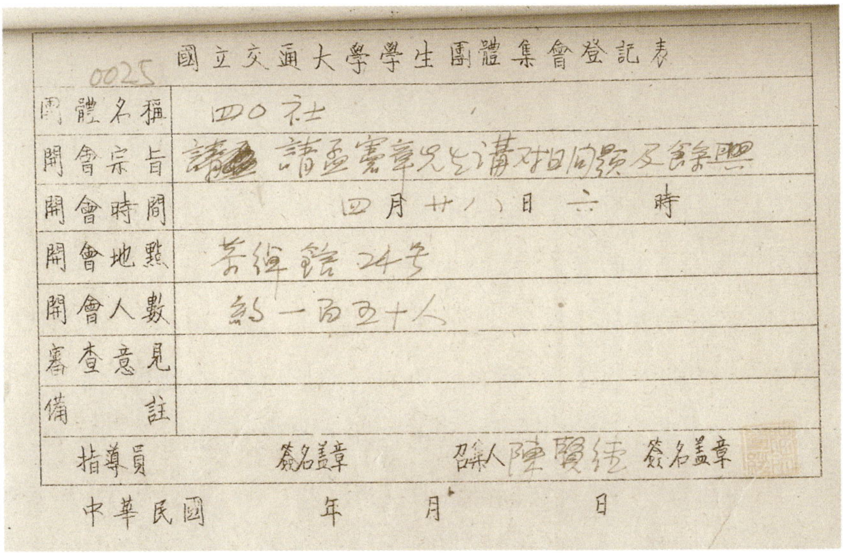
國立交通大學學生團體集會登記表

0025

團體名稱	四〇社
開會宗旨	請孟憲章先生講对日問題及餘興
開會時間	四月廿八日六時
開會地點	[illegible]24号
開會人數	約一百五十人
審查意見	
備註	

指導員　簽名蓋章　召集人陳賢德　簽名蓋章

中華民國　年　月　日

“四〇社”邀请孟宪章先生来交大做演讲的登记表

“合理的就要争”的宿舍斗争

刚进校碰到的第一个问题，就是宿舍问题。这件事我印象很深，学校没有给我们这批外地进上海的学生安排宿舍，“四〇社”和“星光社”就领着我们搞了一场“宿舍斗争”。“星光社”向学生自治会说：学生进来了没地方住怎么办？上院的三楼有间空房子，可以住12个人，原来是准备做化学实验室的。学生自治会要我们先住进去，打地铺。等我们住进去之后，学校后勤来赶我们，我们不走。后勤就找学生自治会了，说学生赖着不走。学生自治会和他打交道：他们怎么办？都是外地来的！照理说这件事应该你们学校负责，你招生了，外地来的应当给他住呀！学生自治会也反复找校长沟通，来帮助我们斗争，我们也推派代表出面交涉。

我们的代表和学校当局争论：既然录取我们了，学校就应该安排我们住宿，招生时可没讲不提供宿舍啊！这点学校是理亏的。当时的校长程孝刚考虑到外地学生不少，有些可以住在上海亲友家，但在上海举目无亲的确实没有办法。另外毕业班还没有离校，毕业生一走就可以腾出宿舍了。经过学生自治会的调解，校长就讲：算了，先住下来吧，实验室今后再另找地方。学校同意我们住了以后，一直睡地铺也不行啊，我们又去找校长，校长说那就解决吧！后勤也没有办法了，只能搬来了双层床。经过斗争之后，这个大房间解决了我们不少问题。

“宿舍斗争”的胜利让我亲身感受到了斗争的力量，20世纪50年代初我还曾在校刊上写过一篇文章《宿舍斗争的前前后后》。在此事之后，学生自治会为学生办实事、主持公道的威信也在新生中树立起来了。从进校后的第一堂课“宿舍斗争”中，大家也得出了一条经验：合理的就要争，要据理力争，还要进行必要的斗争。

宗慎元(左)接受母校采访(右为毛杏云)

“救饥救寒”的阶级教育

1947年的冬天特别冷，下了大雪，报纸上常刊登路边发现冻死者的消息。那时内战打得很激烈。我们组织同学利用寒假开展“救饥救寒”活动，作为“反饥饿、反内战”的具体行动。我们分成三路：第一路到学校附近的贫民区去慰问受饥受寒的人；第二路去居民区募捐衣物；第三路去到繁华的酒店、舞厅等有钱人出入的地方去劝募。我参加的是第三路，我以前只去过路边的小吃店，从未去过大酒店，更不知道舞厅是怎么回事情。大家就说：我们也应该进灯红酒绿的地方去，看看那批醉生梦死的人究竟是什么样！我们只看到了穷，总也要看到富，要有穷富的对比，进行一次阶级教育。我们先去了一家舞厅，由上海话说得好的同学来做开场白，说是交大同学来救饥救寒的。那时交大在老百姓当中是很有威信的，一提起学生运动就是交大，交大学生是好样的！舞厅的领班听到是交大学生，就让音乐停下来，跳舞的人也停下回到座位上。我们上去讲了饥寒的情况，说了一番道理，希望大家伸出援助之手，有钱出钱、有衣捐衣！当时只有少数人零零落落拍了几下手，并且有反应的大多是一些女的，可能是舞女，她们也是穷人，那些男的、阔佬们鼓掌的很少。我们拿着盘子一个一个募捐过去，那些人态度都很冷淡，也有些人摸了一点钱出来。转了一圈后我们说了谢谢就出来了。后来又去了一家饭店，经理一看是交大学生也同意了。我们同学站到椅子上讲了一样的情况，然后开始募捐。在我的印象中，饭店的人比舞厅的人拿得多一点，虽然也不是很慷慨，但是会多一点。跑了两个地方大约用了两个小时就结束回去了。

这次的阶级教育来得比较深刻，大家感想很多，所以开了两次座谈会。去贫民棚户区访贫问苦的同学特别有感触，讲得都掉眼泪了。去居民区募捐寒衣的同学讲了里弄的人们都很热情，特别是那些保姆，都想办法拿了一些主人的旧衣服出来。我们去酒店舞厅的同学讲了灯红酒绿的地方阔佬们的态度。最后，大家都感到国家的贫富差距太大，不改变不行了。实际上，这场阶级教育不仅进行了贫富对比，还谈及了根源，国民党不好好治理国家，发动内战。我们也认识到，为了国家的兴旺，每一个同学都应该来参与这场斗争。那时学校还放了一部电影，里面有一个女孩唱了首歌："月儿弯弯唱九州，几家欢乐几家愁"，我看了就掉眼泪，在平时我是很少掉眼泪的。这部进步电影是配合"救饥救寒"时局进行阶级教育的。

打破对国民党的幻想

1948年的上半年，我印象比较深的是反对美帝国主义扶植日本军国主义势力的"反美扶日"运动。当时在体育馆开的两次会我都去参加了。第一次是学生自治会邀请社会名流来开的，同时还邀请了上海市市长吴国桢来参加。吴国桢真是有一套，在国民党当中还真是个人才。他要插手交大的护校运动，想借助蒋介石的力量扑灭学生运动。我们讲的是两条战线的斗争，他也想知道地下党是怎么来领导学生运动的，要来"灭火"，所以在反美扶日的情况下，他也来参加大会了。他一来就讲，我是公务在身，只能有很短的时间来参加一下，既然学生自治会邀请我，我当然要来。他说你们吃着美国送来的白面，反过来还受共产党的蛊惑。学生听了非常气愤，就来轰他。有人说“你在胡说”！还有人说“你滚蛋”！当时学生自治会负责人就讲，大家还是听吴市长好好说吧。他讲了十分钟左右，留了句“对不起，我还有会，要早一点离开”，讲完就走了。与会的一些民主人士正好就批判吴国桢的嘴脸，说明反美扶日的必要性。第二次就是后面的公断会，由学生自治会出面，邀请社会各界人士对吴国桢的讲话进行公断，评判他的讲话对不对。这些对学生的教育是很深刻的，对我的教育也很深刻，原来对国民党的政府正统的思想完全打破了，对国民党的幻想也完全破灭了。

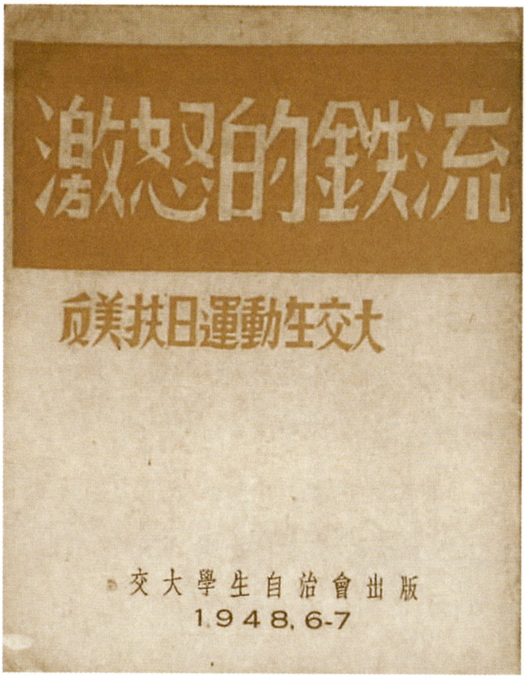

1948 年 6、7 月交大学生自治会出版的进步刊物《激怒的铁流——反美扶日运动在交大》

那时候还有反美扶日游行、纪念“五四”晚会、民主广场营火晚会等很多活动，都是轰轰烈烈、非常热闹的气氛，大家的热情都出来了。对大学生来讲，说理这些斗争形式很重要，游行、唱歌、跳舞、营火晚会等形式也很重要。单单说理也不行，说理斗争与活动相结合起来，就能提高自己在理念上认识问题，这就比较深刻了。

“每日新闻”和“远方来鸿”

1948 年下半年，国民党加强了白色恐怖，我们对敌斗争的形势是急转直下了。当时三大战役如摧枯拉朽，国民党大势已去，对学生鼓舞很大。我们需要把学生引导到关心形势、了解大局，明白今后只有共产党才能救中国，所以组织了一些活动。其中一项是“每日新闻”，由七个班级轮流搞，我们班也参加了。“每日新闻”受学生自治会的学术股领导，有专人收听地下广播、专人编辑出报纸，还有专人制作外文报纸。当时国民党的报纸掩盖事实真相，很多同学就看《字林西报》，但这些东西发出来比较晚，有些内容也不是直截了当的报道，所以我们一定要听新华社的广播。晚上收听，当中做记录，然后做编辑，编成报纸，抄在大张的纸头上。报纸要贴到专门的木板上，就在“学生联谊馆”那儿的四块木板，木板两面都贴好后用滑轮吊上去，这样站在下面就能看到，每天都是第一堂课下课就准时贴出。我们班主要是负责抄写、贴上去和挂上去，一个班级负责一天。抄写是很花时间的，我记得班上有一个叫吴达良的同学，他专门会画形势图，每次报纸的解放战争形势图都由他来画，大家就能看到三大战役中军队打到哪里了。每天第一堂课后都有几百人来看，学生、老师来看，校外的人也来看，还一边看一边议论。后来就加了广播，把报纸的内容通过“九头鸟”来广播，那是一种由 9 个高音喇叭组成的广播喇叭，魏瑚是广播员，我对这个印象也比较深。“每日新闻”在学校中影响很大，解放战争的信息就这样传播出去了。

师生争相阅读“每日新闻”

另外一项叫“远方来鸿”，是指到解放区去的同志写给交大同学的来信。“远方来鸿”有很多，都是介绍解放区的情况，我们就传播给大家看，了解共产党政策是什么、能力怎么样，究竟能不能领导我们的国家。还有就是传阅一批重要的书籍。那个时候，有些同学对蒋介石的几本书印象比较深，而我们这些想要入党的人都想看《中国革命和中国共产党》《新民主主义论》等这样一些书，“星光社”就组织我们看这些书籍，传阅、学习和讨论毛主席的一些小册子，同时还看一些进步小说，如《钢铁是怎样炼成的》等。我主要还是看了这些书之后，对党有了一个理性的认识。原来只知道共产党好、它能够救中国，但总觉得作为一个学生、一个知识分子，我们很年轻，没参加过生产，也没有什么农具、土地，很多东西都还不清楚，是不是要来参与这场革命？通过这些书的传阅和讨论后，知道了党好在什么地方、为什么好，它是一个什么政党，为什么能够救中国，就能够从理性上来认识党，因此我更加坚定了要加入共产党的决心。

上海解放前夕秘密入党

我是在 1948 年底、1949 年初入的党，具体的日子记不起来了，我把自己宣誓的时间记为入党时间。当时毛德铭走了以后，留下一名党员叫王惟元，这个时期我们班上发展的一批党员都是他介绍的。我在班级做了一些工作后，王惟元来找我谈话，问我是不是愿意加入共产党。我说当然愿意了，但是不知道谁是共产党，入党无门啊。他说我愿意介绍你加入共产党，我一听就激动地握紧他的双手！我们原来就是好朋友，平时看他就像是共产党。他说，你简要地写一下入党动机、为什么要加入共产党，这些东西上级讨论过以后就要销毁掉，是不能留的。要入党就要做到两条：一条是自愿参加革命、参加地下党、参加斗争，现在还是白色恐怖，就要不怕牺牲、坚贞不屈；第二条就是今后单线联系、绝对保密。我说这两条我一定做到，我要参加党，要为新中国解放而斗争，当然不怕牺牲，随时准备牺牲！我记得很清楚，那时的文治堂虽然还没有完全造好，但已经可以用了，一些学生的演出也在里面，那里没有门，进出很方便，我们俩就在那里谈了一晚上。过了不久，半个月不到，王惟元就告诉我，组织上已经同意批准你入党了，今后还要宣誓。又过了一个星期，上级党组织派人来了，就在王惟元家里的小阁楼上，来的人也没有讲是谁，戴了一副眼镜，领着我宣誓。我印象很深，这个人是我一生都忘不了的。

我入党后不久，地下党有一批人撤退了，专门有人来联系把我的组织关系转到了学生自治会。不久，解放军就渡江了，上海解放已经指日可待。“四二六”大逮捕那次我的印象是很深的，那天凌晨警钟就开始敲响，把大家都惊醒了，国民党军队同时就进来了。我那时住在新宿舍朝阳的大房间，国民党军队的机枪就架在外面，门口都站了岗哨。每一个房间都开灯，都不让人出来，不能走动。督察队挂着冲锋枪过来，是很恐怖的。有个特务带着人进来，一个是校内的，另一个人是校外的，还带着个黑名单本子。进来就讲，“你们都坐在床位上”“学生证拿出来”，大家一个一个地被叫到他面前，先查面孔是不是照片上的人，然后看那个黑名单，不是就叫下一个，其他的人不能走动。我们房间有十几个人，这次都没有对上，所以没有抓走人，据说按照黑名单在全校抓了一些人。大概一两天之后，国民党军队进校宣布学校解散，所有学生离校。在这样的紧急情况下，本地同学都回家了，外地同学就到熟悉的本地同学家去住。当时我和史维祥、张寿三个人都住到王兆魁家里，他家不算太富裕，但也算是殷实人家。史维祥是我原来在苏州中学的同班同学，毕业那年他因病没考上交大，第二年考上了交大工业管理系，后来曾任西安交大的校长。张寿在交大原来也是工业管理系，后来转到了造船系，王兆魁原来和我是一个班的，后来留班留了一年。我们三个人经常到王兆魁家去玩，对他父母也很熟悉，所以就都住在他家里。

就要解放的时候，有一件印象很深的事情，就是“画地图”。为了配合解放上海，组织安排我再找一个同学，去画徐家汇往西那片地方的地形地貌，包括国民党部队的建筑、碉堡等这些东西都要画，我和王天仁接受了这个任务。我们两个人骑着自行车，一面跑、一面看，还要测比例大小，每天回来都画一张。一开始能够有个样子就行了，跑了三四天以后画得就比较准确了。画好以后交给王惟元带走，也不清楚画的这个地图是不是起到作用。很快，解放军从沪西打进来了。有一天早上，很早，店家都没开门，我们出去一看，马路上都是解放军，抱着枪坐在那里，有的还躺着在睡觉。我和王天仁写过一篇文章《特殊任务》，其中最后讲到，那时主要的还是靠解放军自己的侦察，我们画的地图资料有可能起了参考作用，也有可能时间太紧来不及起作用。解放了，我们真高兴啊！同学们相互传告消息，大家马上就都到学校里来了。

2006 年 7 月 19 日，宗慎元夫妇与上海交大原副校长范祖德(左)合影

特殊的交大文凭

我是 1951 年毕业留校的。这里面还有一件事情：那时学习抓得很紧，毕业班要集中学习，不参加毕业学习班的就不能毕业。当时我是学校的党

《交通大学一九五一级毕业纪念刊》上的宗慎元

总支委员，我估计是组织上考虑让我毕业以后搞团的工作，所以在毕业方案还没下来的时候，就送我去参加团中央办的干部培训班学习。那时我以为组织上给我请假了，就没有去学校毕业学习班请假。等到团中央的学习结束，学校的毕业学习班也结束了。所以，交大1951年毕业生名册的名单和照片里有我，但因为我没参加毕业班的集中学习，只能作为1952年毕业的。这个事只有我知道，别人都不知道，可能到现在他们都不知道。

1951年9月，经过团委改选，我担任了学校团委书记。当时在搞"学习运动"，党委书记李培南亲自担任教师学习委员会的主任，我是学生学习委员会的主任，同时还兼着教育科副科长、注册科科长，管学籍、管毕业生发文凭等事情。当时按照规定，文凭上要加盖注册科科长的图章，工作的同志就来问我："宗科长，你的（1952年毕业的）文凭要盖你自己的章了？"我说盖就盖吧，后来也不管这件事了。这个情况很少有，要去查档案的话是件很奇怪的事情。我说我是51年毕业的，那时文凭并没有拿到，怎么52年还有我的文凭呢？

与彭康同志共事

1952年学校成立了党委，原交大地下党的祖振铨、史维祥、陶钟和我参加了党委。那时候都在搞学习运动，党委书记李培南事务繁忙，对行政上、教学上的事都抓得不紧。1953年彭康来了以后，学校就正规了。我曾住在彭康家里，所以和他比较熟。彭康一来就分配住在康平路一个花园洋房，一楼有个会议室，他住在二楼，他的秘书秦慰祖住在三楼，三楼还有一间大一些的房间，要安排可靠的同志去住，我和祖振铨就住进去了，就在彭康房间的上边。祖振铨结婚以后，剩下我一个人住在那里。彭康事情很多，平时很忙，他喜欢听音乐。我一般不主动去找他，除非他有事情叫我去，比如他的孩子彭城在育才学校读书，叫我代他去学校开家长会。

彭康来了以后要加强对各个系的领导，在各系成立党总支。那时系领导有两部分人，一部分是原来学校的总支委员，一部分是华东革命大学来的一些骨干。1953 年我调到动力系做总支书记，兼任系主任助理。当时彭康的指导思想是，党务要抓，同时行政也要抓。我是毛头小伙子，做系副主任恐怕不行，所以就兼做系主任助理。彭康工作的特点，我的印象是比较深的：一个是他的马列主义的理论知识比较深厚。他讲话从来不用稿子，而且哲学基础也比较好，逻辑思维严密。他在学校里做过一次学习《实践论》《矛盾论》的辅导报告，听过他的报告的人都感觉到他对毛主席的哲学思想掌握得比较好。第二个就是联系实际。当时学校还是运动很多，对教学科研有

交大党委书记、校长彭康和青年教师座谈

冲击，但是彭康比较稳妥，上面组织的运动一个接一个，他都能够结合学校的实际来安排。一方面是联系教学实际，抓教学科研比较扎实；另一方面人的工作也抓得扎实，包括学生和教师。他经常到食堂、到宿舍里去，找学生谈，看见学生就问情况怎么样、学习怎么样。他在人事处成立教师科，专管教师工作，系统地抓。另外，他在教学上还是有一套的，由于我没有直接涉及这方面的工作，所以在这方面的切身体会就不深。不像师资工作，我自己在抓，和他在一起工作，他的特点就比较清楚。

另外还有一点，在掌握政策上面，他不会跟风转。在反右时，学校基本上按照是否赞成迁校来划线的。原来党委的几位同志，包括祖振铨、陶钟和我，认为 1956 年毛泽东发表《论十大关系》以后形势有了改变，不像 1955 年那样紧张，而且上海要搞好也需要交大，就讨论是否留一部分而不是全迁？已经迁的部分可否搞一个分校？我们在党委内部讨论时发表了意见，但不论是公开还是私下，都是按照党委的决定赞成西迁的，不像有些人公开反对。当时有的同志认为，迁校问题之所以搞得这样严重，是党内就有右派。在审查我的时候，林星为我作证明，宗慎元在党委会上一直赞成迁校，在党员大会上还发表意见赞成迁校。不管公开还是私下，都没有听到过宗慎元反对迁校。审查的人就讲，宗慎元在党委会上发表这些意见也是有错误的，但没有讲右倾、更不是右派，所以还照样使用吧。祖振铨那时管教务处，教务处有一批人，包括一些科级干部，都划成右派了，很多人就提出来要把祖振铨划成右派。彭康坚持说，祖振铨是有严重错误，但是按照组织原则来讲，他是在党委会上发表意见，并没有在私下串联。我不大清楚后来是不是把祖振铨报上去了，反正彭康是不赞成把他划成右派的。所以彭康在掌握政策上是根据中央精神办的。

一生都在师资工作上

1955 年彭康把我从动力系调到人事处做教师科科长，我从此与师资工作结了缘。那时我给他组织汇报会，他一个系、一个系地了解教师情况，分析每一个教师的专业、专长，然后考虑怎么发挥他们的特长，也很关心一些人生活上的困难，抓得非常仔细。他对张鸿、朱麟五、周惠九、张立勤、沈尚贤、朱公谨等一些人发挥的作用是比较明显的。后来我到教育部工作才知道，交大是全国高校中第一个成立教师科、建立领导教师工作专门机构的。彭康还搞教师培养规划，认为学校要办好，得有一批教师队伍，队伍不是一时半会就培养得起来的，都是几十年才形成的，所以需要有一个规划，否则就没办法把教师队伍踏踏实实地搞好。交大的教师队伍建设搞规划，恐怕在全国也是首创。

陈大燮、张鸿、宗慎元（左一）等在讨论工作

1962年，教育部副部长刘志载在武汉召开教师工作座谈会，找了几个学校的党委书记，或者负责教师工作的处长去参加座谈会，当时复旦大学王陵处长去了，交大是林星和我去了。在会上，我们主要介绍培养规划，复旦则介绍重点培养，拔一个带一批。刘志载对交大搞规划很感兴趣，说教师搞规划抓到点子上了，师资队伍几十年才能培养出大师来，没有规划怎么能够建

第2版　交大　1957.11.5.

我對交大傳統的看法

教師科科長　宗慎元的發言

第二、解放前的資本主义道路以及解放后的資本主义傾向应当批判。

第三、部分教师在……工作方面的保守、学术……不進以及驕傲自滿……

1957年，宗慎元在校刊发表《我对交大传统的看法》一文

90岁高龄的宗慎元（摄于2018年）

设一支队伍！所以教育部就把交大的规划和林星在会上的发言情况通报了全国。后来，全国都搞师资规划。

学校后来西迁，成立西安交大，教师科就和职工科合并了，成立人事科，我就是人事科科长，1964年通知我任人事处副处长。教育部在1964年成立高教部，为加强师资工作专门成立了一个处。人事司的负责人对我在1962年会上介绍交大师资规划情况的印象深刻，就把我调到高教部任人事司师资处的副处长。后来，人事司又作为政治部的一个部分，在政治部下面成立组织部、干部部、宣传部、马列主义理论部等，师资处就变为干部部下面的师资处。“文化大革命”时，我到了干校，后来有一大批分到基层工作，我就到了内蒙古，做一个教材编写组的副主任。

到了1977年，我又调回教育部，在政治部下面的干部部师资处（二处）做处长，又干回本行了。当时的师资处主要是管高等学校，到了1982年何东昌提出要设

教师司，大中小学一起管。上面不同意成立教师司这个机构，但是1983年成立了高等学校师资管理办公室，是个司局级的单位，我就担任办公室主任。师资管理办公室一开始是干部局代管，1986年大中小学一起管了以后，就独立出来，叫教师管理办公室。我的经历就是一生都投入师资工作上了。

张立秉

张立秉（1928—2017），安徽巢县人。1947 年 9 月考入交通大学管理学院电信管理系。在校期间参加革命工作，当选为学生自治会主席。1949 年 2 月加入中国共产党。1949 年 7 月，被任命为首届交通大学校务委员会委员（学生代表）。1949 年 10 月，被抽调至上海市委党校学习，先后担任上海市徐长区（今徐汇区、长宁区范围）接管委员会秘书、长宁区协商委员会主任秘书。1957 年 4 月，调至北京中国科学院，历任中国科学院技术科学学部办公室副主任、机关党委常委，中国科学技术大学机械厂厂长、基建办公室副主任，中国科学院研究生院教务处处长，中国科学院空间科学技术中心党委书记兼副主任等职。1988 年离休。

采访中，张立秉讲述了他求学交大期间参加爱国学生运动、在“民主堡垒”中锻炼成长的经历，分析了交大成为输送革命思想大本营的原因，还介绍了新中国成立后参加接管工作的经历。

忆母校：输送革命思想的大本营

口述：张立秉

采访：范祖德、龚诞申、孙　萍

时间：2006 年 7 月 18 日

地点：北京张立秉寓所

记录：孙　萍

编者：孙　萍

参加救饥救寒，成立“四〇社”

我祖籍在安徽巢县，中学读的是西北师院附中。西北师院附中的前身是著名的北师大附中，抗战开始后从北京迁往陕西城固，1945 年又从城固迁往兰州。我在城固入学，在兰州毕业。西北师院附中是所名校，校风优良。教我们的老师都是原北师大附中的老师，教学经验丰富。城固是汉中旁边的一个县城，内地清新的乡土环境，没有什么干扰，在抗战时期倒是个读书的好地方。抗战胜利后，民主运动有所发展，但在兰州还是比较闭塞的。我们一般都想考上大学，出国留学，当个工程师，为自身出路考虑得比较多。当年不是统考，高中毕业后我报考了 4 所学校，考取了南开大学和交通大学，最终决定上交大。我读的是交大电信管理系，当时的系主任是郁秉坚教授，他是上海市电信局局长，兼我们的主任。新中国成立后这个系被撤销，并入电机系了。

1947 年 9 月，张立秉入学交通大学电信管理系

1947 年秋我刚进交大的时候，淮北遭遇水灾，江苏、安徽大批难民进入上海。那时并没有救灾机制。灾民挤在棚户区，甚至睡“滚地龙”，即用一张草席卷成圆筒放在泥泞的地上，人在里面睡觉。上海学联发动全市大中学生开展救饥救寒运动。我们交大学生很热情，组织小分队到社会上募捐。这是我首次接触到大千世界，受到极深刻的教育。上海高档住宅区一幢幢豪华小洋房，用高高的围墙铁门围护着，我们去敲门根本没人理睬，有的还放出洋狗汪汪叫，将我们赶走。圣诞节前我和同学到静安寺附近一家歌舞厅去募捐，那些太太小姐根本不理我们。我看到一位太太好像要走，我鼓起勇气走到她面前，躬着腰很恭敬地向她募捐，她不屑一顾地径直往前走，我只能不断往后退，直退至大门口。但我们到一般的石库门住宅或工人棚户区，却受到热烈欢迎，虽然老百姓捐出的财物很微薄。这种反差极大的对比，活生生地刻画出“朱门酒肉臭，路有冻死骨”的社会现实。我们开始反思自己的人生观，当国家处在腐败不公的状态能有个人发展的前途吗？

回到学校，我积极参加各种进步活动，成为积极分子。当时，交大地下党通过指导学生进步社团，组织各系各年级学生开展活动。学校里有很多学生社团，其中以进步为主，中立的少一些，受国民党控制的也有，但有些抬不起头来。对这种现象我有点纳闷：为什么他们在交大环境下就抬不起头？这是值得研究的问题。我们这一级各系学生联合起来组成“四〇社”，“四〇社”不带任何政治色彩，没有报名、登记手续，有活动大家愿意来就来了。物理系陈楷是“四〇社”社长，他人比较温和，笑嘻嘻的，在同学中威信很高。我被选入“四〇社”理事会，担任福利股股长，为同学们购买文具和生活用品，替大家谋福利、联络感情。我在活动中接触到一些进步思想和进步杂志，听老同学介绍民主活动的情况。后来，“四〇社”成立核心组织“星光社”，我也参加了。“星光社”是由地下党领导的秘密组织，成员由各系骨干组成，大概有二三十人左右，核心成员是赵国士、严祖礽、李根深、陈楷等。

上海学运的“民主堡垒”

1948年春，国民党当局想扼杀学生运动，把各校的学生自治会打垮。如1948年同济大学的“一·二九”惨案事件，国民党要解散同济学生自治会，学生起来反抗，形成对峙。上海学联号召各大学去支援，全市共去了1 000多人。我们交大也去了200多人，大多是积极分子和社团骨干，我作为普通的积极分子参加了这次活动。国民党政府派出军警将同济校园封锁，军警马队向前冲，将所有支援学生关到同济体育馆，关了一夜。大家在一起唱革命歌曲《团结就是力量》《跌倒算什么》，使得进步学生力量进一步得到凝聚，思想感情有了新的升华。第二天由学校派车把我们接回去并登记在册。在这次事件中，我校学生邢幼青被抓，穆汉祥受伤了。

大学时代的张立秉

这一时期，国民党反动派将上海有些学校的进步力量摧残得相当厉害，唯独交大力量还很强大。1948年上半年，上海学联为了反击当局对学生运动的镇压，利用交大这块坚强的阵地开展了一系列运动，起到了教育人的作用。5月，上海学联在交大大草坪上搭台子，举办“五三”晚会、“五四”营火会、“五二二”大行进等，开展民主斗争。我们作为积极分子，担任纠察，防止坏人来破坏。6月爆发了“反美扶日”斗争，我们准备上街游行。由于国民党采取分割包围的政策，有些学校冲出去集结到外滩游行，交大游行队伍被军警团团包围在校内，只有零星的100多人冲出去了。于是大家在校内搞游行，我们这些勇敢分子爬上篱笆，拿着大喇叭对着包围我们的军警作宣传。

上海市市长吴国桢大为恼火，利用这个事件想整垮交大学生自治会，声言要传讯学生自治会主席。交大在地下党领导下进行了反击，组织召开公断会，让社会各界名流来评理。那天我和创社社长先外出送了三份邀请信，下午回来看到学生自治会同学正着急，原来给吴国桢的信还没人敢送去，我听了二话没说，拿了挑战书便又上路去了市政府。市府收发室让我留下姓名，我留下了真名，回来后大家很高兴，但又担心我留下大名会有麻烦。我开玩笑地说："大丈夫做事，行不改名，坐不改姓。"公断会充分利用统战力量来作斗争，取得了政治上的胜利。所有这些活动对于振奋全市进步力量的士气起到了很好的作用，很多学校地下党都组织进步学生来交大参加。可圈可点的是，交大成为上海学生运动的"民主堡垒"。我们都在这斗争过程中逐渐成长起来了。

我自己琢磨，当时交大力量强大，有这么两个原因。第一，交大校方及校长都比较好，因为是搞理工出身，校长比较保护学生，没有扣什么帽子。校方对外称"学生在校内有活动自由，我们得保护他们，你们不要来干扰我们正常的教学秩序"，以此阻挡国民党当局的干扰。校长程孝刚、王之卓等都是这样。而不像有些学校校长是政客，和国民党政府一起对付学生。交大的学生运动也没有针对校方，而是针对国民党政府的。第二呢，交大学生学的是工程技术、科学技术，学校功课很结棍（厉害），学生学习必须要过得去。很多进步学生学习成绩好，在同学中有号召力。加上学生社团力量强，影响带动了一大批同学追求光明和进步。

公演《阿Q正传》《典型犹存》

我还参加愚公社的戏剧活动。1948 年春夏之交，以愚公社为首，组织全校 100 多人公演《阿 Q 正传》。这是一部大型话剧，请的导演是田广才、向梦侠、黄祖模、谢晋。当时谢晋还是刚毕业的年轻导演。我演的是老农民闰土；扮演阿 Q 的是航空系的王鸿志，他现在在重庆；扮演钱大少爷的张海威是张国泰的儿子，他现在在海外；扮演小D的何颐龄现在在福建。有些人还健在，有些人已经不在了。《阿Q正传》演出了三四场，观众既有校内的人，也有校外的人。这台戏在社会上影响很大。

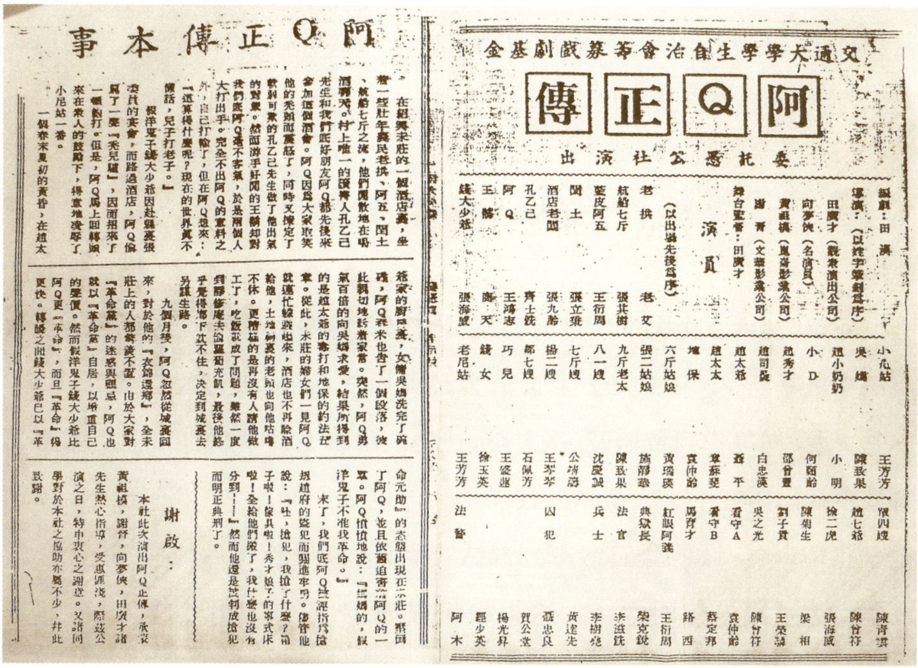

阿Q正傳本事

在紹興未莊的一個酒店裏，坐着一些壯年農民老拱、阿五、閏土、杭船七斤之流，他們閑散地在喝酒聊天。村上唯一的讀書人孔乙己先生和我們的好朋友阿Q都先後來參加這個酒會。阿Q因爲大家取笑他的禿頭而震怒了，同時又擇定了軟弱可欺的孔乙己先生做了他出氣的對象。然而游手好閑的王鬍却對我們的阿Q毫不客氣，於是兩個人大打出手。完全不出阿Q的意料之外，自己打輸了，但在阿Q想來：『這算得什麼呢？現在的世界真不像話，兒子打老子。』

假洋鬼子錢大少爺因赴縣裏張委員的宴會，而路過酒店，阿Q偷罵了一聲『禿兒驢』，因而招來了一頓飽打。但是，阿Q馬上回轉頭來在衆人的鼓勵下，得意地凌辱了小尼姑一番。

一個春末夏初的黃昏，在趙太爺家的廚房裏，女傭吳媽洗完了碗碟，阿Q舂米也告了一個段落，彼此親切地話着家常。突然，阿Q勇氣百倍的向吳媽求愛，結果所得到的是趙太爺的毒打和地保的約法五章。從此，未莊的婦女們一見阿Q就連忙躲避起來，酒店也不再賒酒給他，土地祠裏的老頭也向他咕噥不休。更糟糕的是再沒有人請他做工了，吃飯就成了問題，雖然一度到靜修庵去偷蘿蔔充飢，最後他終乎覺得撐不住，決定到城裏去另謀生路。

九個月後，阿Q忽然從城裏回來，對於他的『衣錦還鄉』，全未莊上的人都驚羨不置。由於大家對『革命黨』的迷惑與觀感，阿Q也就以『革命黨』自居，以增重自己的聲價。然而假洋鬼子錢大少爺比阿Q更『革命』，而且『革命』得更快。轉瞬之間錢大少爺已以『革命元勛』的姿態出現在未莊。暴倒了阿Q，並且依舊迫害着阿Q的一羣。阿Q憤憤地說：『媽媽的，假洋鬼子不准我革命。』

末了，我們的阿Q被誣指爲搶劫趙府的盜犯而關進牢房。儘管他說：『吐，搶犯，我搶了什麼？搶子啦！傢具啦！秀才娘子的寧式床啦！全給他們搬了，我什麼也沒有分到——』然而他還是被判成搶犯而明正典刑了。

謝啟：

本社此次演出阿Q正傳，承蒙黃祖模，謝胥，向夢俠，田廣才諸先生熱心指導，受惠匪淺，際茲公演之日，特申衷心之謝忱。又諸同學對於本社之協助亦屬不少，并此致謝。

交通大學學生自治會籌募戲劇基金

阿Q正傳

委托愚公社演出

編劇：田漢

導演：（以姓字筆劃爲序）

田廣才（觀衆演出公司）

向夢俠（名演員）

黃祖模（崑崙影業公司）

謝胥（文華影業公司）

舞台監督：田廣才

演員（以出場先後爲序）

老拱	老艾
杭船七斤	張共樹
藍皮阿五	王衍周
閏土	張立秉
酒店老闆	張九齡
孔乙己	齊士銑
阿Q	王鴻志
王鬍	蕭天
錢大少爺	張海威
小尼姑	王芳芳
吳媽	陳致果
趙小奶奶	小明
小D	何頤齡
趙秀才	邵曾豐
趙司晨	白忠漢
趙太爺	聶平
趙太太	章蘇斐
地保	袁仲齡
六斤姑娘	黃瑞瑛
張二姑娘	施靜華
九斤老太	陳致果
八一嫂	沈慶誠
七斤嫂	公孫蕊
楊二嫂	王琴琴
鄒七嫂	石佩芳
巧兒	王盛進
錢女	徐玉英
老尼姑	王芳芳
假四嫂	陳青諶
趙七爺	陳曾符
徐二虎	張海威
陳菊生	梁相
劉子貴	王榮鎬
吳之光	陳曾符
看守A	袁仲齡
看守B	蔡定邦
馮育才	路西
紅眼阿義	王衍周
典獄長	柴克銳
法官	李滋銑
兵士	李樹堯
	黃建先
囚犯	聶忠良
	賀公堂
	楊光昇
	羅少英
法警	阿木

1948年愚公社《阿Q正传》公演海报

还有一部很重要的话剧，即1948年夏愚公社组织演出的《典型犹存》，又名《窃国大盗袁世凯》。那时蒋介石正忙于筹备选总统，交大适时推出了这部讽刺话剧，在校内和圣约翰大学演出了好几场，大受欢迎。张海威扮演袁世凯，我演袁世凯的儿子袁克定。在圣约翰大学演出后，观众纷纷打听这是哪个剧团演的，因为当时没有打出交大的旗号。演这部戏有一定风险，每次演出结束后，演员立即卸妆由积极分子护送撤退。

每次在学校演出，我们把舞台搭在体育馆前大操场上，或者在体育馆里搭台子。说起搭台子，也是非常辛苦的。由积极分子将工程馆的几百张长条桌扛到操场上，拉电线，布灯光。活动结束后再将长条桌扛回工程馆，不能影响上课。《阿Q正传》在大操场和体育馆都演出过。有个趣事，体育馆篮球筐拆不掉，台子搭好后，篮球筐就成了法官的座位。

学校文化活动很活跃，也相当精彩。愚公社以话剧、戏剧为主。山茶社以歌舞为主。地下党员黄旭华当年是山茶社指挥，他个子很高，在会场上一站，指挥好几千人唱歌，帅极了。有哑剧，完全用音乐伴奏。还有影子戏，就是拉一块白布架起台幕，灯光从后面打过来，人在白布后做动作，投到白布上成为影子，再辅以技巧很高的配音朗诵。

“交大已成小解放区”

公断会后，原交大学生自治会成员因上海特刑庭传讯而全部撤离。党组织当机立断，要求交大学生自治会必须顶住，不能被国民党当局压垮。于是，穆汉祥等找到黄贻诚、张宝龄，让他们出来主持学生自治会工作。当时学生社团中有个交大从军返校同学会。抗战期间交大一部分学生怀着抗日热情，响应政府号召参军到部队当翻译，抗战胜利后他们又返校，组成了交大从军返校同学会。这个组织很进步，总共有几十个人，他们在投笔从戎时看到了国民党的黑暗。黄贻诚、林雄超等都是从这个社团出来的。

到了1948年下半年，又开始竞选新一届学生自治会，主席为厉良辅、黄贻诚、林雄超，理事先后有陈克辉、张奇班、史霄雯、马昭彦、潘道煦、李菊、严鸿怡、钟同烈和我。我被选为康乐股理事。厉良辅干了不到三个月，特务想来抓他，他在同学们的掩护下也撤退了。同学们更加意识到要保卫学生自治会。黄贻诚、林雄超很有魄力，敢于出头。我们在他俩带领下继续开展各项活动。

这一时期，国民党政权已摇摇欲坠，为巩固其后方，在上海加紧了控制。上海学联被迫转入地下，很多活动都通过交大学生自治会出面。这时的方针是“隐蔽精干、等待时机、迎接解放”，通过各项活动深入发动群众，提高思想认识，扩大进步力量。一是出版刊物，在地下党领导下，学生自治会主办《交大生活》，先在校内发行，后面向社会，向各中学、大学散发。后来担任全国人大常委会副秘书长的李钟英参加过办刊工作。另外，刻印毛泽东论著《目前形势和我们的任务》《新民主主义论》等。小册子先是私下传播，后来干脆放在学生自治会活动场所，说是买，拿也没问题。二是广播"每日新闻"，由交大同学事先听广播或看美国报纸，从中找出真相摘编出来，一方面印成大字报张贴出来，一方面通过由九个喇叭组成的扩音装置"九头鸟"进行广播，魏瑚就是当年的广播员。全市各大中学校的进步同学每天都到交大抄录新闻，或者拿资料回去宣传。三是跳秧歌舞、新疆舞，唱革命歌曲"山那边啊好地方"……一片热火朝天的景象！交大成为传播革命思想的大本营，当时报上惊呼"交大已成小解放区"了。

1949年初寒假时，为了防止国民党政府趁学生放假把学校迁往台湾，由学生自治会联合教授会、讲师助教会、职工联谊会等，组成应变委员会，做出反对迁校、不放寒假的决定。还成立了护校总部，总部领导人是张泽仁、陈如庆。这期间，由学生自治会负责组织大规模文艺活动，通过义演，募集应变经费。我是康乐股理事，成为义演活动的主要负责人。我们邀请了赵丹、黄宗英、周小燕等文化界名人来校演出，邀请上海戏剧学院来演话剧《野店》。校内同学还出演大量的歌舞、活报、话剧。那时没有演出剧场，便由我们组织各系同学和社团，共同努力将学校在建的一个仅有混凝土结构空壳子的礼堂——新文治堂，改装成可容1 600人的剧场。没有水电自己按，舞台的灯光、音响、帷幕自己装，纠察、售票、前台后台服务都由同学们担任，几百人参加了这场活动。义演进行了十几天，全市大中学校同学都成队前来观看。不少中学生和父母说"到某某同学家备功课，不回家"，其实是来交大了。太晚回不了家，我们就组织联欢，唱歌、跳舞、做游戏、谈理想、讲时事形势、学革命理论，彻夜不眠，校园里热闹非凡。肚子饿了，就在食堂里熬一锅稀饭，抬来一起吃。我们还组织了护校总队夜间巡逻，站岗放哨，防止军警前来破坏。

张立秉(左)接受母校采访

黎明前的战斗

到 1949 年初,我已经全身心投入学生运动了。这一时期,我参加了中共地下党的外围组织"交大新民主主义青年联合会"(简称"新青联")。1949 年 2 月,沈友益同志介绍我加入了中共地下党。我们都是管理学院二年级学生,我是电信管理系的,沈友益是运输管理系的。我一开始认为党是高不可攀的,我只是追求真理和进步的革命青年而已。2 月,沈友益找我谈话,想发展我入党,我还感到有些意外。当然,经过思想斗争,投身革命、谋求祖国解放的思想是主要的,我愿意加入中国共产党。不久,在执信西斋一房间内举行入党宣誓,我和梁相等 3 人一起宣誓的,还有 1 人可能是严鸿怡。由总支委员吕甦带领我们宣誓,吕甦是学委派到交大搞组织工作的,他不是交大学生。宣誓以后,沈友益通知我几月几号去楼顶接头。我就拿了张报纸到工程馆楼顶上，实际上是和黄贻诚接头。当时学生自治会有个党组，就是黄贻诚他们几人。我们3人是分党小组，我是小组长。黄贻诚单线联系我，由我联系我们组3人。

当时，为了防止反动派的迫害，学生自治会采取了体制上的转变，很成功。原先以个人名义参加竞选，个人一旦被捕或撤离，成员就空缺了。现在选举时以班级为单位进行竞选。我当时在电管系，我们班也去竞选。一般参加竞选的班级都是群众基础比较好的，选上后由十几个班级组成理事会，对外公布的名单就是这些班级，具体工作者的名字则不公布，如果这些人撤了，又能有一批人顶上，以此保证学生自治会始终不被打垮。二三月间，经过党组织研究，让学生自治会中7位暴露的同志隐蔽起来，他们是黄贻诚、林雄超、李菊、严鸿怡、张奇班、钟同烈、史霄雯。后面让我、陈如庆、陈克辉、陈帛等顶上来，由我担任学生自治会主席。沈友益担任学生自治会党组组长，和地下党总支联系，传达任务给我们，而此前沈友益是做班级工作的，这段时期以护校应变为主要任务。

关于上海解放前这段学运史，我认为有两个问题需引起注意。一是临解放前曾做过一个决定，即如果敌人来迫害我们，怎么办？将全校学生集中到体育馆去，和敌人对抗，只要我们能坚持两三天，社会上的力量就会来解救我们。研究党史时我曾提出，这个决定是否过于轻敌了？实际上敌人来逮捕，确实有人想往体育馆跑，如果有三四百人跑进去，肯定都是骨干和积极分子。那种情况下体育馆内只有桌椅板凳，能抵抗得了吗？会不会被一网打尽？话又说回来，就算在体育馆内待上3、5、10天，就算里面储备了大米和水，整个吃喝拉撒，这都是问题。当年沈友益向我传达这个决定的时候，一开始我有点迟疑，马上自我进行思想斗争：革命宁死不屈，我这是动摇，那可不行。现在我提出这个问题，我和沈友益一致认为当年这个决定有些轻敌了，很冒险，并不符合当时中央制定的“隐蔽精干、等待时机、迎接解放”方针。

第二个问题，1949年初让一批人撤退，结果4月26日那天他们都回到

张立秉与母校采访人员合影(左起：范祖德、张立秉、龚诞申)

学校里来了。当时有传言：解放军已经打到南翔，明后天就要解放上海了。所以黄贻诚、林雄超等撤退的人都回来了，高兴得很，认为明后天就要迎接解放了。当天晚上总支召开党团联席会议，由总支副书记陈启懋主持，学生自治会、新青联、护校总部都参加了。新青联同志很慷慨，说今晚就要买笔、买纸，写标语，组织人唱欢迎解放军的歌。由于太晚来不及，所以没搞成。不料，当夜敌人就来了。黄贻诚他们不是学校叫回来的，而是上海学联方面通知他们回校的，所以这事应该是上海学联的某些领导有错误判断。

幸亏当时国民党兵败如山倒，4 月 26 日来搜捕的军警不是大胆袭击，不是太狠。军警进来后分割包围，逐个审查。我们根本没有办法冲到体育馆去。我们事先有点准备，但准备不多，只能分头各自想办法。我记得几位同志很惊险的。黄旭华攀爬在执信西斋厕所后面的铸铁管上，军警查到二楼，他就爬到三楼，军警查到三楼，他又爬下来。陈如庆来不及跑，就躲到校工友住的一间黑不溜秋的小房间内。林雄超是个近视眼，他往体育馆跑，结果在路上眼镜掉了，人跌进粪坑里，拿菜叶顶在头上，躲过去了。我当时拿着一位和我长得有点相像的同学的学生证，躲到高年级——机械系三年级的宿舍里。一封锁，没法跑了，只能在那等待，能躲过去最好，躲不过去就只能束手就擒，还作了最坏的打算，万一被捕要如何通知组织和家人。到凌晨四五点钟，军警查到三楼，估计他们也疲了，进门询问我为何只有学生证，没有身份证，我回答说弄丢了。门口一个军警说："证件不齐，带走吧。"但领头的没理睬，走了。于是我很侥幸地躲过了一劫。由于黑名单上有我，当天傍晚，地下党总支决定要我撤退。第二天学校便被解散。我住在堂弟的姨母家，直到上海解放才回到学校。

总结历史，应该实事求是。这两个问题是交大党史中的疑点，虽然损失不大，但应该总结教训。

欢庆解放，参加接管

上海解放前夕，学校成立应变委员会，推举老教授陈石英担任主席。解放后的体制是派军代表，交大的军代表有甘正林等二三位，唐守愚是上海市军管会高教处副处长。当时因缺少大批干部，很多交大的骨干被抽调走了，有的被调出去参加接管，如黄贻诚被抽调为进驻其他高校的军代表；有的报名参军，有空军、有海军；有的上了军政大学；有的加入西南服务团；严鸿怡和张奇班被抽到华东军政大学。这时在上海军管会领导下，学校成立校务委员会，由各方面代表组成。当时我是学生自治会主席，沈友益是学生自治会党组书记，我俩以学生代表的身份参加了校务委员会。解放初期的校务委员会类似于政治协商会起统战作用，没有起决策的作用。领导学校的是军代表，军代表贯彻上海市军管会、华东高教局的指示，代表了人民政府，当然以他为主。校务委员会、教授会等都听军代表的。

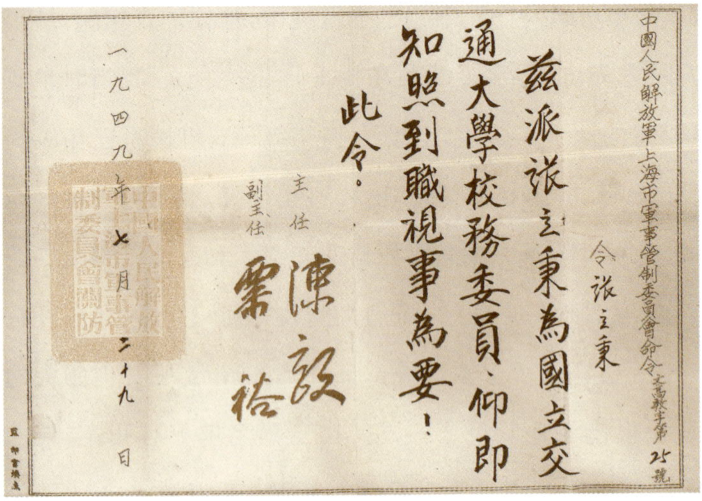
中國人民解放軍上海市軍事管制委員會命令 文高教字第25號

令張立秉

茲派張立秉為國立交通大學校務委員，仰即知照到職視事為要！

此令。

主任 陳毅

副主任 粟裕

一九四九年七月二十九日

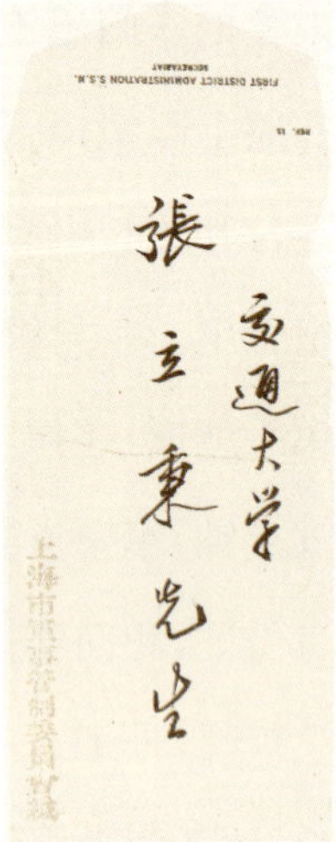

2012年张立秉捐赠给母校的校务委员任命状原件

校务委员会活动不算多。我们先后请了吕正操、范长江等领导来校座谈或做报告，特别是范长江的讲话帮助大家提高了认识，解决了不少思想问题。当时交大在教育部不怎么受重视，教授们有些郁闷，想找铁道部。正好铁道部副部长吕正操来上海考察，我专门去找他的秘书，请他来校作报告、参加座谈。吕老表示：我是中央委员，没有中央的委派，不好来作报告，但可以参加座谈。座谈会上，内燃机教授柴志明发表了一些意见，我当时是学生，年少气盛，不大同意这观点，马上站起来对他批评了一番。后来吕部长的秘书还婉转地批评教育了我。

当时上海刚刚解放，百废待兴，社会上各种矛盾丛生。同学们中有部分人思想有些混乱，情绪不是很稳定，认为满腔热情地解放了，一切应该很美好。但现实生活中经济断绝，生活很困苦，银元贩子还在哄抬物价。于是我们邀请上海《解放日报》社长范长江来校作报告。他的报告作得非常成功，他举了一个非常浅显的例子：打人，先将手往后缩一下，然后再打；跑步，先退几步，再发力往前跑。意思是新中国成立后虽然遇上各种各样的困难，但大家要有充足的信心。

另外，东北黑龙江省主席冯仲云带着东北招聘团来上海招聘，我们也请他来新文治堂作报告。他长期从事东北地下斗争，讲述东北坚持抗战的事迹和解放战争史实，很感人。当时有些毕业生响应号召到东北去工作。

1949 年 10 月，我被抽调到上海市委党校参加第二期的学习。中共上海市委党校分批轮训地下党员，有工人、职员、大中学校学生。培训 4 个月，一直学习到 1950 年 1 月，学了基本理论，提高了政治觉悟。原先市委党校分配学员的原则是：部分人抽到市委，部分人抽到华东局，一部分留下，一部分回学校。我就是准备回学校的，但在转组织关系时被徐长区（今徐汇区、长宁区范围）扣下，留在区委工作。当时徐长区区委书记是王致中，团委书记是钱其琛。区委为充实力量留了一批青年知识分子党员。我本想回校好好学习深造，但刚刚学了无条件服从革命需要的道理，便自觉地服从组织安排，从此放弃了学业。

晚年张立秉

张固

张固(1929—2016),原名张正铎,江苏淮安人。1947 年毕业于上海南洋模范中学。同年考入交通大学电机系。张固在南洋模范中学高三时(1947 年 1 月)加入中国共产党。进入交大后曾参与领导爱国学生运动。1948 年 12 月被迫转移至苏北解放区。新中国成立后先在上海劳动局工作,后主要从事职业技术教育的教学及研究工作。先后在劳动局第二技工学校、劳动局高级技工学校(后并入上海工程技术大学)工作,担任教学研究室主任。1989 年 12 月离休。离休以后,继续关心职业教育的发展,潜心研究,在有关教育杂志上发表学术论文。八旬高龄时依然学习马列哲学,学习党的方针政策,关心社会发展,并在《求是》杂志上发表了研究论文。

采访中,张固回忆了自己在南洋模范中学入党,后进入交大学习,重点讲述了在交大一年里参加学生会组织的爱国运动以及开展的一些活动,而后又来到解放区学习党性修养和新区接管政策,最后又回到上海从事教育工作的平凡一生。

交大一年　终生难忘

口述：张　固

采访：章玲苓、朱　恺、杨志锋、张钟骏

时间：2010年8月18日

地点：上海张固寓所

记录：朱　恺

编者：章玲苓

高中入党

我出生在一个高级职员家庭，父亲是商社的秘书。从小住在宛平路，所以我中学就读于附近的南洋模范中学。高中阶段，我读书很用功。课余我还给同学上过辅导课，比如代数。

从我记事起，上海就在日本军队的铁蹄下，经过日本哨卡都要鞠躬，生活条件也很苦，平时只能吃到苞米粉。在异族奴役下，我从小就有救国的意识。加上那时经常听到岳飞、文天祥事迹的宣传教育，所以中学时代我就树立起救国的思想。

1945年抗战胜利后，原以为国共双方会携手进行建设。但国民党腐败，又开始发动内战，社会动荡，民不聊生，当时通货膨胀严重，物价飞涨，几千、几万块金圆券才能买张公共汽车票。我年轻时血气方刚，看不惯社会上的坏现象。当我看到共产党实行“三三制”、民主制，故而高中时就产生了去解放区的念头，想参加革命来救国。因此，1947 年 1 月，高三寒假时，我加入了共产党。可以说，是社会潮流将我推向了共产党。

1947 年 5 月 20 日，南京、上海、苏州、杭州等地学生代表在南京举行“抢救教育危机”联合大游行，遭到国民党军警宪兵的袭击，酿成“五二〇”血案。我当时还在南模中学，也积极参加了罢课。

中学毕业之际，我报考了交大、同济、清华和南京中央大学。交大考场就设在交大校园内。我记得连考了二天。试题中有基础题，也有难题。当时交大电机系的录取分数最高，要 350 多分。数学系是冷门，才 200 多分。除了考中央大学数学系考砸没录取外，交大电机系、清华电机系和同济都录取我了，我还是清华电机系的第一名，是公费生。之所以最后选择去交大，是因为我家住在交大附近。1947 年 8 月，交大还未开学，我和交大党总支书记俞宗瑞助教接上了组织关系。当时约定在交大工程馆后面的墙角会面。他带一张报纸，我带一本书，有暗语、暗号和手势，就这样接上了头。

进入交大

1947 年底，我正式进入交大。当时学校里有很多学生会组织的进步社团，有些社团中建立党小组，他们成为党组织联系学生的纽带。我参加了电机系的“电联社”①和“四〇社”。当时提倡学生自治，我代表“四〇社”竞选学生会，当选为学生会成员。我的分工为总务，王培英是三年级工管系的，他也负责总务，以他为主，我为辅。

我在交大有好几层关系。首先，我是“四〇社”党小组的成员，赵国士是党小组长。再者，学生会的工作我是单线联系的。当时学生会主席是吴振东，副主席是章斐然。就党内而言，我是学生会的二线成员，不参加学生会

---

① 1947 年 1 月，电机系三年级电力 B 班党小组遵照党组织加强班级工作的指示，建立的一个以进步同学为骨干的社团。宗旨是团结广大同学，加强联谊，追求进步。

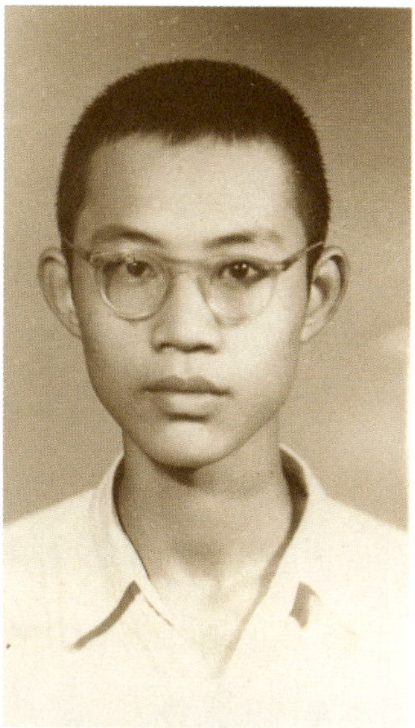
刚进大学时的张固

党小组的活动。这样万一一线人员因暴露而被迫撤走了，我可以替补。也就是说当时地下党有两套部署，一批人公开出面，如吴振东，另一些人如我不出面，配合工作。

我进交大时，学校正在开展“救饥救寒”募捐运动。当时在国共内战中有很多难民逃往上海，救济的对象还包括其他贫困人员。当时的肇嘉浜路一带就有许多简陋的临时棚屋，我们到这些棚户区访贫问苦，了解最底层劳动人民的苦难生活。这项运动历时两周，募集到捐款和寒衣，我们又将衣物发放到难民、贫民、失业工人手中。

1948 年 1 月，港英当局为修建九龙机场，大量拆毁民房，迫害九龙同胞。九龙人民极力反抗，被港英当局军警镇压，造成死伤。“九龙事件”激起全国人民和广大学生的义愤。交大党总支率先发动学生群众起来抗议英国人的九龙暴行。我们一直游行到外滩外白渡桥附近，包围了英国驻沪领事馆。我们在其墙上贴满抗议标语和漫画，要求降下英国国旗。国民党军警前来驱赶，但力度不大。英方见势不妙，被迫降下英国国旗。这次抗议斗争我们取得了胜利。

1948 年 1 月，还发生了同济大学的“一・二九”惨案。起因是同济校方拒绝承认有中共党员和进步学生进入的新一届学生自治会，禁止学生自治会的任何活动，并连续开除进步学生。同济学生开始罢课，并酝酿赴南京请愿。交大等多所学校学生前往声援，结果遭到军警镇压，伤者和失踪者有 100 人左右。各校派出和上海市市长吴国桢谈判的学生代表也被逮捕。当晚，军警还冲入同济校区开始全校大搜捕。交大未受到镇压，因为反对派在交大力量薄弱。考交大是要凭分数的，特务学生不容易混进来。有“青年军”①成员进入交大的，

① 青年军是国民政府在抗战末期所建立的一支政治性很强的军队。

他们主要是从滇缅战场复员回来后考入的，很不容易。这些人中有一部分是特务，但人数很少，活动能力有限。

不久后，上海学委决定选择交通大学作为上海学生“反美扶日”运动的主战场。“反美扶日”运动的斗争目标主要是针对美国——国民党的“后台老板”。先前国民党来接收，搞“五子登科”，很腐败，接着又挑起内战。我们要“反饥饿、反内战”。政府的钱都用到了军事上，公费生的待遇变差了，大家要求提高学生待遇。当时的学生一部分是公费，一部分是自费。公费生的学费可以免除，但饭费还是要自己付的，公费生的比例小于自费生。

5 月 4 日，上海各大中学生在交大举办营火晚会，主题是反对美国扶植日本军国主义势力。那是上海学联（当时已处于半地下状态）在交大举办的。会上肯定了大家的斗争成果。会后大家一起唱《反动政府要垮台》《跌倒算什么》。

为了扩大影响，把“反美扶日”运动引向社会，交大学生会出面召开了一次大型座谈会，当时是在体育馆内篮球场上开的，邀请了上海的一些民主人

1948 年 5 月，交通大学校门口场景

士参加，大家一起辩论“反美扶日”是否有罪，上海市市长吴国桢也来参加会议。

那次座谈会后，交大及上海学生进行了“反美扶日”大游行。吴国桢指责我们阴谋破坏社会秩序，要求学校先行彻查。此举更激起学生愤怒。吴国桢随后威胁要将学生自治会成员送交军事特种刑事法庭审讯，学生自治会准备用集体辞职的策略来争取主动。吴振东也提出要辞去学生会主席的职务，一时群龙无首。这时，在吴国桢授意下的特刑庭准备开庭，交大学生自治会全体理事要出庭受审。当时传讯我们的理由，一是参加“反美扶日”运动，二是和被取缔的市学联有联系。

1948 年 5 月，上海一万多名学生在交大举行“纪念五二〇血案暨上海学联成立 1 周年大会”

在这紧急关头，上级党组织经过讨论认为，学生自治会在这个时候集体辞职是不适当的，因此做工作让学生自治会撤销了集体辞职的请求。同时，上级党组织还指示交大，拒绝出庭，坚持斗争，并自行组织“公断会”，邀请各界人士公开论断交大学生与吴国桢之间谁是谁非。我当时参加了学生会党小组的扩大会议。

这次公断会也在体育馆举行，那里有看台，可以坐很多人。罗隆基、章伯钧、史良等民主人士及社会贤达也来了。这一次，吴国桢没有到场。

我们通过座谈会和公断会暂时挫败了国民党“传讯”的阴谋，但我们估计到了暑假的时候同济大学“一·二九”惨案可能会重演，因为到那时，学生大多回家去了，学校里留下的学生很少，国民党到那时会逮捕学生会主席。为了避免损失，根据上级党组织的指示，暑假前对一部分已明显暴露的党员和积极分子进行隐蔽转移。我也吃不准自己到底会不会被抓，是否在黑名单里，所以也暂时离开了两天。8 月份大逮捕开始，我和厉良辅未被列入黑名单，大家最后决定由厉良辅和我负责学生会工作，一般搞宣传、文教的会首当其冲被抓捕，而我和厉良辅是负责总务的，不引人注目。这年夏天校长是王之卓，当时学校受到国民党当局的压力，要求学生在搞活动之前向学校登记备案。我和厉良辅作为临时负责学生会工作的代表，前去和王校长交涉，经过交涉让校方取消了这个规定。

1948 年暑假后，上海学联也已转入地下。我当时是交大学生会和市学联的联络员。遇到过一次危险，那次我去开会，开到一半，望风的人说有危险，大家立即从后面和边门散去。当时可能是学生会中的一个人被人跟踪了。

改变斗争形式

大逮捕之后，大家觉得应该休整一下，多做些为学生生活服务的工作。我们主要做了社团联以及工人夜校的工作，以培养工会骨干，发展工人运动。教材是自己编的，少数用的是解放区的教材。我们教育工人苦是“三座大山”压迫的结果，给他们灌输革命思想。我们夜校要扩大招生和办学规模，大家去总务处交涉，要求增加两名教授，并出校门进行招生宣传。这事我也参加了。穆汉祥烈士就是负责夜校工作的。我认识他，我和他之间是横向联系。聘请教授是我出门去联系的。此外，夜校还要扩大教室，这也要学生会出面。国民党当局反对工人参加夜校，派人盯梢。当时交大的正门在华山路上，夜校就在旧南院。有一次门卫锁上了边门，要求所有人走正门，目的是限制夜校的活动。我代表学生会去向警卫讨钥匙，我说夜校是学生会办的，警卫无权阻挠学生会的活动。警卫队长怕不执行命令丢掉饭碗，我提醒他国民党的统治到底还能坚持多久都是一个问题，应该为自己留条后路。经过政治攻心，他把钥匙给了我。

大学时代的张固

大逮捕后学生会做的第二件事就是搞伙食团，以提高学校伙食的质量。第三件事就是进行反迫害斗争。大逮捕后，国民党的迫害依然存在。那年秋季学期开学较晚，注册主任贴出布告说此次学籍注册除了有关上学期考试及格与否、留级与否的处理外，还要大家补充说明自己参加过何种社团、何种活动。我又代表学生会去同注册主任交涉，说这项措施给同学增加了许多麻烦，我们以全体同学都不来注册作为要挟。注册主任也只是受命行事，他自己本来也不想搞。我对他说如果校方实在要掌握学生参加社团活动的情况，可以让各个社团自行向学生会登记。之所以这样提出来，主要是为了敷衍。主任后来同意学籍注册照旧，不必填写参加社团活动的情况。这件事说小不小，说大也不大，无论如何还是挫败了当局的阴谋。最后，由我们学生会准备了一份关于校内社团活动情况的假材料上报了。

来到解放区

由于我参加了学生会不少工作，而这些工作都是和国民党针锋相对的，我父亲很替我担心，于是写了一封信给学校，请求校方劝阻我继续在学生会内工作。这样一来，我如果不听劝阻，继续学生会的工作，就会被人怀疑为赤色分子。因此，组织上决定让我不要参加第二届学生会的选举了。

学生会改选后，组织上已得知当局要逮捕我和厉良辅，就让我照常上课，课后隐蔽在新宿舍的二楼。从那时起我就很少露面，下课后赶快回隐蔽处。当然不是直接回来，而是在校园里绕上一圈，看有没有人盯梢。11 月，在撤退前三五天我接到了离开交大的通知。我化了装，穿了件长袍，打扮成商人的模样，摘掉了眼镜，混出校门，去了设在卢湾区的交通站，在那里待了两三天后再转到解放区。和我一起走的还有化学系的女同学周荧（原名周桂香），她本来是学校学生会的社会部理事，在大逮捕时就已经被列入了黑名单。

走之前，我还给学校留了封信，说自己去了解放区，要校方不要担心，并说自己很快就会回来的。我也没有通知我父亲说我要走了，信是后来由组织上交给他的。后来回沪后听说 1948 年的 12 月国民党前来逮捕我和厉良辅，也到我家去搜查过。我家住在二楼，军警搜查了阳台和壁橱。厉良辅当时在学校，特务开车到执信西斋，有同学听到动静，赶快掩护他离开。

解放区在苏北，我在解放区待了四五个月。同行的还有陈明锃（后来从上海交大科研处离休）和毛国民（女，后来在上海工程技术大学工作）。

我到了苏北后，先是在淮阴县城里的游击区。后来我去了华东党校学习。在党校学习的内容主要是白区工作总结、党性修养和新区接管政策，我听过李琦涛[①]的白区工作总结，他解放后在上海市团委工作。我原名“张正铎”，在解放区用的是暗名，叫“张固”。1947 年上半年，负责印刷进步学生刊物的“富通印刷厂”遭到破坏后，我就改名叫“张固”了。这是以防组织遭破坏后与党组织失去联系，如果失去联系，新中国成立后可以凭这个暗名恢复联系。所以我在党组织内部一直用“张固”这个名字，在党校内也是，而同学仍叫我“张正铎”。1949 年渡江战役后，我参加了“青州总队”[②]，主要学习接管政策。

---

① 李琦涛(1920—1996)，革命家，曾任团中央书记处书记、教育部副部长。

② 1949 年 2 月底前后，华东局专门从原华东财政委员会所属的财办机关及财政厅、银行、工商总局、生产部等下属机构和山东军区后勤部抽调了近 2 000 名财经等专业干部，组成了“青州总队”，隶属于华东南下干部纵队。

张固(右一)接受母校采访

回到上海

1949年5月27日，上海解放。我是26日回到上海的，当夜我就赶回到交大，遇到了地下党的老同学，他们高兴地把我托起来。

我在“青州总队”时被分配在军管会劳工处，属于工会系统，后改为劳动局。开始时是负责劳资纠纷，后负责搞工资工作，当时主要学习苏联的“八级工资”制。我不太想当干部，因为看不惯反右运动中的一些现象。我自己没有被划入“右派”，但同情“右派”。我那时是“四清”工作队的成员，负责甄别定案，发现有位“右派”没有“鸣放”，没有攻击过党，最多只是说过“苹果要从芯子烂”，所以我保护了他。他是从农村出来的，会牛耕，很受农民欢迎。他喜欢小提琴，搞了个四重奏。1959年反“右倾”，我擦了点边。我当时任下放干部的支部副书记。食堂米不够，要掺杂着豆子吃。我认为党支部要检讨自己，不该让大家放开肚子吃。因此被认为是“右倾”。其实我只是说下面的党支部要检讨，没说上面要检讨。

这之后我到上海市劳动局第二技工学校工作，这是一所主要以机械专业为主的技校，所以我同时又在大柏树念交大夜校的机械专业，一直读到“文革”前的1965年毕业。那所技校后来成为高级技校，专门培养技师，后来又搞高职班。校名也经历了从“劳动局第二技工学校”到“劳动局高级技工学校”的演变，直到后来并入复旦大学。但是复旦是以理科为主，没有工科。所以和复旦原有函授学院，一起合并了。最后由于有矛盾，又并入了上海工程技术大学的技术教育学院。我在那里兼一些课，后来担任了教学研究室主任。我写过几篇论文，是关于职教模式的。也搞过一些职教新专业的教学计划。我曾编过《电工学基础》《机械制造原理》《职业技术培训学》等教材。职称评到高级讲师，相当于副教授。

晚年张固

情牵母校

我虽然在交大只待了一年，但交大还是给我留下了很深的印象。当年交大学生多出生于普通职员家庭，也有小资产阶级家庭出身的，但比例较少，所以学生的家庭经济条件都一般。其中还有一部分学生是工读的，就是先工后读。如穆汉祥烈士就是先工作了一段时间再来读书的，这些学生经济就比较困难。所以总的说来，学生都很朴实，校风也很朴实。

当时交大的电机系分电力专业和电信专业。我被分在电力专业，主要是搞发电的。由于在交大待的时间太短，所以很遗憾许多专业课的老师都未见到，但对大一教我们高数的朱公瑾印象很深。新中国成立后他编了《高等数学》这本教材，我曾开玩笑对他说，您数学教得太深了，把电机系的学生当作数学系的学生来教。

最近几年我和我这一届的同学联系较多，尤其是和上海、北京的同学联系。我在交大和同班陈济群关系最好，当时我向组织汇报让他成为发展对象。大逮捕时我就是在他家里待了一阵子。

2008 年，为纪念“五二〇”事件，我回了一次母校。最近，我们在筹备明年(2011 年)的 1951 届学生毕业 60 周年纪念活动。

虽然我现在已脱离了第一线，不搞职教研究了，但我还在继续学习，研究马克思主义经典著作。我感到自己没什么建树，只是编了一些教材。我过的是平凡的一生。

张固与母校采访人员合影(左起：朱恺、张钟骏、张固、章玲苓)

魏瑚

魏瑚(1930—2013),女,江苏宜兴人。1947年10月考入交通大学化学系。1949年3月加入中国共产党。1950年4月至1956年3月,在中共上海市徐汇区委组织部、秘书室、办公室工作;1956年3月至1962年底,历任中国科学院药物研究所支部书记、总支副书记;1962年底至1969年4月在中科院上海分院计划处从事科技管理工作;1980年12月至1983年9月,任中科院上海原子核研究所党委副书记、副所长;1983年9月至1988年8月,任上海市科委副主任兼任上海市科学所所长;1988年4月,任上海市政协第七届常委、上海市科学技术委员会副主任;1993年12月离休,2013年7月逝世。魏瑚同志在科研管理与软科学研究方面造诣颇深,为上海科技事业的发展做了大量卓有成效的工作。

访谈中,魏瑚回忆了考入交大后高门槛的课业要求、印象深刻的名师教学,回顾了求学期间在火热的政治学习与学生运动的感染下,如何从一名只知埋头读书的小女生转变为初具政治觉悟、积极参与爱国活动的革命青年。同时,还介绍了上海解放后自己成功竞选交大首任学生会主席的经历。

革命人生在交大起步

口述：魏　瑚

采访：欧七斤、漆姚敏、胡　端

时间：2012 年 12 月 26 日

地点：上海华东医院

记录：胡　端

编者：胡　端

进交大后的课业学习情况

我是 1947 年 10 月到交大报到的，因为那一年交大录取时间很晚，结果尚不知晓，我就先上了第二志愿——南京的金陵女子大学。等到 10 月份交大的新生录取名单刊发在《解放日报》，我看到后就马上从金陵女大跑回上海了，交大正式上课是 11 月。其实，金陵女大的学习环境也挺好的，读书气氛也很浓厚，为什么我要回交大呢？因为金陵女大是私立教会大学，学费昂贵，我总感觉家里面负担不起我读四年书，就没跟父母打招呼，直接回上海了，我相信父母是支持我的。到交大报到后，学校对新同学的欢迎活动很热烈，高年级的同学不仅很周到地安排我们住宿，而且还热情地把已经读过的原版教材以很便宜的价格卖给我们。所以，当时入学报到没遇到任何困难。

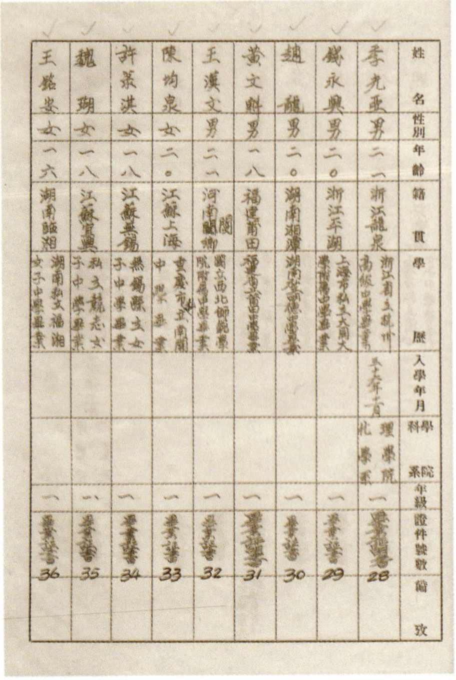

姓名	性別	年齡	籍貫	學歷	入學年月	學院科系	年級	證件號數	備攷
季光亞	男	二一	浙江龍泉	浙江省立杭州高級中學畢業	三十六年十月	理學院化學系	一	畢業證書 28	
錢永興	男	二〇	浙江平湖	上海市私立大同大學附屬中學畢業			一	畢業證書 29	
趙龍	男	二〇	湖南湘潭	湖南私立明德中學畢業			一	畢業證書 30	
黃文斛	男	一八	福建莆田	[illegible]			一	畢業證書 31	
王漢文	男	二一	河南閿鄉	國立西北師範學院附屬中學畢業			一	畢業證書 32	
陳灼泉	女	二〇	江蘇上海	重慶市私立南開中學畢業			一	畢業證書 33	
許萇洪	女	一八	江蘇無錫	[illegible]			一	畢業證書 34	
魏瑚	女	一八	江蘇宜興	私立競志女子中學畢業			一	畢業證書 35	
王鎔安	女	一六	湖南臨湘	湖南私立福湘女子中學畢業			一	畢業證書 36	

交通大学 1947 年度化学系新生入学名册（左二列为魏瑚）

在教学课业方面，交大从来就是门槛很高的。我进去不久就明显感觉自己的英文水平要比上海本地毕业的学生差，也开始感觉读书有点吃力了。读大学之前，读书上课对我来说还算轻松容易的。老师一边在讲课，我就已经在做他布置的课外习题了，老师课上完，我大部分的习题都做完了。进交大后就不一样了，没这么轻松了。即使我努力去听，有时候也不一定完全明白，下课后还必须花很多时间精力去补习。幸亏我在中学阶段的数理底子不错，所以，经过一两年的努力攻读后，总算没有掉队，成绩在班上算是中等吧。记得我们化学系到了二年级后，很多同学都退学走了，我还能继续保留在班里，还算可以。

在交大印象比较深的老师是梁普，他是教我们化学实验课，比较严厉，我基本上没有直面跟他对过话，因为我觉得自己功课不太好。实验课还有个助教，叫朱正华，浙大化工系毕业，他在高中就教过我，我到交大来，他也在交大，辅导我们的实验课非常认真，20 世纪 80 年代中期他曾任华东化工学院第二任院长。第一任院长是我们化学系主任苏元复。华东化工学院是交大、震旦、大同等校的化工系在院系调整时合并组成的，就是现在的华东理工大学。上物理实验课的老师叫胡永昌，他也很认真负责，上海解放后我才知道他也

化学系主任苏元复教授

是地下党。他的课，我更害怕，因为他上课时一般要在讲台底下转来转去，看大家做得怎么样。而我那时因为已秘密参加了地下革命活动，担任上海地下学联组织中的报纸发行员，下午经常要去送报，在时间上总和他的课冲突。我现在都不记得自己总共做过几次实验。那实验报告怎么办呢？只能拿别人的数据来抄，但胡老师每次都给我及格分数，70分左右吧，所以我挺感激的。

"山茶社"中唱红歌、学哲学

我进交大后感到功课吃力，固然是由于学校本身起点高、要求严，但更重要的是我当时把精力与重点转移到地下革命工作上了。不过，在入交大之前，我从来没接触过政治，思想单纯，见识封闭，社会关系简单。因为我从初中就住校了，而且大部分都是女校，跟社会接触极少。而且我家庭职业结构单一，都是职员出身，父亲是邮政职员，叔叔是银行职员，所以接触的人面不广。但一到交大后，热火朝天的政治学习与学生运动把我深深感染了，促使我很快从只知埋头读书的小女生转变为初具政治觉悟、积极参与民主爱国活动的革命青年。那么，我的转变过程是怎么样的呢？

魏瑚（右）接受母校采访

我最早接触进步学生运动是在 1947 年 11 月入学时，当时交大校内的“救饥救寒”运动声势浩大，参加的同学非常广泛，是以班级为单位开展的。我也卷进去了，第一次在社会见识方面开了眼界。当时，我们是沿着衡山路、建国西路一直走街串巷，募捐衣物。我发现那些有钱人家里，宁愿在院子里多养狗，也不让人接近，走进他们的家门都很困难。他们会把我们骂一顿，意思好像是这种抛头露面的事不是学生应该做的，学生就应该在校好好读书。有些中等家境的人家，比较有同情心，对我们也比较客气，捐了一些衣服。太穷的人家我们没有去，考虑到他们自己的日子也不好过。那次“救饥救寒”是我第一次参加的学生会活动，让我对社会人情与风气了解了很多，知道了有钱人是怎么样的心态，一般人又是怎么样想的，认识到社会成员也是分层次的，对阶级、地位、剥削多少有了些零碎的概念。

接下来再接触的就是“山茶社”的“大家唱、大家跳”活动。记得当时第一个来找我的是“山茶社”的章苏斐，她比我高两班，是在快过春节的时候，“山茶社”要搞一个小规模的联欢活动。我是第一次参加学校的社团活动，只能多听，不会多讲，就坐那儿听别的同学讨论时事。他们会谈很多对时局的见解与感想，我真是又佩服又羡慕，觉得他们的学识真是渊博。同时，他们还会唱歌，我也就跟着一起唱。当时主要唱跟“红五月”有关的歌，另外还有抗日歌曲、民歌、外文歌之类。比如“月儿弯弯照九州”、用英文唱“友谊天长地久”、意大利的圆舞曲等等。那次唱歌跳舞活动虽然参加的人数不多，只有二三十个人，但给我的印象比较深。我感到在那个团体里面非常温暖，大家关注社会、关心国家，引吭高歌。不久，我正式进入“山茶社”。

1948 年 5 月 4 日，为纪念“五四”运动，掀起红五月运动的高潮，上海各大中学生在交大举行营火晚会，主题是反对美国扶植日本军国主义势力。当天下午，上海各大中学学校学生 15 000 多人陆续来到交大。我作为“山茶社”的成员，主要任务就是在正式开会之前负责“大家唱、大家跳”活动，还带来访者看校园里的大字报与漫画，不会让他们冷清地待着。然后，带他们去

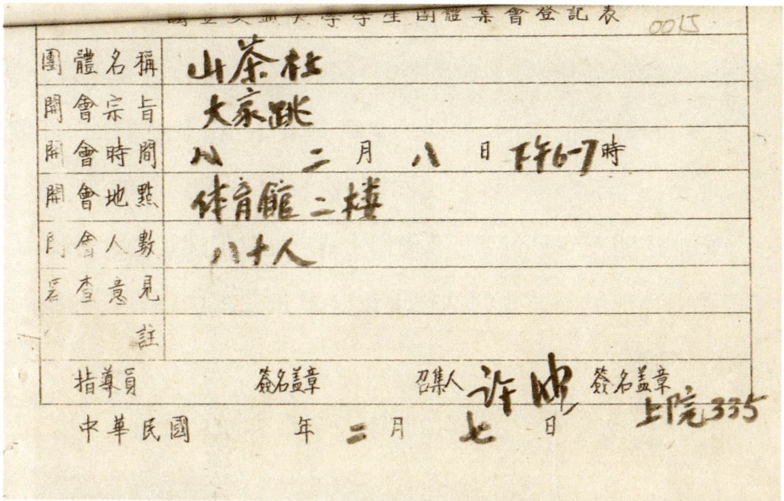

0015

學生團體集會登記表

團體名稱	山茶社
開會宗旨	大家跳
開會時間	八　二月　八日　下午6-7時
開會地點	体育館二樓
開會人數	八十人
審查意見	
註	

指導員　簽名蓋章　召集人 許[illegible] 簽名蓋章

上院335

中華民國　年　二月　七　日

1948 年交大“山茶社”组织团体集会活动登记表

上院、中院南面的大草坪，以及容闳堂与老文治堂之间的操场，举行营火晚会。我印象中，前后这两个操场统称为“民主广场”。

营火会开始后，大会主席、圣约翰大学的阮仁泽首先做了主题演讲，悲愤地控诉日寇侵华的暴行，揭露国民党政府追随美帝国主义扶植日本的卖国政策，激起了全场学生的义愤。“山茶社”成员随即演出了各种充满爱国热情的秧歌舞与短剧，带动了大家高昂的情绪，一首首嘹亮的歌声顿时响起。沉浸在那样的气氛中，我突然明白了什么叫群众、群众力量、人心所向。其实，“山茶社”的“大家唱、大家跳”活动不完全是文艺娱乐性质，更多的是把它当作跟敌人作斗争的武器。因为学生没有刀枪，唯一的武器就是嘴巴，用来争辩、唱歌，这样可以发动群众、感染群众。所以，当时同学们用歌声来表达内心的愿望与要求，是具有强烈的政治意义的。

加入“山茶社”不久，全校学生中又掀起了“革命还是读书”的思想大辩论。我当时年龄小，理论知识浅，对于很多同学的长篇宏论与滔滔不绝的演讲真的不是很懂，还是以听为主，该鼓掌就鼓掌，该喊口号就跟着喊。不过，我头脑中关于民主爱国、反对国民党的专制独裁，反对人剥削人的压迫制度等思想大方向还是有的。那么，从什么时候开始，我开始有了一些比较系统与成熟的观点呢？这要归功于在“山茶社”组织的革命理论学习。当时学的主要内容有《自然辩证法》《社会发展史》《共产党宣言》，以及毛泽东关于中国革命的文章，教材是油印的，教课的老师是我们“山茶社”社长许健，比我大四五岁，他是一个满腹学识，心忧国家，执着于追求真理的人。除了许健外，还有一个他的朋友叫孙健，也给我们上课，他似乎读得有点书呆子，不过学问很深，我们都很佩服。我们这种理论学习是在社团内部秘密进行的，外面的同学都不知道的。

1949 年 4 月 26 日，国民党军警对上海市 17 所大专院校同时进行大逮捕，56 位交大师生被捕。图为 1949 年 5 月，部分被捕的交大学生返校后合影（前排左起：杨念如、魏瑚、章苏斐、郭可评；后排左起：刘大成、马昭彦、陈元嘉）

现在回想起来，其实“山茶社”那段经历中最让我受益的就是理论学习。通过学习马克思主义理论中人类社会的发展阶段，让我从理性上真正确立起献身共产主义的坚定志向；而通过哲学上的唯物辩证法，更培养了我此后分析问题、解决问题的一整套思维方法。记得当时困扰我最深的就是“内因”与“外因”的辩证法原理以及“左”与“右”这对政治概念。“左派”与“右派”我始终搞不清。

关于内外因的，我向许健提了一个问题：比如发生车祸，事故之前人还是好好的，一点出事的迹象与因素也没有，等到车子碰撞而飞，人就死了。这完全是外因嘛，哪来的内因？这个问题我有很长一段时间都没想明白，等辩证法全部学完后，我终于明白人一生下来就有死的因素，这种因素并不一定以“唯相”的方式表现出来，也就是说我们一般很难看得见人身上致死的因素，这其实就是“内因”。这对矛盾弄清楚了以后，我看问题就比较活了，开始渐渐懂得国民党政权表面上看去很嚣张，但它内部的反对派那么多，自己又那么腐败。这些都是它的内因，必然是要垮台的，这是我第一次从理论的高度认清楚它垮台的必然性。可以说，我之所以投身地下革命战线，对马克思主义理论的信服占了很大因素。不过，我不是等所有问题都想通了才参加革命的，而是一边发生思想转变，一边参加革命运动，两者相辅相成，相互促进。

参加地下学联秘密送报活动

我在“山茶社”活跃了几个月后，地下党同志就来找我了，时间是1948年9月。来找我的是当时交大总支副书记祖振铨，他说跟我聊聊，意思是让我去参加上海市地下学联的地下报——《学生报》的发行工作，问我愿不愿意。我说我从来没做过，用什么工具去？他让我学自行车。结果，我学了三天自行车就上街了，连方向都不认识。记得当时好几次走到衡山公园路门口的五条岔路时，自行车就不会打弯，只好下车推着走。

我答应送报以后，组织上就约好时间，带我去见《学生报》发行组的小组长。在小组里，每个送报员各有地域分工的，主要是针对学校发送。我当时负责的学校是卢湾区的中华工商学校、比乐中学。取报的时候，我们有时是到小组长家里，有时是小组长派人给我们的。每个星期去送报一次，都是事先约好人的，地点暗号都有的。暗号是上面指定告诉你的，每次都不一样。当时用得比较多的是拿张报纸问：“小姐，报纸上看看日期啊？”有时候会说：

"借一支笔给我"或者"我这个笔是什么牌子，别的牌子没有。"除了送报纸外，有时还会传递一些消息、小纸条，他们有自己的语言，我们不会看，跟《学生报》一起发下去。送完报后，大家要相互通个电话，确认任务已安全完成，最后才解散队伍。

在地下学联送报期间，我在"山茶社"仍然参加活动的，但这两件事都是绝对保密，互不外泄的。为了保密起见，我还把自己的名字改为许冰，跟我妈妈姓，名字是我自己起的。现在想想，其实每次去送报都随时会面临险境，不知道能不能活着回来，因为身上有地下报纸，既逃不掉，又丢不掉。不过，后来做的时间长了，也就不会那么紧张了，就当作普通的日常任务，该走就走。

我参加地下学联活动时，刚好是交大乃至整个上海学生运动比较寂静的时候，时间是1948年下半年。那时，国民党正大肆通缉交大地下党与进步学生，一些已明显暴露的党员和积极分子先后撤退到解放区或转移到其他地方，如李家镐。学生自治会中的许多干事，无论是党员还是非党员，由于已暴露，也走掉了一大批，所以，党组织认为必须更隐蔽地深入群众，以班级为单位重组学生自治会。后来，厉良辅当选为学生会主席。但就任不到三个月，因险遭国民党毒手，也被迫离校，退至皖西解放区。

交大"九头鸟"播音员

在上海市地下学联送报送了半年，到1948年底1949年初，组织上突然通知我，让我回交大。我开始还以为是自己工作干得不够好，后来听说是学生自治会创办了"每日新闻社"，想通过大字报和广播的形式向校内外师生群众传播解放战争的胜利消息，宣传党中央、新华社的电讯，扩大影响。因此，需要一个播音员。当时，许多同学都认为我口齿比较清楚，语调比较动听，极力选我去当这个"九头鸟"喇叭的播音员。

其实，这份工作是很危险的，等于完全晾在敌人面前，虽然念的稿子可以隐藏起来，但喇叭是隐蔽不了的。这个喇叭一叫，不仅学校里面的师生听得见，整个徐家汇的群众都听得见。上海解放后，我曾亲眼看到过很多单位同事在写入党申请报告时，说自己上海解放前受到进步思想的影响就是到华山路去听“每日新闻社”的广播，可见影响不小。所以，当我接受这个任务时，就已经做好了坐牢的准备。

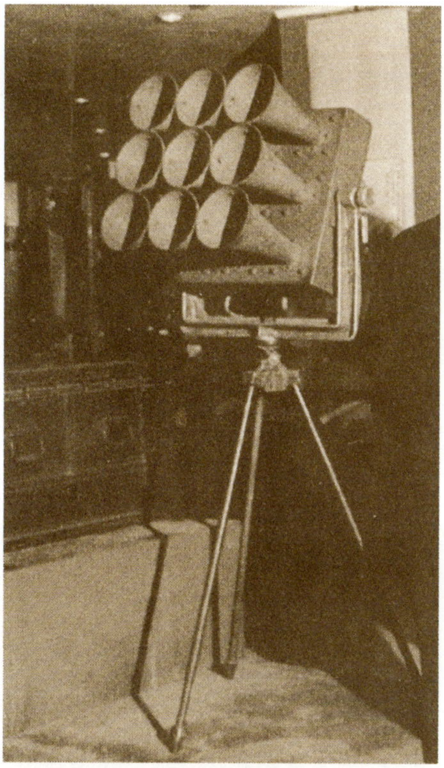

“九头鸟”播音器

对于“九头鸟”喇叭，我很早就不陌生了。在 1948 年 6 月“反美扶日”之前的一些小规模的学生活动中，喇叭筒已经在我手里了。但正式属于我专用是在反美扶日的时候。那次活动，交大学生本来是准备上午走出校门，在外滩公园集合，然后发动全市的学生游行。结果，这一天凌晨，国民党就调动了大批军警、宪兵队、保安队把交大包围起来了，冲出去就要流血。所以党总支决定改变斗争方式，改在校内游行，当时，整个游行队伍都跟着我的“九头鸟”喇叭喊话、宣讲：“反对美国扶植日本”“枪口对外，一致打击敌人”。大批市民聚集在马路对面，远远地向交大学生鼓掌，表示同情与支持。

在“每日新闻社”当广播员时，我记得共有三个小组。除了我负责播音组外，一个是管喇叭的维修、检修、试音，组长叫钟允若。我非常感激他的工作细致负责，在我主持喇叭筒期间，从来没有出现过没声音、停电等故障。还有一个小组的组长是俞济祥。他每天晚上都组织人手记录来自新华社的广播通讯，形成稿子，然后在当天晚上 11 点钟或第二天一大早派人送到我宿舍。我就照他们的稿子念。

自从喇叭筒到了我手里以后，学校许多大的宣传活动都是由我承担。

1949年4月1日，南京举行声势浩大的示威游行，要求国民党政府接受中国共产党提出的八项和平条件。结果遭到军警镇压，发生了血案，牺牲了两名学生。当天晚上，交大学生自治会就有人跑去南京了解情况，准备4月2日在全校召开上海全市的学生大会，声援南京同学。这是上海解放前交大最后一次大规模的学生运动，以后就没有了。我们甚至绝食一天，把钱省下来寄到南京去，支援受难学生。

为了全市学生大会能够在交大顺利召开，4月2日那天，总支书记庄绪良特地找到我，说："魏瑚，今天下午这个会可能比较紧张，你赶快去安排一下，喇叭播音还是由你负责。"于是，我就马上跑回去，先把平时播音用的破纸条、书籍清理了一下，扎在一块，丢到女生宿舍厕所间的草纸堆里，防止落入敌人之手。到了4月2日上午，许多兄弟学校的学生陆续到来，我就联系"山茶社"成员黄旭华组织他们搞"大家唱、大家跳"。还没到中午时，我就发现国民党军队在淮海路几个路口把交大包围了，不许其他学校靠近。到了下午，庄绪良跟我讲，今天的情况比较危险，要我警惕，如果敌人抓我的话，要我躲到工程馆楼梯边的小屋子里去，还给了我一把钥匙。

等到下午的大会时间一到，学生自治会就有人把南京同学受迫害的报告、上海方面的支援报告都给了我一个人，让我通过"九头鸟"广播出来。我在台上念的时候，突然发现有几个特务学生在体育馆与容闳堂附近，随时准备搞破坏。当时，同志们都比较紧张，临时决定组织二十几个身强力壮的男同学在台前二、三排站岗，防止敌人上台强行逮人。后来总算有惊无险，平安开完大会。这次大会散了之后，组织上要我晚上躲起来，白天还得继续广播。如果白天"九头鸟"广播不响或者换人广播，将会引起校园内人心混乱。就这样，我一直坚守在"九头鸟"的工作岗位上直到解放。

上海解放后交大第一任学生会主席

1949年5月交大解放后，老一届学生自治会的班子还在维持，暑假以后才开始正式改选。改选时，一般程序是由党总支先推荐候选人，在党内传达，让所有支部党员都知道今年总支推荐的是谁。结果，我被推荐了。我当时不太愿意，有自己的顾虑。因为交大是个以男生为主的学校，且以工科为主，我是女同学，学的又是理科，年纪还那么小，怎么合适呢？我向组织上反映情况后，党总支通过再三考虑，还是坚持推荐我。我也就没有坚决反对，只有硬着头皮参加竞选。

当时的竞选场面实在是够热闹的，校园里到处都贴满了字报，上面写着“投魏瑚一票”。其中，我还有一张照片被挂在容闳堂到工程馆之间的路上，特别显眼。那时候上课大部分都在工程馆，同学们来回走动，抬头不见低头见，我真是难为情。还有更引人注目的，当时工程馆上面有两片方形的大玻璃，我的名字又恰好是两个字，刚好能把两块大玻璃贴住，搞得跟对联中的横批一样，让我好几天都心慌意乱，饭也吃不下。到了竞选的那一天，是在食堂里进行的，许多同学都鼓动我站到桌上发表演说，我没肯，吓都吓坏了。只是站到板凳上讲了几句，总结了我过去在“山茶社”“每日新闻社”所作的一些工作，今后我会一如既往地做好本职工作，全心全意为大家服务。说完后，就赶紧从板凳上跳下来。

接下来就是选举，我得的票数大概占到90%以上，当时学校大概两千多学生，估计得到两千左右的票数。本来我还以为主席竞选的程序是先选学生会委员，再由委员会选举出主席，需要经过好几轮的投票。哪知，1946年学生自治会章程中就有一条规定：谁的票数最多，就直接当选主席。这是当时为了与三青团学生、与特务学生争夺学生自治会的领导权而定下的，解放之初暂时还没有修改。这样一来，很多男同学不乐意了，当时重男轻女的思想毕竟还是有的。何况，交大的女生本来只有10%左右，90%以上是男同学，而且大家以前在中学里都是尖子生。

大学时代的魏瑚

现在选出一个 20 岁都不到的女生来当主席，恐怕对外对内都难以服众。但是事已至此，反对也没什么用了，好在我长期担任“九头鸟”播音员，大家对我的声音很熟悉，觉得还算悦耳，只要我一讲话，同学们在情绪上会平复很多。所以，在 1949 年 9 月，我就成为上海解放后交大第一任学生自治会的主席了。

刚开始做主席，我连主持召开会议都不会，很多事情都要从头学起。不久，学生自治会成立了党小组，组长是刘泉祺，也是“山茶社”出身的。学生会许多重大活动实际上是他来帮我出主意，帮我组织，然后告诉我该怎么办，就像“诸葛亮扶阿斗”一样扶着我。当时学生自治会权力较大，举凡文体、伙食、课程难易、师生沟通等事，学生会都可以过问。后来，我也就慢慢适应了。到了 1950 年第二学期，学生自治会开始改选了，选举章程上的程序改了，学生自治会也改叫学生会了。我本来还是选上的，但组织上来了调令，要把我调离交大，是大三下学期快读完的时候，大概是 1950 年 6 月左右。我对这次调离，思想斗争上还是很激烈的，我不想做别的工作，还是想多读点书，做自己的专业。新中国成立前国家在政治上积贫积弱，当然革命救国，现在新中国成立了，应该回到业务上，搞科学强国了。我离开交大的时候，专门到图书馆转了一圈，感觉以后都没机会来了。当时真是想读书，但是考虑到自己已是党员了，还是要服从组织上的安排，就离开了交大。

魏瑚与母校采访人员合影（左起：欧七斤、魏瑚、漆姚敏）

康继昌

康继昌（1930—2018），上海人。1947 年考入交通大学电机工程系，1949 年 4 月加入中国共产党。1951 年 1 月参加解放军。后历任哈尔滨军事工程学院讲师、副教授，西北工业大学教授、计算机系主任、博士生导师。国务院学位委员会第一、二、三届学科评议组成员，中国航空学会第二、三届理事，陕西省计算机学会副理事长，享受国务院特殊津贴。20 世纪 60 年代初主持研制成功我国第一台机载火控计算机，后又主持研制多种型号的电子计算机。合著有《现代并行计算机原理》，撰有《DNA 质量筛选算法研究》等论文。

采访中，康继昌回忆了早年在母校交大求学和参加爱国学生运动，特别提到了自己参与绘制学校周边地图提供给解放军的经历，并简述了新中国成立后在中国人民解放军军事工程学院（“哈军工”）和西北工业大学（“西工大”）投身计算机科研的经过。

从地下党学生到中国机载计算机研制第一人

口述：康继昌

采访：欧七斤、朱　恺、孙　琦

时间：2011 年 10 月 23 日

地点：西安康继昌寓所

记录：杨燕飞、朱　恺

编者：朱　恺

交大世家

我祖籍江苏南汇，就是现在的上海浦东。我出生在 1930 年，那时候日本步步紧逼，民族危机不断加深，我国抗日救亡运动风起云涌。我从小就立下了科学救国的志向。

1947 年我毕业于上海私立晓光中学，这所中学是江苏人蒋建白先生创办的，新中国成立后并入向明中学。同年 11 月考入交通大学。说起来，我们康家也算得上是交大世家。我父亲康时振就是交大附小毕业的，后来又读了交大的土木专科，接着赴美国康奈尔大学深造，取得了土木工程学硕士学位；我伯父康时清则是 1910 年交大铁路科毕业，后赴英国伯明翰大学学习矿科，曾任汉冶萍公司工程师及交大土木工程学院和电机工程学院教授。我们家族中还有不少远亲也在交大学习过。

记得我考入交大总分是 317 分，其中数学 76 分、物理 39 分、化学 54 分、国文 40 分、英文 41 分、中外史地及公民课 67 分。我当时所填的第一志愿是工学院电机工程系，第二志愿是化学工程系，第三志愿是土木工程系。由于电机系报考人数多，比较难进，我被调剂到了化学工程系就读。这一年我 17 岁。

大学时代的康继昌

我求学期间，申请到了叔蘋奖学金。这是近代实业家顾乾麟先生以其父亲名字创立的奖学金，主要面向家境清寒、品学兼优的中学生。按理说我父亲是公务员，历任江苏省建设厅第一科科长、全国经济委员会公路处技正、交通部公路处副处长、运输统制局工务处副处长、交通部公路总管理处帮办、交通部公路总局下属西南公路工务局局长等职，工资待遇不低，无奈家中人口众多——我有兄弟共四人，均在求学，学费颇巨；母亲则是家庭妇女，没有收入；此外还有一位年过七旬的老祖母需要赡养。这么些人都靠我父亲一人的薪俸养活，外加新中国成立前几年市面上物价飞涨，确实捉襟见肘。

事实上我在化工系只读了一年，二年级就转到了电机系，原因是化学死记硬背的东西比较多，我比较喜欢逻辑推理，不太喜欢背东西。我把我的情况跟伯父康时清讲了，他去找了电机系主任钟兆琳，就把我转了系。好在工学院一年级无论哪个系所上的基础课都是一样的——无外乎国文、英文、三民主义、通史、体育、微积分、物理、化学、物理实验、化学实验、投影几何和机械画之类，所以跟上电机系二年级的课程进度没有什么困难。

求学岁月

我进交大的时候，学校校长是程孝刚。程孝刚对学生开展的民主运动表示同情，很受学生的拥护和爱戴，但在国民党当局的压力下任职不到一年就辞职了。此后由工学院院长王之卓兼任校长。王之卓本人是交大毕业的，在大陆政权交替的时期努力维持学校的稳定，他对进步学生也尽量采取保护的态度，新中国成立后他担任武汉测绘科技大学的校长。王之卓和程孝刚后来都成了中科院学部委员。当然作为学生，我在交大读书的时候，不怎么见到他们二人。

抗战胜利后，交大工学院得到恢复，并不断扩建下属系科，到新中国成立前已经包括电机、机械、土木、造船、航空、轮机、工管、纺织、化工、水利等10个系。工学院院长原为王之卓，他代理校长后，院长一职由土木系教授王达时接任。我们电机系的主任钟兆琳则是著名教授，同时也是中国电机工业的拓荒者，他讲课概念讲得很明晰，后来20世纪50年代交大西迁，他积极响应国家号召，毅然决然地放弃上海的优越生活，第一批去了西安，为西安交大电机系的快速发展做出了巨大贡献。

至于教过我的其他老师，至今我还能记得他们中不少人的名字。像教物理的赵富鑫、教材料力学的贾存鑑、教热力学的金悫、教机构制备的楼鸿棣、教金工原理的林海明、教工业化学的李懋观、教工业分析的王汝霖、教铸工实习的蒋汝舟等。此外，朱物华、严晙、陈湖、陈季丹、沈尚贤、曹凤山、张钟俊等人也都是电机系的名师。

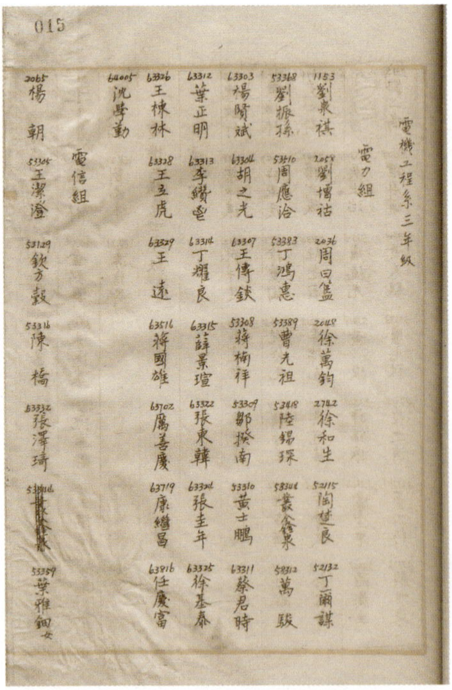
015
電機工程系三年級
電力組
1153 劉衆祺　53368 劉振椽　63303 楊賢斌　63312 葉正明　63326 王棟林　64005 沈學勤　2065 楊朝
2058 劉博祜　53510 周應洽　63304 胡之光　63313 李鑽[illegible]　63328 王立虎
電信組
53305 王潔瀅
2036 周曰鑑　53383 丁鴻憲　63307 王傳鈇　63314 丁耀良　63329 王逵　53129 欽方穀
2048 徐萬鈞　53389 曹光祖　53308 蔣楠祥　63315 薛景瑄　63516 蔣國雄　53316 陳橋
2782 徐和生　53418 陸錫琛　53309 鄒揆南　63322 張東韓　63702 厲善慶　63332 張澤琦
52115 陶楚良　53306 叢鑫泉　53310 黃士鵬　63324 張圭年　63719 康繼昌　[illegible]
52132 丁爾謀　58312 萬駿　63311 蔡君時　63325 徐基泰　63816 任慶富　53359 葉雅鈿 女

交大1949年度电机工程系三年级电力组学生名单

我们那时学的主要专业课程有直流电机、交流电机、交流电路、交直流实验、电测、蓄电池、热电学和电机设计等。升入三年级后进一步分组，有电信门和电力门。我选的是电力门。电力门还要另外学习电力厂设备、动力厂设计、输配电、水力发电厂、蒸汽动力厂及电力铁道等科目。

老交大的传统是“门槛高、基础厚、要求严”。这点我是深有体会。以物理为例，在交大有“霸王课”之称，工科学生要读两年物理，其他大学只需读一年。不仅如此，物理课后习题量大、难度高，此外自己还要找些课外参考书上的习题来做，因为平时的测验和期末的考试很多时候就是在课外书上选题，所以不多做些题目开阔眼界的话，难以应付。

我一年级读化工系的时候，宿舍被安排在中院313室，转到电机系后，宿舍被调到了中院304室。我们1951届的同学，许多人至今还保持着联系。我记得我们毕业时搞了一本《交通大学1951届毕业纪念刊》，这是从新中国成立前保留下来的传统。我手头就有一本，珍藏至今。我的同学中有成就的不少，像化工系的高方后来当了人民解放军总参谋部防化兵部副部长、防化研究院院长，少将军衔，可惜后来飞机失事逝世了；电机系的蒋楠祥是水声换能技术专家，当过哈军工的教授和哈尔滨船舶学院副院长；电机系的丁尔谋毕业后前往山西支援当地的电力事业，担任过山西省电力工业局副总工程师、副局长等职，还出过《发电厂空冷技术》《发电厂励磁调节》《发电厂低循环倍率塔式锅炉》等多部专著，是山西电力基本建设的元老和功臣。

参与爱国学生运动

在交大求学的那几年，受到轰轰烈烈的学生爱国民主运动的影响，我的人生观、世界观逐渐形成，政治上开始要求进步，最终在上海解放前夕加入了中国共产党，成为交大地下党组织的一员。

我是在抗战岁月中成长起来的，知道日本侵略者的残暴，比如惨绝人寰的南京大屠杀，短短几星期中就有30万同胞遇害，还搞杀人竞赛。所以我从小就对日本鬼子恨之入骨，尽管年纪不大，但有朴素的爱国主义思想。好不容易盼到抗战胜利，蒋介石又发动内战，搞得经济凋敝，民不聊生。这些我都看在眼里。

交大在解放前有沪上“民主堡垒”之称。它的学生运动开展得如火如荼。在我进校之前不久，交大学生就搞了“护校运动”，学生自己开火车到南京请愿，抗议国民政府教育部停办轮机、航海两个专科并图谋肢解交大，这件事在社会上影响很大。在抗议国民党当局制造南京“五二〇”惨案的运动中，交大学生表现也很突出。所以说，交大是一所有革命传统的学校，校园中追求民主进步的气氛很浓。

交大在20世纪20年代就建立起了党支部，后来在30年代的白色恐怖环境下遭破坏。到了抗战时候的40年代初，党支部又在沪校恢复重建。随着党员人数的增多，我进校的时候，交大党支部已发展为党总支。

投身进步社团

我是通过参加学校中的进步社团而逐渐向党组织靠拢的。原来我考入交大前不久，上海发生了“五三〇”大逮捕，国民党当局对沪上高校的一批进步学生和活跃分子进行搜捕，交大也未能幸免。此后教育部派员在交大成立所谓“整理委员会”，开除了一批政治上表现活跃的同学，解聘了几名进步教师。在这种背景下，上级党组织要求交大总支注意斗争策略，不要轻易采取游行示威的方式，而是深入做好群众工作，进行相互鼓励和学习教育活动。于是党总支以校内各个进步社团为阵地，开展团结和发展积极分子的工作。

当时交大校园内的各种进步社团有很多，譬如创社、知行社、山茶社、今天社、青年会、从军返校同学会、交大生活社、电联社、三九社、建社、交大四川同乡会、女同学会、愚公社、交大美术社及新生组成的四〇社等。党总支把这些社团组成社团联席会，以增进各社团间的联络，扩大在学生中的影响。

我参加的是“创社”。“创社”是贺彭年创建的，贺彭年是1948届机械系的，比我早入校，后来20世纪80年代的时候受汪道涵委托负责筹建上海航空公司，担任过董事长兼党委书记。“创社”平时的活动地点就在校办公室大楼（即总办公厅）东侧的一间简易活动室内，其中存放着一些进步书刊和马列主义基本读物，诸如《政治经济学》《整风文献》、斯大林的《列宁主义问题》和《论辩证唯物主义和历史唯物主义》、毛泽东的《新民主主义论》等。通过阅读，我对马克思主义的基本原理有了初步的了解。印象最深的是斯大林对于唯物辩证法提纲挈领的说法：“世界上没有什么永恒的东西，一切都在变化，一切都在发展，新生事物是不可战胜的。”此外，“创社”还不定期出版刊物《创报》，这是贴在木板报架上的活动板报，稿件一般由社员提供，内容多是报道校闻、时事及各地的学运情况，有时也从当时的《文萃》及《密勒氏评论报》（Millard's Review）摘录选译一些文章。

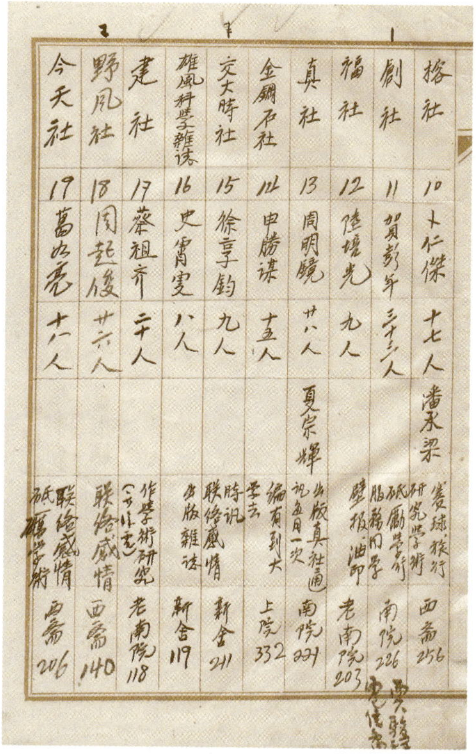

[illegible]社	10	卜仁傑	十七人	潘承梁	賽球，旅行 研究學術	西斋256
創社	11	賀彭年	三十三人		砥勵學行 服務同學	南院226
福社	12	陸壿光	九人		壁報油印	老南院203
真社	13	周明曉	廿八人	夏宗輝	出版真社通訊 每月一次	南院221
金鋼石社	14	申勝謀	十五人		編有到大學去	上院332
交大時社	15	徐亨鈞	九人		時訊 聯絡感情	新舍211
雄風科學雜誌	16	史霄雯	八人		出版雜誌	新舍119
建社	17	蔡祖齐	二十人		作學術研究	老南院118
野風社	18	閔起俊	廿六人		聯絡感情	西斋140
今天社	19	葛如亮	十八人		聯絡感情 砥礪學術	西斋206

交通大学社团登记册（右起第二列为“创社”）

当然我对共产主义信仰的接受也不是一蹴而就的。我知道共产党讲究批评与自我批评，还有毛泽东与黄炎培关于中国共产党能否跳出“历史周期律”的谈话。我当时对共产党还抱有半信半疑的观望态度，怀疑它如果取得政权，会不会像国民党一样开始是革命党，意气风发，最终却也难免走向腐化。

当时和我一届的电机班上有一个同学叫陈济群（后任宝钢副总工程师），他政治上成熟比较早，在我之前就加入了地下党。鉴于我思想上要求进步，但入党条件尚未成熟，陈济群动员我先加入党的外围组织新民主主义青年联合会（简称“新青联”）。“新青联”会员其实就是党员的后备力量。

康继昌(左)接受母校采访

我在交大求学的那几年,地下党组织领导开展了数次轰轰烈烈的学生运动,许多我都参加了。像1947年末的"救饥救寒"运动,使我了解了上海底层劳动人民生活的疾苦,提高了自己的阶级觉悟和革命意识;1948年1月的抗议港英当局制造九龙暴行大游行,我们交大学生和沪上其他学校学生一起包围了英国驻沪领事馆,并在领馆门前贴满了标语和漫画;1948年的五四营火晚会给我留下的印象最深,同学们亲手用竹篱笆和彩纸在大操场上搭建了一个堡垒,上面书有"民主堡垒"四个大字,交大获得"民主堡垒"的称誉就是从这儿来的。此后不久,反对美国扶植日本军国主义的"反美扶日"运动又在校园里如火如荼开展起来,交大学生自治会组织召开了"反美扶日"公断会,请来了史良、马寅初、许广平等一批社会知名人士出席大会,同市长吴国桢压制学运的图谋进行了针锋相对的斗争。

党交给我的一项"特殊任务"

我是上海解放前夕的1949年4月入党的。我记得有一天陈济群来找我,通知我交大地下党所属的上级区委要派人和我谈话,并告诉了我接头的时间、地点和暗号。到了约定的那一天，根据事先约定的暗号，我手里拿着报纸来到图书馆门前等着，不久便和上级派来的同志接上了头。所谓谈话，其实就是汇报思想。这以后不久，我就被批准入党了。

很快发生了“四二六”大逮捕，交大有50多名学生被捕，这其中包括后来牺牲的学生自治会主要负责人史霄雯烈士。我的名字当时不在黑名单上，所以没有受到大逮捕的影响。

1949年下半年，交大党组织公开，在校内公布了党员名单。当时说可以提前转正。但我觉得自己觉悟还不高，所以向组织提出转正延后。结果我是到了1950年才转正的。

上海解放前，组织上交给了我一项特殊任务，就是绘制学校附近徐家汇及沪西一带的地形交通图。考虑到解放军进入上海市区后可能与国民党军队发生巷战，并且还涉及对各类企事业单位的接管，因而一份详尽的社区地形图是十分必要的。

具体而言，我徒步或是骑着自行车走遍学校附近，将那里的地形、地貌、河道、沟渠、桥梁、工厂、居民点、国民党军警所设的地堡、岗哨都一一记在脑子里，回到学校或家中，再凭记忆画在图纸上。画完图后，我把图纸交给了陈济群，由他转交给上级党组织，再由上级党组织转交解放军。后来人民解放军第27军正是由沪西一带进入上海市区的。当然参与绘制地图的不止我一人，其他一些地下党员和“新青联”成员也参与了这项工作。能为上海解放做出自己的贡献，我感到无比自豪，为此我还得了一枚建国功臣的勋章。

参军参干

1949年5月27日上海解放。不久学校举行了“史穆两烈士追悼会”，大家一起去上海殡仪馆将被国民党反动派杀害的史霄雯和穆汉祥两位烈士的灵柩接回学校，市军管会主任陈毅寄来题词“为人民利益而光荣就义是值得永远纪念的”。6月1日，在新文治堂还举行了“上海各界青年纪念‘五卅’大会”,陈毅到会演讲,听众群情激奋。此后军管会正式接管交大,接管工作完毕后,学校开始实行校务委员会制度,著名物理学家吴有训任校务委员会主任。

解放初,学校里开展了宣传打击银元贩子和残余匪特的活动,很多同学都走上街头,向市民宣传银元投机的危害和取缔银元投机的必要性。此后还有部分同学参与南汇、川沙海塘抢修、苏北治淮、建立上海第一个雷达站及抗美援朝参军参干运动。

我是1951年毕业的,当时正值抗美援朝战争进行中,政务院发出招收青年工人、学生参加军事干部学校的决定,交大学生群起响应。我也决心矢志报国,投笔从戎,于是报名参加了军干校。对于我参军这件事,我父亲(当时他已定居香港)来信表示不理解,说这是给他精神上的第二次打击——新中国成立前夕我执意留在大陆完成学业而未和他一起去香港是对他的第一次打击。

我参军后,先是被分配到空军,任部队宣教科见习干事。不久解放军电影制片厂成立,需要技术人员,就把我调去当录影技术员,这样我去了北京。解放军电影制片厂当时属于军委文化部管辖。我在制片厂主要负责修配设备,这种技术工作对我而言并不难,只是雕虫小技而已。

在哈军工的岁月

1953年,哈军工正在筹建,由于急需人才,组织上便把部队里的大学生都集中起来参加考试。我听说哈军工是苏联专家帮助建立的,致力于培养军事技术干部,便很有兴趣,就去参加了考试。考试通过后,我被调往哈尔滨,在那一待就是17年。

刚到哈军工的时候,因为还没正式开始招生,我被分到助教队学习,由数学家卢庆骏教授给我们上课,这段学习经历让我获益匪浅。此外我们还上了电工教研室的技术基础课。

哈军工正式招生后,我就肩负教学工作,担任过助教、讲师,教过“电器设备”等课程。1955 年底，越南副总理兼国防部长武元甲来学校访问，我参与了接待，当时主要是负责为他讲解电动起落架控制。武元甲会中文，大概能听懂我的介绍，但我不懂越南语，不明白他在说什么。

1956 年我被选拔为空军工程系副博士研究生，导师是两位苏联专家辛捷耶夫和伏洛诺夫。副博士(kandidat nauk)是苏联和东欧一些国家的学位体系中的一种，级别比硕士学位高，但低于全博士(即博士后)，事实上相当于我国的博士。导师给我定的专业方向是计算机。说实话我直到踏入这个领域时，还不知道计算机为何物。导师给我两本教科书，都是外文的，一本英文的，一本俄文的。苏联导师让我自己看书，有不懂的地方再去请教。专家亲自为我们上课，但我的俄语听力不太好，所以基本上就是自学。尽管苏联的计算机发展后来落后于西方国家，但它起步不晚，20 世纪 50 年代还并未逊色于美国许多，所以对于帮助中国从无到有建立起计算机专业还是有莫大的帮助。

1958 年“大跃进”的时候，学校成立了 901 数字计算机研制组，我被派去支援科研，我当时正在做副博士学位课题，其内容也有涉及机载数字计算机的内容，故而我一边参与研制组的工作，一边思考如何将计算技术用于机载火控系统，很快顺利完成论文。

中国机载计算机研制第一人

1958 年 10 月，我又受命担任“东风-113”机载计算机研制组组长。经过一年多努力，我们团队和兄弟单位终于顺利研发出原理样机，这是我国自主设计的第一台机载计算机样机。翌年，周总理来学校视察，参观了这项研发成果。可惜因为我有海外关系，那次我没有见到总理，不过我的学生李永鑫参加了汇报。

此后由于海外关系的原因，学校不再让我搞计算机了，把我调到武器控制教学组，转而让我教授火炮设计控制和计算机原理课。那几年我带的学生中有一个叫戴冠中的，后来当上了西工大的校长。1966年，国防科委批准了“轰五”飞机的计算机项目，我因为在搞控制领域的研究，就根据学校方面的意见，考虑用计算机来控制飞机瞄准距，就是机载火控计算机(简称114机)。不久“文革”来了，我被批斗，住进了牛棚，被隔离审查将近一年。但这项研究并未停止，李永鑫他们在继续研究，1969年4月样机就装上了“轰五”，打靶命中率达75%，算是试验初步成功。

康继昌夫妇与母校采访人员合影(左起：孙琦、康继昌夫妇、欧七斤)

扎根西北

1970年哈军工的空军工程系被整体并入西北工业大学，当时迁往西安的资料设备就装满了三个专列。哈军工空军工程系的并入，可以说是让西工大如虎添翼。

刚到西工大的那几年，我还是带领学生负责114机的进一步完善。为了检测样机质量，我和学生到兰州135厂做耐高温和耐低温试验。低温试验时，要身穿飞行服，怀抱计算机，在零下50度环境中实验，确保连续几天工作不停机。1974年，114机由空军第48师试飞打靶成功，当年年底通过技术鉴定。第二年，114机设计定型，正式命名为Ⅰ型数字设计瞄准计算机，代号SSS-Ⅰ，这是我国第一台机载火控计算机，到了1988年正式装备部队使用。

1982年，西工大成立了计算机科学与工程系，我担任首任系主任。系里申请到博士点后，我又担任了博士生导师。这些年我带出的研究生大概有100来人。如今我们西工大的计算机学科已经是西部地区的领头羊。

埋首科研，乐此不疲

我从调到西工大直至离休，还研制了“622A小型通用计算机”“626FFT实时信号处理机”等多种计算机。离休后，我也没闲着，还是继续坚持每天来校从事科研活动，并取得了一批专利。如今我的兴趣主要是计算机学科与生命学科的交叉领域，这种不同领域的交叉碰撞能激起创造的火花，令我感到莫大的乐趣。搞科研，有时白天遇到了难题，冥思苦想，找不到解决问题的门径，到了夜里有时会突然醒来，产生新思路、新灵感，有一种豁然开朗的顿悟。我的业余爱好就是思考问题和解决问题。我想计算机与生物的结合应用前景广阔，会造福全人类。

搞科研和教学生是我平生两大乐事。哪天去见马克思我不知道，但只要活一天，力所能及，我就会继续研究下去。我的思想可以贡献给学生，我的研究可以为学生开路，我希望学生能青出于蓝而胜于蓝。除了我前面说的戴冠中外，我还有不少学生也取得了不小的成就，很多人已当上了高校的校长、副校长、教授、博导，有的成为研究所的所长、总工程师，还有的则成为大公司的总裁、副总裁。

回顾我的一生，科学研究既是我的毕生追求和兴趣所在，同时也是适应党和国家的现实需要。虽然经历了抗战、反蒋、抗美援朝、“反右”“大跃进”“文革”等一系列事件，我的科研和学术兴趣不曾中断。今天年轻人遇到了前所未有的发展机遇，我希望交大年轻一代学子能珍惜这种大好环境，在学术和科研上勇攀高峰，不断取得突破，实现自己的人生理想和价值。

赵国士

赵国士(1930—2012),原籍苏州,生于上海。1947 年考入交通大学化学系,1949 年 9 月转入航空系,1951 年毕业。1957 年 9 月至 1960 年 11 月,就读中国人民解放军军事工程学院空军工程系。1947 年 9 月入党,曾任交大地下党总支委员。1949 年 7 月担任交大首届青年团总支委员会书记。新中国成立后历任空军航空杂志社副总编辑、国防科委第六研究院第一研究所副所长、沈阳飞机制造公司副总工程师、上海交通大学管理学院筹备负责人、上海交大分校党委书记、上海工程技术大学副校长。长期从事航空科研、设计工作,曾参与和主持过多种战斗飞机的研制和设计。20 世纪 80 年代后研究领域主要是工业企业管理和工业经济学,先后被评为高级工程师、教授并授予"有突出贡献的专家"称号。2012 年 4 月因病逝世。

本文根据赵国士的文章及曹子真(赵国士的夫人、上海解放前交通大学中共地下党员)的口述访谈整理而成。文中讲述了赵国士拼搏执着的人生故事。抗日战争在他幼小的心灵中埋下了爱国主义的种子。家庭困境使他从小就懂得要为个人谋生,必须发奋读书、学好手艺,从中逐渐树立起科学救国的抱负。面对国家命运的决战,他奋战在爱国学生运动的第一线,成长为一名共产党员,沉着应对 1949 年大逮捕,并对工作及时进行了反思。新中国成立后,一切以国家与人民利益为重,服从组织分配,辛勤耕耘,成为能勇挑重担的专家型人才,先后在不同岗位上出色地完成了党交给的任务,一步一个脚印地走完他平凡而熠熠发光的人生。

拼搏执着的人生

口述：曹子真

采访：漆姚敏、陈　泓

时间：2012 年 6 月

地点：上海曹子真寓所

记录：漆姚敏

编者：漆姚敏

苦涩的童年——失乐与磨炼

赵国士出身于知识分子家庭，父亲赵希昂是中国自己培养的第一代西医，母亲杨荣球是毕业于湘雅医学院附属护士学校的一名护士。他的家庭条件曾经非常好，父亲自己开私人诊所，一家人住在江湾政民路叶家花园旁的一幢花园洋房里，屋里全套红木家具，餐具都是定制的。父亲一度准备去英国医学院进修，手续都办好了，不幸的是，却突然因病过世了，当时赵国士年仅四岁。

赵国士出生在 1930 年，从记事开始，听的就是"我的家在东北松花江上，那里有我的同胞，还有那衰老的爹娘……哪年哪月，才能回到我那可爱的故乡。"赵国士问母亲，他们这么想家，为什么不回家？母亲跟他说，他们回不了家，因为那个地方被日本人占了。日本侵华，对他幼年的心灵造成了严重的伤害。并且，对赵国士而言，日本侵华战争两次毁了他的家。父亲过世后，家里就只剩下奶奶、母亲和赵国士。淞沪抗战以后日军入侵上海，他家诊所在华界偏僻地带。突然有一天，家里闯进来几个人，威吓说这个地方我们用了，你们不能住了。没办法，孤儿寡母只得拖着老奶奶仓皇逃离，花园洋房就这么丢了。母亲当时在中山医院当护士，他们就搬到中山医院附近自家的房子里去。可那虽是中国地界，日本人却可以任意出入，中国人是任人欺负的，几度惊吓后，房子又丢了。一家人只得逃进法租界，起先家里还有点老底子，在延安西路租了两间房子，楼下有个大的客堂间，赵国士还常与小伙伴们在那儿打乒乓球。过了一段时间，客堂间也保不住了，一家人缩到一个亭子间里去了。亭子间大约 17、18 平方米，平常放两张小床，祖母跟母亲各用一张，母亲住医院里时，赵国士就睡在小床上。母亲回来，赵国士就搭个帆布床睡。

母亲年轻的时候很漂亮，按她的条件完全可以再嫁。所以那时候祖母有时就跟孙子说："国士啊，我们现在过日子全靠妈妈。哪天你妈妈嫁人的话，你就得去学徒。"赵国士把这话听进去了，放学后就去他们家弄堂口的洗衣摊学熨衣服，去擦鞋佬那里学擦皮鞋。他说，妈妈要是嫁人，我可以这样来挣饭吃。

母亲也没说什么大道理，翻来覆去就一句话，"赵国士，你将来吃什么、怎么生活，全靠你今天努力。"母亲是受过良好教育的人，重视教育，赵国士启蒙时专门为他请家庭教师，英文启蒙老师请的是外国人，所以他的英语发音是一口地道的伦敦音。还有请中文教师教他写字，所以他写得一手好字。一方面母亲对他生活上十分照顾，他的饮食、习惯、教养都按高标准执行，尽管他们家的收入不算太高。赵国士说："我中小学的时候，肯定比一般的人吃得好，因为家里人都把最好的东西留给我。我们家最困难的时候，妈妈喝粥，奶奶吃饭，我吃肉。"另一方面对赵国士管教相当严格。有一次他和母亲一起去买菜，顺手拿了菜摊一个小萝卜，被母亲发现了，连讨饶"下次不敢了"都不行，挨了手心后，硬着头皮去归还萝卜，并且认了错道了歉。从此以后，他再也不敢碰别人的东西了。他说自己是这么长大的。

赵国士深深懂得，自己要是没有本事的话，将来就没有立足之地——家里就是这么个教育。他从小学习非常刻苦，成绩非常好。三年级那年他得肾炎，休学了，一年后复学，学校让他念三年级。他说让我去四年级跟跟看吧，坚持去念四年级，结果跳过一级，成绩还是很好。

多彩的初中——探索与追梦

赵国士 1941 年暑假从民智小学毕业后，秋季就直升了民智初级中学。不久，汪伪政权要各个学校到教育局去重新登记。当时上海很多学校一方面出于爱国心，另外一方面也怕背上"汉奸学校"这个招牌，玷污了学校的名声，所以去登记立案的时候都改换另一个名字，希望有朝一日用回原来的名字，就这样，民智初级中学改名叫润德中学了，实际上学校的教师、学生都没有变动。赵国士初中毕业是 1944 年，抗战还没有最后胜利，所以他拿的是润德初级中学的文凭。

初中三年，赵国士的各门功课都很优秀。这时他家庭经济条件比较拮据，差点辍学，母亲除了医院里的护士工作外，工余时间还去做特别护士，到有钱人家里护理重病号，这样收入比较高。即便是这样，赵国士的每年学费开支还是家里比较大的一个负担。他申请了《申报》为寒门子弟设立的助学金，通过选拔考试获得了两个学期的《申报》奖学金，解了燃眉之急。

初中阶段，赵国士的爱好十分广泛，踢小足球、做矿石收音机、做木工、绘画、收集邮票什么的，对什么都感兴趣。初二的下学期，他开始对化学感兴趣。同学田一庚的哥哥有一个小小的肥皂厂，厂里有化验室，他们同学几个就从里面弄点化学药品、烧瓶、试管，在家做化学实验。1945 年冬天，他们想筹建自己的化学实验室，于是动脑筋想赚钱的方法。大概在新年期间，他们就造出一种兰花粉，就是把细的铁屑跟铅粉掺和在一块，使之发出闪闪的火花。他们把这个粉用纸袋装成小包，放在校门口的摊贩上卖，结果大受欢迎。后来,他们又把这个东西掺上碳粉、硫磺粉、氯化钾……用纸包起来附在炮仗后,点火后先是发出灿烂耀眼的火焰,然后“嘭”一声炸响,名之曰“原子弹”,意思是说我们也能够造原子炸弹。这个产品做了几千个,全卖光了!他母亲20世纪60年代讲起这个故事的时候,说收入“大概相当于现在的几十块钱吧”,60年代的几十块人民币,还是很不错的一笔收入。但是,这些收入离建实验室还是差得很远,不过也不影响这群小孩子继续追梦。

初中阶段,赵国士还读了很多书。他家住在延安路,延安路成都路口的一个大楼里有一个中华学艺社办的图书馆,赵国士是那里的老读者,借阅了大量的文学作品。除《三国志》《水浒传》等古典章回小说外,还看了《娜拉》《战争与和平》等许多欧洲经典著作。这些作品中所揭露的黑暗和不公,后成为他不满现实、反对旧制度的动力。

一波三折的高中——抗争与入党

赵国士说,“我的高中学习,那是非常坎坷的。”高中三年,念了五所学校。1944年初中毕业以后,他考进私立大同大学附中。这个学校课程挺重,英文念一本英文短篇小说选,里面有霍桑、莫泊桑这些人的短篇小说。教平面几何的雷老师是上海中学里教得比较有名的,他用的课本是自编的平面几何,讲了很多稀奇古怪的东西,什么九点圆啊这一类东西,板书也是红线、绿线画一黑板。最难念的是一门外国地理,课本用的是一本英文版的世界地理。白天的功课外,赵国士晚上还去南洋无线电夜校读书。这是一个职业学校,就在一个小弄堂里,学习两学期就可以得到一个文凭,凭这个文凭就可以到电信局去当报务员或技术人员。赵国士在这儿学了两门课,安装收音机和发报,原因有两个:一是因为他对收音机很感兴趣,初中的时候还搞过一段矿石收音机嘛;二是因为家庭经济比较困难,他觉得自己随时都有辍学的危险,所以想学一点技术,万一不能继续学习,也可以去找个工作。赵国士在这个学校每天上一个多小时的课,每周学六个晚上,两门课隔天各上一次。赵国士在夜校学了一个学期，大概三四个月的样子，感兴趣之处都有所涉猎。

在大同附中读了一学期，赵国士不太喜欢这里的环境和课程，这时初中同学田一庚说要到正养中学去读书，赵国士听他介绍颇为心动，1945 年初，也考入正养中学。正养中学是原来的东吴大学附中，校址是在苏州的，“八一三事变”后迁来上海。日寇进入上海租界后，附中跟租界里的其他学校一样改了名。这所中学好些科目都是东吴大学教师兼课的，教学质量很好，师生关系、同学关系也很融洽，赵国士很满意这个学校。1945 年抗日战争胜利后，学校恢复了东吴附中的校名，赵国士继续在这儿念高二。

整个初中到高一，赵国士都是在日本帝国主义野蛮侵略中度过的。钻到铺了棉被的桌子底下躲避日军轰炸的情景记忆犹新，亲眼看见日本岗哨在华界哨卡处用刺刀杀害平民百姓的惨状刻骨铭心……他恨死了日本鬼子。1945 年 9 月抗战取得胜利，赵国士欣喜若狂，独自奔到跑马厅，夹在人缝里欢迎蒋介石，为中国打败日本帝国主义感到骄傲自豪。他对祖国的前途充满希望，憧憬祖国成为一个独立、自由、富裕的国家。那时他特别欣赏罗斯福提出来的“言论自由、信仰自由、免于贫困及免于恐惧的自由”，他觉得自己可以好好地学习了，开始思考怎么能把自己的国家变得富强，并且开始写这方面的文章。他与同学们一起办起了名为《嘤鸣》的刊物，牵头的是一个姓顾的同学，赵国士积极地参加刻板、油印、装订等工作。

不久，国民党独裁、贪污、腐朽的事实，使赵国士对现实产生了怀疑，对国家的前途命运、美国的民主自由产生了怀疑，对国民党蒋介石的幻想逐渐破灭，内心变得茫然。另一方面，爱国民主群众运动风起云涌，它们在蒋管区里传播的民主主义、社会主义思想，对赵国士产生很大的影响，推动他去探索新事物、新思想。他开始寻找一些传播新思想的书籍刊物，从名著《西行漫记》《丹娘》和电影《列宁在十月》中接触到了共产党，了解到了苏联，订阅了《文汇报》，还经常买《文萃》《民主》《周报》《群众》，这都是揭露美蒋罪行、推动民主运动的书刊。受到进步书籍的熏陶，赵国士开始琢磨政治。他与同学林宗琦散步时，告诉他，世界上有个马克思，写了一本《资本论》。林宗琦问："是不是写资本好？"赵国士说："不是的，我也不懂，但是，是写资本剥削人。"他与同学谈鲁迅的《奴隶、聪明人跟傻子》，说："看起来我们大概都愿意做傻子。"

1946 年 6 月，全面内战爆发，国民党对内横征暴敛，克扣教育经费，镇压学生运动，在南京下关毒打要求和平的民主人士和学生代表，对外进一步投靠美国，丧权辱国。赵国士嫉恶如仇，对国民党从失望到愤恨，开始起来抗争，写文章揭露国民党独裁、镇压学生运动的丑恶嘴脸。

暑假后，赵国士要升高三了，这时东吴附中要迁回苏州，家境好的学生都跟着学校回迁，赵国士经济困难没法去，他的同学林宗琦家还要困难，他们俩就留下了。赵国士向他的一个数学老师求助，老师介绍他们去复旦实验中学。他们顺利通过考试，进入复旦实验中学读高三。这个学校非常沉闷，训育主任是三青团的，教务主任是国民党党员，这两人把学校管得死死的。赵国士他们跟这两位主任发生了好几次冲突。1947 年初，光华大学学生到复旦实验中学宣传"沈崇事件"，被训导主任轰了出去。赵国士和林宗琦议论说，应该让人家宣传真相嘛，遭到训导主任训斥，他俩顶撞道："你是中国人不？中国人受侮辱，你为什么不生气！"还有一次，他俩与班上三青团员谈形势，三青团员认为是共产党在搞内乱，赵国士他们针锋相对地指出是国民党一党专政，不管人民死活，发动打内战，三青团员争辩不过，气急败坏地说："我一定给你戴一顶红帽子。"再有，老师讲授程颢的哲学时说："什么事情，你心里怎么想的，它就是什么样。"赵国士"唰"一下就站起来："照你的说法，如果你心中认为没有太阳，那么这个世界就没有太阳了。"再有一次训导主任从窗外看到两个学生在语文课上下象棋，训导主任进来就拿报夹子打两个学生的头，林宗琦站起来说"你不能打人"，赵国士也站起来说"你怎么能打学生的头"，结果被叫到训导处训斥……类似事件接二连三，到学期结束，他俩被学校开除了。这个打击实在是太大了，他们当时都不敢告诉自己的妈妈。

没有办法，赵国士他们去找介绍他们进校的数学老师，想通过他跟校方讲情，他们还有半年毕业，没有文凭没法考大学呀。结果，老师告诉他们，东吴附中还有教师和学生留在上海，办了个养正中学。老师介绍他们到那儿去念书。赵国士他们顺利通过考试进去念书，可是，念了还没到一个礼拜，问题来了。原来，养正中学还没有正式立案，立案要到一年后，这样到他们毕业也赶不上拿文凭。

这时还是那个数学老师，介绍他们去乐群中学——抗战前的格致中学，这可是当时比较进步的学校。校方问他们的功课好不好。老师说，这两个学生肯定是好学生，你考好了！学校当时就组织考试，结果他们考得很出色。就这样，高中最后一个学期，赵国士他们进了乐群中学。在这里，赵国士开始结识到一些进步同学，最早熟悉的是杨希康。当时以杨希康为核心有一个团体，课余常在一起活动，地点就在杨希康家三楼。这个小团体起初主要是开展一些活动，讨论一些问题，提高一下思想认识，慢慢地就秘密传阅学习灯塔小丛书《中国革命与中国共产党》《论联合政府》等。赵国士从中看到了国家的前途和民族的希望，以后就逐渐发展成推动他们班上学生运动的核心。

高三下学期，赵国士他们发动的比较大的运动有两个，"反会考"运动和"红五月"学生运动。"反会考"的起因是当时的上海教育局提出要在高中毕业生当中举行一次统一的会考，凡是会考不及格的就不许毕业。当局是想用这个手段加强对学生的统治，在功课上加压，镇压学生运动。这个政策造成了政府跟学生之间的对立矛盾，一下子就爆发了声势浩大的"反会考"运动。由于牵涉每个学生的切身利益，所以90%的同学都参加了，就是平时为三青团和国民党讲话的一些学生也不敢公开表示反对，这次运动还得到了大学学生的声援。宣传、游行、请愿，最后教育局被迫取消了会考，学生运动取得了完全的胜利。"反会考"运动以后，1947年的5月，"红五月"学生运动进入高潮，从上海开始逐步发展成为全国性的反饥饿、反内战、反迫害，要和平、要民主、要饭吃的学生运动。这个运动差不多一直延续到学期终了，到他们毕业为止。这两个大的运动，乐群中学也搞了，而且搞得很出色。赵国士已在最高年级，他们班是学校里跑得比较前的，他们班一动其他班级就跟着动起来。而他们班领头的实际上就是杨希康、赵国士。

赵国士入党是在高中毕业不久。1947 年 7 月，杨希康把他找到家里，向他谈入党的问题。赵国士当场表态“我要求入党”。那次谈话后，他开始写入党申请书。当时入党申请书都是用普通钢笔蘸米汤写在纸上，没有固定格式，内容主要是报告家庭情况、社会关系、个人简历，还有对党的认识、为什么要求入党等等。申请书很快就写好交给杨希康，9 月初交大开学前得到通知被批准入党。

五校录取——选择了交大

高三这一年，赵国士辗转三个学校，最后半年更是在风起云涌的学生运动中度过，虽如此，他并没有放松学习。当时他心中有两个榜样，一个是周寿昌，年级总分第一，门门功课都是第一，他的英语尤其厉害，进大学时已经可以当翻译了。大家形容说，周寿昌坐在书桌旁看书，一看三小时，一动都不动的！还有一个是李根深，后来的哈尔滨市副市长、黑龙江省委副书记，李根深据说从来不听课，上课从来是看别的书，但是老师叫他到黑板上做题目的时候，从来都是对答如流，后来以系第一名的成绩考进交大机械工程系。李根深是东吴附中的，周寿昌是乐群中学的。当年毕业班就传，有这么两个人，特别狠。榜样的力量是无穷的，高三这一年，赵国士力图要赶超榜样。他和林宗琦用自学的办法啃掉了六本书：《解析几何》、日本上野清的《大代数》、朱文豪的《新三角讲义》、萨本栋的《物理》、达明氏的《化学》……弄懂弄通，融会贯通，书里头习题做完之外，还收集了好多其他的习题来做。英文靠东吴附中的底子，语文靠一贯的底子。

1947 年高中毕业，赵国士在日记中写道：“投考大学是我唯一的出路，如果失学就是失业，前途是不可设想的。”当时大学是单独组织考试的，他报考了五所大学，浙大、燕京、同济、交大、清华。由于他初中以来就喜欢化学，摸摸仪器做做实验，并且，觉得这个专业将来较易找职业，所以，专业清一色填报了化工类专业。

浙大是最早公布录取名单的，赵国士与林宗琦都被录取了，9 月初，他俩一起去了浙大。过了一段时间，交大发榜，赵国士又被录取了，党组织决定让他回上海读交大，情况相同的还有李根深、凌希羽等同学，他们于是结伴回上海去了交大。当时，大学录取名单公布在《申报》等几大报纸上，因此考生们特别关注报纸上的发榜名单。那一年，赵国士考取了报考的全部五所大学，结果，五所大学陆续发榜，他都榜上有名，且张张名单他都排在前面！考生们都觉得很奇怪，怎么这也是赵国士，那也是赵国士，这事在师生中引起了一阵轰动。

清华放榜后，赵国士一度想去清华，但是杨锡康说不要去，清华党的力量很强，都派力量支援上海！并且去清华，党的关系转起来比较复杂，要通过解放区、交通员，很容易把关系转丢。所以，就在交通大学吧。最后，赵国士就在交通大学读书了。那年交大开学很晚，是所有的学校里头发榜最晚、新生入校最晚的，因为交大当年的护校运动搞得比较厉害，罢了很久的课。因此，赵国士 10 月到交大注册，11 月才开学。

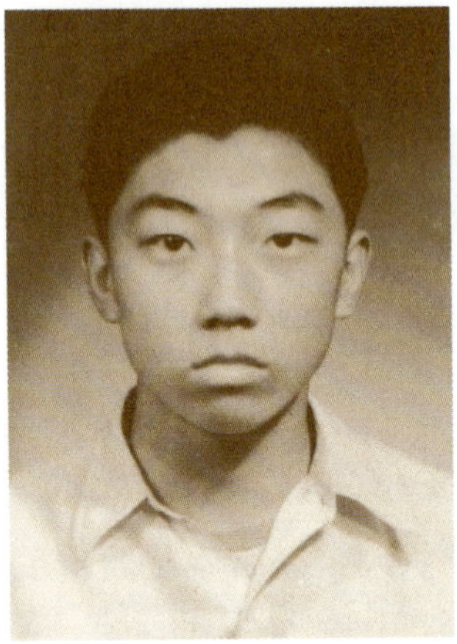
赵国士交通大学入学照

在交通大学，赵国士遇见了许多非常好的老师。求学坎坷，不得不发奋自学的他此时只觉茅塞顿开，心情豁然开朗。当时化工系的微积分、物理，都是跟工程学院一起上大课，物理要上两年，这是跟别的大学不一样的。微积分课的老师是编积分表的徐桂芳，那是很好的老师。物理课是跟航空系一起上的，老师是留德的王志昌，全英文讲课，第一堂课就告诉学生："你们将来都是要到美国去上 MIT，上哈佛的，所以，英文一定要学好。我以后就用英文给你们讲课，这是在课堂上说的最后一句中国话。"

整个一年级，赵国士还能正常上课，也能正常参加考试。二年级上学期开始，由于参加革命运动，地下活动非常多，赵国士开始缺课了，学期快结束的时候，他参加了总支委员会，地下工作特别紧张，缺课就更厉害了，成了班上比较奇怪的学生，他们班学生不多，一共三十几个人，缺课容易暴露。并且，他还是想扎扎实实读书，不愿意到考试的时候突击，混个及格就完了。所以，二年级下学期，他休学了，从 1949 年 2 月到 5 月，休了一个学期。

赵国士是非常热爱学习的，休学干革命，学业无法继续，但他想，为了革命可以读有利于革命的书啊，转而投入地学习革命理论，研读《新民主主义论》《共产党宣言》《目前形势和我们的任务》等著作。赵国士懂三门外语：日文可以阅读，俄文可以笔译，英文完全可以自由运用。有人问他日文是什么时候学的？他说就是在日本人统治的那个时候学的。那时候，许多青年学生觉得要爱国，把日本人发的教科书撕掉甚至扔进茅厕，他却就势学会了日文。只要有机会学习，他就在学习。

炽热的情操——锻炼与成长

赵国士学习成绩优异，为人正直、热情、稳重，深受同学信任。赵国士进交大后，形势发展非常快，他担任的工作越来越多。1947 年 11 月刚入校时担任党小组长，1948 年 1 月任四〇级分支部委员，10 月担任四〇级分支部书记，1948 年 11 月初至上海解放任交大总支委员。他参与了交大这一时期的各项学生运动，前一时期从班级工作做起，后一时期进入交大地下党的领导核心，在上级党委领导下，和全校 3 000 名同学、400 名新青联会员、198 名地下党员一起把上海交大铸成为第二条战线上的“民主堡垒”。

1947 年 10 月，赵国士进入交大，他的党组织关系也转入交大。这时候他所在的四〇级有 8 个党员，4 个新生党员徐基乾、张正铎（张固）、朱尔刚、赵国士，还有 4 个先修班党员陈楷、毛德民、严祖礽、王兆琨。这些一年级党员分成两个党小组。11 月，赵国士担任新生党员党小组长，先修班的党小组长是陈楷，领导这两个党小组的是俞宗瑞。这个时候赵国士主要是做四〇级的工作，从群众工作做起。1947 年 10 月底，迎新工作后他们就发动同学参加四〇社，差不多该年级同学全都参加了。四〇社主要是为同学谋福利，在它的组织推动下，同学还挑起过为全校办食堂的重担。经过募捐寒衣等运动，四〇社涌现出一批积极分子，他们思想活跃，并不满足于四〇社的这种群众性的活动。四〇级分支部注意到这种情况，考虑把积极分子组织起来。1948 年 4 月，赵国士出面组织积极分子春游，期间成立星光社。星光社是由积极分子组成的党的外围组织，它的活动政治性很强，主要是议论政治时事，树立革命人生观和讨论如何开展班级工作。起初有 40 多个人，后发展到五六十人。以后，星光社成员转为新青联会员，基本上都入了党。

赵国士参加总支的时候，书记是俞宗瑞，半个月不到，俞宗瑞就调任区学委副书记，短短几个月，交大地下党组织的变化很大。赵国士进入总支，分工是联系三九级分支部。1949 年 2 月四一级分支部成立，赵国士负责联系四一级分支部。严祖礽被抓后，赵国士又接手四〇级分支部。因此，上海解放前他同时联系几个分支部。还单线联系李德元等同志配合上海解放绘制徐汇区地形图，内容包括敌特机关、驻军营房、火力布置及民房建设等，5 月 20 日完成上交。

赵国士回忆地下工作曾说，发展党员工作，对同学的思想教育，都是一个过程。有的时间短，有的时间长，跟客观形势有关，也跟同学的觉悟程度有关。他说，党员先是应该跟同学在生活上打成一片，为同学谋福利，建立感情。其次，要根据同学的兴趣跟爱好，积极组织同学参加文艺、体育、美术、画画、唱歌、跳舞等文娱活动。再次，动员同学参加各种各样不同层次的进步社团，动员同学参加进步的学生运动；第四，是阅读进步书籍，组织讨论。这些步骤是灵活的，比如，有的同学有一定的思想觉悟后，就参加进步的学生运动；有的是参加运动后，再做深入细致的思想工作。思想工作要做细致，比如，一起去参加反美扶日运动，不是说反美扶日运动完了就完了，运动回来以后还要交流，谈谈参加运动的感想、看法等。在赵国士看来，政治思想工作是个性化的工作，做群众工作最基本的是做扎扎实实的个性化的思想工作。政治思想工作是一种事业——政治思想业。

大逮捕中惊险一幕

1949年4月下旬解放军渡江，南京解放，上海解放指日可待。但国民党垂死挣扎，残酷镇压，对全市17所大专院校进行大逮捕。4月26日凌晨一时许，大量军用铁甲车撞倒交大后门，由校内特务带路，全副武装的军警架上机枪，迅速封锁校内各学生宿舍楼，按预先准备好的名单逐个对照逮捕。赵国士面对这场大逮捕，临危不惧，经受了一次和敌人面对面斗争的考验。据赵国士《大逮捕中惊险一幕》一文回忆[①]：

> 到了4月25日总支负责人通知总支委员会成员当天晚上在西斋楼下那间屋子里开会。吃完晚饭，拉上窗帘，开始开会。因为那天会议的主要内容就是讨论通过待发展的党员，由组织委员取出事先交到他那里的由本人写好的入党申请材料，逐一先由分管的总支委员简单地介绍情况，然后大家进行讨论，通过以后，由他负责登记入册，再点上火，放在一只破旧的脸盆中烧毁。由于那天讨论的材料不少，那只脸盆里面堆满了纸灰，周围的地板上也撒了许多纸灰。会议开到晚上近10点半时，区学委书记俞宗瑞来了，先了解了总支委员会议进展的情况，然后简单作了布置，要求加强夜间的巡逻和警戒，就离开了。接着庄绪良根据俞宗瑞的要求去具体布置。这时已快12点钟了，还有一些材料来不及讨论，大家说，今天就到此为止吧，留下的以后再说。西斋三楼那间房有四张床，严祖礽因为时间太晚，怕路上不安全，就让我睡在开会的屋子里。人

---

① 本小节从第二段至结尾部分摘自赵国士文章《大逮捕中惊险一幕》，《水之源(二)——解放战争时期交通大学革命斗争回忆录》，上海交通大学出版社2001年版，第291—293页，第294—295页。

们陆续离去，各回自己的住处。我那几天跑得厉害，倦极，爬上床去倒头就睡着了，由负责组织工作的同志收拾残局。

突然，我被走廊上嘈杂的脚步声吵醒，看表，还不到五点。我起身拉开一点窗帘，向外探视，天还未亮，灰黑的，但几乎所有的房间都开着灯，灯光下看见宿舍楼门口站着人，像是兵，不由得心中一阵惊喜，是不是解放军来了？但随即冷静了下来，先开门走出去看看情况再说。我走出门，看见走廊里有人来回走动，还有人拿着脸盆到洗脸间打水洗脸，但两头和中间的大门都有国民党兵把守着，出去已经不可能了。我回到房间里，打开电灯，首先触进眼帘的是一脸盆和旁边的纸灰，不由心中一阵紧缩。我努力控制住自己，使自己镇定下来，在这个时候，需要的是冷静，是措施而不是惊慌和恐惧。我立即再走出去，顺着走廊跑到走廊转弯处那间没有窗户的房间里。那是负责清扫宿舍的工友放置清扫工具的地方。我取了簸箕和扫帚，回到房间里，迅速把纸灰都扫进簸箕里，把脸盆深深地塞进床底下。然后，把扫帚盖在簸箕上放回那个存放清扫用具的小屋，把纸灰倒进盛放垃圾的竹筐，再在旁边捡几张废纸盖在上面。然后又回到自己的房间，当我再一次检查确认看不出有什么破绽时，才深深地吸进一口长气，把提着的心放了下来。

我在课桌后面坐下来，顺手取过一本书，不经意地翻着，努力使自己保持着镇静，等待和观察着事态的发展。这样又经过了约莫有 20 来分钟，突然听到门上重重的一击，我站起来要去开门，但还没有来得及挪动地方，门已经被推开，走进了一个汉子，后面还跟着一个持枪的士兵。那家伙，一身典型的当时警察局里包探（上海人称之为“包打听”）的装束，穿着一件深灰色的长衫，袖口外翻，露出了里面的白衬衣，头戴一顶宽边的呢帽，鼻子上架着一副黑镜，手里还拿着一本厚厚的像账簿似的本子，大概是学生的名册吧！他向我挥挥手，示意我坐下，然后向房间环视了一圈，在认为没有什么异样后，就向我伸出手："学生证。"我很周到，把市民证和学生证一起给他递了过去。他接过去看了一眼，然后拿过"账册"。这时我又紧张起来，努力思索着如果他发现我与名册上这个房间的主人姓名不相符时我该怎么回答。不过还好，他大概没有时间也没有兴趣去逐个姓名进行核对，而是在"账册"中抽出两张纸来，这就是"黑名单"了，他把它展开，把我的学生证与它对了一遍。在确认没有对上号以后，他就顺手把我的学生证和市民证撂在桌子上，然后像是很威严似的抬起胳膊来，把手放在脑袋旁边，手指向上，手心向后，把手一招，仿佛发了一个无声的命令：撤！随即转过身，打门口走了出去。那木偶似地站在他背后的兵士也机械地转过身，跟着他走了出去。

我依然坐在那里，一动也不动，估计他们已经走远了，才站起来，把门关上，重新坐了下来。

这样估摸又过了20来分钟原来已经寂静了下来的走廊又喧嚣了起来。我走出去，走廊里挤满了同学，在议论着，交换着情况。我穿过人群，看到门口的兵士确已撤走，就赶紧三脚两步地跑上三楼，看到了三位总支委员。这时天已大亮，我们从310室那间朝北的窗户里望出去，可以看到现在淮海西路二号门那里被捕的同学被押上警车的情景。到这时我才知道，那个放党员名册的小包还在我睡觉的房里，他们三人正为此在担心着哪。于是赶紧一起赶到楼下那屋子里，关上门，组织委员蹲下身去，在床底下摸了一阵，掏出了那个蓝帆布的小包，打开，取出名册，这才松了一口气，翻看了一下，仍旧放进包里，提走了。

……

从那时起到现在整整50年过去了，我仍常常回忆起以上这段经历。直到现在，当时的情况仍历历在目。每当我想起刚解放时激动的情景和解放前夕牺牲的战友，我总会情不自禁地热泪盈眶，这是欢乐和悲痛交融的热泪。而当我想起大逮捕的情景时，又总会有一种交织着愤恨和战栗的心情。当时，对逮捕、迫害思想上是有所准备的。但敌人如此狡诈和凶狠，是善良的人们万万想不到的。4月26日离他们丧钟敲响只有一个月，垂而未死、还剩一口气的敌人，对手无寸铁的学生竟动用了装甲车破门而入，手持机枪、手枪等武器分割、封锁、包围学生宿舍，进行大逮捕。朝夕相处的同窗好友，被押上囚车的情景似乎还在眼前。可见，敌人在最不利的条件下也不会束手待毙，敌人总是凶狠的，这是我几十年来一直思考着的一个问题。写到这儿我似乎进一步领悟到了鲁迅的痛打"落水狗"的精神，更感到毛泽东同志顶着国际压力，将"革命进行到底""宜将胜勇追穷寇，不可沽名学霸王"战略思想的英明伟大。

当我想到盆里的灰烬、床底下的党员名册时，又总是不由自主地感到不寒而栗，主要是无法避免地会想到这一事件可能产生的后果。这本名册如果万一被敌人发现，其后果将不堪设想。在解放前夕，交大地下党组织贯彻了中央有关指示方针，对敌人要下毒手是有所认识、也有所准备的，特别是国民党下令部队进驻时，党组织及时做出了派极少数工友留守，转移、藏匿仪器设备，全体师生撤离、隐蔽，在校外坚持战斗等决定，这显示了党领导的成熟。但也有疏漏的地方，如前所述，调专职组织委员来校加强党的发展工作也许是必要的，但却又未为他在交大取得合法身份作掩护。又要他在不具备秘密工作的条件下，在敌我斗争尖锐复杂的第一线整理党员名册，这些情况又恰恰说明，尽管当时总的形势是敌人处于绝对的劣势，然而在上海地区内敌人的力量，特别是军事力量仍然处于极大的强势，忘记了"困兽犹斗"的古训。所有这些都不是偶然的，从思想根源来说，主要是在胜利在望的欢乐声中党内有些同志产生了麻痹思想。所说的这一切，也包括我本人在内（我当时是总支成员），当然也有不可推卸的责任。可见，最可怕的是大好形势下的麻痹。每念及此，我的耳际就会想起捷克人民的忠实儿子、捷克共产党的优秀党员尤里斯·伏契克在他的不朽篇章《绞刑架下的报告》中用鲜血写下的警告：善良的人们，你们要警惕啊！

勤奋敬业　奋斗终生

新中国成立后，赵国士的注意力很快回到学习上，他想读好书建设祖国。由于在化工系学习的时候主要在搞革命工作，他对自己以往的学业很不满意。而且这时候他的兴趣已经转移到航空方面——交大校园里有一架不知从哪弄来的飞机，就停放在草坪上，他对这个飞机产生了浓厚的兴趣。他了解到中国的航空跟国外的差距太大后，就想学习航空知识为国家的航空事业贡献力量。1949年9月，他转入航空专业，重新开始大学学习。他很珍惜这个来之不易的学习机会，读书非常用心，也取得了出色的专业成绩。当时的航空系主任曹鹤荪说，他的课就两个人听得懂，一个是丁崇生，一个是赵国士。

20世纪50年代初，中共徐汇区委抽调赵国士去青年团徐汇区工委当宣传部长，这意味着学业中断，航空梦破灭。他思想上一下子接受不了，但想到了入党誓言，还是服从了组织分配。他不怕别人说他走"白专道路"，办公桌上摆了一大堆外文字典，工作之余总是见缝插针挤时间学习。可以说，学业上锲而不舍的"钉子"精神贯穿了赵国士的一生。无论在什么岗位，担任什么工作，每天晚上9点到凌晨2点，都是他的学习时间。他这样如饥似渴地刻苦学习并不为部分人所理解，以至于1950年7月全校首次全体党员选举总支委员的大会上，有人公开批评他"个人主义、单纯技术观点"。

1955年赵国士军装照

1951年，抗美援朝参军参干，赵国士带头

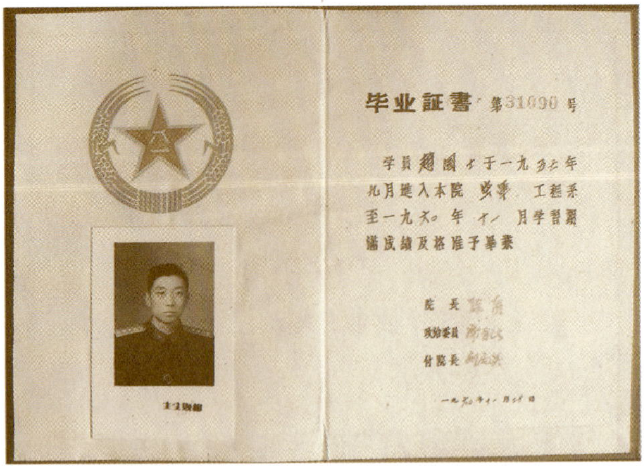

赵国士的中国人民解放军军事工程学院毕业证书

报名，加入空军，是团市委树立的海陆空三个标兵之一。自 20 世纪 50 年代初加入人民空军的那一刻起，赵国士又开始筑起了航空梦。在空军司令部工作期间，27 岁的他已经担任了《航空杂志》副社长、副主编。为充实自己专业基础理论，他于 1957 年报考插班哈尔滨军事工程学院空军工程系学习，为今后能发挥更大的作用添了翅膀。1958 年 4 月到 112 厂从事东风 113 飞机机身结构设计。1960 年哈军工毕业，次年来到刚成立的 601 所，正式加入飞机设计队伍的行列。60 年代初，他先后组织领导重大试验设备、设计研究，负责美机 RF－101A、F－4B 等残骸的分析研究。1964 年起参与歼八飞机设计研制全过程及多个型号的高空高速歼击机的设计研制。70 年代初负责垂直起落飞机的研制。在对外国设备引进工作中刚正不阿、坚持实事求是的原则。在 601 所，赵国士先后担任研究室主任、副所长、松陵机械公司副总工程师等职，1981 年 12 月被聘为飞机设计与管理高级工程师，后又被国务院授予“有突出贡献的专家”称号。无论在设计专业和科研组织领导方面他都做出了贡献，为祖国航空事业拼搏了 30 年。

在长期的设计管理工作中，赵国士感觉到我国管理领域的落后，1981 年，他重回上海，重返交大，重进课堂，年过半百，成为美国宾夕法尼亚大学沃顿商学院和交大合办的决策科学和计算科学双硕士研究生班学生，刻苦

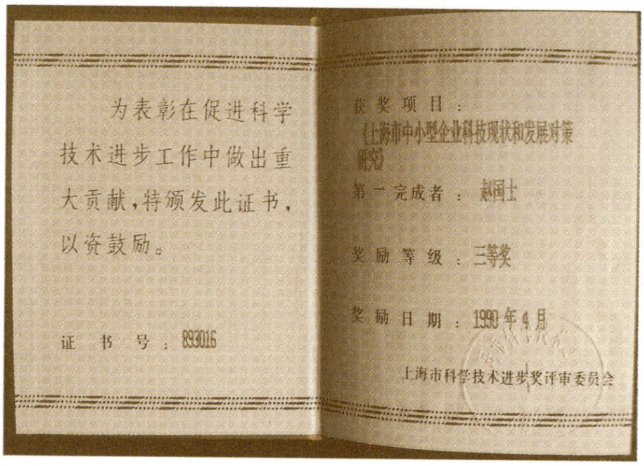

1990 年赵国士获上海市科技进步三等奖

钻研管理学知识。1983 年，他被任命为上海交大筹建管理学院负责人。1984 年，被任命为上海交大分校党委书记，主持筹建上海工程技术大学，1986 年任该校副校长，主持工作。80 年代后，他译著论文不断，被评为管理学教授。赵国士对科技研发、企业管理、理论研究都有过长期深入的研究和思考，因此，对于社会需要什么样的人才有较为全面客观的认识。他眼界开阔，办学思路全面清晰，正确把握"依托工业办学，主动为企业服务，为工业生产第一线培养应用型人才"的办学定位，为学校的生存与发展奠定了很好的基础。这是他拼搏的最后一站。

赵国士干一行，专一行。对于岗位的变化和新领域中的探索与耕耘，他是这样认为的："新中国成立 50 年来我还常常想到在学生运动中的生活。尖锐火热的斗争培养了一大批党员和革命群众，特别是尖锐残酷的敌我生死斗争，最容易锻炼人、考验人，催人奋进，奠定革命的人生观。几十年来不论在什么岗位、什么地方，也不论是顺境、逆境，我们都能顽强拼搏，尽了自己的责任，做出了自己的一份贡献，是可信任和依靠的一代知识分子，这是最令人欣慰的。"①

① 赵国士：《大逮捕中惊险一幕》，《水之源（二）——解放战争时期交通大学革命斗争回忆录》，上海交通大学出版社 2001 年版，第 295 页。

李根深

李根深（1930—2015），浙江湖州人。1947 年 12 月加入中国共产党，任交通大学新民主主义青年联合会党组书记。1951 年交通大学毕业后留校任助教并担任交大员工党支部书记、党总支副书记、校党委委员。1952 年被选送到苏联莫斯科莫洛托夫动力学院攻读副博士学位。1956 年回国后，先后担任哈尔滨汽轮机厂副总工程师、试验室主任，哈工大教研室副主任，国防部（后改为第六机械部、中国船舶工业总公司）七院七〇三研究所副所长、总工程师、所长。1983 年任中共黑龙江省委常委、秘书长。1985 年任中共黑龙江省委副书记、哈尔滨市委书记、市人大常委会主任。1987 年任中共黑龙江省委副书记、哈尔滨市委书记、市政协主席。1991 年任中共黑龙江省委常委、哈尔滨市委书记、市政协主席。1992 年任黑龙江省人大常委会副主任、党组副书记。1996 年 3 月，经中央批准离休。李根深同志在中国共产党第十三次全国代表大会上当选为中央委员。

在访谈中，李根深回顾了抗战期间颠沛流离的中小学求学生活，详述了自己考入交通大学后在这座“民主堡垒”熔炉的锤炼下参加进步运动、加入中国共产党的过程，简介了新中国成立后赴苏联留学及回国后的工作简历，最后结合自己经历体会对解放战争时期交大地下党的成功经验表达了个人的一些深入思考。

在“民主堡垒”中成长

口述：李根深

采访：欧七斤、孙　琦、贾　非、盖晓娜

时间：2012 年 6 月 28 日

地点：哈尔滨李根深寓所

记录：孙　琦

编者：欧七斤

读中学时思想启蒙

我父亲叫李鑫培，学的是法律专业，毕业后曾在浙江、江苏一带的法院部门工作，待遇还不错。在浙江南浔老家，我家有几栋房产，每个月可以收一二十块钱的房租费，还有十几亩田，租给农民，收些田租，应该说我家是一个小康之家。

我出生在 1930 年，6 岁时进入南浔丝业小学念书。这所小学是丝业公会办的，是南浔最好的小学，老师们都很有水平。记得有位女音乐老师，很有修养，琴弹得很好，歌唱得也不错。我清楚地记得她教过我们唱了一首《叫我如何不想她》。她说“她”不代表别的，就代表你们想象中希望的祖国。她是在培育我们的爱国思想。小学这几年给我的印象挺美好。

1937 年前的江南经济状况还算不错，我们南浔镇就比较富裕，当时南浔

李根深(右)接受母校采访

有句话,说是“一个湖州抵不了半个南浔”。1937年日本军队大举侵略我国,10月份就打到了南浔,很多人家的房子被烧掉了。那时我上三年级第一学期,学校停办了,书是没办法读了。我们家开始了逃难生活,先去乡下躲避了一阵子,后来又搬到一个小镇上,与我外祖父一家住在一起。再后来迁到了上海租界里,父母把我送到景云小学读书。东奔西走的日子,让我从小就思考我们国家何以如此弱小,总遭受列强的侵略;我们的国家如何才能强大起来,赶走侵略者,走向富强独立。

到了上海后,我家里开销很大。父亲就到苏州一所学校里教语文,一个月有三四十块钱的收入,把我也带到苏州读书。小学先读的是一个教会学校,插入四年级,半年后转到培德小学。毕业后升入县立中学,这所中学办在一座孔庙里面。我初中三年、高中一、二年级都在这所中学。开始几年,我是一心埋头读书,不问窗外事。

初中三年级的时候,抗战胜利了。这对我们来说,有了一个很大的转折。当时我们班上有个姓王的同学,思想比较进步。现在看来可能是加入了地下党组织或者党的外围组织,不过我当时是不知道的。他比我们要懂得更多一点,动员我们几个成绩好的同学转校。他说,抗战胜利后,国民党就要来了,学校马上就要党化起来。你愿意也好,不愿意也好,可能你连自己都不知道，就变成了三青团成员了。在他的说服下，我们五六个成绩好的同学，就转到东吴大学附中。那时东吴附中刚好从上海搬回苏州。我在那里读了一年半，包括高二的下半年、高三的一年。每学期学费挺贵，要 25 块大洋，不过我学习好，有奖学金，学费全免了。

求学东吴附中也很有意思，我以前受的教育基本上是传统的，到了东吴附中完全是美国的传统，就是自由主义教育。学校鼓励我们自由探究，独立思考。图书馆条件很好，什么书都有，而且很开放。我那时思想上开始"左倾"了，尽管没有参加什么活动。可能有人向教导主任反映过我的一些情况，他就专门找我谈过一次。他问我："你参加了政治活动吗?"我说："没参加。"他又拿不出什么证据，就当面警告我不要参加任何政治活动。

考进"民主堡垒"

1947 年夏高中毕业之际，我就开始选报大学。当时我想报考清华，但父母不允许，说北方不要去，杭州、上海、南京都可以。南京的中央大学我不想去，因为国民党势力太强。最后，我报考了三所大学：浙大、交大、中国纺织工学院。

结果，三所学校我都考上了。家里就动员我去念纺织工学院，这是民族资本家荣毅仁办的，设在上海。为什么父母让我读中纺呢？因为抗战胜利后，我父亲没有工作了，身体又不好，就靠家里以前的积蓄过日子，很艰难的。荣毅仁办的这所学校，学生毕业出来马上可以到荣家企业工作，而且待遇特别好，试用期 100 块大洋，正式录用以后，120 块大洋，在当时算高工资了。更重要的一条，读书期间所有伙食、学费都由学校提供。这对我们这些家庭条件不好的人家来说，是一个很吸引人的地方。

大学期间的李根深

但是，我最后没有选择去读中纺，因为那

时我的思想已经开始“左倾”。当时交大的学生运动搞得热火朝天，在江浙一带甚至全国都很有影响，《大公报》《文汇报》等报纸经常报道交大学生开火车到南京请愿的消息。交大是当时公认的“民主堡垒”，我向往这所学校。

交大那年新生发榜的时间特别晚，大概是10月底11月初的样子。之前，我先进了浙江大学读机械工程系。交大发榜后，我是机械工程系第一名。我就从浙大退学回到上海，进了交大机械工程系。

交大当时虽然处于国民党专政独裁的统治下，但是有关教学、学术的重大事项，都是由教授会最终同意决定后才“算数”，所以可以说是实现了教学学术自治。我举两个例子：一是国民党几次企图把“三民主义”作为一年级新生的必修课，但是教授会不同意，理由有二：一是交大是理工科大学，没有此必要；二是政治学说很多，单设“三民主义”，作为学术研究、教学来说，是不够全面，不符合科学精神的。第二个例子是校长的人选。1947年5月“五二〇运动”后，校长吴保丰被迫辞职，国民党想派当时上海教育局局长李熙谋作为交大校长，李熙谋是交大电机系毕业生，留美博士，当了多年的交大教务长，资格完全够。但在酝酿过程中，教授会很多人不同意，认为他政治党派气息太浓，作为大学校长不适合，所以最后选了当时交通部的技正（即总工程师）程孝刚来接任校长。

入学后即入党

那年我参加完三所大学的考试后，在家里等成绩，比较闲，就借来《列宁选集》来读，另外读了很多俄罗斯的文学书，比如高尔基的三部曲：《童年》《在人间》《我的大学》。所以，我一进交大，就有人来做我的工作。交大新生工作做得很细，接待新生不是校方，是学生自己组织的，实际上都在我们党的领导下开展的。当时有一个姓王的同学对我很照顾，也是机械系的，地下党员。他就住在徐家汇附近，家里开钱庄，很有钱。他经常找我谈心，我也把自己的观点跟他谈。

进交大一个多月后，他就发展我入党。他自己不能暴露自己是党员，只能引导，看我有没有参加党的意愿。等我表态说愿意或者想参加共产党的时候，他就回答说那我们一起努力去找找组织，看看能不能入，我们俩一起加入。这是个特例，发展党员一般不能这么做的。他是感觉我已经很成熟了，才会这么和我谈。要是他暴露了想参加共产党的想法，那风险是比较大的。

当时发展党员的一般做法是：党员只同发展对象谈思想，两个人感到思想比较融合，就到此为止。不像王同学这样明确提出来大家一起去参加共产党。一个党员要是认为发展对象思想比较成熟，可以发展了，就向组织报告。然后组织上另外找一个发展对象根本不认识的党员。两人就是见了面也不知道，只知道都是交大的。组织上告诉发展对象一个接头暗号，比如说来人手里拿什么报纸，拿什么书，是什么一个姿态，等等。到了指定地点，发展对象就知道这个人是来接头的。然后两人碰头会面，党员会暴露身份说自己是一名党员，问发展对象愿意不愿意参加。等发展对象确切回答了“是”以后，他回去就向组织报告，说发展对象确定想参加党。然后，他再让最开始的那位引导人联系发展对象，做入党介绍人。这就叫单线联系。以后介绍人即使暴露了，新党员也不知道党的联系人与组织情况。

当时那位王同学说我们俩一起入党，不久又说组织上同意了，然后叫我在指定时间去他家里。去了之后我知道组织上来了个人，这人我不认识的。后来才知道是交大物理系的陈楷，现在在西交大，很有水平。作为组织代表，他主持仪式，吸收我入党，入党材料都是口头的。开始联系我的就是陈楷，后来联系我的有赵国士、陈启懋等人。赵国士是航空系学生，当时是交大党总支委员，后来当过上海工程技术大学的领导。陈启懋是化学系的，也是支委委员，后来是国际问题研究领域的专家。

迎接上海解放

我在1947年冬天参加了地下党，入党后我也介绍了一些同学入了党。

1951年7月,李根深在交通大学毕业照

当时交大学生不到2 000人,但是在上海解放前地下党员已发展到150人左右,加上当时党的外围组织新民主主义青年联合会会员有近400人,所以骨干进步力量就达学生总数的1/4。我所在的机械系民四〇级总人数40多人,地下党员四人,新青联会员13人。

那时动员学生越来越顺利,一次拉出去的队伍起码有七八百人,因为基本力量就有四五百人了。两个人拉一个群众,就有七八百。1948年的红五月,上海学生界的纪念活动,就放在交大召开,很多人都想进来看。交大的号召力挺大,一些有名的音乐家,如周小燕,都愿意到交大来演出。我们学生自治会办的公开刊物,共产党在香港公开办的报刊,都可以在交大阅报处公开看到。

交大学生中也有少数三青团员,但他们也不知道我们哪些学生是共产党员,只能猜想。后来,组织上通知我说:"现在有特务注意到你了,你要小心一点。"因为从特务中间传出话来,对某个"光头"学生要特别注意。我当时不是长头发,小平头。组织上让我绝对不能一个独来独往,因为特务在人多的地方不敢抓人。

1949年"四二六"大逮捕以后,国民党军警入校抓了50多个学生。组织上又通知我注意安全,让我隐藏起来。上海解放前的一个多月,我基本上没有活动,躲在高安路姓谢的一户人家里,是我高中同学费开的姑姑家。费开的哥哥是费孝通,他们是同父异母的兄弟。我在谢家住了一个多月。那段时间里,我白天就猫着不出门,晚上出来走走,透透气。

后来上海解放了,我就高高兴兴地回到交大。当时军管会派唐守愚来交大接收,后来他做了上海市高教局局长。交大校园内外到处洋溢着喜庆的氛围,大家开心地跳秧歌舞,都感觉到春天来了,发自内心地欢迎人民解放军,拥护充满希望的新中国。

新中国成立后的经历

新中国成立后，地下党身份公开了，就好多了。我开始负责党总支宣传委，后来我任副书记，之后交大党委成立，我是党务委员兼教职员工支部书记。当时李培南来当党委书记，他是党校来的一个老革命，人挺好。

除了党的事务外，我还兼当聂光墀的助教。他是个比较开放的人，机械系教授，教热力工程。他出生世家，是湖南有名的聂家，晚清上海道台聂云台的子孙。我1951年毕业，当时抗美援朝，我报名参军，没有批准，就留了校。那时候还搞过"三反"，过火的地方也有。那时社会有"亲美、恐美、崇美"思想，我们要反对这种思想。我们请一些人发表讲话，包括美国不好的一些地方。当时有个李姓同志，当过美国兵，他就讲美国怎么腐败，怎么霸权，在全上海到处都讲。刚开始还镇压反革命，学生帮助地方政府去勘察，然后晚上动手抓一些残余分子、流氓地痞。

我怎么离开交大的呢？当时党决心培养自己党内的技术知识分子，所以要送一批人到苏联去学习，我就被选上了。苏联社会主义建设的方针是干部决定一切，苏联所有的企业同事业单位，除了同意识形态有关的单位之外，都是"一长制"，就是技术决定一切，技术专家拍板，所以苏联时期的军工企业发展很好。

我就读的莫斯科动力学院，12 000人的大学校，校长是苏联领导人马林科夫的妻子，按照当时级别来看，可以算是部级吧。学校的党委书记，是同我们一样的研究生，是一个参加第二次世界大战的老兵。他人品好，党员开大会选举他当了书记。他选上以后，干了一年半到两年，然后退下来以后，再去当研究生，没有任何级别。

我在那里读了三年半，它的学制系统和美国不一样，美国大学本科毕业就叫学士，然后念硕士，有一年半、两年、三年的，随你选读，硕士之后再读就是博士。硕士一般不是写论文，实际上是做一个综合性的读书报告。博士一般都是要写论文。苏联是学德国的大学制度，学工程的学生毕业出来就是本科毕业生，没有学士。然后你再进一步研究，就读研究生，一般是三年。三年里第一年到一年半时间要通过几门考试，普通课、专门课，一定要通过。通过以后，一年半做论文，这个论文一定要有一些比较独立的成果。做工程一定要有实验、研究。假如通过，就授予学位，英文翻译出来很难，俄文翻译出来就是英文的 candidate，就是候补，相当于技术科学的候补博士。读博士的话，搞工程在于科研成果，有了成果，得到一定的公认，然后你才提请授予博士学位。所以俄罗斯的技术博士不容易，一定要有成果。

李根深夫妇合影

我是 1956 年回国的。我是高教部派出去的，回来的时候变为机械部管分配。我们就到机械部报道，那时汪道涵当机械部常务副部长，他找我和另一位从美国回来的王姓留学生谈话。他对我们谈了国家总体形势，国家建设急需人才，你们有两个选择，一个是回上海，但不是回交大，而是到闵行汽轮机厂，当时上海六千千瓦捷克的汽轮机刚制造出来。但是，汪道涵希望我们到哈尔滨。因为它是一个新的工业城市，更缺少技术力量，更需要技术人员，希望我们两个都到哈尔滨。哈尔滨两个地方，一个哈工大（哈尔滨工业大学），一个哈尔滨汽轮机厂，两个地方你们都得干，但侧重点不同。至于你们两个怎么定，就自己商量。然后我们俩商量，我说我刚从学校出来，以学校为主好像不大合适，我愿意到工厂去锻炼锻炼。汪道涵说好，那么这样定下以后，我以工厂为主，小王以学校为主，他后来是哈工大机械系主任兼教研室主任，我是哈尔滨汽轮机厂设计处的副总设计师。

我的一点思考

解放战争时期从事地下工作时期，国民党对我们地下党，真是“宁可错杀一千，不可放过一个”。加入党、新青联都有被迫害、丢脑袋的巨大风险，而没有任何报酬与好处。每个人在正式表态愿意入党、入会以前，都经历过尖锐的思想斗争，也有人到最后时刻动摇了，表示：“加入组织后，家庭顾虑太多，个人安危太大，只做个党外进步人士吧！”

在这样严峻的大环境下，交大地下党组织在群众中的影响力却很大，始终强有力地坚持反对国民党独裁统治的斗争。当时市长吴国桢甚至说：“交大是国民党统治下的一块共产党根据地。”当时的现实图景

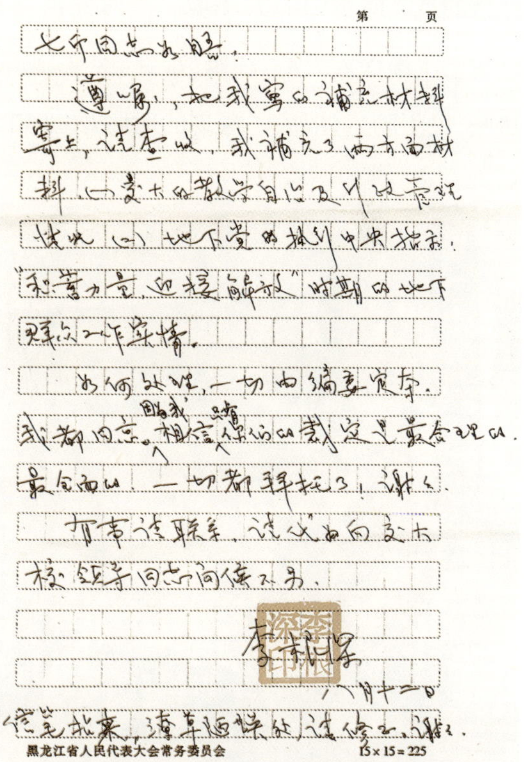
第　页

遵嘱，把我写的补充材料寄上，请查收。我补充了两方面材料：（一）交大的教学自治及升级意见状况（二）地下党的执行中央指示“积蓄力量，迎接解放”时期的地下群众工作实情。

如何处理，一切由编委定夺。我都同意。相信你们的裁定是最合理的、最全面的。一切都拜托了，谢谢。

有事请联系，请代我向交大校领导同志问候不另。

李根深
八月十二日

黑龙江省人民代表大会常务委员会　15×15=225

2013年8月，李根深致函采访人员，对访谈稿提出修改补充

是：党领导下的学生自治会有专门的办公活动地点，不时公开展示党的宣传刊物，《群众杂志》（香港出版），《新华日报》；下午四五点钟，党领导组织下的“大家唱”“大家跳”，几百人在大草坪上唱解放区的歌（塞北好风光、信天游），唱革命的歌《跌倒怕什么》《团结就是力量》，跳解放区的舞“秧歌舞”；同时，大喇叭用响彻云霄的“九头鸟”伴放音乐。想想看，这是什么样的一个场面呀！敌人看了，能不心惊肉跳，恍若隔世吗!?

当时全校的系科代表大会是经过各系、各班级民主推选产生的，实行学生自治会的最高权力决策机构，成员中有三分之二以上是党员、新青联会员，或倾向进步的群众。

为什么在国民党严密统治区的上海，在交大校内还有军统、三青团的特务学生监视的严峻环境下，党还有如此大的影响力呢？我的认识是：首先最重要的是当时全国的大环境。当时党的新民主主义理论、方针、政策，抗战以后已逐渐深入人心，在解放区已经实施。与当时国统区的官员腐败、通货膨胀、民不聊生，形成了深刻的对照，不少群众从实际生活中体会到：看来还

李根深与母校采访人员合影（左起盖晓娜、孙琦、李根深、欧七斤）

是共产党有办法、有希望。其次，内战的军事形势从 1946 年到 1947 年后也是逐渐明朗，国民党节节败退，损兵折将。最后，我认为还有一个重要原因：千万不能忽视党的基层组织与基层广大党员与群众的血肉联系，鱼水关系，以及在这个基础上他们的细致深入的群众工作。

当时，不管在国统区还是解放区，党都深切知道，群众路线、群众工作是我们生命线，是我们的“命悬一线”的线，是我们一切工作的出发点与归宿点，做群众工作首先要融入到群众中去，和他们打成一片，做他们的知心朋友，知道他们的欢乐、痛苦，熟悉他们的怨恨、盼望。在此基础上提出能表达这种愿望，增进群众利益，形成权利的政策、方针、口号、措施，集中起来，再把这些政策、方针、口号、措施返回到群众中去，根据他们的意见，做出修正、补充、完善。这样才形成正式公布的文件，然后，再宣传群众，组织群众，用他们自己的自愿自觉的力量去实践它。这是一个不断地从群众中来，到群众中去，“集中起来，坚持下去”，“先做群众学生，再做群众先生”的辩证过程。

我这样的地下党员，对群众路线、群众工作，铭感至深，离了它，自己就站不住。那时我们一星期一次党小组会，主要内容就是研究如何发展班上进步力量，每个党员都有分工联系的对象，一个一个地分析研究他们，研究他们的家庭背景、个人经历、政治态度、兴趣爱好，一个个地争取。对每个人的工作目标，因人而异，从不反对党，到同情党的部分主张，到支持党，甚至最后加入党。方法也灵活多样，聊天、谈心、家访、看电影、借书、杂志，看后座谈交流，参加各种进步文艺活动……

总之，我们地下党员就是这样深入细致地做群众工作，也就是通过这样的扎扎实实、点点滴滴的工作，才聚沙成塔，形成了地下党党员人数接近学生总数的近十分之一规模，也成就了党在学生中的巨大影响力。

我总的感觉是，新中国成立以来有一阵子我们党成了执政党后，党的群众工作有所减弱，党群关系逐渐疏远，特别进入新时期以后更是如此。当前，我党正进行群众路线的教育实践活动，这是十分必要及时的，我们应该牢记来自人民、根植人民，全心全意为人民服务是党的根本宗旨，保持党同人民群众的血肉联系，发扬党的优良传统，更好地带领人民群众创造幸福生活。

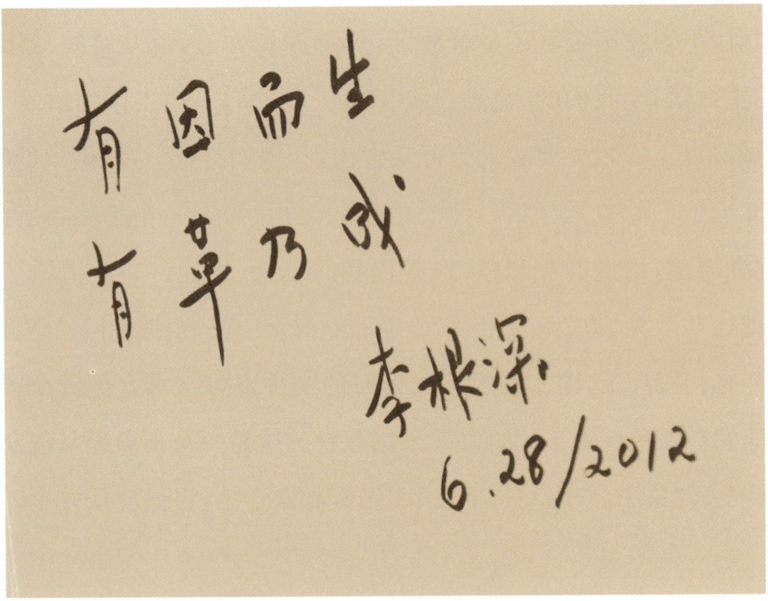

李根深为母校的题词：有因而生，有革乃成

韩宪耀

韩宪耀，1924年生，浙江慈溪人。1938年起在上海从事徒工实习生工作。1946年就读于上海新建中学，1947年9月考入国立上海吴淞商船专科学校，1948年9月考入交通大学数学系。其间参加革命工作，于1947年2月加入中国共产党。1949年9月被抽调参加中共上海市委党校第二期的学习。1950年起先后在中共上海市郊区工作委员会组织部、上海市委纪律检查委员会工矿检查科工作。1956年作为调干生考入北京航空学院（现北京航空航天大学）发动机系。1960年留校工作，历任北航党委组织部副部长、军体组指导员、教务组党总支副书记、代书记，机械厂厂长。1988年初完成国家情报中心书库运输设备研制任务，获航空工业部三等奖。1988年11月离休。

访谈中，韩宪耀回忆了自己从旧社会的一个学徒工逐渐奋斗成长为学习成绩优异、共产主义信念坚定的革命青年的转变历程，自述了他在解放战争期间作为地下党员在新建中学、吴淞商船专科学校、交通大学参与领导上海进步学生运动、培养发展新党员的情形，以及新中国成立后他不忘初心，重新向科学进军的不悔人生。

在党的阳光哺育下成长

口述：韩宪耀

采访：龚诞申、欧七斤、孙　萍

时间：2006 年 7 月 20 日

地点：北京宏汇园宾馆

记录：孙　萍

编者：胡　端

从学徒工到中共地下党员

我是浙江慈溪人，出身于一个资产阶级兼地主家庭，家中兄妹五人，我排行老三。出生后便随父母迁居上海。不久，父亲开厂失败，失业在家，家道中落，我上小学时，常常因为交不出学费而被学校点名批评，幼小的心灵遭受伤害，但也促使我立下心愿：要靠读书自食其力。我读小学时，勤奋刻苦，酷爱数学，成绩常常排在班里头几名，也因此受到免交学费的奖励。

1937 年抗战全面开始，我于第二年小学毕业，当时 14 岁，渴望继续求学，但因家庭贫寒无法如愿。为了减轻家庭经济负担，我经亲戚介绍，在当时静安寺路、派克路（现南京西路、黄河路）路口的卡尔登食品公司当学徒，对面就是著名的国际饭店。学徒生活十分艰辛，白天要送货、打扫卫生，用于自学的时间非常少，只能利用晚上自学英语和数学，由于没有老师教，学习效果很差。不久，这个食品公司也关门了。当时，我有一个表哥，是金陵大学毕业的，正在荣毅仁开办的欧亚酒精厂当技术员，叫我去他那里当练习生。在他的帮助下，生活条件稍有改善，学习也有较大的提高。

1941 年底，太平洋战争爆发，日本人开进租界后，欧亚酒精厂关闭。迫于生计压力，我跟表哥仍在另一家酒精厂继续工作。原先的酿酒工艺是用糖渣发酵，提炼酒精，此时因战争影响，原料短缺，就改用烧酒提炼，成本大为提高。终究也坚持不了多久，至抗战胜利前夕，这家酒精厂也倒闭了，原来的厂址上开办了“九丰”搪瓷厂。不过，抗战最终取得胜利，让我感觉国家有了前途，自己也有了希望，于是就想再去学校读书，仍是白天在九丰搪瓷厂工作，晚上到“强华”夜校高中部念书。

在夜校读书时，认识了一位同学朱永章(后来做过重庆市民政局局长，现已离休)。他也是学徒出身，但家庭状况比我好一些。他的父亲曾是经营桂圆商行的，去世后留下一些房产，经济上可以供他上学。我俩志同道合，在一起无所不谈，从国家形势谈到个人命运，聊得很投机，都觉得中国不应该这么落后，中国人之所以受外国人欺侮，关键是科技落后。另一方面，也受到我表哥的一些影响，他是受过高等教育的大学生，虽然在这个动乱的时局谋生有一定的困难，但毕竟总有人请他去做事，因为他有专业技能在身。从那时起，我俩暗下决心，一定要抓住宝贵而有限的机会，好好读书，用科学知识来改变贫困落后的旧社会。但靠夜校达不到要求，必须上正规的中学、大学，我还征得九丰搪瓷厂老板的同意，改做 6 点到 12 点的夜班，这样，白天可腾出时间来上学。于是，在 1946 年上半年，我俩以同等学力考进上海新建中学，就读高中二年级。

新建中学是 1930 年成立的，主要是为了培养对日作战的后备干部，对学生实行的是半军事化教育。1932 年“一·二八事变”后，曾奉命迁往江西，上海这边则以大成中学的名义继续办学。抗战胜利后，江西的学校迁回上海，并复用“新建中学”校名。学校里国民党三青团的势力比较强，校长是国民党三青团头子，享受三青团津贴，校长的弟弟是教务长，对学生思想控制比较严。同时，校园里也有地下党的活动，我曾看到过一些高年级学生在校内宣传进步思想，例如中国为什么落后？什么是三座大山？不推翻三座大山，中国就没有前途，等等。其中很多主张，我们也深感认同，当时我对国民党的腐败现实、社会上对读书人的漠视，有所谓“大学生还不如拉洋车”的说法，表示非常迷惑与不满。渐渐地，我开始参加一些学生活动，接触一些进步的人士，思想开始发生转变，但到底要走什么样的路，心中仍然很茫然。

1946 年下半年，新建中学规模扩大，搬迁到兆丰公园（今中山公园）旁边。这时，从白克路（今北京西路）的建承中学转来一批学生。建承中学创办于 1939 年，是一所由中共地下党创办的“抗日据点”，是当时上海青年学生中有名的“进步学校”。转来的这批学生中，有 2 位是共产党员：周成樑和另一位女同学，他们都插入我所在的高三乙班。他们两个转来后，做了很多宣传工作，还利用语文课堂与讲课教师展开辩论，宣传辩证唯物主义与对政治形势的看法。而我和朱永章十分好学，成绩名列前茅，无暇顾及其他，一开始并不知道他们是共产党员。朱永章知道我白天读书，晚上上班，人很累，让我搬到他家去住，并在那里搭个伙食。朱永章家住房面积很大，约有 50 多

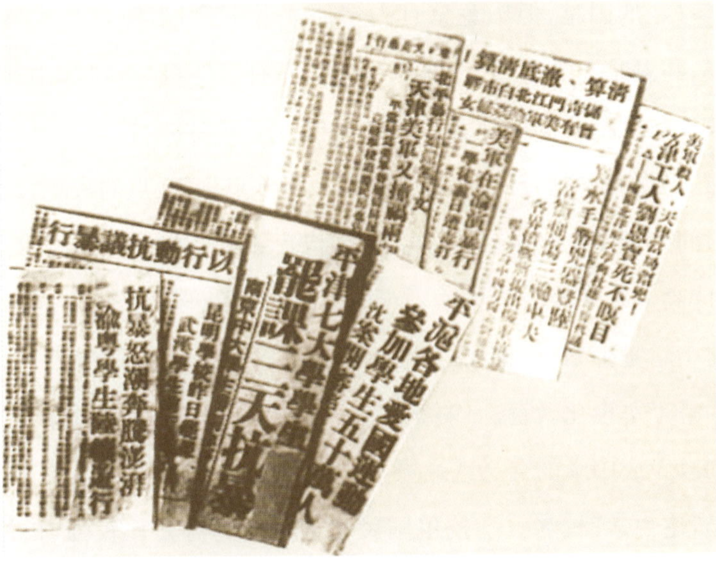

1946 年“沈崇事件”引发平、津、沪三地学生反美浪潮的报道

平方米，只有他和祖母二人。他祖母很慈祥，对我很好。周成樑是新建中学住校学生，学校管理不严，常来朱永章家，晚了就不回学校，住在朱永章家。这样一来，我们三人就常在一起交流看法，开展辩论。在周成樑的影响下，我跟朱永章经常购买进步杂志《群众》，争相阅读，还参加"沈崇事件"等进步爱国运动，思想进步很快，"只有中国共产党才能救中国"的革命信念日益坚定。

在这期间，曾有一位同志时不时地来找周成樑，但我们并不知他的身份，周成樑向我们介绍说那是他哥哥。到了 1947 年 1 月的一天，周成樑突然问我们："有人要我参加共产党，你们是否同意？"这其实是在试探我们，又不暴露他的身份，他本人当时已是新建中学地下党支部书记，经过一段时间的考察，他觉得我跟朱永章各方面都很好，可以发展成党员了。第二天，我们也明确答复他："我们同意。如果你参加，我们也跟着参加。"

就这样，我们开始写入党申请书与个人自传。申请写得不是很长。自传主要写自己对共产主义的认识，着重讲述自己思想转变过程，包括怎样认识中国共产党的，是否愿意为共产主义事业奋斗终生，在当时艰苦危险的条件下是否愿意将生命献给党和人民，等等。1947 年 2 月，我们二人同时被批准成为中共党员。

在新建中学与交大并肩作战

1947 年 3 月，国共合作彻底破裂，国民党军队向延安陕甘宁边区发起进攻，国统区陷入了一片白色恐怖。我们面临的斗争形势很紧张，条件也越来越艰苦。当时，我们班共有学生 60 人左右，包括我和朱永章在内的共产党员有五名，三青团员二名。三青团员的身份是公开的，大家都知道。他们耀武扬威，高人一等，经常在同学面前炫耀自己的身份。而且平时不爱学习，成绩很差；品行也不好，外出坐电车不买票，甚至和司机吵嘴打架。在我们组织同学唱革命歌曲时，他们经常进行阻止、破坏。但我们并不畏惧，我们靠着功课成绩全班之首的优势，以及在日常学习生活中帮助关怀后进，最终赢得了绝大多数同学的信任，树立了群众威望。

1947年四五月间，临近高中毕业。当时，教育局突然下令，要求在正常的毕业考试之外，还要进行一次会考，激起了许多学生的坚决反对。于是，我们几个党员经过商量，决定组织同学们开展一次“反会考”斗争的示威游行。这次游行的发起，与交大对我们的影响有关。5月，交大学生开火车赴南京请愿的“护校斗争”取得胜利，震动了整个上海的舆论界，对我们而言，犹如在黑暗之中的指路明灯，极大地起到了振奋人心的作用，使我们深刻认识到党领导的群众运动的巨大威力。

韩宪耀(右)接受母校采访

不久，南京、上海爆发了“反饥饿、反内战、反迫害”的学生运动，我们班也积极响应起来，将各报报道南京、上海等地“五二〇”惨案的情况剪辑下来，在学校指定办板报的范围内张贴宣传。于是，校长坐不住了，他亲自动手将板报撕掉，引起我班同学的不满。大家纷纷下楼和他辩论，说这都是外界合法公开报道的，又在学校指定地点宣传，为何要撕毁我们的板报。校长哑口无言，一气之下走了，周成樑就跟着校长去理论。不一会儿，周成樑又回来组织开班会，控诉校方的无理做法。就在这时，校长却找来警察对我们进行恫吓。当时，成都路警察局派出一辆警车开进学校，车上有十几位军警。不过，同学们并没有被吓到，冲着警察说："我们是学生，没有犯法，你们有什么权力来学校？"就这样，大家合力将警车推出了学校。

当晚，我们几名党员秘密开会，决定第二天到各班控诉"校方无理镇压学生"的反动行为，一些进步学生还在周成樑的带领下，刻钢板，印材料，为发动罢课作准备。也就在那晚，教务长与几个三青团员多次来查看我们班级的行动，还把周成樑找去进行威胁。考虑到本校的力量太小，我们想到寻求外界舆论的支援，于是写了稿件，由我送到《文汇报》杂志社。没想到我来到报社，发现《文汇报》已被查封，我还遭到警察的阻拦与盘问，基本没睡觉。

第二天早上，党支部发现校外行人稀少，一片阴森，只有几个便衣在走动，决定按原计划行动，组织力量到各班进行控诉宣传，由我和朱永章负责在教室门外做纠察，周成樑及其他一些同学在教室内进行宣讲。开始的两三个班级还比较顺利。当控诉活动开展到初三班时，突然我们班的两个三青团员冲出来殴打做宣传的同学，埋伏在周围的便衣警察也随即围过来，借口说学生互相打架，把他们全部抓走了。被抓的同学中，有 2 位是地下党员，其中 1 位是周成樑，2 位是积极分子，还有 1 位是一般群众，另外，2 位三青团员也被抓了，但他们很快就被释放了。这样一来，学校内出现一片恐慌的气氛。由于学生们基本都是走读的，所以都不敢来学校上课了，这样就造成了"不罢课"的罢课，老师也不来上课了。校方为维护学校声誉，宣布放假 3 天。

周成樑被捕后，前面说的那位"哥哥"出面了，我们才知道他是周成樑的上级领导。他对我们下一步的中心工作作出指示，就是营救被捕学生，组织家长召开座谈会，向校方要人。另外，我和朱永章经过商量，分析当前形势，暨南大学已被特务控制，复旦大学进步学生与反动学生正在斗争，只有交大是团结战斗的堡垒，决定寻求交大的支持。1947 年 5 月 26 日，我和朱永章来到交大，正值交大学生在组织抗议"五二〇"惨案的游行示威，校门口两边墙上贴出巨幅漫画和大字标语，向广大市民控诉特务暴行。我们就加入其中，不久，交大校门口及四周已被军警包围，一辆红色警备车还驾着机枪，堵在校门口，紧张形势一触即发。

上午9时左右，上海市市长吴国桢来交大了解情况，准备与学生进行对话谈判，要求尽快复课，学生自治会提出必须先撤走军警，才能进行谈判，吴国桢只得下令撤走军警。接着，两位头缠纱布的受伤学生就特务的罪行向吴国桢发起了质问，要求公审特务，并提出“政府释放被捕学生，学生才复课”的要求。最后，吴国桢理屈词穷，不得不同意释放之前各校被捕的学生，包括新建中学我们班上被捕的那几名学生。交大这场斗争的胜利，使我们大受鼓舞，而新建中学校方觉得我们这些人太不安分，于是贴出告示，让我们不考试就毕业了。我跟朱永章离校前夕，周成樑已经离开了，他的那位“哥哥”直接联系我们。根据党组织的安排，指定我毕业后报考国立大学，指定朱永章报考私立大学，因为我家境穷一些，报考国立大学可以免交学费。就这样，我俩分开了。

吴淞商船学校的“再历练”

新建中学毕业后，我报考国立大学，第一次没考交大，而是考了国立吴淞商船专科学校，就读轮机专业。这所学校和交大渊源很深，它源于交大1909年时创办的船政科，抗战期间曾搬迁至重庆，更名国立重庆商船专科学校，1943年并入交大，抗战胜利后在上海复校，位于虹口的东长治路，原址为雷士德工学院。

进入吴淞商船学校前，我是名新党员，肩上的担子不算很重，但到了这个学校后，我所在的班上有50多名学生，就我一人是党员。很多人是青年军，学习风气也不好。学校中跟我接应关系的同志叫王夷白，是学校党小组的领导之一，新中国成立后他改名王新民，任三机部黎阳发动机厂党委书记。党小组组长是汪浩，新中国成立后曾任交通部教育司司长。全校的党员有6位，虽然我们在党小组开会时相互认识，但对上则是单线联系的。后来成立党支部，由汪浩负责，王夷白调任地下党学委专科区委委员。

1946年吴淞商船学校刚刚复校，学生来自四面八方，互不熟悉，党的力量薄弱，缺乏群众基础，开展工作难度较大。自己作为党员，凡事都冲在前面，否则很多工作都无法开展。当时组织的学生运动有：1947年10月声援浙大“于子三事件”的活动，1948年1月游行抗议英国当局镇压香港九龙同胞的暴行，以及1948年春夏之交的“反美扶日”斗争。由于交大是当时上海有名的“民主堡垒”，更是这几项活动的主要发起者，所以，我曾多次受组织指派到交大开会，商量部署统一行动。

如“九龙暴行”发生后，大约在1月16日，我接到上级组织通知，让我和学校另一位同学到交大上院114室参加一个会议。这次会议决议17日全市学生总罢课，到英国驻沪领事馆示威，向英国政府抗议。次日下午，我校20多名学生冲出校园，到外滩指定地点与其他学校学生集合。由于我校离外滩比较近，所以提前到达。等交大、同济、圣约翰、复旦等校学生到齐后，一时聚起了2万多名学生，排着整齐的队伍集中在英国驻沪领事馆门外。国民党当局出动大批军警，枪口对着学生队伍。学生们高喊口号“还我九龙”“打倒帝国主义”“中国人不打中国人”，打动了军警的心，他们放下枪口。以交大为首的学生队伍派出代表，进入使馆，要求使馆降下国旗向中方道歉。使馆拒绝，扬言要扣留代表。这消息传到使馆外，学生愤怒，口号声一浪高一浪，情绪激动。可能是交大一女生，爬到使馆门柱顶上，将柏油倒在英国国徽上，学生队伍扬言要冲入使馆救出代表。双方对峙到下午4时许，最后以英国驻沪领事馆降下英国国旗而胜利告终。

为什么说“九龙事件”反英游行是成功的？我们的目的就是要揭露英国侵略行为，同时也要揭露国民党的卖国外交政策。九龙当时离香港很近，是否属香港有争议，港英当局却派出大批武装警察强占九龙，强拆民房，遭九龙同胞反对，英军警开枪打死我同胞十余人，逮捕20余人，国民党放任不管，不了了之。上海大中学校进步学生、市民对此十分气愤。九龙事件中反英游行是有良好的群众基础，游行时沿路有上万市民也参与其中，迫使英领事馆降下英国国旗，迫使国民党军警和警车放下原来对准学生的枪口。当然学生反英，但对国民党怨恨不大。国民党虽反对学生游行，但阻力不是很大。在五六月间反对美国武装日本，我们简称“反美扶日”运动，同样是有良好的群众基础。但国民党的态度就不一样了，国民党派重兵用警车驾着机枪封锁校门，准备镇压学生，把学生封闭在校内，学生出不去。地下党组织及时分析形势，为了避免革命力量受到损失，当机立断，改变斗争方式，改为校内游行。

另外，在吴淞商船学校期间，我还参加过“募捐寒衣”活动。党支部领导王夷白要求我作为外校学生来我校做宣传时站出来高呼口号，把募捐寒衣活动的意义同反对内战结合起来，揭露国民党政府只管打内战，不管老百姓死活的政策。这一任务对我个人来说有一定危险，容易暴露，但是我坚决服从组织意见，与外校宣传队伍配合，在三百余人饭厅里，领导群众高呼“积极参加募捐寒衣运动”“反对打内战”等口号。虽然我在校学习成绩不错，但是在学生运动中频繁出现，过于暴露，于 1948 年 6 月被学校勒令离校。

交大：热火朝天的“小解放区”

离开吴淞商船专科学校后，我经济上陷入困难，又没地方落脚。经傅正邦介绍，我住进交大中院 309 室。这时，王夷白向我传达组织意见，让我继续考大学。1948 年，我同时考取交通大学和山东大学，组织上经过考虑，要求我进入交大，被数学系录取。相比电机、土木等最难考的热门科系，数学系相对容易一些，但录取比例也在 1/20—1/30 之间。

进入交大后，一开始我的联系人是赵国士，由他与我接上党的关系。两周后，又将我的关系转给陈启懋。陈启懋当时是交大地下党总支副书记，他鉴于一年级新生中党员不多，力量薄弱，要我除了在班级开展工作以外，还要把整个一年级面上的工作抓起来，并指派吴昭崇协助我开展工作。吴昭崇是从清华转入交大水利系的，而且已经是党的秘密外围组织——“民主青年同盟”成员。但来沪后，与转关系的同志失去了联系，只得自己到学生自治会找人，说明情况，希望能参加进步活动。所以，我还要对他进行了解、考察和培养，但不能向他说明我的党员身份。这是党的秘密，必须遵守。经陈启懋同意，我们深入各班级，了解情况，成立了在党领导下的积极分子组织，取名“新社”，基本上各班均有人参加。为了发挥吴昭崇的个人能力，以便更好地进行考察与培养，我推荐他为“新社”负责人。之后又要成立一年级的学生社团，全年级有学生 600 人左右，而党员只有 4 人，力量远远不够。于是，“新社”在建立学生社团过程中起到核心作用。经全体会员讨论，新成立的学生社团取名“四一联谊会”，由赵国耀担任副主席，吴昭崇是联络干事，我是福利干事。这样一来，面上的工作就能开展起来了。1948 年底，较好地完成了“反迁校运动”工作。

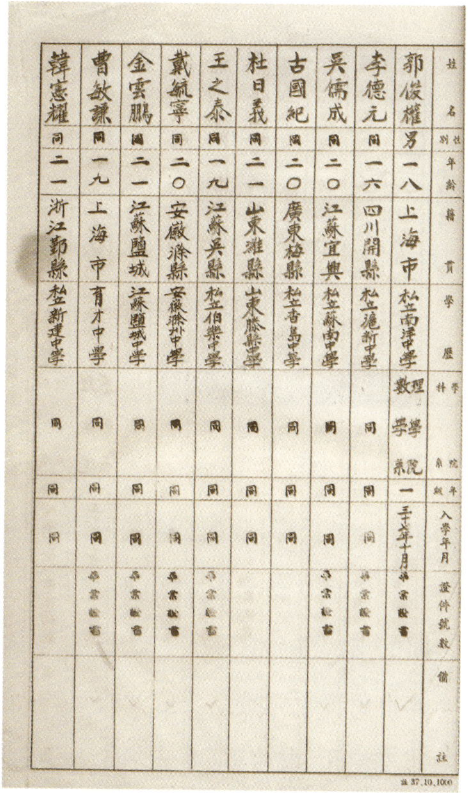

姓名	性別	年齡	籍貫	學歷	學科系院	年級	入學年月	證件號數	備註
郭俊權	男	一八	上海市	私立南洋中學	理學院數學系	一	三十七年十月	畢業證書	
李德元	同	一六	四川開縣	私立滙新中學	同	同	同	畢業證書	
吳儒成	同	二〇	江蘇宜興	私立蘇南中學	同	同	同	畢業證書	
古國紀	同	二〇	廣東梅縣	私立香島中學	同	同	同		
杜日義	同	二一	山東濰縣	山東滕縣中學	同	同	同		
王之泰	同	一九	江蘇吳縣	私立伯樂中學	同	同	同	畢業證書	
戴毓寧	同	二〇	安徽滁縣	安徽滁州中學	同	同	同	畢業證書	
金雲鵬	同	二一	江蘇鹽城	江蘇鹽城中學	同	同	同	畢業證書	
曹敏謙	同	一九	上海市	育才中學	同	同	同	畢業證書	
韓憲耀	同	二一	浙江鄞縣	私立新建中學	同	同	同		

益 37.10.1000

交通大学 1948 年度数学系新生入学名册（左一列为韩宪耀）

不久陈启懋又找我谈话，说目前革命形势发展得很快，全市要组建统一的党领导下的半公开的秘密外围组织——“新民主义青年联合会”（简称“新青联”）。我提出“新社”是一年级的半公开的党的外围组织，可以以它为基础，成立“新青联”。陈启懋表示同意，并提出：凡是“新社”的成员，必须向他们说明“新青联”是为建设新民主主义新中国而奋斗的组织，如果同意，可直接由“新社”成员转为“新青联”会员。经过一一谈话，“新社”成员没

学生时代的韩宪耀

有一个不同意的，都转入了“新青联”。同时，以他们为骨干，通过他们到各班发展新的“新青联”会员。

到了1949年1月（一说是1948年11月），陈启懋告诉我，党组织决定在一年级学生中成立党支部，并开展搭班子工作。他问我吴昭崇这个人怎么样，我就实事求是地谈了吴昭崇的个人情况，并表示：“他是一个好同志，可以发展为党员。”陈启懋也同意，并提出由我来做他的入党介绍人。就这样，我找吴昭崇谈话，他态度很诚恳也很积极，就顺利入党了。

一年级党支部成立后，陈启懋就不和我们联系了，改由赵国士来联系。当时的支部委员有4人：曹子真、李修爵、吴昭崇和我。曹子真是支部书记，李修爵负责收党费。支部共有吴均烈等党员五人。

李德元、侯旅适、蔡建华3人是我同班同学，均是我介绍他们入党的。我对他们的工作，是大同小异。其中，李德元是我介绍的第二个党员，印象比较深刻。当时，地下党员开展班级工作，首先要交朋友，了解每一位同学的家庭、思想、学习、生活情况。一般说来，成绩好的同学比较容易做通思想政治工作。李德元是我的同班同学，就是一位爱学习的好学生，人也很朴实，我和他很谈得来，一些进步的社团譬如“新社”的活动，我拉他参加，他每次都是积极参与的，也是“新社”成员。但他向我坦言，他喜欢搞学术，不想参与政治，不太适合做这种工作。后来，通过参与一些革命工作活动，他的思想逐步有了变化，对我的了解也逐步加深。当时，班上总有两种思想在针锋相对地冲突着，他对我说了这么一句话：“你所做的将来会被人接受的。”从这句话中，我感觉他知道我是追求进步的。他后来又告诉我，他在高中时就把《资本论》看了两遍，这是很少见的、很令人佩服的。我问他读后的体会是什么？他说，一个国家的前途，总要符合社会经济发展的规律与人民群众的意志，这句话说明他对人类社会发展规律、经济发展周期等问题已有比较独立与深刻的洞察。于是，我进一步加强与他的沟通联系，并将班上许多活动交给他负责，虽然他对学习和革命的思想问题还没有彻底解决，一开始有些勉强，但他一直抱着不怕牺牲，为共产主义奋斗的决心，慢慢由被动变成主动，逐渐消除了“我不适合干这种工作”的念头，终于在1949年2月加入中国共产党，成为当时理学院一年级中第一位入党的学生。侯旅适在1949年3月、蔡建华在4月先后加入中国共产党。他们在解放战争时期是先进分子，在新中国成立后工作中也是很先进的。李德元是二机部搞二弹一星的专家，在原子弹研究工作中解决过数学方面的重要问题。侯旅适是上海市政府副秘书长。蔡建华是南京大学、上海交通大学知名教授。通过李德元的例子，我思考为什么交大会成为“民主堡垒”？除了党的正确领导外，还有一个重要原因，就是交大同学身上有一种朴实的感情，实事求是、认定真理不回头的精神。

1949年4月26日，国民党派出大量特务、军警对交大地下党与进步学生进行了大逮捕行动，最终被捕的有56人，其中包括严祖礽、魏瑚等学生会重要人物。“四二六”大逮捕过后，大约是4月底5月初，赵国士通知我和吴昭崇马上紧急撤退，以防国民党第二次大逮捕。赵国士是住校外的，我和吴昭崇当晚就离开了学校，校内暴露身份的同学能分散的就分散，不能分散的，就集中搬至其他地方居住。至于党组织和“新青联”团体，还是健全的，没有遭到破坏，疏散后转移到校外活动。比如我所在的党支部，是在化工系党员林宗琦家继续活动，由我继续联系土木、机械和理学院的党小组。与党团组织不同的是，作为公开合法的学生自治会仍然留下，坚持与国民党进行周旋，并成立护校小组，在体育馆准备了粮食。据沈友益、魏瑚等一些地下党员事后回忆，当时党内曾通知过“有困难，往体育馆集中”。

解放之后初心不改

在“四二六”大逮捕之前，曾经有个传闻，说“解放军已经攻到南翔了”，而且确实听到了炮声。我们很兴奋，以为不到两三天，解放军就要来了，学校也搞得很热闹，贴标语、扭秧歌，但后来据说是敌人有意放的烟幕。等到真正临近解放时，由于校园内党组织活动都疏散了，所以迎接解放的活动都在校外进行。我主要负责维持治安的活动，组织人员到社区、工厂等地宣传解放，并参加迎接解放军进城的大游行。

刚解放几天后，正值台风大作，洪灾泛滥。上海郊县一带死了很多人，房屋破坏严重。党组织号召并组织青年学生救灾，一个分队联络一个区。我带了个分队，大约20多人，对口南汇救灾。来到南汇后，一位区长接待我们，主要任务是修堤坝。我们一方面在群众中开展革命动员，宣讲解放的形势；另一方面亲自动手挑土石、修堤坝，与老百姓同吃同住同劳动，一共待了20多天，彼此结下了深厚的患难之情。

上海解放以后不久，我被抽调参加上海市委党校第二期的学习，从此离开了交大。党校培训四个月后，组织上分配工作。我当时还想回学校，继续念书，将来从事科学技术方面的工作。为什么会有这样的念头呢？可能交大的学生参加革命工作前都有科学救国的思想，觉得一解放，终于可以好好学习，为国出力了。于是，向上级表达了这一想法。当时上海市委第二书记兼组织部部长刘晓说，你要回去可以，但要把党籍放在这里，因为那时党员干部大量空缺。后来，还是服从组织安排，被分配到中共上海郊区工作委员会（地委一级）组织部工作。先是搞干部工作，负责10个县干部定级；之后在真如县江桥乡发动群众参加土改，抓出一个身上负有18条人命的恶霸地主；土改结束后调任中共上海市郊工委党校组织部副部长，1953年初调任中共上海市郊工委纪律检查委员会办公室副主任；1954年至1956年，调任上海市纪律检查委员会工矿检查科副科长、代理科长。刚解放实行的是“供给制”，我每个月工资2.5元，后来伙食、服装均由自己负责，调整为29元；1955年，全国改为薪金制，我是行政17级，每个月工资拿105元。

1956年以后，我的人生道路出现转折。当时党中央发出指示，号召向科学进军。我心中一直有没能从事技术工作的遗憾，所以这个时候向组织提出我的想法和要求。一开始，领导不同意，说我已经是干部了，又是大学生，没必要考调干生。但我觉得自己有信心，坚决要求转向技术，希望领导能够放行。最后，领导同意了。1956 年，我作为调干生考进了北京航空学院（现在的北京航空航天大学）发动机专业。当时重回校园求学，我消除了很多顾虑，决心是很大的。一是我年龄比较大了，已经成家生子；二是去北京读书要面临与夫人两地分居的问题；三是要舍弃已有的科长官级，工资也要由 105 元变成调干助学金 29 元，造成家庭重大困难。现在回过头再看，当初的选择似乎有些不必要，因为我读完书以后，并没有搞技术。1960 年，我被调到北京航空学院组织部工作，先后从事总支、生产工作，直至离休。可是不管怎样，我为了响应党中央号召向科学进军，为了国家的需要作贡献，一点也不后悔。直到现在，我仍然离休不离岗，发挥余热，战斗在老有所为的战线上。

韩宪耀与母校采访人员合影（左起：欧七斤、韩宪耀、龚诞申、孙萍）

吴沈钊

吴沈钊，1929年生，浙江嘉善人。1949年3月入党，1952年毕业于交通大学水利工程系。曾参加治淮工作。1954年后，历任上海（水电）勘测设计院工程设计室副主任、江苏电力设计院输变电室主任、华东电业管理局500 kV输变电办公室主任工程师、高级工程师、基建处教授级高工等职。曾参加新安江水电站、古田溪梯级水电站和江苏省部分火电厂及输变电工程的设计，华东500千伏电网建设，天荒坪180万千瓦抽水蓄能电站前期工程建设以及援缅水电站等工作。1955年荣获上海市劳动模范称号。发表有《送电线路拉线杆塔的稳定分析》《500 kV镇江五峰山大跨越》等论文。

访谈中，吴沈钊回忆了他早年目睹上海沦陷于日军之手，亲历了从上海到重庆的流亡求学之路，萌发了爱国强国进而趋向革命的思想；还介绍了他在交大参与学生社团活动、申请入党、政治觉悟日益成熟的经历，以及响应国家号召参加治淮进而开启的“水电人生”之路。

把知识还给人民

口述：吴沈钊

采访：孙　萍、胡　端、吉运韵、余　悦

时间：2011 年 7 月 22 日

地点：上海吴沈钊寓所

记录：吉运韵、余　悦

编者：胡　端

动荡时局下的身心磨炼

1929 年，我出身在上海一个普通的知识分子家庭，父亲是浙江嘉善人，时任上海铁路局秘书科科长，母亲是浙江慈溪人，上海铁路局子弟小学的一名语文老师。我在家排行老大，还有两个弟弟和一个妹妹，一家人住在闸北区海宁路天保里的一幢二层的石库门里弄。童年生活虽极简单朴素，但也无忧无虑、幸福快乐。但是好景不长，就在我进入北区小学（今闸北第一中心小学）读书的第二年，“八一三”淞沪会战以前，父母亲所在的上海铁路局及子弟小学均已解散，他和同事管大可两人逃难去了贵州，后来又去了重庆，我们也不得不搬了家，从海宁路搬到公共租界，住进了父亲同事管大可的家——牯岭路人安里 16 号，这是一幢两层上下各二室一厅的石库门房子，即中间客厅和两侧厢房，管家把底层租给我们，后来西厢房成了书店，名叫珠林书店，里面有很多鲁迅的著作。我们住在东厢房，那时我才 8 岁。淞沪会战爆发后，日军侵占了苏州河以北的闸北和虹口部分地区。人安里离苏州河直线距离较近，我们在屋顶的晒台上就能听到从四行仓库传来的隆隆炮声，看到滚滚的浓烟从苏州河边升起。可以说，谢晋元团长领导的八百壮士孤军奋战的精神从小就深深地印在我的心里。也就从那时起，我开始体会到了战争与侵略带来的惨痛灾难。

搬入人安里后，我和弟弟转学到附近成都路的一所弄堂小学。父亲与我们天各一方，母亲也已失业，妹妹才两岁，一家人生活非常拮据。由于战乱，弄堂小学也不严格，学习不正常，几乎没有作业。我们一下课回到家里，就在弄堂地上打弹子，或者在邻近家堆满棉布包的仓库里玩耍。但最让我们兴奋的是，看到报上百灵庙大捷、台儿庄大捷的照片，士兵们胜利的欢呼姿态让我们十分敬佩与自豪。

1941 年 12 月，“珍珠港事变”后，日本侵占了租界，一队队日本兵身穿黄军装，头戴钢盔，拿着刺刀占领了每个警察局，并在重要地点布置岗哨。当

1935 年父母与兄妹四人在虹口公园合影

时，经常听到南京路封锁戒严，肆意抓人的消息，人们都不敢外出，过着风声鹤唳的生活。一天清晨，天还没亮，一股日军突然从人安里16号大门闯入，搜查西厢房的珠林书店，把鲁迅的著作全部都抄走。幸好没有搜到我们家，那时家里暗藏一本《西行漫记》。还有一件事，让我印象深刻，就是排长队买米。当时，沦陷区交通被封锁，通信阻隔，父亲的工资没办法汇来，我们断绝了经济来源。为了生活，我和弟弟每周都要排队去买糙米，每人的手臂衣袖上被用粉笔编号，每次都是限量供应，只能买一周左右的粮食，非常紧张。

1942年下半年，考虑到上海已无生计，母亲决心带我们去内地与父亲团聚。当时去内地是要穿过日寇多道封锁线的，随时可能被敌人劫掠，甚至遭杀身之祸。我当时只有13岁，弟弟12岁，还有个妹妹只有7岁。作为一名35岁的母亲，带着这么一群弱小上路，母亲的胆识是很令人佩服的。11月初，我们一行5人（包括我堂姐）先乘上"江亚轮"到汉口，当时武汉已被日寇占领，沿途经常听人说日寇在封锁线附近烧杀抢掠，无恶不作。我们听了，又怕又恨。但母亲很沉着，她租了一条小木船，5个人挤在很小的船舱里，过了长江顺着江南长满芦苇的河网里大概兜了约两个星期，终于绕过了封锁线，到达岳阳县第一次见到国军，大家很高兴地给了士兵一些钱，继续沿洞庭湖的河网东行，大约又经过两个星期到了常德县城。

1945年一家五口在重庆资渝钢铁厂合影

到常德后，人人换上滑竿，开始爬山路，山势很高，山路又长，滑竿往往不能首尾相接，很快就分散了。沿途还经常有民房着火，风夹杂着火焰与尘烟，染满了半边天，找不到妈妈和哥哥的小妹妹都吓哭了。最后总算穿过了三斗坪，就是现在三峡做坝的地方，到了长江北岸的巴东县。到了巴东，才换上大轮船，当船经过四川万县时，人们都非常激动，庆幸终于远离了朝不保夕的亡国奴生活，马上就要到陪都重庆了。终于在一天晚上，我们在重庆码头见到了父亲，他用资渝钢铁厂办事处唯一一辆面包车来接我们，一家人一路笑个不停，场面很温馨。应该说，这一段两个多月里从日占区上海逃难到大后方艰难跋涉的经历，既惊险又充满期待，磨炼了我的品性与意志，让我终生难忘。

从南开到南模

1942年2月，我和弟弟吴沈铎进入重庆沙坪坝南开中学，重新读初中一年级。这所学校原称南渝中学，创办于1936年。1937年全面抗战爆发前，南开校长张伯苓已预见到日寇侵华的野心，便着手在重庆另建。新建的南开中学是一所以前我从未见过的规模宏大的中学。除了两栋叫“芝琴馆”“范孙楼”的教学楼外，还有大礼堂、宿舍楼、大操场以及专用饭厅，“允公允能、日新月异”的八字校训醒目地竖立在中央主席台两侧。这又是一所纪律严明、教学严格的内地一流学校。初中生一律穿童子军服装，高中生穿着灰色制服，生活节奏像军队一样，每周一早晨要列队背诵孙中山总理遗嘱。学校还特别重视体育，每学期都要举行盛大的运动会。

由于我在上海期间没有好好学习，进入南开后成绩始终处于中等水平，反而弟弟吴沈铎成绩比较突出，作文卷上有许多被老师赞赏的红圈。我擅长的科目是图画与地理，地理笔记本上非常整齐，地图着色很鲜明，多次在学期成绩展览会上展出。

此外，南开中学读书期间，还有两件与战争相关的见闻让我印象深刻。

吴沈钊接受母校采访

一是抗战后期，为了打通中缅公路反击日军，恢复对外交通线，国民政府号召知识青年参军，以大学生为主，高年级中学生也可参加。我们初中生虽然没有条件参加，但学校有一次组织我们去小龙坎，列队欢送高年级同学上前线，人人都非常激动。另一件事是1945年抗战胜利不久，为了抗议东北的苏联军人强奸女大学生事件，重庆几万学生进行了大游行，南开中学也组织学生列队加入。那时，只知道国民政府是抗日的，完全不知道中国还有一支共产党抗日武装力量，也没有认识到日寇投降的重要原因之一是苏联军队出兵东北，歼灭几十万精锐的日本关东军。

1946年2月，我离开重庆的南开中学，跟母亲返回上海。与当初入川相比，这段返乡之路虽然不再心惊胆战，但也很折腾费时，先是乘长途汽车经绵阳、剑门峡谷、广元到宝鸡，再转火车沿陇海路，经西安、洛阳、郑州到徐州，然后再转津浦、京沪线到上海，火车开开停停，人全都挤满了车厢，甚至行李架上都睡满了人，足足走了一个月，到3月底才到上海。让我更受触动的是，沿途看到西北赤贫地区土地寸草不生、一片满目疮痍的景象。尤其是宝鸡一带，老百姓都是破衣烂履，面黄肌瘦，住在窑洞里的。小孩子们骨瘦如柴，赤着双脚，呆呆地望着火车，那种穷苦无助的景象深深地刺激了我的少年强国心。

回上海后，我插班进了南洋模范中学，读高一下学期。南模原是交大校园内的附属中学，1937 年，日军侵占徐家汇校园后，南模被迫从交大迁出。后来学校在天平路那里租了一幢花园洋房作为校舍，据说每年租金要 6 000 大洋，男生教室设在两层主楼的各个房间里，一个班多达 50 多人，既拥挤又光线暗淡。高二的时候，南模主楼起火，一部分教学楼被烧毁，学校沿着华山路一侧搭了些临时用房作为我们的教室。学生绝大多数是走读的，也有少数骑车的、摩托车接送的，各色各样的打扮，感觉这所学校像个学店。对于我来讲，从原来宽敞宏大的南开中学转到这里，感觉很不习惯。不过，南模的老师水平比较高，他们大多是交大的讲师、副教授，对于数理化的讲授重点突出，概念清晰，很有系统性、逻辑性，使人容易理解，而且做大量习题，以便消化吸收。经过两年多的学习，为我的数理化三门课打下了初步基础。

交大：水利人生的起点

1948 年 6 月中学毕业，面临考大学的激烈竞争，我把自己关闭在海宁路表姐家一间五六平方米的小间里日夜复习。对于我的家庭情况来说，只有考进国立大学才能承受。当时，各大学都实行独立招生，我报考学校时，报了四所：浙大、同济、北洋、交大。第一个考点是浙大，我独自乘火车去杭州，直到傍晚才找到地址，晚上就住在浙大学生宿舍，蚊子很多，心情又紧张，整夜没有睡好。第二天考试头脑昏沉沉的，没有考好。同济大学考场设在上海复兴中学，北洋也是在市内考的，交大是在徐家汇本校考的。考好以后，觉得同济和北洋考得最好，试题都能答出，而交大试题最难，我高二的时候就以同等学

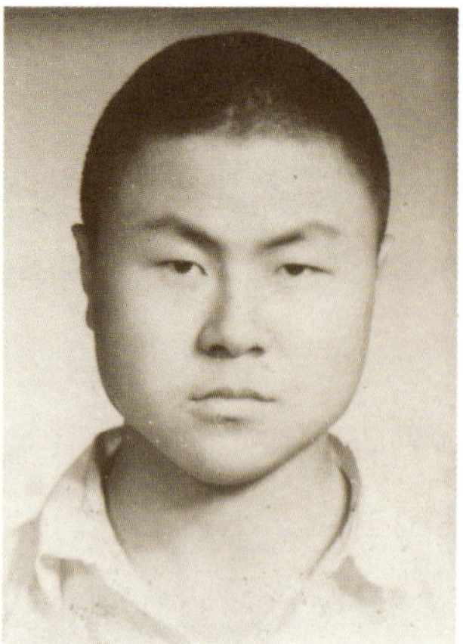

大学时代的吴沈钊

力去考过，没有录取。这次再考，仍然感觉没有把握。但最后录取的却是同济和交大。

志愿方面，报考同济和交大时，第一志愿填的都是机械系，这与少年时在重庆的那段经历有关。当时，父亲在国民政府资源委员会下面的资渝钢铁厂工作，我接触的父亲的许多同事也都是搞机械的，所以我也很感兴趣。另外，资源委员会下属的企业大部分都是同济机械系毕业的，考了同济，将来找工作自然比较方便。后来说同济要学5年，而且第一年要学德文，就没去。交大录取的第二志愿是水利工程系。当时根本不知道水利系搞些什么，不过南模有个同学叫谷兆琪，他提到台湾日月潭的水利工程形成了闻名世界的风景区，又能发电，又能旅游观光，让我也很向往，所以就报了水利系。后来他进了清华的水利系，而我因为交大名气比较响，就进了交大的水利系。当时上海还没有解放，水利机构除了一个黄浦江疏濬局外，并没有其他什么，相比机械系，搞水利的实际上没什么好的出路。但不管怎么样，与交大的结缘，让我最终走上了水利人生的道路。

1950年11月，交通大学水利系1952届部分同学合影（前排右一为吴沈钏）

当时交大全校学生不过3 000人，我们水利系一年级新生大约25人，其中7人是上海学生，大部分是外地学生。上海学生多数走读，我家因在虹口，交通不便，选择住读。我住在执信西斋166室，是楼中唯一的大间，布满了双人床，住了大约有28人。住在这里，好像亲如一家的大家庭，低年级学生总是能得到高年级的照顾。比如很多学习上的书籍与用品，若是从市场上买，价格高得难以承受，但可以从高年级同学那里以低价交换，当时食堂附近有个广告栏，上面可以找到所需要的物品信息。我的计算尺就是向高年级同学买的，是印度加尔各答的产品，质量不高但可用。而当时没有国产计算尺，可见那时的中国工业还不及印度，而现在中国的国内生产总值已是印度的五倍，这是中国共产党领导下产生的奇迹。

交大学习风气浓厚，人人都很自觉，每天都有大量的作业，一下课就去图书馆抢座位，往往到晚上10点才回宿舍。当时有个流行的顺口溜："一年级买眼镜，二年级买蜡烛，三年级买痰盂，四年级买棺材。"这一方面说明交大学生学习刻苦、功课繁重，另一方面也透露出上海解放前夕国立大学的学生艰辛的日常生活条件。当时，国立大学的伙食津贴是无法维持一般学生的营养需要的。1948年底，我曾代人做过一个月的食堂管理，每天只能买一些青菜、白菜之类，早餐从来都是水煮黄豆，中、晚餐几乎看不见荤菜，偶尔在青菜中掺一些渣子，这怎么能让学生健康地坚持学习。

水利工程系主任徐芝纶教授

在水利系读书时，印象最深的老师有两个：一个是系主任徐芝纶先生。他是教结构力学、材料力学的，上课不带讲义，上来就讲，非常清楚。特别是一些条理性、关键性的问题，他讲授之后，很容易就懂了。同学们听他的课都是全神贯注，没有开小差的，而且效率很高。第二个老师是刘光文，他是教水力学、水文学、应用数学的。与徐芝纶不同，他讲课注重内容的丰富性，虽然没有教材，但经常是写满好几块黑板，都是英文的，我们在下面抄板书。当时好像很枯燥，但后来工作后觉得蛮适用的。

申请入党，参加革命

我在思想政治觉悟方面逐渐趋向进步，最早可以追溯到南洋模范中学读高中时。抗战结束后，上海与内地的情况不一样，地下党组织领导的学生运动蓬勃发展，南模校园里也是这样，能接触到一些思想进步的同学。比如高三的时候，曹子真就是我们同一届的女生。高三男生共有甲、乙、丙 3 个班，我在乙班。那时候男女还是分班的，女生是在另一幢小楼里。但是有一天，曹子真一个人跑到男生的班里来上课。我们当时觉得很奇怪，后来了解到她是学生运动的活跃分子，学校把她放到男生班，等于是限制她的活动。不过，也正因为这样，我们心里都佩服她的勇气。

南模读书期间，另外一件对我触动很大的事是交大师生声势浩大的“反饥饿、反内战、反迫害”的大游行。当时国民党官僚和财团变本加厉，大肆搜刮民脂民膏，蒋经国来沪“打虎”，虎头蛇尾，不了了之，物价飞涨。当时学生餐费的标准，一顿只有一根半油条，很多家庭为子女求学的经济困难而怨声载道，“反饥饿、反内战、反迫害”的游行就是在这种形势下发生的。当交大师生游行队伍经过华山路，也就是经过南模后门的时候，我亲眼看到一群流氓和特务拿了扁担、棍子，狠狠地抽打队伍，真切感受到了国民党政府的残暴面目。自那以后，包括我在内的许多有正义感的同学开始对国民党政权失去了信心。

当时，社会上确实存在着“朱门酒肉臭，路有冻死骨”的现象，物价飞涨，很多工厂、商店倒闭关门，广大工薪阶层生活都得不到保障，更何况工人、农民，人民生活在水深火热之中。1947 年秋天，我们高三乙班在吴均立带动下，组织大家上街为贫穷师生募捐，又组织工人宿校，帮助他们提高文化知识。1947 年冬季来临，吴均立又号召大家捐钱捐物，资助灾民。我瞒了家里，将身上毛衣捐给了贫苦人民。

当时，这些同级的高中同学中，我还没有入党，不过有些人可能已经是地下党员了，比如吴均立、李修爵、曹子真等。他们毕业后也都考入了交大，我们又成了大学同学。交大是学生运动的“民主堡垒”，进步社团非常发达。我们班上的吴昭崇，温州人，原来在清华大学物理系读了一年，来到我们班后，组织一些同学以“新社”名称办壁报，揭露和控诉社会黑暗现象，我和李其煌、林语伦等相约加入，壁报贴在学生联谊会内的板墙上，发泄我们心中对丑恶的社会现象的强烈不满。1948 年底淮海战役后期，我参加了地下党的外围组织“新民主主义青年联合会”，学习“新民主主义论”，参加校内各项学生运动，包括后来声势浩大的“护校运动”。

1949 年 3 月的一天，吴昭崇来上院找我，征求我入党的意见。当时我只是对现实不满，认为共产党的主张是为了拯救中国，特别是拯救广大受苦受难的老百姓，共产主义事业是无比光明正义的，这一点我已经丝毫不怀疑了。但是吴昭崇讲，共产党是无产阶级政党，具有铁的纪律，入党要作出牺牲，牺牲学业甚至牺牲生命，这方面还有所顾虑。接连几天，我经过剧烈的思想斗争，认定自己愿意在这场残酷的斗争中经受一切考验，于是，写下了一份庄严的入党申请书，跑到南院，塞在吴昭崇的床垫下。就这样，在吴昭崇的单线联系下，我加入了中国共产党。

1949 年 4 月，吴昭崇指示我代表一年级参加护校运动各年级负责人会议，在女生宿舍，只有 7 个人，我都不认识，但相信他们都是地下党员。学生联谊会还办了“每日新闻社”，主要任务是通过大字报、广播的形式向校内外报道解放战争的每日最新进展。消息来源是学生会组织同学利用晚上秘密收听记录的新华社电讯、当地的外国和国内的报纸，如《字林西报》《大公报》等。林语伦等同学参与收听解放区广播电台，为“每日新闻社”提供稿源的工作，所以经常看不到他们上课。当时，“每日新闻”专栏前，从早到晚围满了人，有校内的师生员工，也有附近的工人、职员和社会人士。

1949 年 4 月 26 日半夜，我在睡梦中突然听到枪声，接着一阵急促的脚步声，国民党军队从一辆装甲车撞开的后校门冲进校园，包围了各个宿舍，当时在工程馆顶上瞭望的同学看到一群士兵从东而来，以为是西撤，来不及反应敲钟报警。我当时在西斋宿舍，外面走道已被封锁，等到天亮，特务到房间一一核对"黑名单"，我们166室没有一人被抓，有的同学躲在小河边的草丛里，有的躲在工程馆后的大烟囱底部，都没有被抓住。事后才知道敌人带来的"黑名单"中，交大有108人。最终被捕的交大有56人，其中包括严祖礽、魏瑚等学生会著名人物。

"四二六"大逮捕后，学校一度被宣布解散，学生被集中在中华学艺社。我回家后，母亲介绍我住在她铁路小学同事家。那段时间，我一方面与班上的吴昭崇、李其煌等人继续保持联系，互通消息，以便随时迎接解放；另一方面开始读艾思奇的《大众哲学》，第一次接触辩证唯物论的思想。5月27日，上海解放，我兴奋地赶到学校，但校内人很少，班上只有吴昭崇与我2个人，我们在校内露宿了一夜，第二天一早就有大量解放军进驻学校，学生也纷纷回校。解放军的严明的纪律、朴素的衣着、艰苦的作风，给市民以全新的感受，激发起人们无限的敬意和感谢，接着，全市人民都沉浸在庆祝解放，迎接新中国的热烈场面中。

新中国成立以后，主要通过三件事的亲身体验，让我接受了更深刻的人格教育，逐渐树立全心全意为人民服务的意识。第一是史霄雯、穆汉祥两位烈士的牺牲。他们都是在"四二六"大逮捕之后，分别在电车上和一家面馆里被特务逮捕的，在牢狱中经受了极其残酷的严刑拷打，最后在闸北宋公园（现在为闸北公园）被秘密杀害，到了上海解放后的第三天，才发现他们的遗体。1949年6月5日，全校师生员工2 000多人在新文治堂为两位烈士隆重举行追悼大会，会上师生高唱国际歌，让我热血沸腾，深受鼓舞。

第二件印象深刻的事是华东水利部副部长钱正英同志来交大作的报告。她原是大同大学的学生、地下党员，后来去了苏北根据地。在报告中，她就谈个人亲身体会，说过去以为知识是从家庭父母和学校获取的，参加革命，和工农接触了以后，才懂得个人的知识与成长都是劳动人民给的，包括

2002年4月，交大1952届地下党同志在史穆烈士墓前合影（第三排左二为吴沈钏）

自己的父母也是劳动人民养育的，没有他们就没有我们，应该无条件地为他们服务，这是她讲的第一点，叫“把知识还给人民”。她又说，旧中国道路上有“三个大坑”：帝国主义、封建主义和官僚资本主义。我们无数先烈前仆后继，用生命与鲜血填平了这三个大坑，使后人得以在宽阔的道路上继续前进。我们的任务是踏着革命先烈的血迹，开辟一条光明大道，在大道两旁栽花植树，使大道更加美丽宽敞，让后来者过上更加幸福的生活。她的讲话，促使我的人生观有更加明确坚定的目标：那就是恪尽职守，无私地为人民服务。

还有第三件事，就是1950年暑假的时候，水利系二、三年级同学参加山东鲁南山区大观庄水库测量。我们坐火车到陇海路一个小站停了以后，步行30里，从早上走到下午，进入鲁南平丘区。那里的农村全都是泥墙草屋，只见妇女、儿童和老人，青壮年都南下支前去了。老百姓生活是相当贫困的，家徒四壁，除了少数条凳桌椅外，空无一物。他们种的麦子和高粱，只有过年时才用来蒸馒头、包饺子，平时都吃高粱煎饼加大蒜头。男孩子都是赤身裸体的，看到我们拿了三脚架、经纬仪和望远镜，都在叫："地主又来了"。我们睡的床板是老百姓家的门板，房墙上布满了大小壁虎。这让我认识到广大人民虽然获得了解放，但仍处于赤贫之中，正如钱正英讲的，我们的知识应该无条件地贡献给劳动人民，帮他们摆脱贫穷，改善生活。

辗转不定只为国

1951年9月，交大校方宣布，为了响应毛主席"一定要把淮河治好"的号召，水利系、土木系三年级学生参加治淮工作，当时是说一年以后再回来读四年级准备毕业。当时全班同学都积极响应国家号召，没有一人抱怨。结果，我一去就是三年，后来没有回学校，到1954年底才离开治淮岗位。本来我是1952年毕业的，但是中间碰上院系调整，水利系被调整到华东水利学院，所以毕业证书是华东水利学院颁发的。不过，后来交大也补发了毕业证给我们。

再说治淮。当时除了交大水利系、土木系学生参加外，还有来自南京大学、浙江大学、山东大学、同济大学的学生。1951年9月底，分配方案下达，交大学生分至三处：安徽蚌埠治淮委员会本部、大别山佛子岭水库和淮北阜阳专区。其中，佛子岭水库算是交大学生第一个治淮大工程，共有11位水利系同学参加：王昌迪、刘蔚起、郭瑞璋、张诚正、吴凤池、朱家瑾、沈嘉澍、吴雪钊、刘树钧、童慧生和我；土木系同学有8位：邵正、史如平、王雨生、朱伯芳、吴天柱、王瑞五和刘源，后来又加一个自愿参加的交大助教曹楚生，再加上南大部分同学，作为第一批去佛子岭。上面指派我和南大的赵源仁带队。

佛子岭工程是淮河支流淠河上游的一座水库，是淮河流域中主要防洪灌溉调节和发电的水库之一。流域面积1 840平方公里，河宽平时约50—60米，但洪水来势凶猛，百年一遇流量高达每秒13 980立方米，迫切需要在此筑坝拦蓄部分洪水，以减轻淮河干流的压力，并要供给六安地区农田灌溉，坝身最高要74米，坝长要510米，这样的规模，自新中国刚成立后从来没有搞过。当时，工程指挥部汇集了国内一些知名专家，如著名水利专家汪胡桢，他曾是浙大的教授，担任治淮委员会的工程部部长，也是佛子岭水库工程总指挥，知识广博，被称为“活的图书馆”；副指挥兼工务处处长吴溢是老治淮施工专家；还有我们交大的学长、清华大学教授张光斗；南京大学、浙江大学教授以及地质专家谷德桢等。

由于大别山是地震区，首先摆在面前的大问题是到底采用什么坝型。汪胡桢鉴于当地坚硬的岩浆岩地质，坚持采用轻型薄壁连拱坝。不过，连拱坝的垛墙是很薄的，只有四五米宽，而且是空心的，虽然用的混凝土数量少，但抗震能力不敢保证。有的专家也认为连拱坝不行。因为张光斗原来从美国带回来的一本连拱坝计算的书和资料被美国海关检查时没收了，国内无法计算地震发生时究竟会怎么样。所以，有的专家提出用堆石坝，庞大的体积有利于抗震。一时间，争论很大。最后，汪胡桢还是决定用工程量少、较为经济的钢筋砼（即混凝土）连拱坝，相信水泥和钢材华东地区可以全力供应，技术上可以依靠自己的力量来解决。那么，连拱坝到底怎么设计抗震呢？当时，我们交大有一个搞钢筋混凝土的助教，叫曹楚生，后来成为工程院院士。他带领交大、南大一些学生一起攻关，用手摇计算机经过反复计算解决了地震情况下坝体稳定和内力分析的难题。就是按照力学的方法证明，在横向地震来袭时，22（实际施工时改为21）个薄拱犹如弹簧起着阻尼作用，防止垛墙倒塌破坏。那时，我们刚从学校出来，能跟许多专家和技术人员一起共事，受益匪浅，学到了不少有用的知识。后来人们都称佛子岭也是一所实践的大学校。

工程开建后十分顺利，可是1953年进行第二期基坑开挖和砼浇筑时，不料一场意外的大洪水来临，把所有基坑里面的设备、脚手架，包括下游一座施工桥全都冲掉了，工程不得不停工。工地上出现了一些消极情绪，好多干部和工人都感到 1954 年底如期建成蓄水的任务要泡汤了。那时，总指挥汪胡桢临危不乱，意志坚定："我死也要死在这里，我们一定要把它搞起来。"这种豪迈的决心，激励大家克服了种种困难，使受淹的工程逐渐恢复，后来的支墩垛墙和连拱的进度逐月上升，质量也得到保证。1954 年底，如期全部达到坝顶，这座坝高 74.4 米，坝长 510 米，有 21 个连拱和两端为重力砼坝接头的拦河大坝，是新中国第一座大型水库工程。我没来得及享受最后的竣工典礼，治淮委员会就把我调到蚌埠去了，没过几天，又通知我被借到新建的上海勘察设计院工作。

上海勘察设计院是燃料工业部水电总局为开发华东水电资源新成立的单位，当时主要为开发建设新安江水电站。这是国内第一个自主设计、自主制造的水电站。工程规模很大，坝高 105 米，库容 210 亿立方米，装机发电容量 65.75 万千瓦，是华东地区也是全国最大的水电站。从全国各地调集了一大批技术人员，包括从北京勘测设计院、治淮委员会、上海市工务局、华东水

1991 年吴沈钊在新安江水电站堤坝下游留影

利局以及相关学校、企业，我是以借调一年去支援的。这种大型水电站的设计施工不同于一般工程，它是由各个系统组成的，包括供电系统、沙石料系统、砼搅拌系统、内部运输系统、对外铁路系统和导流工程等等。工作量非常大，我被分配在施工组。当时的施工组，下设施工布置组、施工结构组、辅助企业组和预算组，管仁钧任大组长，我和一位姓叶的任副大组长，我还兼施工布置组（相当于施工的总体设计）组长。人员来自不同领域，各有专长。如国华建筑公司老板吴锦安，曾承包过黄坛口水电站等大型项目，实践经验丰富；严欣一、翁世俭来自上海市工务局；沃绵文来自上海铁路系统，左兆熙也来自佛子岭水库工程指挥部。

由于我在佛子岭工程中有过统计、计划方面的工作经验，就在组内推行个人月计划、周计划，以及月、周工作会议，采用民主讨论的方法安排落实各个项目，技术问题也采用个人主谈，共同商议的方法，集思广益，充分发挥各自专长。这些做法调动了大家积极有效地完成了各项任务，得到院长办公室的重视，并在院内组长会议上交流了经验。这本来是我分内中应做的工作，未想到凭此被评为 1955 年度上海市劳动模范的光荣称号，当时上海勘察设计院评上的共有 3 人，有新安江水电站总设计师杨德功、水文科的胡昌新和我。

奖給
上海市一九五五年
工业建筑业交通运
输业商业劳动模范
吴沈釗同志
上海市人民委員会
市长陳毅
上海市工会联合会
主席鍾民
一九五 年 月廿五日

1955 年，吴沈钊获陈毅市长签署的上海市劳动模范称号的奖状

1956年新安江水电站初步设计完成以后，没有让我继续做下去，因为当时福建有个古田一级水电站的厂房和引水系统已建成，更急于要做初步设计，把71米高、412米长的砼重力坝以及机组施工好，以供福州等地区的供电。于是在1957年8月我被派驻到古田负责施工现场设计，边设计边施工，以加快进度。当时正是1958年“大跃进”前夕，第二个五年计划正在如火如荼地进行，我们在古田工地听到了传达中央水电跃进会议精神，要以“整风双反”为纲，特别要反保守，提出水电要上300万千瓦，甚至争取450万千瓦，而且工期要缩短为2—3年。当时，新安江水电站是65万千瓦，主体工程进度是4年，已经很快了。而古田工程虽只有6万千瓦，采用边设计边施工，如有意外挫折，两年内完成大坝建设是有难度的。要达到那么大的发电量和那么快的工程进度，因此设计和施工上产生的矛盾很大。施工单位要求大干快上，提出许多设计上难以接受的土办法，而设计单位为了保证安全，坚持按常规设计，一时相持不下。1958年3月，上海勘察设计院副院长韩寓吾赶赴现场，他说，设计和施工在每个工地都会产生矛盾，这是无法避免的，只有把问题勘察清楚以后才能施工，否则将来是要返工的，只有统一设计和施工，才能又好又快地完成任务。

他的这些话，在当时“大跃进”的氛围下可以说是一副清醒剂，能这样明确地指出问题并缓和矛盾，确实是难能可贵的。后来，他请了苏联专家来确定一些技术原则和措施，包括采用掺合料控制水泥用量，减少水化热，并控制近基础面的浇筑层厚度和必要的间憩养护时间。苏联专家还提出，要检验一下基岩中黄铁矿的硫酸根含量是否符合要求，如果不符合要求的话，要把它作为不良地基适当挖深处理。现在看来，这些措施都是十分合理、及时的，既节约了极为紧缺的钢材，也切合当地实际，实事求是。在那个大干快上的“大跃进”年代里，没有像其他工程那样出现严重的质量问题。

缅怀刘逸烈士

自20世纪60年代起，我曾响应国家需要，先后参加缅甸滚弄、百水滩水电站以及坦桑尼亚灌溉工程等勘测、设计和考察方面的工作。1967 年，在第二次援缅工作中，缅甸奈温军政府掀起反华风暴，我亲历了保卫中国驻缅使馆的抗暴斗争。这个斗争非常激烈与残酷，暴徒不光攻击使馆，还攻击并且杀害华侨，当时牺牲的华侨一共有 36 位。我当时是水利专家组的支部书记，我们组有三个人参加抗暴斗争，其中有一个毕业于复旦大学英文系的青年叫刘逸，担任翻译，在与反华暴徒搏斗中不幸牺牲，让我们悲痛不已。11 月 6 日我们回国的时候，周恩来总理、李富春、陈毅、李先念等国家领导人都到机场来迎接我们，周总理与每一个援缅人员亲切握手。11 月 14 日下午我们全体援缅人员又受到毛主席和周总理在人民大会堂亲切接见，给我以终生难忘的鼓励和鞭策。

这里我想特别提一下牺牲的刘逸烈士。我和他相处不足 70 天，在北京水电部对外处相识。他新婚才 10 天就离别亲人，1967 年 4 月 30 日我们三人即我和顾寿衡（测量）、刘逸（翻译）抵达仰光，5 月 13 日由缅方陪同去百水滩。百水滩位于深山峡谷的南渡河上，河宽约 50 多米，河流湍急，两岸都是悬崖峭壁，还有 30 度的陡壁和乱石堆。按常规我们的任务是地形地貌测量、水文测量调查、地质测绘和调查以及工程初步规划，与缅方达成一个工程规模的协议或意见。5 月 14 日，我们 3 人终于与 4 月 3 日第一批以曹敏永为组长的 7 人在现场会合，我们住在离河高十几米陡崖上的山洞里，里面的用具、卧具都是当地竹编的，因陋就简。刘逸来后，每天一起出工，帮助测量，他说“你们不要对我客气，最好让我爬高山，我在学校里是二级运动员”。每天刘逸还抽空帮厨师从河里提水，并教他学中文。

由于 5 月底进入汛期，缅方保卫和供应困难，要求我们 5 月 27 日撤回。那时缅甸反华的事件已不断传出，5 月底八莫有华侨学生因戴毛主席像章而被捕，仰光也不断有华侨侨胞被捕的消息。当时组长宣布我和张云霄（水文）、刘逸（翻译）三人留下，等待缅方认可时再去现场测水文，主要是流量、流速和水位等。其余人将于 6 月底撤回。6 月 27 日，仰光发生严重反华事件，暴徒将当地的华侨教师联谊会 2 位老师及 25 位同学（其中最小的仅 13

岁）全部杀死，并将三层楼房烧毁，浓烟滚滚，连我们住在郊区也都看得到。邻居告诫我们暴徒正在打听中国专家组的地址。当天刘逸自告奋勇要求守夜，当晚他还写信告知这里紧张的形势并请家人放心，自己会捍卫祖国，与祖国同在。此信交给曹敏永，托他们6月28日回国后转寄家里。

6月28日清晨，曹敏永7人已离开住所回国，不久使馆就派车将我们3人和纺织组2人接回使馆。那时肖明代办等已去缅方抗议，我们连同使馆人员也不过10人。正在吃午饭时，约200人的暴徒包围了使馆，并发出阵阵号叫。不久一群人爬上围墙，且有多人通过跳板爬到水塔铁架上，有3人向下爬，已有2人落地。使馆十多人拿着铁棍冲上前去，刘逸将第一个落地的暴徒抱住摁倒在地。未料到暴徒身穿沙龙，个个内藏匕首。暴徒拔出匕首从背后刺向刘逸的腰部，幸亏李秘书立即赶来用铁棍猛击暴徒头部，暴徒哇哇地叫着爬上铁塔逃走了。另一个落地的暴徒被信使曹达林抓住持刀的手腕，被其他同志夺去刀子，在众人围攻下，他不得不下跪求饶。刘逸受伤后由使馆一位女同志扶着走向会议室，每走一步就有鲜血流下，终因伤口流血过多而牺牲。刘逸烈士火化的前一晚上，我和张云霄参加了烈士尸体净化

1967年抗暴斗争后在驻缅使馆内合影（后排右三为吴沈钊）

的全过程。火化后使馆派专人送回国内,周总理等领导同志亲自到机场迎接刘逸烈士的骨灰。

刘逸烈士光荣牺牲了,但他的精神和容貌,他留下的滴滴血迹永远在我心里,不会忘。我要学习他在敌人面前英勇拼搏的精神,学习他在困难面前勇往直前的精神,学习他吃苦在前享乐在后的精神,学习他忠心报国、视死如归的精神。一个人的生命是短暂的,但生命又是宝贵的。要珍惜活着的每一分钟的生命,让它为人民发出更多更好的光和热。

1967 年 11 月 6 日,周恩来总理在首都机场接见援缅专家组全体人员回国

水电人生的体会

回顾我走过的水电之路,有这么几点体会:第一,要始终意识到我们这一辈的一切知识和能力,归根结底都是劳动人民培育而成的,我们应该无私地为他们服务,为人民服务,得到人民的满意和认可,是我最大的快乐与幸福。第二,个人是渺小的,只有自己的兴趣融入国家和人民的需要,只有与

集体合作，同心协力，才能发挥个人最大的光和热；也只有怀抱着为祖国的振兴而学习工作的志向，才有强大的动力与坚强的毅力，才可以克服前进道路上的种种困难。第三，时代在发展，科技更是突飞猛进，我们要坚持改革开放，学习一切先进技术与经验，更加努力地学习、创新和变革，为21世纪中叶实现祖国全面现代化目标而奋斗。第四，还要不断学习黄大年、钟扬同志那样孜孜不倦、奋发有为的精神，学习像刘逸同志那样与敌斗争、临危不惧、忠心报国的精神。

李均

李均，女，1931 年 3 月生于上海，祖籍江苏苏州，现籍北京。1948 年 9 月考入交通大学电信管理系，1949 年 2 月加入中国共产党。1950 年 12 月参加中国人民解放军，在华北防空司令部雷达 121 营（团）任技术员及雷达连技术副连长。1954 年末任教中国人民解放军军事工程学院，1970 年随学校主体南迁，先后任教长沙工学院、国防科技大学，历任教授、教研室主任、系副主任等职。兼任中国数字信号处理学会副主任委员、中国仪器仪表学会及湖南宇航学会理事、湖南仪器仪表学会理事长及名誉理事长，国家自然科学基金会评审委员，长沙市人民代表大会代表。长期从事雷达、数字信号处理、机电一体化等领域的教学科研工作，指导研究生 20 余名，著作 40 余篇。曾获全国科技大会奖，全军科技成果二等奖，国家科技进步二等奖，国防科工委科技进步一等奖（2 次）、二等奖，光华科技基金一等奖等奖项。被评为国防科工委先进工作者、湖南高校科技先进工作者，享受国务院政府特殊津贴。1991 年 9 月离休。

访谈中，李均讲述了自己与交大的渊源：诞生在交大，在这里度过了金色的童年，交大是她幼年的摇篮。读书在交大，为毕生从事科技工作打下了良好的基础，这里是她知识的摇篮。入党在交大，在这里明确了终生奋斗的方向，参军在交大，从此当了一辈子的兵，这里是她政治生命的摇篮。

我的摇篮——交通大学

口述：李　均

采访：孙　萍、胡　端、吉运韵、余　悦

时间：2011 年 7 月 25 日

地点：上海李均寓所

记录：吉运韵、孙　萍

编者：漆姚敏

生于交大

1931 年春分，我出生在交通大学的二进洋房，就是现在的教师活动中心那里，当时我父亲李谦若任交大土木工程学院院长。父亲给我取名“均”，一来取其“土”字旁，我妹妹和弟弟的名字分别取“木”“工”字旁和“程”字；二来因为春分时节，昼夜均分。

在交大校园里，我度过了无忧无虑的童年。学校红色的大门，门口那座小桥，在我幼小的眼里是那么的宏伟，我常常在大人的帮助下抓着金色的门钉往上攀。工程馆，我父亲曾参与督建工作，可以说是我当时见到的最伟大的建筑了。我喜欢它的坚固、高大，尤其是在里面说话能听到回声，这对我有极大的诱惑力，我经常一个人跑进去大喊大叫，根本不听劝阻。直到后来有人告诉我说工程馆里有鬼，那回声就是鬼的声音，这才把我吓住了。一直

我的故乡——交通大学

到上大学的时候，进了工程馆还总觉得阴森森的。春天到了，我和姐姐在校园里采野花，小黄花、小蓝花和白色的荠菜花……比赛谁采得多、采得美。有时，拎着小篮，跟大人们到大草坪上去挖野菜，草头、荠菜和马兰头都是我们的佳肴。我还在体育馆的游泳池里玩水，因为我还小，只能伏在妈妈的背上，这是我第一次闻到氯气味道。也许是第一印象特别深刻，以后无论在什么游泳池里，只要闻到氯气味道，都会想起交大的游泳池，想起妈妈的背。我们一大群孩子还常在老图书馆后面的小山头上玩“官兵捉强盗”，我年龄最小，常常摔得鼻青脸肿。

1937 年 8 月 13 日，淞沪战争的枪声结束了我的金色童年。日军侵入上海，很快就强占了交大校园。我清楚地记得，我一手抱着心爱的娃娃，一手牵着妈妈的衣襟，一步一回头地离开交大我可爱的家园。我们住进拥挤的租界，上海沦陷的日子里，物价飞涨，父母的话题总离不开如何变卖家产，如何填饱肚子。我有时做梦回到交大，过着天堂般的和平生活，那里的一草一木依然是那样的熟悉，可是醒来却发现仍然生活在铁蹄下。什么时候才能真的回去呢？

长于交大

1948年9月，我考进了交大电信管理系。当年该系录取率是1比14.5。进交大学习，一来圆了我当交大正式学生的梦，二来为报答父母和老师的培育之恩，三来也为自己找个栖身之地。当时国内战事纷乱，政府腐败，生活艰难，抗战胜利后的美好期望全成了泡影。国家、个人前途都很渺茫，一个女孩不读书能干什么呢？11年之后，我重新回到交大。

李均中学毕业照

跨进久违的校门，见到一幅极大的画像，从中院的三楼一直挂到一楼。啊！那不是我姐姐李菊吗？怎么回事？她曾是个不苟言笑的沉静女孩，居然如此抛头露面地让人家把大照片挂在半空中，参加学生会竞选，简直不可思议。

离正式上课还有几天，李菊让我到民众夜校去代几天课。从十四五岁开始，为了贴补家用，我曾多次在富人家当过家庭教师，他们家中凶猛的狼狗、豪华的陈设和调皮、厌学的学生，都令人望而生畏，我每次去上课都是提心吊胆的，上完课出来才一身轻松。民众夜校的工人学生虽然年龄比我大，却勤奋上进，而且非常尊重我，我觉得和他们在一起，自己还是有点用处的。以后才知道，这就叫做知识分子要为工农大众服务。

开学了，在新生报到的日子里，校园里洋溢着热烈的迎新气氛，到处都可以看到由学生会和各系精心制作的迎新标语和宣传画。在新生接待站，有茶水供应，有老同学帮我们搬运行李，指引我们办理注册手续，解答各种疑难问题。各系还召开迎新联欢晚会，表演精彩的节目。很多新生是第一次离开父母家庭，甚至是第一次远离家乡，对号称“冒险家的乐园”的大上海和知名学府交大有种既陌生又恐惧的感觉，然而，学校里有那么多老大哥、老大姐，他们的热情照顾令新生们觉得特别温暖和亲切。

我进交大读书时，交大已经是“民主堡垒”了。1948年交大组织五四营火晚会，姐姐李菊叫我去看看，我就来看，感受到青年学生们的热情。我就读的复旦中学也有学生运动，但当时我只管读书，啥都没有参加，所以接触进步思想是从交大开始的。当时，交大地下党采用合法斗争的形式，利用社团活动，进行党的宣传，团结教育年轻学生。校园里，处处洋溢着青春和活力，对于我们这些初来乍到的新生来说，新鲜极了。作为新生——各社团网罗的对象，我毫无选择地一下子参加了十几个社团：青年会，合唱团，舞蹈班，秧歌队，美术字学习班，漫画学习班，普通话学习班，读书会，四一联谊会（我们这届应该于民国41年毕业），每日新闻社……甚至还参加过基督教的礼拜。我们唱啊，跳啊，不知不觉中接受了党的教育，看到了祖国的前途，找到了自身的价值。

1948年下半年，解放战争进入三大战役后，国民党兵败如山倒，解放军进军南下，势如破竹，所向披靡。同学们都渴望知道战事的真相，而这些消息从政府的报纸上当然是不可能得到的。学生会组织了每日新闻社，每天早上上课以前，在学生会门口（即容闳堂西北角）出版一期大字报，报道最新战况。消息来源，一是当地的外国报刊；二是中间势力的报纸，他们的报道有时还比较客观；三是解放区的新华社广播。由专门的同学每天深夜负责收听记录。为了保护参加工作的学生，避免暴露，由7个班级轮流负责出版，每班一天，一星期轮一天。我班负责星期二出版。我于星期一，在指定的地点向这天的负责人取了钥匙，星期二早上天蒙蒙亮，就和我班的七八个同学们一起开始工作。同学陆中华擅长外文，他便从外文报上翻译摘录消息。朱声玉等同学擅长中文，便从事编辑工作。钱素芬等同学擅长书法，便负责抄写。为了争取时间，往往是编好一条就抄写一条。大家在一起非常高兴，一会儿就完成了。当我们看到很多同学簇拥在大字报前，如饥似渴地争相阅读这些胜利捷报时，感到很骄傲。

1949年1月，曹子真发展我秘密参加党的外围组织“新青联”（新民主主义青年联合会)，并让我发展了其他两位女同学。在交大，对我影响最大的是曹子真，她带我参加各种活动，指导我阅读进步书籍。曹子真为了工作，经常废寝忘食，放弃学业，令人感动。而且她为人非常正直，有人说她“搞了一辈子政治，没有一点政客作风”。到现在，我还很听她的话。2月，曹子真想发展我入党，约我在她的宿舍黑灯夜谈。她说：“我们一起入党吧。”其实她当时已经是党员，但不能暴露。我回答说：“我不参加。”我觉得共产党确实是中国的希望所在，但入党是很严肃的事情，我入党可能连毛主席都会知道的！而且我对政治的东西不感兴趣，受父亲影响，觉得政治比较肮脏，总想搞点技术。第一次不行就谈了第二次，我还是没有答应。第三次她又找我谈话，我说：“我还小，你要入你就自己入吧，我以后再说。”她看我其他事都听她的，这事却不听她，有点伤心。在黑暗中我听到她抽泣的声音，我想她真是个认真、负责的好同志，我不能让她为我为难，于是就说：“好了好了，我就入吧。”后来我就写入党申请书，末了还加了句：“我自己觉得条件不够，组织上认为我不够成熟，就不要批准。”当时，组织上认为我虽然觉悟不高，认识幼稚，但还是可以教育的，而且已经给我挑明了党组织的事情，入党后再教育吧。于是，我成为班上第五名共产党员。其实我入党问题只是“个例”，其他党员都是积极争取入党的。入党后，我压力很大，因为我认为党员应该是不同凡响的，所以做什么事情都很小心、谨慎。其实，当时我还不满18岁，认识也很幼稚，只是觉得眼前一片光明，中国有希望了，这希望就是中国共产党。

大逮捕之夜

南下的解放军，跨黄河，渡长江，攻克南京，眼看上海就要解放了。这种大好形势大大地鼓舞了我们，在校园里，热火朝天地组织起各种迎接解放的应变组织：护校队、巡逻队、救护队、宣传队、秧歌队……绝大部分同学都自觉不自觉地参加到斗争中来。我参加了“晨社”，每天早晨，就和同学们一起

大学时代的李均

学跳舞和扭秧歌，晚上唱解放区歌曲，还学习救护知识和包扎。每天夜里，全校同学轮流在校园里值班和巡逻，以防反动军警冲进校园逮捕学生。此外，同学们自动组织起来，学习共产党的方针、政策。我班七八个人组成一个小组，起名“渡船小组”“渡江小组”“解放小组”和“开山小组”等，学习《目前的形势和我们的任务》《新民主主义论》等，大家以无比兴奋的心情迎接解放。

然而，敌人不甘心失败，1949 年 4 月 26 日凌晨，“飞行堡垒”装甲车和大批警察冲进校园，逮捕进步学生。本来地下党曾得到有关情报，知道这几天敌人要来，于是每天夜里都安排了巡逻，并准备在敌人来后大家集中到体育馆里，这样人多势大，使他们难以下手。但是那天，装甲车一下子就冲进后门，同学们来不及集中。我当时还在睡梦中，只听见房门外乱哄哄的，同学们奔走相告要集中，我的动作慢了一步，出来时走廊里已经没有人了。我就用力敲厕所旁边一间宿舍的门，但里面的同学不知道敲门的是谁，不敢开门。我只好回到自己房间，仍然躺在床上。过一会儿，就听见门外响起急促的脚步声，是敌人来了！我听到他们首先走到对面，用钥匙打开了李菊的房门，在里面翻箱倒柜，幸好那几晚她都隐蔽在校外。然后他们又挨房搜查，当走到我房门口时，装腔作势地喊道：“同学们，开开门。”我不睬他们，他们便开始大声吆喝，使劲捶门。我想，只有我一个人在屋里，这门是绝对不能开的，便用被子蒙着头，一动不动。只听见有人爬上门，借着走廊上的灯光，透过门上气窗的玻璃往里看，接着说：“三张床，没有人。”就走了。原来，我睡的是一张软铁床，而且当时人很瘦小，躲在被子里面，别人看不出来。在他们搜查别的房间时，我不便出来，只好接着睡。因为半夜里折腾了一番，居然一觉睡到次日上午 9 点钟。待我醒来时，敌人已经走了。同学们见到我都特别高兴，大家告诉我，当晚敌人抓走了 50 多人，没见到我时还以为我被敌人抓走了呢。接着，全市大学都被勒令停课，反动军警强占了校园，大家只好怀着满腔的愤恨离开了可爱的校园。于是，我第二次被赶出了交大。

热血交大

1949 年 5 月 27 日，上海解放了！同学们都归心似箭，从四面八方赶回学校。虽然只离开了一个月时间，校园却已经满目疮痍。最令人发指的是，敌人在临逃跑前杀害了我们两位同学：穆汉祥和史霄雯。这两位都是毕业班的同学，都像老大哥似的对待我们。穆汉祥还是我们电信管理系的，很幽默，总爱和我们开玩笑。他们很聪明、很能干，正是大有作为的时候，可是就这样活生生地被残杀了。我们在新文治堂开追悼会时，场内一片抽泣声，大家都很悲痛，我们宣誓：你们的血照亮了路，我们会踏着你们的血迹继续前进，安息吧烈士！会后，几千人默默地排着整齐的队伍在市内出殡。然后，我们把他们安葬在大草坪南面，也就是现在的烈士墓中。我参加了烈士家属的接待工作，当烈士的遗体入土的时候，她们放声大哭，悲痛欲绝，这样生离死别的悲惨情景，我还是第一次遇到。我这才体会到革命不光是唱歌跳舞，而更是严肃的、残酷的、你死我活的阶级斗争。这事对我影响极为深远，可以说是终生的。每当我因工作需要而牺牲假日时，只要想想他们已经为革命牺牲了整个一生，就会毫无怨言；每当我为个人利益而烦恼时，只要想想他们已经为革命利益而慷慨地抛弃了头颅、洒尽了鲜血，就会觉得很惭愧。

擦干眼泪，埋葬了战友，化悲痛为力量，我们振作起精神，投入了新的战斗。我们满腔热情地参加巩固新政权的斗争，当时我参加了学生会的艺工部，刚解放时，经常参加游行活动，如庆祝解放游行、解放军入城游行、“七一”游行、“十一”游行等。1949 年暑假我去了南汇修海塘。回来后到工厂教跳舞，当时交大艺工部在社会上有点名气，有的学校、工厂没有艺工部这类的组织，就来学校请我们去演出做宣传，或去教歌教舞。另外，中学、职校、工厂等单位来交大请政治老师，有些同学就去上政治课，宣讲党的政策。我们班有党员5人、新青联七八人，这十几人参加活动多一些。我原先是个很文静的小女孩，和生人说话就脸红，现在闹市街头拿张凳子跳上去就演说，游行时扭秧歌，从徐家汇到外滩扭个来回，在工厂、中学里，围个百把人的圆圈教跳舞，这些都成了家常便饭。我们在新文治堂和其他工厂、学校的大舞台上唱歌、跳舞，演出了百把场。我们知道，个人的力量是很单薄的，但是把这微小的力量投入到推翻旧社会、建立新中国的斗争中去，却能做出惊天动地的事业来。鲜艳的五星红旗把一百多年来中国的屈辱一扫而光，我们能有幸参加这样伟大的斗争，感到扬眉吐气，无比自豪。

我们毕竟是学生，经过这段急风暴雨般的革命斗争后，党要求我们回到学习中来。我们开始抓学习，党员更要好好学习。以前党员学生忙于革命运动，学习上有所放松。班上组织了互助性的学习小组，谈思想，谈学习。还有一帮一结对子，互相检查，互相促进。我们认真地听赵富鑫先生讲物理课，听凌渭民先生讲英语课，听曹凤山先生讲电工课，听徐桂芳先生讲微分方程课。起初觉得有点生疏，好在我们这些有能力考上交大的人，都有一定的基础。于是我们努力啃书本，记笔记，做习题，做实验。其实，我挺爱学习的，一直觉得没有时间做习题，很遗憾。现在做梦还会梦到：怎么这么长时间没有做习题了，怎么搞的？那时为了建设新中国而学习，由于目的明确，学习非常认真，从来没有那么认真过，我被评为班上的学习模范。这段时间给我打下了扎实的理论基础，培养了我严谨和求实的学习作风，使我终身受益。每天晚饭后，我班同学坐在大草坪上，围成一圈，唱歌、做游戏、听“九头鸟”大喇叭播送的新闻和音乐（我曾任校播音组长），切磋学问，讨论天下大事。晚风习习，飘着泥土和青草味。这些日子过得很充实，也很潇洒，这是真正大学生的生活。

可是好景不长。1950年6月，美国侵略朝鲜，战火烧到鸭绿江边。10月，中国人民志愿军赴朝参战。国家发出了动员学生参加军事干部学校的号召。战火烧到了家门口，祖国最可爱的人在流血。平静的校园又掀起了波澜，青年学生热血沸腾。大学三年级第一学期，我们又开始到处演说、演出、宣传。交大600多名学生志愿报名，带笔从戎，其中300多名被批准参加中国人民解放军军事干部学校，我便是其中的一名。因为我住校，我报名参加军事干校的事情一开始家里不知道，但在校任教的姐姐李竹知道，她告诉我：家里母亲不同意。父亲的意思是最好毕业了再走。我说："都打到家门口了，等不及毕业了。"父亲就没有二话了。我临走的前夕，家里张灯结彩，专门为我开了个家庭欢送会，做了顿很丰盛的晚餐。1951年1月9日，我走的当天晚上，学校里人山人海，敲锣打鼓，我母亲也从家里赶来送我。后来我听妹妹说，母亲回去后哭了一晚上。我们戴着大红花，在工程馆门口上了车。我在心里说："别了，亲爱的妈妈！别了，朝夕相处的同学们！别了，美丽的校园！别了，幸福的大学生活！别了，亲爱的母校！"这是我第三次离开了交大。

从军行

我们欢天喜地上了卡车，再上了火车。我们被批准去不同地方，有的去海军，有的去空军，有的去总政。我被分去总政，去总政干什么也不知道。交大去总政的有10个人，我是带队的。全市各区去总政的，都到我这来报到，因为交大是学生活动的头啊，由交大带队。我们上了火车，在车上唱歌，到了一个站就下来跳舞。火车开至南京，凡去总政的就下车，有人把我们接到一个兵营，在一个木头房子打地铺，我们女生带着花花绿绿的被子，铺了一地。等了三天，让我们返回上海，到华东防空司令部学习一段时间后再去北京。于是我们又回到上海，穿上军衣来到学校，看到人就敬礼，神气得不得了，同学们看到了羡慕得不得了。

我们在上海3个月，主要学习雷达。给我们讲课的是高我两届的交大电机系校友唐安琪和刘瑜，他们是上海"二六轰炸"时从交大调到华东雷达部队的，他俩教得很好。我们一行三四十人，开展结对学习，一帮一，一对红。

穿上军装、重返校园的交大学子们(左二为李均)

我的对子是学体育的一位女同学,高高大大的,我们从最基础的正负电讲起,一直讲到雷达线路图。最后一个月,大家分散去雷达站实习,我被分到南汇雷达站。平时雷达都在执行战备任务,用于侦查敌机,不能随便操作,但一旦出现故障就要紧急维修。我很乐意实习,提出不管什么时候进行维修,都叫上我,这是很好的实习机会,可以学到很多知识。有时半夜睡得迷迷糊糊的,被叫醒,我每次都跑步赶去参加修理。白天没什么事情,就跟着一起值班。一次,站里安排我们整理电缆。我们七八个人一到吃饭时间就放下手中工作去吃饭。站里的同志客气地批评说:"这不行,这都是战备设施,申请了两三个小时进行维修整理,必须在规定时间内完成工作。"这样我们形成了战备观念,知道工作第一,吃饭等杂事放在后。

实习结束后,我们就去了北京。先做历史思想鉴定,然后分散到各个连队。我们大学生一去就当技术员，被认为既是大学生就应该什么都会。我被分配到一个待建的修配厂。这个厂将要承担维修雷达、供应器材、机械加工等任务。厂址已定，厂房尚未建造。我参与建房监工、架电线等工作。我们组长、技师童天爵（现在总参），也是“二六轰炸”时从交大调出的学长，他人很好。他提出：厂房建好后要布电线，请专人来布线很贵，就自己动手吧。我们就跑市场买器材，动手布线，这是很好的锻炼。我们赶上那个年代，什么事情都是白手起家，碰到什么事情也不害怕，反正没有现成饭吃的。

当时我们的雷达很落后，有的天线是架在木头架子上的，转动天线必须手摇转动木头架子，很累，需要设法把手摇变成电动的。有的功率比较小，雷达覆盖范围比较小，需要提高功率。所以要改装雷达。童天爵带了3人，其中包括我，开了辆卡车，带上仪器设备，跑华北防空司令部的各个连队，如蓬莱、青岛、烟台等沿海地区，一个连队待上两三个星期，对雷达进行改装。这项巡回检修、改装工作很受连队欢迎。

1953年李均在雷达部队

1954年要召开第一届人民代表大会，为保卫会议顺利召开，需要在内地建立几个雷达站，其中一个站设在石家庄附近。为此，新组建12连，我被调去当技术副连长，负责整个连队的技术工作。12连先设在藁城某飞机场，后改设在石家庄东面的方北村，雷达架设在一个土堆上。这个连队都是男同志，就我一位女同志，在偏僻的农村上厕所很不方便，结果，有一天，几位战士说送我一个礼物，原来，他们在山上为我搭了一个厕所，称为“山中饭店”！

当时那里没有电灯，天黑了，点的是油灯。每逢晚上外面有“嘟嘟嘟”的声音，连队的理发员、卫生员、通讯员、保密员等几人就开心了，卖驴肉的老头来了。因为我工资最高，大家就让我请客买驴肉吃。在连队，行政副连长在，行政事务由他做，他若去北京开会，则什么事情都要我做，点名、出操、上党课和团课、俱乐部活动、伙食情况等，都得管。我很怕在队前说话，就让排长点名，排长要让我点名，有时队伍都集合好了，我们还在里边推让半天。连队驻扎在农村，住在老百姓家里，工作很艰苦。那时要架有线电话，有时下雨，电话不通了，要紧急修理；刮大风了，机器倒下来，要固定；转移阵地，地上很泥泞，车子开不过，就在地上搭木板，很多人在车后用力推，他们说我没力气让我坐在车上抱着两个大发射管，以确保发射管完好无损。从 1954 年 8 月至 12 月，我在连队呆了大概 4 个月，那段时期，得到很多锻炼，值得回忆的地方很多。

哈军工的岁月

后来，我又被调去中国人民解放军军事工程学院（简称哈军工）。我怎么会被调去哈军工的呢？原来筹建哈军工，要调一批教师和学员。当时部队里的大学生都登记了情况，选了一批人去当教师或学员。一开始，我们属特种兵，人少，很需要，所以没有调人去。后来还要招老师，有人说：最好从部队调位懂技术的女同志，因为女同志不合适待在部队。最后成钧司令员就把我调去了。20 世纪 70 年代成钧司令员提起这事，还说，那时候调人都调最好的。

我在连队领导一个连，技术算高的，完成任务很好，所以我很自豪。到了哈军工，相比之下，我技术不行了。我被分配到空军系的雷达教授会。苏联专家提出：你大学没有毕业，怎么教大学生啊？你就先在实验室待着吧。我感到，我来到学校好像什么都不是啊。于是我负责雷达教授会的实验室，并给外专业的同学开课，讲授雷达、无线电等知识。我确实不行，因为在交

1958 年李均在哈军工

大要学无线电的时候，抗美援朝参军了。所以我就抓紧自学。后来外语教研室一位同志对我说："我认识你。"我问："你怎么认识的?"她说："老看见你跑图书馆，你这个人怎那么用功?"反正我觉得只要有时间，就要抓紧学习。后来我看到学生浪费时间，就觉得可惜。年轻人的时间值钱，学的东西一辈子有用。

停课搞肃反运动时，因为系里党员少，就让我当支部委员，后来又让我当支部书记。支部书记不好当啊，无线电专业有雷达教授会、无线电教授会、导航教授会、通讯教授会 4 个教授会 80 多人，行政上各是各的，支部却合为一个。支部没有行政编制，是兼职的，吃喝拉撒睡的事情都要支部负责。我当时二十四五岁，是个小助教，不愿意当，但不当又不行。我就在被子里哭，只能硬着头皮干，这样我又没有时间学习了。评级的时候，助教好的评 9 级，中间的评 10 级，差的评 11 级，我被评了 11 级，压力很大。"反右"运动开始了，全校停课搞运动，运动由党支部领导。我干不了，就去找系政委，他说："你被选上了，又没犯错误，不能把你拉下来，你只能干。"他又说："你每天晚上来我家，把白天搞运动的情况告诉我，我告诉你怎么做，然后你再回去开支部大会。"就这样，每天我下情上传，再上情下达。运动结束时，一个右派也没有，我们支部被贴大字报，批评我们"右倾"，运动后"补课"，才由上级圈定了两名右派。我非常想学习，可惜没有时间。后来，科主任终于同意在新留校的同学中选支部书记，我当副书记，这样才好多了。

1966 年 4 月，也就在"文化大革命"爆发前，根据中央军委决定，中国人民解放军军事工程学院改名为哈尔滨工程学院，退出部队序列。这样，我们哈军工的人都脱军装了。

接下来就是"文化大革命"了。"文革"中说我有什么问题呢？我们系主任在第二次国内革命的时候被派去苏联，参加了苏联卫国战争，娶了苏联夫人。“文革”中他被抄家，发现一封他儿子写给同学李军的信，信中写了军工山上派和山下派斗争等情况。他们就查李军是谁，查到哈军工，认为我就是这个李军，说我“里通外国”，可能是苏联特务。于是，来我家抄家，但没有抄出东西。又把我“隔离审查”了一段时间，要我写检讨交代问题，一是交代我爱人孙仲康罪行，二是交代社会关系。在他们开会时，让我一个人在一间屋里交代，我没什么好交代的，就把用于写检讨的纸叠成飞镖，从这个角落飞到那个角落。站得高就能飞得远些，于是我站在门背后椅子上扔飞镖。恰巧有人经过，对我说：“你不要想不开啊。”其实我看到那么多干部挨整，看得多了，心里明白：我当过支部书记，又是业务骨干，不挨整就过不去。有一次在教研室里挨斗，斗完后，看到斗我的一位同志也上去站一下，我问：“你干啥?”他说：“下一次要斗我了。”呵呵，挺有意思的。

那个年代，确实吃了很多苦头，也有很多感悟。一是对人要公平，处理人的问题要慎重。我也搞过运动，“反右”“肃反”和“三反”，上面要求怎样，我也跟着，但我不习惯，总觉得自己跟不上形势。以前我觉得，领导要我做的事情我都要做，领导说的都是对的。后来我明白，上面说的话和要求做的事情不一定都是对的。“文化大革命”中我就知道上面说得不对，说我是“反革命”，我不是，这点肯定是说错了。所以很重要的一点是，人要有独立思考的能力，不能上面说什么就是什么。另一点是经过历练后脸皮厚了，被贴了那么多大字报，听到了那么多批评的话嘛。以前我很少受到批评，无论在学校还是在部队的时候，听到的主要是表扬，有时听到一点批评，譬如说我支部工作做得哪里不好，就有点受不了。经历了“文革”回过头来想想，那点批评算啥！

在国防科技大学的科研工作

1970 年学校主体南迁长沙，改名为长沙工学院，1978 年改建为国防科技大学，回归军队。改革开放以后，搞机电结合，1983 年成立精密机械与仪器系。原来我是搞电的，就把我调去当副系主任。虽然我对机械方面不熟

1990年李均获国家科学技术进步二等奖

悉，但是要我去做，我也不怕。这就和科班出身的人不一样。有的科班出身的人会觉得我在学校里没学过，不会。我是连滚带爬出来的，不会也不怕，从这点来讲，我胆子比较大。精密机械与仪器系相较于那些老机械系是新的，但很快我们就迎头赶上，承接了国家重大项目。比如说磨光，能达到原子的精度。几个科研项目都搞得不错，达到国内先进水平或相当于国际先进水平。问题是后来没来得及搞下去，对于应用到生产上还有一些距离。

我们的一项科研攻关项目是测量工件的圆度。车床工作时，其轴有晃动，车出来的工件的截面其实是椭圆。所谓的工件圆度就是拿理论上的圆去比对，这里多出来一块，那里少一块，谷值和峰值之和，就是工件的圆度。我们测量的重复精度能精确到0.02个微米，比国家计量局测量的精度还高。后来不光搞测量，还能补偿，就是在车工件时，控制车刀，把多出来的地方削掉一点，因此可以提高工件的圆度。我去国外讲课，他们也都觉得我们达到的精度很高。后来这项技术被投入到实际应用中，譬如做汽车活塞，运用我们的技术可以使圆度相对精确。一开始我们这技术是为航天部做的，现在他们运用得很广泛。

刚开始，这个项目上我们遇到很大的阻力，有些传统的搞机械的老师不相信机电结合这一套，他们认为，机械就是机械，电不能起作用。而且车床转速很快，在快速转动中还要让刀具伸进伸出，这好像不太可能。机械动作是不行，但有人用压电陶瓷电磁伸缩的原理做成功了。研究过程中，我的前一位研究生是做测量的，做得很好，后一位研究生是做补偿的，有人对他说：“如果你做成功了，成绩是前一个人的，而且你根本不可能做出来。”这位研究生就犹豫了，我和他谈了三次，最后一次我对他说：“你考虑三天，如果真不愿做，我尊重你，你自己另选研究课题，我陪着你做。”后来他还是做了，做得很艰苦，因为手一拍、脚一跺测量就不准了，所以必须在绝对安静的环境下做，他就半夜起来做实验。他女朋友在西昌发射中心，得了很严重的地方病。他请假去探望，回来后继续做这个研究。后来他女朋友去世了。他的研究取得了成功，曾劝他别做的那人又说：“这算啥，很容易的。”这研究生听到了都哭了，他说：“我做得这么艰苦，怎么又说这很容易的?”我说：“这在学术界也算是正常的，有些人就是这样。”人呀，会遇到许多想象不到的事情。特别是在做出成绩的时候，别人都看着你，你会听到很多奇怪的话。只要是有人的地方，各种人都会有。搞科研一定要坚持，顶得住压力，不要理睬周围的风言风语。我经历了“文化大革命”，这些对我而言没什么，但我的研究

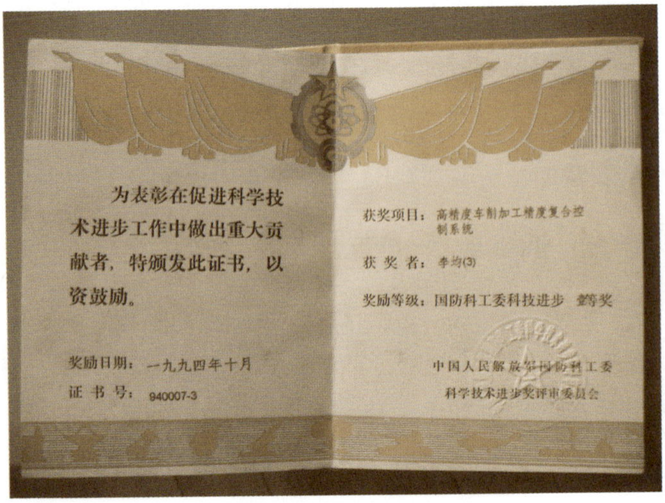

为表彰在促进科学技术进步工作中做出重大贡献者，特颁发此证书，以资鼓励。

奖励日期：一九九四年十月

证书号：940007-3

获奖项目：高精度车削加工精度复合控制系统

获奖者：李均(3)

奖励等级：国防科工委科技进步 壹等奖

中国人民解放军国防科工委

科学技术进步奖评审委员会

1994年李均获国防科工委科技进步一等奖

生没有经历过，他觉得委屈，怎么这样说啊？还有，现在学术界有人为了出成绩，做假数据。我是从来不做的，弄虚作假要不得。无论做什么，一定要坚持实事求是。

我 60 岁的时候还承担着国家自然科学基金的重大项目。我觉得承担的社会职务太多了，如在校级和系级的党委、纪委、学术委员会、学位委员会任职，在全国和湖南省的仪器仪表学会、科协任职，还是长沙市人大代表。我觉得应付不过来，也不喜欢经常出去开会。我就想退下来吧，还可以兼顾家庭。于是我申请办理离休。离休后我还做了好多事情，将手上的科研项目做完，把所教的研究生培养好，还有照顾我母亲、搬家等。

等学校事情全部完成后，我就回上海定居了。因为我们是上海参军的，家庭基础在上海，直系亲属也在上海，几个条件都符合。所以 1986 年的时候就批准我们可以回上海。1999 年分给我们海军干休所的房子，2000 年我们搬进来。住在这里，我们很满意。

李均夫妇接受交大师生采访（左起：孙萍、孙仲康、李均、吉运韵、余悦）

后 记

自2012年起,"上海交通大学校史研究口述系列"之校友专辑《思源·往事》《思源·起航》《思源·北美》先后出版,得到了广大师生、校友与社会人士的一致好评。此三辑口述系列分别从整体风貌、重点行业、海外校友三个角度,鲜活细腻地展示了交大校友的求学往事、精神特质和社会成就,凸显了交通大学与国家崛起、民族复兴同呼吸、共命运的使命意识和责任担当。

2017年,我们决定以中共交大地下党员校友群体为对象,对其口述访谈资料进行整理汇编。学校在多年的党史校史编研、党史资料征集过程中,曾多次赴上海、北京、天津、武汉、长沙、西安等地,对交通大学地下党员校友进行深度访谈,获得了大量珍贵的声像与实物文献,整理成录音实录文稿几十万字,这些文字既是地下党员老校友们赤胆报国、爱国荣校精神的有力彰显,也是学校推进校园文化建设不可或缺的鲜活资源。其中,陆定一、汪道涵、吴增亮、胡国定、黄旭华等多位地下党员校友的口述回忆已被收录于第一辑《思源·往事》。

本书为校史研究口述系列的第四辑,共收录27位在交大求学及从事革命工作的中共地下党员校友的口述回忆,以入读交大的时间先后排序,以第一人称为叙述口吻。在如实详细的实录文稿基础上,经编辑考订整理成口述初稿,再经集体修改、分管校领导审读,呈送给校友(或其家属)审阅修改,最终由主编定稿,汇编成书。内容侧重地下党员校友们在交大的求学经历、革命经历,新中国成立后事业拼搏、社会贡献,母校情怀及对青年学子的寄语。每篇口述力求做到图文并茂,文字可读性强,以求更加贴近广大读者。

本辑口述系列的编撰出版得到了学校党政领导的精心指导和校友们的

大力支持。分管校领导、副校长张安胜和党史校史研究室主任张凯参加审稿工作，校友们（或其家属）对各自的口述文稿进行了认真审读，提出了许多宝贵意见，增补了珍贵稀见的照片。党史校史研究室承担全书的编辑工作，漆姚敏负责体例编排与统稿工作，文字整理者有漆姚敏、孙萍、胡端、朱恺、欧七斤、凌惠、章玲苓、徐骞、周小燕等。档案馆许雯倩、杨莉莉、李春华、李文佳、何嘉玲等提供了档案照片。学校校友总会办公室、宣传部、出版社等单位鼎力支持，责任编辑对书稿的编辑加工倾力投入，为本书的顺利出版付出了辛勤劳动。我们在此谨表示诚挚的谢意！

由于党史校史研究室人少力薄，加上编撰时间有限，书中内容难免挂一漏万，若有不妥之处，衷心期盼读者不吝指正。

编　者

2019 年 3 月